シリーズ 古代史をひらくⅡ

列島の東西・南北

吉村武彦
吉川真司
川尻秋生
［編］

シリーズ 古代史をひらくⅡ

列島の東西・南北

つながりあう地域

岩波書店

刊行にあたって

もう一度、歴史を知ること、古代史を知ることの「面白さ」を皆さんに伝えたい。シリーズ「古代史をひらくⅡ」は、私たち編集委員の熱い思いから始まりました。

本シリーズの第Ⅰ期では、「前方後円墳」「古代の都」「古代寺院」「渡来系移住民」「文字とことば」「国風文化」の六冊を刊行し、幸いにも古代史に関心を持つ読者に温かく迎えられました。専門の研究者が日々追い求めている「本物の歴史」に触れてみたいという思いがあったからでしょう。

先にあげた六つのほかにも、古代史には重要なテーマ＝問題群がたくさんあります。それぞれの分野で研究が進み、新しい歴史像が見えてきています。「やさしく、深く、面白く」歴史を語るという、第Ⅰ期以来の目標をふたたび掲げて、このたび第Ⅱ期として「古代人の一生」「天変地異と病」「古代荘園」「古代王権」「列島の東西・南北」「摂関政治」の六冊を企画しました。

各冊では、まず「温故知新」のスピリットで古代の事柄を知ることをめざすとともに、これまでの古代史の枠内に閉じこもることなく、現代へと「ひらく」ことを心がけています。ジェンダーの問題や災害・環境の問題は、まさに現代の課題でもあります。荘園のあり方や地域どうしのつながりについては、新しい事実がさまざまに見えてきています。王権や摂関政治といった古くからあるテーマについても、研究の進展により、これまでとは異なる視角からわかってきたことがあります。

いずれのテーマにおいても、ますます精緻化する最近の研究を、図版や脚注も活用してなるべくわかりやすく説明し、考えるための道筋をお伝えしています。今回も、考古学・文学・歴史地理学・古気候学・建築史学・朝鮮史など、隣接分野との緊密な連携をはかり、それぞれの最前線で活躍している執筆陣の参加を得ることができました。また、各テーマの核心となる論点や今後の研究方向などを話しあう「座談会」を収録しています。

「学際」「国際」「歴史の流れ」という広がりを意識しながら、私たち研究者が日々味わっている、歴史を知る「面白さ」をお伝えしたい。この列島にかつて生きた人々が歩んできた道を読者の皆さんと共有するとともに、古代史から未来への眼差しを「ひらく」ことをめざします。

二〇二二年一〇月

編集委員

吉村武彦・吉川真司・川尻秋生

目次

刊行にあたって　川尻秋生　1
〈列島の東西・南北〉を考える　川尻秋生　13
東国　ヤマト王権の軍事的基盤　下向井龍彦　59
中国・四国　海の道　鈴木景二　111
近畿・北陸　日本の基点　柴田博子　167
九州と南島　大陸との窓口　蓑島栄紀　219
北海道　北方との窓口　三上喜孝　279
東北　蝦夷の世界　327
座談会　古代地域史研究の今、そしてこれから
（川尻秋生、下向井龍彦、鈴木景二、柴田博子、蓑島栄紀、三上喜孝、吉川真司）
古代日本要図

＊　引用文・引用挿図の出典や本文記述の典拠などを示す際には、［川尻、二〇二四］のように略記し、その文献名・出版社・出版年などは各章末の文献一覧に示した。

〈列島の東西・南北〉を考える

川尻秋生

はじめに――地域史研究とは

日本史の分野において、地域史研究は重要な位置づけを与えられてきた。地域史とは、地域の特質や自然条件を把握し、居住域・生産域・墓域など多様な要素で構成される景観を明らかにすること、そして、地域社会における政治的・経済的な諸関係を含む人間生活全般の諸様相を明らかにすることである。

日本列島は南北に長い弧状を呈し、しかも山がちな地形がその大部分を占めている。また、海を隔てているとは言え、北はサハリン、南は南西諸島、そして台湾へと島々が続き、西には朝鮮半島、中国大陸が控えている。こうした自然条件は、列島の諸地域に独自の文化を育み、斉一化が進みつつあるとは言え、現代社会にも大きな影響を与えている［網野、二〇〇八］。このような諸地域の歴史・文化的特徴をあぶり出すことが、地域史研究に与えられた使命である。さらに言えば、古代・中世といった時代枠を取り払い、対象とする地域の歴史的変遷を通史として叙述することが重要である。

「日本」の相対化

もう一つの地域史の重要性は「日本」の相対化にある。日本は、島国であるという特性もあり、他の東アジアの国々と比べると、民族に関わる問題は少ないように見える。しかし、アイヌや琉球の人々を含み込みながら、近代日本が成立した経緯から見ると、民族の問題を過小評価することはできない。日本が単一民族によって成立しているのではないということは、強く意識しておく必要があろう。

この問題については、「国民国家」としての日本がまだ成立していない古代という時代を考えることで、「日本」という国を相対化することが可能となる。とくに北方と南方の世界は、もともとヤマトに含まれなかった地域であり、その地域の特色や歴史的変遷を理解しておくことが、現代社会に生きる我々にとっても極めて重要なことであろう。

本書では、主として蓑島栄紀による「北海道　北方との窓口」と柴田博子による「九州と南島　大陸との窓口」がこの部分に当たるが、これらから日本という国がいかに多彩な文化を含み込んだ上で成立したのかという点が、はっきりと認識できるのではあるまいか。

古代の地域史研究

さて、古代の地域史研究もこれまでにかなり蓄積されてきた。主な出版企画をあげれば、『古代の日本』(角川書店)、『新版　古代の日本』(角川書店)、『古代の地方史』(朝倉書店)、『古代王権と交流』(名著出版)、『シリーズ　地域の古代日本』(角川選書)などが思い浮かぶ。

しかし、古代史の特性として、史資料の少なさという問題が常につきまとうことになる。また、現在、我々が手にすることのできる文献史料が伝えることは、当時の社会のごく一部の側面に過ぎず、しかも何らかの機能や目的をもって伝世されてきたものがほとんどである。したがって、日常的に使用された文字資料は、不要になれば廃棄されることになるから、正倉院文書のような例外を除けば、意図的に残されることはほとんどない。

さらに、現存する史料のほとんどは、国家が何らかの形で関与したものである。つまり国家の関心が薄いもの、すなわち社会の基層や地域社会に関する史料は少ないと言える。このように、古代の地域史研究には数々の困難がともなうのである。

出土文字資料の出現

こうした文献史料を補うものとして、木簡・漆紙《うるしがみ》文書・墨書土器などの出土文字資料が注目される。木簡は、最初、藤原宮や平城宮などの都城から出土したが、現在では国府や郡家《ぐうけ》をはじめとする多くの遺跡から出土するようになった(1)。

また、漆紙文書は、漆を容器で保存する際に、反古《ほご》となった文書を蓋として再利用したもので、漆が染みこんでいるため、紙が腐食せずに残存したものである(2)。さらに墨書土器は、文字数が少ないものがほとんどであるが、集落での祭祀(3)や氏族構成などを知ることができる。現在では、こうした出土文字資料を積極的に活用する方法はほぼ定着したと言ってよく、本書でもその成果の一端を随所に見ることができる。

出土文字資料は、正史などの既存の文献史料からはうかがうことのできない情報、また、従来の文献史料では描かれていない在地に密着した情報を我々に提供してくれる点も強みである。例えば、少し古い事例になるが、郡評《ぐんぴょう》論争(4)に決着をつけたのも、藤原宮から出土した木簡であった。石川県津幡《つばた》町加茂《かも》遺跡出土の牓示札《ぼうじさつ》(5)は、古代の農民生活を生き生きと我々に伝えてくれた[平川ほか、二〇〇一]。

また、出土文字資料の重要な点は、既存の文献史料を補足するだけでなく、既存史料を読み直すことに役立つという点にもある。従来、文献史料の誤写や脱漏と考

(1) 現在では、削り屑も含めれば数十万点に達している。

(2) 戸籍・計帳などの行政文書が多い。

(3) 本書所収の川尻コラム「古代人と故郷」に見るように、延命祭祀をはじめ多くのバラエティがある。

(4) 『日本書紀』では、大化改新詔(六四六年)以降、地方行政単位として「郡」を用いていたとするが、実際には大宝令施行(七〇一年)までは「評」を用いていた。このことに関する学問的論争を郡評論争という。鈴木景二「近畿・北陸　日本の基点」注7も参照。

(5) 農民の労働時間、

えられてきたものが、出土文字資料によって正された事例は枚挙にいとまがない[6]。

史料学の進歩

地域史研究で触れておかなければならないのは、史料学の進歩との関係である。一昔前ならば、古代史の史料と言えば、六国史《りっこくし》[7]が主であり、時代で言えば下限は平安時代初期（九世紀）までであった。しかし、近年では古記録（貴族の日記）や儀式書など平安中期以降の史料が活字化されるようになり、また、それらの有力な写本の写真版も出版されるようになった。その結果、利用できる史料の範囲は広がり、平安時代中期以降の研究が盛んになってきた。

関連して、近年の傾向として、各種のデータベースの整備が特筆される。「木簡庫」（奈良文化財研究所）や各種文献のデータベース（東京大学史料編纂所など）をはじめとする数多くの検索システム類が整備され、今後もさらに充実していくと考えられる。また、未翻刻史料を多量に含む画像資料も、東京大学史料編纂所や宮内庁書陵部などで一般公開されるようになってきており、その史資料環境は以前と比べて格段に向上している。

ただし、データベースについて言えば、大部分が文字データのみであり、史資料が持つ「モノ」としての価値は多くの場合反映されていない。また、出土文字資料

禁止事項などを板に書いて立てかけ、農民が守るべき事柄を周知させた札。

（6）例えば、宝亀一一年（七八〇）に多賀城《たがじょう》を焼き討ちした伊治呰麻呂《これはりのあざまろ》について、『続日本紀《しょくにほんぎ》』は「上治郡」の大領だとしていたが、「此治郡」の木簡が出土したことから「上」は「此」の誤字であることが判明した。

（7）日本書紀・続日本紀・日本後紀・続日本後紀・日本文徳天皇実録・日本三代実録の六つの正史。

で言えば、それらは文字史料として扱う前に、あくまで考古資料として見る必要がある。したがってこうしたデータを使用する場合には、史資料の特質を常に考慮することが重要である。

自治体史の刊行

こうした史料学の進歩を承け、良質な自治体史が各地で刊行されるようになった。県史・市史などの自治体史の対象は古代史に留まらず、その中心はどちらかと言えば、中・近世史の研究であった。古代史の場合、ほとんどの文献史料が刊本としてすでに出版されてきたため、最初のうちはあまり注目されなかった。

しかし、前述したように史料学が進展したことにより、既存の刊本にとらわれず、よりよい写本(善本)によって、諸史料を校訂し直す作業がなされるようになった。これによって、文字史料の精度が格段に上昇したのである。

近年の自治体史の中で特に注目されるのは古記録類の充実である。前述のように近年では貴族の日記や儀式書の研究も盛んになり、その研究成果が自治体史にも盛り込まれるようになった。一〇世紀は古代から中世への転換期でもあり、摂関・院政期も含めて、古代史研究にとっても重要な分野である。

また、近年の自治体史の中には、出土文字資料の集成を行っているものも増えている。[8]木簡はともかく、墨書土器は基本的に発掘調査報告書に記載されることが多く、その集成には多大な労力を要する。近年では、墨書土器のデータベースも公開されてはいるが、[9]詳細な情報となると、直接報告書に当たり確認することが求められる。こうした中、自治体史での集成は全体を見渡すには便利である。

さらに、近年の地域史研究に関しては、博物館や資料館、そして文書館など、保存機関での史資料の展示も重要である。これらの機関では、展示・教育普及活動はもちろん、地域史に関わる各種文献が効率よく利用できる。のみならず、特別展やその展示図録には、最新の研究に基づいた成果が反映されている場合も多く、地域史研究には欠かせない存在である。

(8)『千葉県の歴史　資料編古代』(一九九六年)、『宮崎県史　通史編　古代二』(一九九八年)、『山梨県史　資料編三　原始・古代三　文献・文字資料』(二〇〇〇年)、『青森県史　資料編　古代二出土文字資料』(二〇〇八年)など。

(9)明治大学古代学研究所による「墨書・刻書土器データベース」がある。

本書の課題

これまで述べてきたように、古代の地域史研究はそれぞれの地域の特色をあぶり出し大きな成果をあげてきたと言える。ただ、古代史という学問分野の性質上、また、国家が何らかの形で関与した史料群を分析せざるを得ないという制約上、従来は、各地域社会と王権・国家との関係という枠組みで、議論される傾向が強かった。

確かに王権の研究は、日本古代史にとって最重要な研究分野と言える。しかし、こうした二項対立的な研究では、各地域間の人やモノの動きが、そして各地域間の連関が見えにくくなってしまう。もちろん、交通史の分野では、地域間交流も扱うものの、やはり駅家《うまや》や道路の研究が中心であって、人やモノの動きという視点は弱いと言わざるを得ない。

そこで本書では、これまでの地域史研究の止揚を目指し、それぞれの地域の特色だけでなく、列島内外における地域間の人の交流やモノの動きという視点を設定した。征夷、防人《さきもり》、また俘囚《ふしゅう》の移配など、時の政府による意図的な移動政策がある一方、必ずしも王権が介在しない海上交通による比較的自由な移動などもある。こうした人々の移動やモノの動きを重視した地域史研究ははじめての試みではあるまいか。

従来、古代における人間の移動は、文献に残されたわずかな痕跡からしかわからなかったが、近年では土器などの考古資料や出土文字資料から、明確に知ることができるようになってきた。古代の日本列島でも、人々の移動・交流は頻繁に行われ、それぞれの地域に大きな影響を与え、時代を大きく動かすこともあったのである。

新しい史資料の活用

古代の地域史研究に用いることができる文献史料は少ない。そのため、出土文字資料や考古資料を積極的に用いる必要がある。こうした研究手法はこれまでも繰り返し提唱されてきた。

しかし、こうした史資料のほかに、最近では中世史料や、場合によっては近世史料を積極的に用いる場合も増えてきた。とくに地名については、古代の遺称地《いしょうち》(10)が現存する場合も多く、通時代的な研究に用いることが可能である。

一方、はじめての試みであるが、本書「東国《とうごく》　ヤマト王権の軍事的基盤」で筆者は、鎌倉時代初期の仏像に納入されていた「勧進交名《かんじんきょうみょう》」に記された氏族名を、古代に遡らせて利用してみた。場所にもよるが、東国など中央から離れた場所では、古代の氏族名が中世まで残存する場合が多いらしく、地域の古代氏族名の復原に威力を発揮しそうである。

また、本書では下向井龍彦「中国・四国　海の道」が試みているように、自然科学的なデータを用いる方法も有効であろう。すでに、考古学では、古人骨に含まれるストロンチウムの同位体を用いた出身地の同定などが方法論として確立しつつあるが(11)［右島、二〇二四］、こうした周辺諸分野との学際的協業は、今後とも一層進めていく必要があろう。

各章の概要

川尻秋生「東国　ヤマト王権の軍事的基礎」は、ヤマト王権に忠実な軍事的性格

(10) 例えば、養老五年(七二一)の「下総国葛飾郡大嶋郷戸籍」に見える「甲和里《こうわ》」の遺称地に、東京都江戸川区の小岩《こいわ》がある。

(11) 地質によってストロンチウム(Sr)の同位体比に変動があることを利用して、人間の骨や歯に蓄積したストロンチウムを分析し、人物の出身地を特定する方法。群馬県の金井東裏《かないひがしうら》遺跡出土の人骨を分析したところ、長野県の伊那《いな》地方の出身であることが推測されるようになった。

を持つ奈良時代以前の東国が、平安中期以降、敵対する性格に変化する過程や理由を述べた後、鎌倉時代初期の「交名」をもとに、東国と東北の人的な交流を復原的に描く。

下向井龍彦「中国・四国　海の道」は、瀬戸内海交通のあり方を諸史料から丁寧に跡づけた上で、海上交通や海運の実態を明らかにする。潮流などの自然科学の知見による海路の検討は、これまでにない結論を導く。今後の新たな研究手法としても注目されよう。

鈴木景二「近畿・北陸　日本の基点」は、初期ヤマト政権の性格を、纏向《まきむく》遺跡などを通じて論じ、そこに連合体としての性格を見る。また、北陸については、コシとの関係から説き起こし、その歴史的特質を描き出す。交通史を基本に据えながら、長年地域史研究の研鑽を積んできた方法には学ぶべき点が多い。

柴田博子「九州と南島　大陸との窓口」は、東アジア大陸との関わり、東国防人や蝦夷移配の痕跡、南島の交易など、九州・南島地域の特色を明らかにする。考古資料も存分に用いながら、わずかな痕跡も見逃さないその姿勢は、地域史研究のおもしろさを伝えてくれる。

蓑島栄紀「北海道　北方との窓口」は、北海道地域の内在的な文化の変遷、そして北方世界との交流などについて、豊富な考古資料を用いながら生き生きと描く。

北海道に栄えた文化がいかに北方世界とつながりながら、本州と交流していたのかという点を、蓑島氏の幅広い知識からうかがうことができる。

三上喜孝「東北　蝦夷の世界」は、律令国家が持っていた観念としての蝦夷と、その実態を豊富な出土文字資料や考古資料を用いて活写する。また、東北への移民と城柵の設置、そして交易の実相が描かれるとき、従来にない蝦夷像が浮かび上がって来るであろう。三上氏ならではの広範な視野と懐の広さを感じさせてくれる。

以上、本書の内容をかいつまんで紹介したが、執筆者の方々は、日ごろから文献史料はもちろん、考古資料にも関心を寄せ、それぞれの地域の歴史を探究しようと奮闘している。本書で示したように、列島、時には列島を飛び越えて移動した人々やモノのダイナミックな動き、そして各地域の特色を見ることで、地域史研究の醍醐味を読者の皆さんにも是非味わっていただきたい。

引用・参考文献

網野善彦、二〇〇八年『日本の歴史00　「日本」とは何か』講談社学術文庫
井上辰雄ほか編、一九七七―七九年『古代の地方史』一―七、朝倉書店
上原真人ほか編、二〇〇六年『列島の古代史1　古代史の舞台』岩波書店
竹内理三ほか編、一九七〇―七一年『古代の日本』一―九、角川書店
坪井清足・平野邦雄監修、一九九一―九三年『新版　古代の日本』一―一〇、角川書店

平川南監修・石川県埋蔵文化財センター編、二〇〇一年『発見！ 古代のお触れ書き 石川県加茂遺跡出土加賀郡牓示札』大修館書店
右島和夫、二〇二四年「古墳時代の榛名山噴火」吉村武彦ほか編『シリーズ古代史をひらくⅡ 天変地異と病』岩波書店
水野祐監修、一九九四―九六年『古代王権と交流』一―八、名著出版
吉村武彦ほか編、二〇二二―二三年『シリーズ 地域の古代日本』一―六、角川選書

東国　ヤマト王権の軍事的基盤

川尻秋生

はじめに
1　東国とは――その範囲と特殊性
2　東国と都を結ぶ道
3　交流する東国と東北
おわりに
コラム　古代人と故郷

はじめに

これまでにも、古代東国《とうごく》については多くの研究が積み重ねられてきた。それらを大きく分類すると、おもに(1)古代東国の地域的特徴、および(2)王権と東国の交通について検討したものとなろう。こうした研究状況は、ヤマト王権や律令政府が古代の中心であった以上、当然であった。その意味では、本章もこれまでの研究を踏襲することになる。

しかし、本章が目指していることは、それらに加え、東国と都以外の地域間の交流にも着目することである。本章では、古代の東国の特徴とともに、東北地方をはじめとする諸地域との関係にも目配りをしながら、古代東国の特色を明らかにしたい。

1　東国とは――その範囲と特殊性

「東国」の意味

東国は、東(アヅマ)とも呼ばれ、本来、王権から見て東側の地域一般を指す言葉であった。この点について、「ツマ」とは、現在でも足先のことを「つま先」と言うように、端（先端）という意味があるので、薩摩（サツマ）との対比であるとする、興味深い説がある［西郷、一九九五］。

ただし、古代にはアヅマに対する「西国《さいごく》」を特別に意味する言葉はなく、この説をまったく否定することはできないが、やはり「アヅマ」には特別な意味が認められる。

『日本書紀』では、日本武尊《やまとたけるのみこと》（以下、タケル）が、蝦夷《えみし》討伐の帰途、上野《こうずけ》と信濃《しなの》の間にある碓日《うすひ》嶺で、亡き妻の弟橘媛《おとたちばなひめ》を偲んで[1]「吾嬬《あづま》はや（ああ、わが妻よ）」と感慨に耽ったところから、「吾嬬国」と呼ばれるようになったという（景行天皇四〇年是歳条）。

また、『古事記』では、タケルが足柄《あしがら》坂で、坂の神の化身の白鹿が来たので、食べ残していた蒜《ひる》（ノビル）を投げつけると、目に当たって鹿が死んだ、タケルは嘆息して「阿豆麻波夜《あづまはや》（目に当たってしまった）」と漏らしたことに因んで「阿豆麻」と呼ぶようになったという（中巻、景行段）。ただしいずれも伝承に過ぎない。

まず、最初に「東国」の範囲について見ておきたい。乙巳《いっし》の変（大化の改新、六四五年）の後、東国に「国司《こくし》」が派遣された。[2] 一般には「東国国司」[3]と呼ばれる。残念ながら、派遣された地域を完全に特定することはできないが、東国の豪族として

（1）タケルが、相模《さがみ》から上総《かずさ》側に走水《はしりみず》（浦賀水道）を渡海しようとした際、海を侮ったため海神の怒りを買い、暴風雨が起きて遭難しそうになった。そこで随行してきた弟橘媛が入水して身を捧げタケルが難を逃れた。

（2）「国司」とは、律令制下の用語であり、本来は『常陸国風土記《ひたちのくにふどき》』に見える「惣領《クニノミコトモチ》」ないし「国宰」であった可能性がある。

（3）この時、「国司」が列島各地に派遣されたのか、それとも東国のみであったのか不明であるが、仮に前者であるとしても、『日本書紀』で東国が事例としてあげられていることは、東国の重要性を示しているとみてよい。

図1　東国の範囲[川尻, 2003a]

朝倉君《あさくらのきみ》、三河大伴直《みかわのおおとものあたい》、および有礪《うと》の地名が見える(『日本書紀』)。朝倉とは後の上野国那波《なは》郡朝倉郷、三河は文字どおり三河国、有礪は駿河《するが》国有度《うど》郡に比定される。その他の人名・地名も併せて考えると、東国国司が派遣されたのは、後の三河・駿河・甲斐《かい》・伊豆・相模・上総(のちに安房《あわ》が分立)・下総《しもうさ》・常陸《ひたち》・信濃・上野・武蔵・下野《しもつけ》あたりであろう[平野邦雄、一九八七/荒井、一九九四](**図1**)。

こうした現在の中部地方も含む東国は、防人《さきもり》の徴発地からも裏付けられる。『万葉集』巻二〇には、東国から徴発され、北九州の沿岸地域で外敵の警護に当たった防人の歌が収められている。また、正倉院には、天平年間の諸国の正税帳《しょうぜいちょう》(4)が残され、

(4) 毎年、国司は、正税稲(諸国の財源)からの支出を政府に報告する義務を負っていた。正税帳とはその帳簿のこと。

そこには諸国を通過した防人に対して食料などの供給を行った記載がある。それらによれば、東海道では、遠江・駿河・甲斐・伊豆・相模・安房・上総・下総・常陸、東山道では信濃・上野・武蔵・下野から徴発されている。この地域は東国国司が派遣された範囲とほぼ一致する。防人の徴発地は古い時期の東国を示しているとみてよい。

坂東とは

一方、「坂東《ばんどう》」という地域区分もある。この語は「坂東太郎」(利根川のこと)などとして現在でも用いられている。坂東は本来、東山道では信濃と上野の間にある碓《うす》氷《い》坂、東海道では駿河と相模の間にある足柄坂の東という意味であった。

初見は、神亀元年(七二四)であるが(『続日本紀《しょくにほんぎ》』)、最初は陸奥《むつ》を含んでいたものの、その後は相模・武蔵・上総・安房・下総・常陸・上野・下野の八カ国を含む領域を示すことになった。奈良時代中頃以降は「坂東八国」と記される場合も多く、現在の関東地方とほぼ同一の範囲になる。逆に、八カ国のうち一カ国でも含まない場合には、坂東とは呼ばないことになっていた。

古代において、坂東は征夷《せいい》と関わって登場するという特徴がある。坂東がはじめて現れる神亀元年頃には、陸奥国府として多賀城《たがじょう》(5)が成立し、本格的な征夷が行われ

(5) 神亀元年(七二四)、大野東人によって築城。蝦夷を治めていた拠点で陸奥国府が置かれた。

るようになった。また、多賀城をはじめとする城柵《じょうさく》(6)に配置されて実働部隊となった鎮兵《ちんぺい》は、坂東の軍団兵士のなかから選ばれた者たちで、城柵への兵糧米《ひょうろうまい》も坂東諸国から運ばれることになっていた。つまり、坂東とは、征夷を中心とする東北経営を行うための兵站《へいたん》基地の名称だったのである[川尻、二〇〇三a]。ここにおいて、坂東は東北との密接な関係性を有するようになったことになる。

平安初期には、桓武《かんむ》天皇によって、三回にもわたって最大一〇万人にも及ぶ兵士を動員して征夷が行われたが、その実質的な兵士や兵糧、そして城柵に物資を運搬する役夫《えきふ》も、すべて坂東から供給されることになった。その結果、坂東諸国の倉庫は空になり、人々の疲弊は極に達したと言う(『類聚国史』巻八四、大同五年〈八一〇〉五月条)。

東国と東北の関係はこれ以降も続き、平安時代中期には、源氏の棟梁が東国の武士たちを動員して東北の豪族を討つ、前九年《ぜんくねん》合戦(7)(一〇五一―六二年)や後三年《ごさんねん》合戦(8)(一〇八三―八七年)が起きる。ついには、源頼朝によって鎌倉幕府が開かれると、まもなく彼によって、奥州藤原氏が平定される(奥州合戦、一一八九年)。東北の勢力は東国の力によって押さえ込まれることになるが、これは古代以来の東国と東北の関係の延長線上に位置づけることもできよう。

東国と東北の関係については、この後、別に述べることになる。

(6) 蝦夷を支配するために置かれた軍事拠点。

(7) 陸奥守源頼義《よりよし》が出羽国の豪族・清原氏の助けを借りて、陸奥国の豪族・安倍氏と戦い勝利した合戦。

(8) 前九年合戦の後、奥羽を支配していた清原氏が源義家《よしいえ》によって滅ぼされた戦い。奥州藤原氏が登場する契機となった。

アヅマとヒナ

まず、問題となるのは、「アヅマ」と「ヒナ」（鄙）の関係である。「ヒナ」とは中央から見て田舎を意味する。現在の感覚からすれば、アヅマはヒナに含まれると言えるだろう。ところが、古代ではそうではなかったらしい。

『古事記』雄略段には、三重采女《みえのうねめ》の天語歌《あまがたりうた》(9)が収められているが、その第三段の歌謡では、宇宙樹(10)としての槻《つき》の枝振りについて次のように記されている。

上《ほ》つ枝は天《あめ》を覆《おお》へり……
中つ枝は東を覆へり……
下《し》つ枝は夷《ひな》を覆へり……

槻とはケヤキのことで、東アジアでは聖なる樹と見なされていた。したがって「天―東―夷」という順番は、ヤマト王権の中心が「天」（都）、東国が「東」、「夷」が「天」と「東」以外の地を表わすという、古代王権の空間意識の構成を示していたことになる。ちなみにここでいう「夷」とは蝦夷の地ではなく、ヒナ（鄙）を示している。つまり、アヅマとヒナは別の地域として認識されていたのである［吉村、二〇一三a］。

また、こうした東国を特別視する考え方は『日本書紀』にも見られる。崇神《すじん》が子

(9) 三段から構成され、景行天皇の宮褒《みやぼ》め（第一段）、新嘗《にいなめ》の建物に生えた槻の歌（第二段）、槻の説明（第三段）である。

(10) 宇宙の中心に巨木があるという考え方は全世界に分布し、こうした樹を宇宙樹と呼ぶことがある。ちなみにエデンの園に登場するアダムとイヴの知恵の樹もこれに当たる。

の豊城入彦《とよきのいりひこ》・活目入彦《いくめのいりひこ》兄弟に夢占いをさせると、兄の豊城は「三輪山《みわやま》に登って東を向いて槍と刀を八回撃つ夢を見た」と語り、弟の活目は「三輪山の山頂に縄を四方に張り巡らして雀を追い払う夢を見た」と話した。そこで、崇神は、兄に東国を、弟に皇位を継がせたことになっている（崇神四八年紀）。豊城入彦は上毛野国造《かみつけぬこくぞう》の祖であるから、その影響も考えられるが、そうであるとしてもこの話は東国の独自性を表象しているだろう。

王権に従属する東国

王権と東国の関係性については、相反する二つの見解がある。

一つは、自律的で武力に秀でながらも、王権に従順で、国家の軍事的な基盤を担当したとする東国像である。もう一つは、武力に秀で、王権に敵対したと見る東国像である。前者を想起した場合は平安初期以前の東国を、後者を思い浮かべた場合は、一〇世紀以降、特に中世の東国をイメージしたことになる。それぞれについて見ていこう。

東国と古代王権の関係性を顕著に語る史料がある。称徳天皇が父・聖武天皇の詔《みことのり》を思い返しながら述べた宣命《せんみょう》の一節である。

復勅《またの》りたまふ、「朕が東人《あづまひと》に刀授けて侍らしむる事は、汝の近き護《まも》りとして護らしめよと念《おも》ひてなも在る。是の東人は常に云はく、「額には箭《や》は立つとも背には箭は立たじ」と云ひて君を一つ心を以て護る物そ。此の心知りて汝つかへ」と勅りたまひし御命を忘れず。此の状悟りて諸の東国の人等謹しまり奉侍《つかえまつ》れ〔後略*〕

（『続日本紀』神護景雲三年〈七六九〉一〇月条）

「東人」とは、主として東国の郡司《ぐんじ》層出身者のことであり、即位後間もない聖武天皇のために設置された中衛府《ちゅうえふ》の舎人《とねり》に起源がある。彼らが「東舎人《あづまとねり》」と別称されたことからすれば、単なる名目ではなく、東国の舎人の本質的な性格を表わしていると言えるだろう。彼らが軍事的にも優れながら、王権への忠実な僕であったことを、天皇をはじめとする上流貴族が認識していたことをよく示している。

ただし、東国が王権に対して単純に従属的かといえば、そうではない。次の中世に連なる要素もすでに内包していた点には注意を払っておく必要がある。古代王権は東国に対して警戒を怠らなかったのである。それは、王権が東国に対して、他の諸地域にない特別な位置づけを与えていたことに顕著に現れている。

蘇我馬子《そがのうまこ》は、崇峻《すしゅん》天皇が自分を殺そうとしているのではないかと、身の危険を感じ取り、「東国の調《みつき》」が貢進される日であると偽って崇峻を誘い出し、息のかかった者に暗殺させた（崇峻五年一〇月紀）。

これだけでは、「東国の調」の内容はわからないが、よく似た例は、六四五年に

***（大意）**（父・聖武天皇が）またおっしゃるには、「朕（聖武）が東人に刀を授けて（娘・称徳に）仕えさせている理由は、汝（称徳）の近辺の護衛を思ってのことである。この東人は常に、「額に箭が立つことはあっても背中には箭は立つまい（敵に背中を見せることはない）」と言って、天皇を一心に護っている。この（死を恐れない東人の）心を知って、汝は（東人を）使いなさい」とおっしゃった（聖武の）御命令を忘れず、（臣下たちは）この有様を悟って諸々の東国の人たちを謹しんで使用しなさい（後略）。

起きた乙巳の変でも見られる。中大兄皇子《なかのおおえのおうじ》らは、「三韓の調」が貢納される日と偽って、用心深い蘇我入鹿をおびき出したことが知られている（皇極四年六月紀）。三韓の調とは、高句麗《こうくり》・新羅《しらぎ》・百済《くだら》が服属の印として倭国に収めた貢納品のことである。(11) こうした外交儀礼には、天皇はもちろん、臣下も必ず出席しなければならなかった。

これらの事例を考え合わせるならば、王権から見て、「東国」とは他の列島諸地域とは区別される異国と認識されており、そのために特別な服属儀礼が課されていたことになる。「東国の調」の具体的な内実は不明な点が多いが、次の事例が参考となる［田島、二〇〇五］。

東人の　荷前《のさき》の箱の　荷の緒にも　妹《いも》は心に　乗りにけるかも＊〈禅師〉

（『万葉集』巻二、相聞、一〇〇番）

この歌を含めて五つが一連の歌で、信濃に関する内容を比喩として用いているものがあるところから、ここでの「東国」とは、具体的には信濃を指していることになる。そして、「荷前」とは、「毎年諸国から奉る貢の初物。初穂」（『岩波古語辞典』）のことであるから、具体的には、もともとは科野《しなの》国造が王権に奉っていた布、後世「信濃布」と呼ばれた繊維製品であったと推測される。「東国の調」にはこうした諸国造が貢納していた各種の物品が含まれていたに違いない。

(11) 史実としては、朝鮮半島の三国が倭国の統治を受けていたわけではない。

＊**(大意)** 東国の人が納める荷前の箱の緒のように、あなたは私の心にずっしりと乗ってしまったのです。

王権と対立する東国

一方、主として一〇世紀以降のことになるが、東国は王権と対立することになる。著名なところでは、平将門は、新皇《しんのう》を称して、坂東を独立した国として認識していたことが知られている。

凡《およ》そ八国を領するの程、一朝の軍攻め来たらば、足柄・碓氷の二関を固めて、当《まさ》に坂東を禦《ふせ》がむとすべし。*

（『将門記』）

将門自身は、天皇制自体を否定しようとする意思はほとんどなかったと考えられるが、律令国家から独立した政治構造――たとえそれが未熟だとしても――を模索したことは、東国の自立性を示すとともに、王権と対立する東国を象徴しているだろう［川尻、二〇〇七］。

将門の乱は、短期間で鎮圧されることになったが、やがて乱を鎮圧した中から桓武平氏・清和源氏といった武家の棟梁が生まれ、源頼朝による鎌倉幕府が成立することになる。異論はあるものの、鎌倉幕府を東国国家と考える学説も有力である［佐藤進一、二〇二〇］。

したがって、おおむね一〇世紀を境として、それ以前は自律的で武力に秀でながら[12]も王権に忠実な東国像が語られ、それ以後の東国像は自律的で武力に秀で、かつ

＊（**大意**）坂東八カ国を領有した今、朝廷軍が攻め寄せて来たならば、足柄・碓氷の二つの関を固めて、坂東を守ろう。

（12）なお、近年、六世紀に榛名山（群馬県）の火砕流により埋没した馬牧や馬飼集団の集落の存在が明らかになった。こうした政策の背後には、ヤマト王権の意図が働いていると考えられており［右島、二〇二四］、東国の軍事的優越性の背景になった可能性が具体的に推測できるようになった。

王権に敵対する傾向が強まることになる。

王の血と東国

それではなぜ、こうした変化が起きたのであろうか。

筆者は、その要因として王の血の問題があるのではないかと考えている〔川尻、二〇一七〕。この視点から見た場合、おそらく三つの段階が想定される。

最初の段階は、王宮に東国の首長の子弟や子女が上京して仕えた（上番した）段階である。具体的には、辛亥年《しんがい》（四七一）の年紀を有する稲荷山《いなりやま》古墳（埼玉県行田市《ぎょうだ》）出土の鉄剣銘が好例である。これにより、ヲワケが「杖刀人《じょうとうにん》の首《おびと》」として、(13)斯鬼宮《しきのみや》に上番し、後に雄略と呼ばれるようになったワカタケル大王に仕えたことが知られている。銘文の内容から見て、ヲワケに至る一族が代々王権に仕えたことは名誉なことと考えられていた。この時代から、すでに東国の軍事的な優位性がうかがえる。

ちなみにこの時期は、「〇〇人」と表記される人制《ひとせい》という官職制度が施行され、まだ部《べ》民制《みんせい》は施行されていなかった〔吉村、二〇二三b〕。後に部民制が施行されるようになると、地方豪族が出仕した王宮の名称がウジ名（部の名）として用いられるようになり、(14)王権とのつながりがより重視されていく。こうした王と地域社会の首長との人格的な関係もまた、王権への従属的な関係を育んだ一因であった。

(13) 江田《えた》船山《ふなやま》古墳（熊本県玉名郡和水町《なごみ》）出土の鉄刀銘にみえる「典曹人《てんそうにん》」も同様である。

(14) 例えば、敏達《びだつ》の「訳語田幸玉宮《おさだのさきたまのみや》」に仕えた地方豪族は「他田部直《おさたべのあたい》」と名付けられた。

第二の段階は、王権を巡る神話の中に東国の首長が取り込まれ、擬制的（形式的）に王の同族と認識された段階である。例えば、もちろん伝承上ではあるが、東国の平定のために派遣された彦狭《ひこさ》島王《しまおう》の先祖として豊城入彦が位置づけられる。豊城入彦は上毛野君（上毛野国造）や下毛野《しもつけぬ》君（下毛野国造）の始祖ともされている。もちろん、伝承に過ぎないのであろうが、記紀などをみると、至るところに王（天皇）の子孫やその一族として、東国の国造の祖が記されているが、これらは地方の豪族を王権が取り込んだ結果である。

第三の段階は、王の血が実際に在地の中に取り込まれた段階である。九世紀中頃以降、地方社会では土着国司問題が表面化した。もともと、国司が地方社会に赴任した場合、任期が終われば帰京しなければならなかった。しかし、中下級で上級国司にコネがない場合、都へ帰っても次の官職になかなかありつけなかった。そこで、地域社会に土着し、郡司などその土地の有力者と姻戚関係を結び、荘園経営などに勤しむ者が出てきた(15)。

その国司の中に天皇の血を引く者が混じっていた。とくに桓武天皇以降、嵯峨《さが》・仁明《にんみょう》・文徳《もんとく》・清和などは多くの皇子女をもうけ、そのなかの幾人かは臣籍降下(16)し、国司に任じられそのまま土着する者も現れた。

もちろん、この段階までにも、采女などとして東国の首長の子女が上番し、王の

(15) 平高望《たいらのたかもち》の子が常陸・下総・上総・武蔵など広範囲に分布し、それぞれ営所と呼ばれる軍事拠点を営んだのは、各地の有力者のもとに高望が通婚した結果と考えられる。

(16) 天皇の子孫がその身分を離れて臣民（一般の公民）身分となること。

子を身ごもったこともあったであろう。しかし、生まれた子供は都で一生を終え、父祖の地に帰ることはなかった。

　このように土着化した者の中から桓武平氏や清和源氏が出現することになる。もちろん、こうした王家の血統を引く国司が任命されたのは東国だけではない。しかし、東国では前代以来の武力と結びついて、この血がとくに利用されたのである。

伏して昭穆《しょうぼく》を案ずるに、将門は已《すで》に柏原《かしわばら》天皇の五代の孫也。縦《たと》ひ永く半国を領すれども、豈《あ》に非運と謂《い》はんや〔後略〕*

（『将門記』将門書状）

　これは平将門が、太政大臣藤原忠平《ふじわらのただひら》ないしその息子（師氏《もろうじ》）に送ったとされる書状であるが、ここには自分が天皇の血を引いていることへの強烈な自負が見て取れる。もちろん、都やその周辺には、天皇の後胤《こういん》はたくさんおり、桓武の五代の孫（正確には六代目）など取るに足りないのだが、地方社会にあっては、貴人（マレビト）として重要視されたのである。

　また、次のような事例も参考になる。

北条《ほうじょう》四郎時政《ときまさ》アユマセ出シテ申云《もうしていう》、「汝ハ不知《しらず》ヤ。我ガ君ハ、清和天皇ノ第六皇子、貞純《さだずみ》親王ノ御子、六孫王経基《つねもと》ヨリハ七代ノ後胤、八幡太郎殿ニハ御彦《おんひこ》、兵衛佐殿《ひょうえのすけどの》ノ御坐也。忝《かたじけな》クモ太上天皇ノ院宣《いんぜん》ヲ賜テ、御頸《おんくび》ニカケ給ヘリ。東国八ケ国輩、誰人カ御家人《ごけにん》ニ非《あらざ》ルヤ〔後略〕*」

*（**大意**）伏して出自を考えますに、平将門（自分）は、桓武天皇の五代の子孫です。たとえ永く日本の半分を治めたとしても、どうして不当であると言えましょうか（いや、言えません）（後略）。

*（**大意**）北条時政が歩み出て言うには、「お前は知らないのか。我が君は、清和天皇の第六皇子・貞純親王の御子、源経基より数えて七代の子孫で、八幡太郎（源義家）殿の御子筋に当たる、兵衛佐殿（源頼朝）でいらっしゃるぞ。かたじけなくも太上天皇（後白河法皇）の院宣（以仁王の平家追討の令旨のこと）を賜り、御首に掛けていらっしゃるぞ。東国八カ国の者たちの内で、誰か（頼朝様の）御家人でない者はいるのか

（『延慶本《えんぎょうぼん》　平家物語』第二末、石橋山合戦事）

治承四年（一一八〇）に起きた石橋山合戦の際、平氏側の相模国の武士・大庭《おおば》景親《かげちか》が、源頼朝軍に対して、「平氏の支配が絶対の世の中に、刃向かう者は何者だ」と問うたのに対して、北条時政が応えた一節であるが、(17) やはり清和天皇からはじまる出自であることを、以仁王《もちひとおう》による平家追討の令旨《りょうじ》を賜ったこととともに、その正統性の根拠としている。

もちろん、『平家物語』は軍記文学であってその内容がそのまま史実であったかどうかはあやしい。だが、逆に創作であるが故に、かえって当時の人々に共通する源頼朝観を示しているとも言える。こうしてみると、畿内の王権から独立・対抗し、御家人の結束を保つためには、王の血を引く者が必要であるというアンビバレントな認識が、初期鎌倉幕府には確かに存在したことになる。(18)

古代国家は、東国の人々を制度的に、そして心情的に従属させるために、儀礼や貢納、そして軍事的動員をかけて、時にはガス抜きも行った。(19) 人々もまた官位や官職を得ることで、有利に在地支配を行うことが可能となった。しかし、平安中期以降、王権の変質によって、こうした古代国家の装置が崩壊し機能不全を起こすようになった。ここに「王の血」が加わることによって、潜在的に東国が持っていた独立性が表面化し、ついに王権に対して敵対する東国が出現すると考えておきたい。

（いや、いない）（後略）」。なお、延慶本は、延慶年間に書写された、『平家物語』の中ではもっとも古い写本。

(17) 戦場におけるこうした応答を「氏文《うじぶみ》読み」と言い、言葉によって相手を言い負かすことを目的とした。

(18) 三代将軍・源実朝《さねとも》が暗殺され、源氏の正嫡が絶えた後、北条義時・政子たちは、最初、後鳥羽《ごとば》天皇の子を跡継ぎに望んだが果たすことはできず、結局、九条家の男子（頼経）が跡を継ぐことになった。将軍の跡継ぎに天皇の血を引く者を望んだことはまた、王の血の問題の一つと言える。

(19) 防人制と征夷は、

2　東国と都を結ぶ道

東山道と東海道のルート

古代の地域社会は、畿内と道でつながっていた。いわゆる七道《しちどう》と呼ばれる道である。このうち、東国と関係するのは東山道《とうさんどう》と東海道である。東海道は「ウミノミチ」と訓読され、伊賀・伊勢を通って海沿いの国々を経て東国に至るルートである。東山道は「ヤマノミチ」と呼ばれ、平城京から近江・美濃を通る山道で、上野・下野を経て、陸奥・出羽に至る。

ただし、経路には変化があった。古く七世紀には、尾張は東山道に属していた可能性が高く、東海道は、海路、志摩から渥美半島（三河）に上陸し東進する経路であったらしい。その理由は、尾張は、伊勢湾に流れ込む、現在で言う木曽《きそ》三川《さんせん》（木曽・揖斐《いび》・長良《ながら》川）の河口部にあたったため、洪水が起きやすく、軟弱な土地だったからであった（**図2**）。

内湾に面した武蔵も同様であり、もともとは東山道に属していたが、宝亀二年（七七一）一〇月に東海道に編入された（『続日本紀』）。やはり多摩川をはじめとする大きな河川が内湾に流れ込み、渡河などに支障をきたしていたためと考えられる。

興味深いことに排他的な関係にあり、防人を徴発している間には征夷はなく、逆に征夷を行っている間には東国から防人を徴発しなかった［鈴木、一九九八］。東国の負担に配慮したと言えるが、常に東国の軍事力のガス抜きをしたと考えることも可能である。

武蔵が東山道に属していた時代には、東山道は上野国新田駅家《にいたのうまや》（群馬県太田市）から武蔵国府（東京都府中市）まで南下し、再び北上して下野国足利駅家（栃木県足利市？）へ至り、白河関を越えて陸奥国へ至る経路をとっていた（**図3**）。新田駅→武蔵

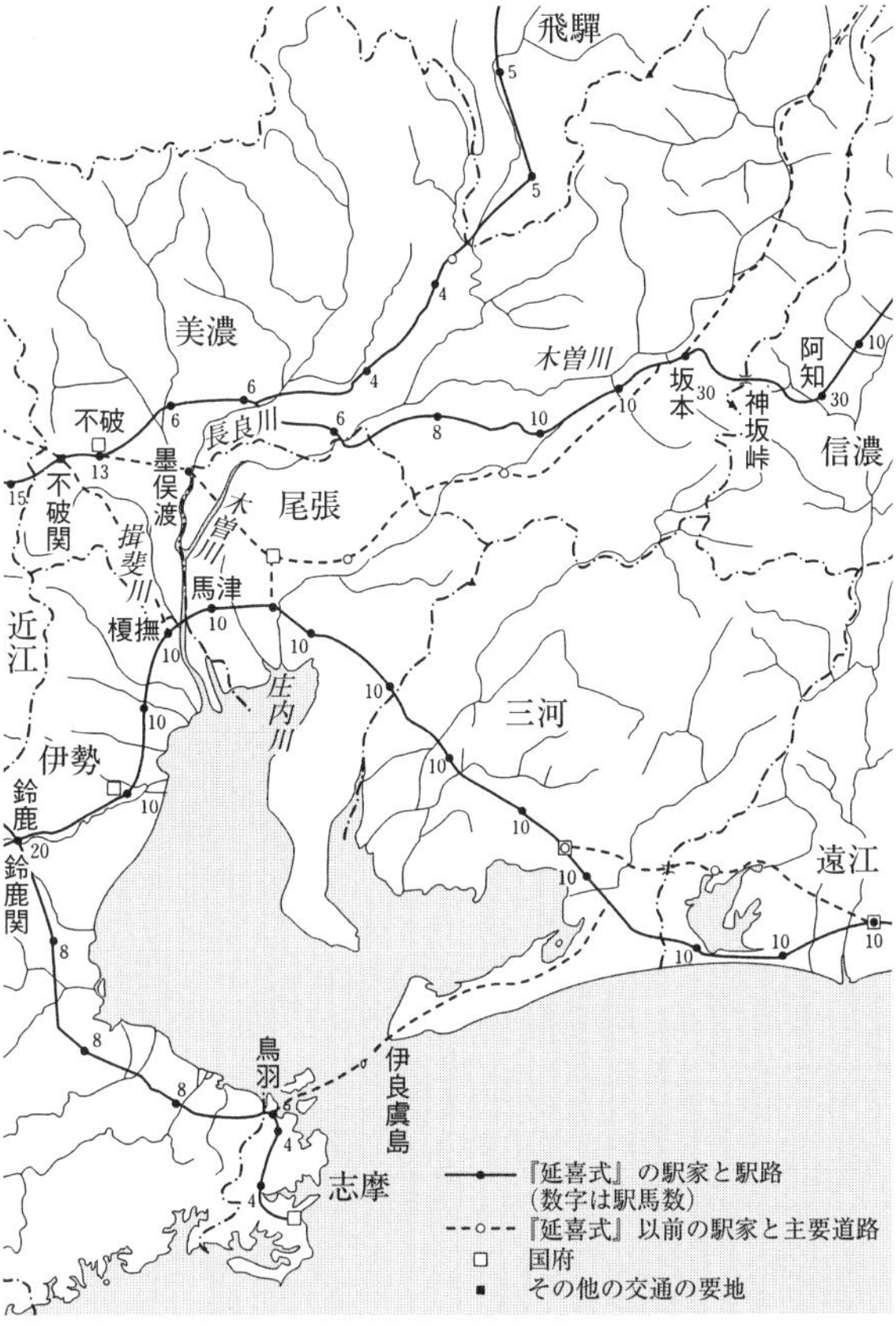

図2　尾張国を中心とする交通路（[川尻，2002]図1をもとに作成）

国府↓足利駅を結ぶ道は東山道武蔵路《むさしみち》と呼ばれ、府中市から群馬県にかけて部分的にではあるが発掘調査されている。その一部は復元展示されているところもある（東京都国分寺市など）。道幅は一〇メートル前後、両側の側溝を合わせると一二メートルにも達する。古代の官道は、なるべく直線を取る傾向があり道幅も広い。古代

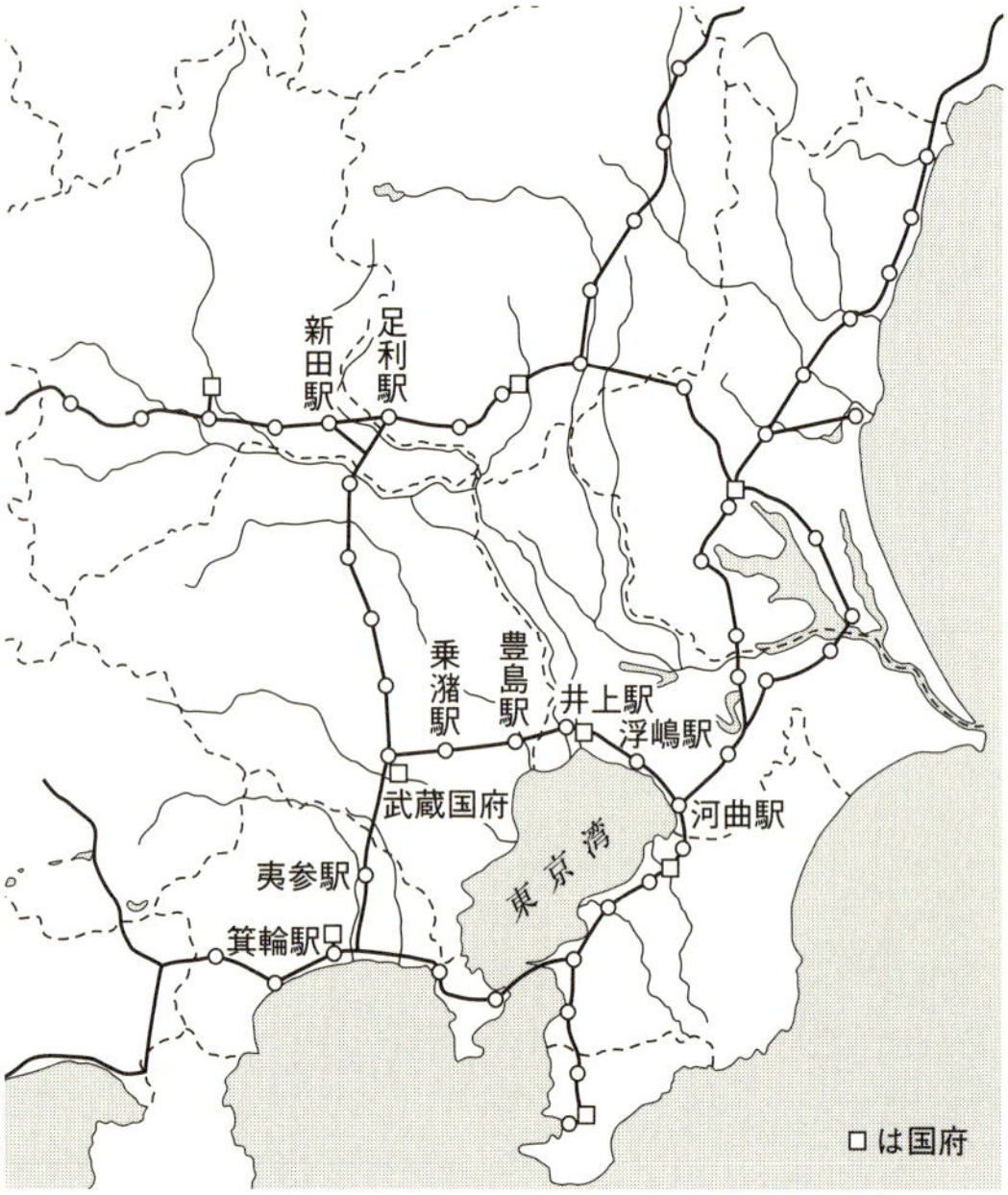

図3　武蔵国が東山道に属した時期の東国の交通路（[川尻, 2003a]図61をもとに作成）

国家の権威を示すとともに、軍事道路の機能も兼ねていたためである。

また、近年、新田郡家《ぐうけ》の場所が明らかとなり(上野国新田官衙遺跡群(20)、太田市)、新田駅家もその付近に想定できるようになった。さらに武蔵国府跡も府中市の大國魂《おおくにたま》神社の近くから発見され、遺構の一部が復元展示されている。

東山道が上野から南下し再び北上するという経路は、いささか変則的であるが、東国における武蔵の重要性を示している。東山道武蔵路は、武蔵が東海道に編入された段階で、官道ではなくなるが、それ以降も主要な幹線路として用いられ、後の鎌倉街道ともおおよそ一致することになる。平安時代の和歌に武蔵野がしばしば詠み込まれたのも、歌枕という要素の他に、実際に人々が往来していたからである。

奈良時代以来、武蔵守《むさしのかみ》は他の東国諸国司よりも位階が高く、重要人物が任命されている。この傾向は平安時代を通して続き、鎌倉時代になっても、武蔵は鎌倉将軍家の関東御分国となったため、守護ではなく国守が置かれ、将軍や執権に近しい人物など、幕府の重臣が国守に任命されている。


「東日本の幹線路」

ただし、こうした律令制下の公的な道は、必ずしもそのルートどおりに利用されていたわけではなかった。例えば、『万葉集』巻二〇(防人歌、四三七二番)にはこの

(20) 郡庁を四方からとり囲む特異な遺構を持つが、その構造は、長元年間(一〇二八—三七)、国司の交替の際に作成された「上野国交替実録帳」の記載どおりであった。

ようにある。

足柄の　御坂《みさか》賜はり　顧みず　我は越え行く　荒《あら》し男《お》も　立しやはばかる　不《ふ》破《わ》の関　越えて我は行く　馬《うま》の爪　筑紫の崎に　留《ち》まり居て　我は斎《いわ》はむ　諸《もろもろ》は幸《さけ》くと申す　帰り来までに

右、一首倭文部可良麻呂《しとりべのからまろ》*

これは、常陸の防人が北九州を目指して出立する際の歌を、引率者（部領使《ことりづかい》）が集めたものの一つである。可良麻呂は、足柄坂を経て不破関を通って目的地に行くことを詠っている。足柄坂は相模と駿河の間にある東海道の足柄峠のことで、不破関（岐阜県関ケ原町）(21)は美濃と近江の間にある三関《さんげん》の一つで東山道に属している。したがって、常陸国が属する東海道とは異なった道《どう》の利用を予感しているのである。この経路は、尾張から伊勢・伊賀を経由して平城京に達する律令制下の東海道とは明らかに異なっている。

筆者は、都と東国を行き来する者がどのような経路を経たのかという点に興味を持ち、調べたことがあった。その結果、興味深い事実が判明した〔川尻、二〇〇二〕。律令制下の公的な使者(22)は、律令の規定通りの東海道や東山道を往来したのであるが、実はそれは少数派だったのである。

今、都から陸奥までの多数派の経路を簡潔に示すと、まず、都から東山道の近

*（大意）足柄の御坂を通って、後を振り返らずに私は越えてゆく。荒々しい男でさえも立ち止まってためらう不破の関を越えて、私は行く。馬の蹄がすり減ってなくなるほど遠い筑紫の崎に留まって、私は身を清めて神に祈りを捧げよう。故郷の人々が無事でいてくれるようにと。無事に帰って来るまで。右、一首は倭文部可良麻呂の作である。

(21) 列島の東西を分断する山並みが途切れるこの地は、古来交通の要衝で、後に関ケ原合戦の舞台ともなった。

(22) 代表的な使者として、正税帳などの公文を上申する四度使《よどのつかい》があげられる。

江・美濃を経て南下し(23)、東海道の尾張を通って東海道を東進、武蔵国から再び北上して下野に達し、白河関を経て陸奥に至ったのである。筆者は、これを「東日本の幹線路」と名付けた。この経路は律令制以前に遡るものでもあった。

換言すれば、東海道では伊勢〜尾張、東山道では美濃〜信濃を利用することは一般的ではなかったのである。その理由は、前者については、前記したように木曽三川の河口部の湿地帯や氾濫域が、後者についても難所として知られる美濃と信濃の間の神坂《みさか》峠があったためである。『尾張国郡司百姓等解文《げぶみ》』第一九条には、「馬津《うまつ》の渡、これ海道第一の難処にして、官使上下の留連する処也」とあって、伊勢国榎撫《えなつ》駅に接する尾張国馬津駅は、東海道随一の難所として知られる。神坂峠が難所であったこととしては、受領《ずりょう》の貧欲さを示す史料として知られる『今昔《こんじゃく》物語集』の説話(24)が思い浮かぶだろう。

文治元年(一一八五)、源頼朝は「駅路の法」を定め、東海道を往来する使者に対して、伝馬《てんま》や食料を供給することを命じたが(『吾妻鏡《あづまかがみ》』)、ここには近江・美濃が含まれている。中世には「東日本の幹線路」こそが、正式な東海道として認知されていたのであった。

さらに、現在の東海道本線や東海道新幹線、そして名神高速道路の経路も、「東日本の幹線路」と基本的に一致している。現在の鉄道や道路網が整備されるには長

(23) 木曽三川を上流域で渡河したのである。

(24) 『今昔物語集』巻二八「信濃守藤原陳忠《のぶただ》落入御坂語 第三八」。信濃守の任期を終え京へ帰還する藤原陳忠は、神坂峠を過ぎる際、乗っている馬ごと深い谷へ転落した。とても生きているようには思われなかったが、谷底から陳忠の声が聞こえたので、かごを降ろして引き上げてみると、かごには陳忠ではなくヒラタケが満載であった。再びかごを降ろし引き上げると、今度は片手に一杯のヒラタケを摑んだ陳忠が乗っていた。家臣たちが呆れていると、陳忠は「木に引っかかったのでまわりを見れば、そばにヒラタケがたくさん生えているではないか。宝の

い歴史的な背景が存在したことになる。

東国の水上交通

ところで、東国は陸路が主体であった。本書でも述べられているが、畿内を中心に列島を東西に分けて考えれば、西日本は瀬戸内海を中心にして海路が発達し、東日本は陸路で結ばれていた。中国大陸の交通は、華北が馬による陸路、華南が水運が主流であったために「南船北馬」と呼ばれるが、これをもじって日本の交通の特色を、「西船東馬」と称することがある。

しかし、東国においても水上交通は見られた。武蔵国が東海道に編入される以前、東海道(以下、古東海道)は、相模から東京湾を横断し、上総に上陸したことは先に**図3**で示した。また、平安時代中期には、安《あ》房守《わのかみ》を経験した大江時棟《おおえのときむね》が、自己の経験を語る一節で、「渡口の嶮浪《けんろう》の畳《じょう》するや、水道(浦賀水道)に棹さして呂梁《ろりょう》の危うきを過ぐ」*(『本朝続文粋』巻第六、奏状)と表現しており、陸路ではなく、現在の東京湾を渡海することもあったことがわかる[川尻、二〇〇三c]。古東海道が廃止された後も、渡海する経路は生きていたことになる[25]。

また、下総から常陸にかけては、現在の霞ケ浦《かすみがうら》から印旛《いんば》沼《ぬま》・手《て》賀《が》沼《ぬま》水系までを含んだ広大な湖沼地帯が広がっており(香取《かとり》の海)、当然、交通にはこの湖沼地帯を利

山に入って手ぶらで出てくるのはもったいない。「受領は倒るるところに土をもつかめ」と言うではないか」と言い放った。

* **(大意)** 船着き場には荒い浪が幾重にも押し寄せ、水道(現在の浦賀水道のことか)に船を進めて、流れの速い危険な場所を過ぎた。

(25) ただし、古東海道は上総に上陸した後、下総を経て常陸に至るが、日本武尊の場合は、房総半島を海路で巡って北上し陸奥に至ったことになっている(景行四〇年紀)。これは、陸路が発達する前には海路が用いられていたことを示すものと思われる。

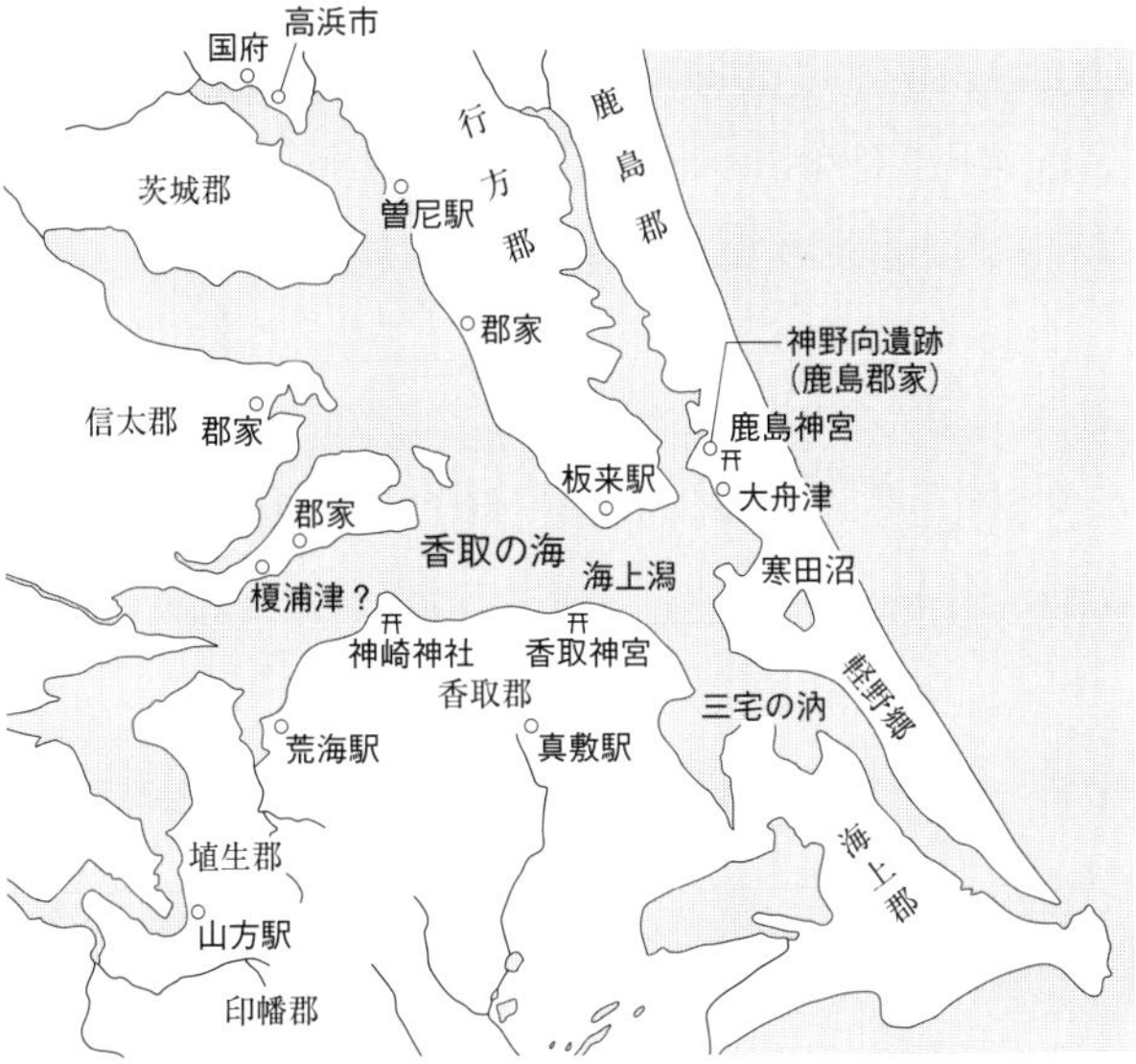

図 4　香取の海の水上交通（交通路については本章**図 3** 参照）

用することになった（**図 4**）。古東海道の場合、下総から常陸へ渡海したし、『常陸国風土記』には水上交通の記載が多い［川尻、二〇〇三d］。また、平将門やその伯父たちも、盛んに水上交通を利用していることが『将門記』などからうかがわれる。(26)この地域に活発な水上交通が存在したことについては、中世史の研究があるが［網野、二〇〇四］、古代でも同様であった。

(26) 平良兼《よしかね》は神前《こうざき》（神崎）津から蒋前《えのさき》（榎浦?）津へ渡海した。

東北との海上交通

一方、従来、太平洋沿岸を航行することは、波の荒さもあって困難だと考えられてきた。しかし、次の史料を見てみよう。

安房・上総・下総・常陸四国の船五十隻を和市《わし》し、陸奥国に置き、以て不虞《ふぐ》〈緊急事態〉に備へしむ。（『続日本紀』宝亀七年〈七七六〉七月条）

「和市」とは相互の合意の上で売買すること、この場合で言えば買い上げることを意味する。したがって、この船は、当初四国の郡司など在地の有力者が所有し、政府が買い上げた後に陸奥まで航行可能な船であったことがわかる。東国の沿岸国には、こうした遠方まで航行可能な私船が複数存在していたのである〔川尻、二〇〇三b〕。

また、兵糧を海上輸送した例も確認できる。安全さえ確保できれば、陸送よりも安価にしかも一度に大量に送ることができるからである。

穀《こく》一十万斛を相模・武蔵・安房・上総・下総・常陸等の国に仰せて、陸奥の軍所に漕送せしむ。*（『続日本紀』天応元年〈七八一〉二月条）

東国は陸路が主体であったが、内水面交通や海上交通についても注意を払っておく必要がある。

＊**（大意）** 穀（籾殻《もみがら》付きの米）一〇万斛（石）を相模・武蔵・安房・上総・下総・常陸等の国に命じて、陸奥の軍所（多賀城のことか）に海送させた（一斛は一〇〇升。当時の一升は現在の分量のほぼ四〇％に当たる）。

3　交流する東国と東北

水落地蔵納入「諸国勧進交名」

次に、ミクロな視点から、東国と東北の関係についてみてみよう。ここでは、これまで知られていなかった史料から、両地域の関係、そして東国に移配された俘囚《ふしゅう》の活動について記することにする。そのねらいは、新たな東国と東北の関係についての見方の提示のみならず、地域史研究の手法も示すことにある。

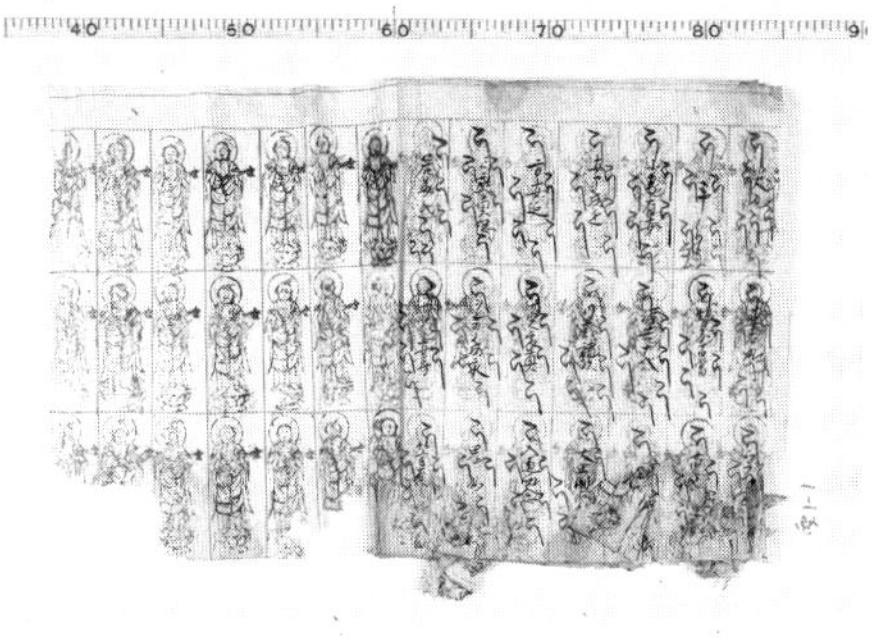

図 5　水落地蔵納入「諸国勧進交名」(上総国の一部. 西光寺蔵)

ここで用いる資料は、現在、西光寺《さいこうじ》（愛知県津島市）が所蔵する重要文化財・地蔵菩薩立像（水落地蔵）の胎内に収められていた「諸国勧進交名《かんじんきょうみょう》」である（以下「交名」。**図5**）。これは、文治三年（一一八七）二月からはじめられた地蔵菩薩像の勧進[27]を行った際の資料で、印仏《いんぶつ》（小型の版木で仏菩薩を刷り出

(27) 僧侶が人々の救済のために行う布教活動の一つで、寺院・仏像などの新造や修復・再建のために浄財の寄付を募ること。

したもの）の裏に寄進者の名が記されている。一国につき約一〇〇人、東日本を中心に三十数カ国分が収められている［井上大樹、二〇一九・二〇二〇］。

筆者は、先にこの「交名」を分析し、中世初期の東国と東北について明らかにしたが(28)［川尻、二〇二二］、ここでは古代史の史料として、上総国の部分を活用してみたい(29)［川尻、二〇二三］。

紀氏	平範幹	物マ（部）為重
藤原守道	二郎丸	藤原永定
平守幹	平真清	八郎丸
宗岡（蘇我）国弘	上総延正	同氏
物マ末次	犬丸	藤原守友
藤原近真	日熊（檜前）氏	清原氏
藤原氏	藤原氏	物マ氏
小田氏	大野氏	僧憲広
地蔵古曽	大田氏	寺家房
ヲミ（麻績）ノ真未	藤原氏	金丸
日熊氏	観音丸	平氏
弥犬丸	マリコ（丸子）ノ次郎丸	一郎丸
藤原国重	日熊氏	平氏

上総国での勧進は、文治三年一一月二日から数日間、「八幡宮」で行われた。内房線の八幡宿《やわたじゅく》駅近くにある飯香《いいが》岡《おか》八幡宮（千葉県市原市）のことと思われる(30)。

だが、多くの読者は、奈良時代から四〇〇年以上も経た鎌倉時代初期の史料を、古代史の研究に用いることができるのか、という疑念を持つと思われる。そこでまず、その点を簡単に説明しておこう。

注目したいのは、藤原・菅原など都の貴族のウジ名に混じって見える

(28) 武蔵国では国府で勧進が行われ、武蔵守平賀義信が俗人として最初に結縁《けちえん》（仏と関係を結ぶこと）したこと、下野国では小《お》山政光《やままさみつ》の邸宅で勧進が行われたこと、陸奥国では、前陸奥守で藤原秀衡《ひでひら》の岳父の藤原基成《もとなり》が結縁していることから平泉で勧進が行われたこと、そして、「交名」からは鎌倉と平泉の緊張関係を見てとれることなどを明らかにした。

(29) 釈文はすでに示されているが［井上大樹、二〇二〇］、本章では写真をもとに一部読み改めている。

(30) 近世には同社を中心に門前町が発達し、八幡宿の名称のもとになったが、すでに鎌倉時代初

表1　上総国の交名翻刻

小田宗安	万歳丸	マリコノ□
秦末久	マリコノ氏	万歳□
手子古曽	マリコノ正光	藤原氏
大田氏	藤原氏	藤原氏
在原氏	安マ宗貞	宮犬丸
平氏	大田氏	大田氏
日熊三郎丸	安マヲクラ丸	カタノ次郎丸
小犬丸	薬石丸	ウラヘ（卜部）□
平□□□	勢子古曽	藤原氏
小高有安	源吉十八	□□もとうし
安マ成近	内蔵諸次	大田国貞
方安延	藤原家真	入道西念
日熊貞綱	ヲシカ（牡鹿）ノ成永	鬼丸
岩美氏	藤原安房	管原（ママ）□
大田氏	管原光貞	僧□□
管原氏	藤原氏	同氏
大田氏	内蔵氏	安マ氏
藤原伊豆丸	管原僧丸	同入道丸
藤原牛福丸	藤原鬼二郎丸	内蔵氏
内蔵氏	同氏	清原国清
安マ氏	同氏	内蔵氏

「上総延正　同氏」（第二八紙三行目。**表1**、右から四行目）という名である。上総氏と聞いて、鎌倉武士に興味のある読者ならば、寿永二年（一一八三）、双六の最中に梶原景時《かじわらかげとき》によって謀殺された上総広常《かずさひろつね》（以後、武家上総氏）をただちに想起するだろう(31)。

しかし、この史料に記されるのは武家上総氏ではない。神仏への祈願文や公文書には、ウジ名(32)で記名するからである。現に武蔵守平賀義信《ひらがよしのぶ》は(33)、「交名」の武蔵国の部分に「源朝臣義延」と記している(34)。それでは上総氏とは何者なのか。ここで参考になるのが『続日本紀』神護景雲元年（七六七）九月条である。

上総国海上郡《うなかみ》（現、市原市）の人、

期には人々で賑わう場所になっていたことが新たに判明した。上総国府の具体的な所在地は不明であるが、飯香岡八幡宮が総社であったとも言われ、その近くに上総国府が存在したことが予想される。

(31) 源頼朝は後白河法皇から広常を殺害した理由を問われて、関東の自立を望んでいたためであると述べている（『愚管抄』巻六）。

(32) 天皇から下賜された姓のこと。これに対し、名字とは土地などに基づく家の名のこと。例えば、足利尊氏は、ウジ名は源（清和源氏）であるが、出身地（下野国足利荘）に基づいて、名字を足利と称した。

外従五位下檜前《ひのくま》舎人直《あたい》建麿に上総宿禰《すくね》の姓を賜ふ。

道鏡《どうきょう》(35)政権下では、地方豪族の優遇策が講じられたが、これもその一貫である。「交名」の上総氏とは建麿の末裔のことであろう。また、「交名」には「日熊」という名が五筆見えるが、「ヒノクマ」と読めるから、同じ『続日本紀』の「檜前」を指すことになる。(36)

勧進僧は、現在の街頭募金のように、人々の往来が多い場所に立ち、道行く人々に地蔵菩薩像の造立のための浄財を求めた。一人当たり一文《もん》(米一合)がその価であった。そして、僧は寄進者の名を聞き、それを「交名」に書き留めた。つまり、耳で聞いた音声を文字に変換したのである[川尻、二〇二二]。

したがって、なじみのあるウジ名ならば正確に漢字で表すことができたであろうが、知らない場合には当て字か、さもなければ片仮名で表記したのである。「ヒノクマ」と聞いて、「檜前」という漢字を想起できる者は現在でも多くないだろう。勧進僧は、「ヒノクマ」の正確な漢字表記を知らなかったがために、「日熊」と当て字で表記したのである。ちなみに古代の海上郡は、市原郡と同じく現在の千葉県市原市域に属している。養老川の左岸が海上郡、右岸が勧進場所の市原郡である。

この上総国の「交名」に見えるウジ名を、正史などの古代の文献史料、木簡や墨書土器などの出土文字資料と比較して見ると、古代まで遡る氏族名が三〇パーセン

(33) 信濃源氏。源頼朝の信頼を得、二代将軍頼家の乳母の夫となり、三代将軍実朝の烏帽子《えぼし》親《おや》などをつとめた。

(34) 武家上総氏は、平良文《よしふみ》(平将門の叔父)を祖とする桓武平氏なので、「交名」に見える「平氏」に当たる可能性がある。

(35) 奈良時代の僧。称徳天皇の信任を得て、皇位を狙うも、和気清麻呂《わけのきよまろ》らに阻止された。

(36) 檜前舎人は、宣化《せんか》天皇の宮号トネリで、姉崎《あねさき》古墳群(市原市)を奥津城《おくつき》(墓所)とする上海上国造の末裔と考えられる[川尻、二〇〇一]。宣化朝を六世紀中頃とすれば、少なく見積もっても、実に六〇〇年以上にわたっ

ト以上含まれる(37)[川尻、二〇二三]。

「ヲシカ」とは誰か

以上のように、「交名」が古代の氏族名を反映していることが確かめられた。いよいよ東北との関係を解き明かそう。注目したいのは「ヲシカノ成永」(第三紙六行目。**表1**、左から九行目)である。勧進僧は「ヲシカ」にも漢字を当てられなかったことになるが、古代の氏族名に慣れ親しんだ者ならば、陸奥国牡鹿《おしか》郡の豪族・牡鹿氏を想起するだろう。

天平勝宝五年(七五三)六月、牡鹿郡の人・外正六位下丸子牛麻呂《まるこのうしまろ》と正七位上丸子豊嶋《とよしま》ら二四人に、また、同年八月には大初位下丸子嶋足《しまたり》らに牡鹿連《おしかのむらじ》のウジ名が与えられた。この嶋足は、天平宝字八年(七六四)九月、藤原仲麻呂《なかまろ》の乱の鎮圧に功績があったことにより、一気に従七位上から従四位下に位階が上昇し、牡鹿宿禰の姓を与えられ、後に道嶋宿禰となった。牡鹿・道嶋氏のウジ名はもともと丸子であったのだ。

また、神護景雲元年(七六七)一二月、嶋足は陸奥大国造、道嶋三山《みやま》は陸奥国造となり、延暦二年(七八三)正月、嶋足は正四位上近衛中将兼相模守勲二等で亡くなった。地方豪族でありながら、他に類を見ない破格の出世を遂げた人物として著名で

て上総の地で繁栄してきたことになる。

(37) 女性や無姓者は除く。

ある。

一方、一族で牡鹿郡大領であった道嶋大楯《おおだて》が、伊治《これはり》郡の大領・伊治呰麻呂《あざまろ》を俘囚身分の出身であると侮蔑していたことが一因で、宝亀一一年(七八〇)三月、呰麻呂が蜂起して大楯を殺害し、ついに多賀城を炎上させるという大事件を起こした(38)(以上『続日本紀』)。このように牡鹿・道嶋氏は、東北地方で勢力を保ちつつ、中央政界へも進出した、奈良・平安時代初期の東北史の鍵を握る一族である〔井上光貞、一九八五/熊谷、一九九二・一九九六〕。

丸子の出自は上総国か

さて、問題は牡鹿氏の出身母体の「丸子」である。丸子部は東国に多い部民であるが(39)〔黛、一九八二〕、道嶋氏の場合は、柵戸《さくこ》(城柵を維持するために置かれた人々)として坂東、おそらくは上総国から、七世紀中頃から後半にかけて牡鹿地方に移住させられたと推測されている〔熊谷、一九九二/近江、二〇二〇〕。

理由としては、安房国(もと上総国)に、丸子連大歳《おおとし》という「連《むらじ》」姓を持つ人物が見えること(『万葉集』巻二〇)、古系図として著名な甲斐一の宮浅間《せんげん》神社所蔵『古屋《ふるや》家家譜《けかふ》』〔溝口、一九八七/山梨県、二〇〇二〕では、武日命《たけひのみこと》の子・大伴阿子《あこ》連に「是れ、丸子部・道嶋宿禰・大伴安積《あずみ》連等の祖也」、大伴金村大連の孫・大伴頬垂《ほたれ》連公に

(38) 実際に、多賀城が焼失したことは発掘調査によって確かめられている。また道嶋氏の活躍は桓武朝でも続き、延暦一六年(七九七)の征夷でも、征夷大将軍 坂上田村麻呂《さかのうえのたむらまろ》の配下として、軍監《ぐんげん》(三等官)に道嶋御楯《みたて》が見える。そして御楯は延暦二一年に陸奥大国造に任命された(『日本後紀』)。

(39) 丸子部とは、「マロコ」すなわち王子の資養のために東国に多く置かれた部集団であると推測される。安房国朝夷《あさい》郡満《ま》禄《ろ》郷(千葉県南房総市)が本拠地か。

「上総の伊甚屯倉《いじみのみやけ》を掌《つかさど》る。是れ、丸子連の祖也」と注記されていることが指摘されている。

系図にどの程度信頼性を置いてよいのか、難しいところもあるが、他の文献から裏付けできるところから、ある程度『古屋家家譜』に信憑性を認めてもよいのかもしれない。

また考古学からの指摘もある。牡鹿氏が郡司を務めた牡鹿郡家(牡鹿柵)は、宮城県東松島市の赤井《あかい》官衙《かんが》遺跡群に比定され、その近くに矢本横穴墓群《やもとよこあなぼ》[40]がある(**図6**)。前者からは役所跡や豪族の居館跡、また「牡舎人」[41]と記された墨書土器が発見された〔東松島市教育委員会、二〇一八・二〇一九〕。後者は、七世紀中頃から築造が開始され、九世紀はじめまでに約二〇〇基の横穴墓が構築されたが、常陸から上総にかけての地域で造られた搬入土器、「大舎人」と書かれた墨書土器[42]、金銅《こんどう》装圭頭《けいとう》大刀(柄頭が太く金メッキが施された装飾大刀)、腰帯(官人が付けた革帯。位階によって装飾が異なる)、

図6 矢本横穴墓群 28 号墓(宮城県東松島市．画像提供＝東松島市教育委員会)

(40) 横穴墓とは、丘陵の斜面に洞窟(横穴)を掘り、その中に人間を埋葬した墓のこと。埼玉県吉見《よしみ》町の吉見の百穴が著名。

(41) 牡鹿郡の舎人の意。牡鹿氏が中央に舎人として出仕していたことがうかがえる。

(42) 須恵器の型式から遅くとも八世紀前半頃のものと推定される。大舎人は、都で大舎人寮に属し、宮中で宿直など雑事に従事した。地方豪族の場合外五位の子孫のみが任命されるから、嶋足より前の世代がすでに地方豪族としては高い位階を持ち、都へ出仕していたことが裏付けられる。

その他の遺物が検出された。

とくに注目されたのは横穴墓の築造方法で、東上総地域に特有な「高壇式《こうだんしき》横穴墓」(43)に類似している。茨城県から福島県にかけては高壇式横穴墓は見えないから、上総との直接的関係が想定される［東松島市教育委員会、二〇〇八・二〇一五］。矢本横穴墓群は、牡鹿氏をはじめとする牡鹿郡家や牡鹿柵に勤務した役人の墓域で、赤井官衙遺跡群と密接な関係があると推測される(44)［佐藤敏幸、二〇二一］。

こうした状況に、今また「交名」に牡鹿氏が見えるとすると、牡鹿氏の出身母体が上総の丸子氏であった可能性がこれまで以上に高まったと言える。

ちなみに、神護景雲三年（七六九）三月には、道嶋嶋足の推挙により、東北関係の多くの豪族に改賜姓が行われたが、その中に牡鹿郡の人・春日《かすか》部奥麻呂《べのおくまろ》らがおり、武《む》射臣《さのおみ》を賜わっている（『続日本紀』）。「武射」とは上総国武射郡のことで、もともと征夷にともなって上総から移住し、そのまま土着した者と推測される［平川、一九九二／川尻、二〇〇三b］。牡鹿地域と上総との密接な関係は、これまでも推測されてきたところであった。

父祖の地に帰った牡鹿氏

従来、坂東の人々が開発や征夷のために、東北地方に移住させられたことはよく

(43) 羨道《せんどう》（玄室《げんしつ》と外部を結ぶ通路）から玄室（墓室）まで数十cmから数mの段差を付ける特殊な横穴墓のこと。

(44) 二〇二一年、両遺跡の有機的な関係が評価され、「赤井官衙遺跡群　赤井官衙遺跡　矢本横穴」として国の史跡に指定された。

知られていた。征夷の他に事例をあげるならば、多賀城以前の陸奥国府と推測される郡山《こおりやま》遺跡(仙台市)では、その成立当初に坂東から大量の移民が送られ、蝦夷との軋轢に備えて材木塀で周囲を囲んだ囲郭《いかく》集落を営み、次の段階で、軍事的性格を持つ城柵が成立したことがわかっている[今泉、二〇一五]。しかし、これまでは坂東からの一方的な移民であり、移住後に出身地である坂東と交流していたことは知られていなかった。

しかし、「交名」の「ヲシカ」から、一度柵戸として東北に移住した集団が現地で成功を収め、再び父祖の地に帰ってきたことが推測できるようになった。帰還の時期は明らかではないが、丸子氏が牡鹿連に改姓された天平勝宝五年(七五三)以降であることは確実で、おそらく平安初期(九世紀)までの間であろう。したがって、陸奥への移住の時期を七世紀中頃から七世紀後半とすると[熊谷、一九九六]、最低でも五〇年、おそらくは一〇〇年前後経過した後に上総国に帰ってきたことになる。

このことは、少なくとも牡鹿(道嶋)氏の間で、自己の出身地が上総国であったことが複数世代にわたって伝承されていたこと、そればかりか、牡鹿(道嶋)氏と出身地の上総との間で、移住後も交流が続いていた可能性が十分考えられることを示す。

ここでもう一度「交名」に目を移そう。そこに「マリコ」と表記された人々が四筆見えることに気づく。(45) 勧進僧は「マリコ」という音声を聞いても漢字に変換でき

(45) これまでの翻刻[井上大樹、二〇二〇]では、いずれも「アリコ」と表記されていたが、本章では写真によって「マリコ」と訂正した。「丸子」を「ワニ(コ)」と呼んでいたとする説もあるが(『日本古代人名辞典』など)、「交名」の片仮名表記から完全に否定される。

なかったことになる。だが、今の読者なら、「丸子」と漢字に変換することができるのではなかろうか。鎌倉時代初期に至っても、牡鹿氏と丸子氏が同族意識を保っていたかどうかはわからないが、牡鹿氏は、帰住後もその出身母体である丸子氏とともに上総国府近くで共存していたことを、「交名」は我々に教えてくれる。(46)「マリコ」もまた、古代以来の上総の豪族だったのである。

牡鹿氏が出身地との関係を保っていたことは、一見すると大した歴史的な意味を持たないように思われる。しかし、この交流は平安時代になると、大きな事件に発展したらしい。

俘囚の叛乱と丸子氏

これまで、東北経営、とくに征夷のために坂東の人々を東北に送り込んだことを見たが、九世紀以降になると、今度は異なった状況が現れた。蝦夷のうち、律令国家に帰服した人々(俘囚)を内国に移すようになったのだ。その目的は表向きは、蝦夷が培った乗馬や戦闘の能力を、諸国の警察機能に転用するためであったが、そればかりでなく、陸奥・出羽両国が負っていた俘囚に対する経済的な負担を、諸国にも分担させるためでもあった。『延喜《えんぎ》式《しき》』主税上によれば、「俘囚稲」と呼ばれる俘囚を保護するための財源が三五カ国に設けられており、列島の広範囲に俘囚が配さ

(46) 石橋山の合戦(治承四年(一一八〇))に敗れた源頼朝は、海路、安房に逃れ態勢を立て直すが、それに先だって安房の丸《まるの》御厨《みくりや》(南房総市)を訪れた。理由は、前九年合戦の際、祖先の源頼義が恩賞として賜わった当荘園を、父義朝が伊勢神宮に寄進したとの由緒からであった。そして、その案内をした人物が丸五《まるご》郎信俊《ろうのぶとし》である(『吾妻鏡』治承四年九月条)。「交名」に見える丸子氏は広い意味では信俊の一族と言え、古代の丸子部が中世武士団へと転生して行く姿をよく表している。なお、丸氏は、その後、安房の戦国大名・里見氏の家臣となり、現在に続いている。

れていたことをうかがうことができる。

さて、内国に移された俘囚が叛乱を起こすことがあったが、それはもっぱら上総国で起こった(他の一回は出雲)。嘉祥元年(八四八)二月、上総の俘囚・丸子廻毛《つむじ》なる者が叛乱を起こしたとの報が都にもたらされた。これに対して、政府は上総、および周辺の国々に討伐命令を下し、その二日後には俘囚五七人を殺害したとの報告が上総から都へ届いた(以上『続日本後紀』)。

叛乱の原因について、従来は縁もゆかりもない土地に強制的に連れてこられた俘囚が、生業として農業を押しつけられ、百姓(公民)と差別された中で不満が蓄積した結果であると解釈されてきた。

だが、彼らが丸子を名乗っていることは見逃せない。今まで述べてきた丸子と牡鹿(道嶋)、そして上総との関係を視野に入れれば、従来とは異なった解釈が浮かび上がってこよう。俘囚が公民のウジ名(ここでは丸子)を名乗るには、改賜姓があったことを前提とするが、前記した道嶋嶋足のように、改賜姓には有力者による取りなしが必要であった。

さすれば、丸子というウジ名には、牡鹿ないし道嶋氏による関与があったことが推測できよう。つまり、廻毛ないしその祖先たちは、もともと陸奥国の俘囚であったが、牡鹿(道嶋)氏と特別な関係を結び、その支配下に組み入れられた結果、彼らの旧氏族名に改姓され、擬制的な同族関係を結んだのであろう。普通、俘囚が改賜姓される場合は、君子《きみこ》(吉弥候)ないし上毛野を名乗るが、丸子を称した事例は他になく、牡鹿(道嶋)氏と特別な関係を結んだとみることができる。

以上のように考えると、廻毛ないし彼の祖先たちは、偶然上総国に配されたのではなく、牡鹿(道嶋)氏の主導のもと、意図的に、父祖の地である上総国に送り込まれたのではないか。その結果、廻毛たちが、陸奥の牡鹿(道嶋)氏の権威を背景に、上総の丸子氏とも結んで、上総で大きな力を得たことが、叛乱の大きな原動力になったのではなかろうか。

うち続く俘囚の脅威

叛乱の後、廻毛がどのようになったのかはわからない。しかし、貞観九年(八六七)一二月に上総、貞観一一年三月に下総に国検非違使《くにけびいし》(47)が置かれて帯剣を許されたことから、治安の悪化が読み取れよう。そして貞観一二年一二月には、上総の俘囚たちが野蛮な心を持って風俗になじまず、民家に火を放ったり、武器を持って人や財物を掠め取っているとして、教諭を命じた太政官符が下された。また、下総国でも、貞観一七年五月には、俘囚が叛乱を起こし、人々を殺害して官寺(国分寺か)を焼くという事件を起こしている。

(47) 諸国に置かれた検非違使(治安維持のために置かれた武官)のこと。

さらに、元慶七年(八八三)二月には、上総国市原郡の俘囚三〇人が、官物を盗み、人々を殺害したり、放火するという事件が起きた。まもなく、鎮圧されたとの報告がもたらされており(以上『日本三代実録』)、俘囚の力が廻毛の叛乱以降も衰えなかったことがわかる。

これまで、房総、とくに上総で俘囚の叛乱が多い理由は不明とされてきた。しかし、今まで述べてきたことからすれば、その原因として、陸奥の勢力(牡鹿・道嶋氏)や上総の在地勢力(丸子氏)と結びついていた俘囚の姿が浮かび上がってくる。彼らはこうした勢力を背景にして国衙《こくが》と対立するようになったのであろう。

このように考えられるとすれば、政府が俘囚たちの行動に神経を尖らせていた理由も納得できる。つまり彼らの武力行動の脅威のみならず、東北地方の俘囚たちと意思を通わせ、軍事行動が連鎖する可能性があるとの認識があったのではないか。故郷を離れ、列島各地に配された俘囚は、孤立した存在ではなく、東北との情報ルートを確保しつつ、在地の勢力とも連携する場合があったと考えられる。

かくして上総国の俘囚はもともと、東北で牡鹿(道嶋)氏と結合し、その出身母体の地に意図的に移されたことが推測できるようになった。こうした状況はこれまで想定されておらず、東国と東北の緊密な関係性を前提としなければ理解できない。

上総国の俘囚の有り様は一般化できないのかも知れないが、律令国家の東北経営の先兵、すなわち柵戸として陸奥国に移配されて以来の坂東と東北の関係、そして父祖の地に対する強い思いが、俘囚の乱の背後に横たわっているのであろう。

俘囚の考古学的痕跡

最近、東北地方の土器が関東地方の遺跡から、少ないながら検出されるようになり、俘囚がもたらしたものではないかと推測されるようになった［平野修、二〇一七］。しかし、俘囚の数と比較すると実例は少なく、彼らは東国に移住するとまもなく、その土地の土器を使用するようになったのではないかとも考えられる。

代わって、東北に見られる長い煙道を持つ住居跡(48)が東国各地から検出されていることが注目され、俘囚の痕跡ではないかと考えられるようになった［平野修、二〇一七］。とくに上総国では、他の国と比べて顕著な分布が見られ、上総国分寺を建立・維持した人々が住んでいたとみられる荒久《あらく》遺跡や坊作《ぼうさく》遺跡（市原市）、その他上総の集落遺跡からも数多く検出されているという［栗田、二〇二〇］。

長煙道を持つ住居跡と俘囚の関係については、今後の課題に俟つ部分も多いが、この説を認めるならば、上総国の俘囚の活動が活発であったとの文献史料を裏打ちすることができる。こうした傾向も上総の丸子氏と俘囚の結束が背景にあるのかも知れない。

（48）古墳時代後期以降の住居では竈《かまど》で炊事が行われた。焚き口は屋内にあったが、煙出しは屋外に設けられた。煙出し部分が、住居と離れているものを長煙道と称している。

坂東の治安の悪化

うち続く叛乱の後、俘囚がどのようになったのかはわからない。しかし、先に示した俘囚に教諭を命じる官符に「凡《およ》そ、群盗の徒、これより起これり」と記されているところを見ると(『日本三代実録』貞観一二年〈八七〇〉一二月条)、九世紀末から一〇世紀初頭にかけて、坂東で跋扈する群盗の構成員に、俘囚が含まれていた可能性は高い。

昌泰二年(八九九)九月には、「僦馬《しゅうば》の党」と呼ばれる馬を利用した輸送集団が、機動力を活かして馬を略奪して坂東を跋扈し、諸国の追跡を逃れて治安悪化を招いたことが知られているが(『類聚三代格』巻一八)、乗馬に長けた俘囚たちが、その集団に含まれていた可能性は十分考えられる[川尻、二〇〇七]。こうした群盗は、馬による機動力を重視した平将門の武力と共通するところも多く、その前触れとしてもよく知られている。

九世紀末、桓武天皇の曽孫に当たる高望王《たかもちおう》は臣籍降下して平《たいら》姓を名乗り(平高望)、上総介《かずさのすけ》として下向し、そのまま土着した。武士の起源としての桓武平氏はここにはじまり、彼の孫が将門に当たる。高望は武勇に優れていたため、その力を買われて治安が悪化した上総に派遣されたらしい。

上総の治安悪化の理由は、俘囚だけに起因するわけではないが(49)、その存在も無視はできないであろう。間接的ではあるが、俘囚の存在は桓武平氏の出現を促したことになる。高望の子で将門の父に当たる良将《よしまさ》が鎮守府将軍〈鎮守府が置かれた胆沢《いさわ》城〈岩手県奥州市〉の長官〉に任じられたことも〈『将門記』〉、彼の武勇のみならず、俘囚との対応が関係しているのかも知れない。

また、将門の弟・平将種《まさたね》が陸奥国に居住し〈『師守記《もろもりき》』貞和三年〈一三四七〉一二月条裏書所引、天慶三年〈九四〇〉四月条〉、将門自身も陸奥国で幼年時代を過ごし、叛乱の後、陸奥に侵攻しようとしていた可能性があることを含めて〔川尻、二〇〇七〕、武家としての桓武平氏の出現と東北との間には、今まで考えられていた以上に密接な関係を想定する必要があろう。七世紀における柵戸の移配以来の東国と東北の物語は、互いに共鳴しあいながら、めぐりめぐってやがて新たな歴史を紡ぎ出すことになる。

結局、坂東と東北の関係は、前九年合戦・後三年合戦を経て、源頼朝による奥州合戦で精算されることになるが、両地域の重層的な関係性は、古代以来の歴史の中で語られなければならないのだ。

おわりに

(49) 上総国では、任期を終えた国司が現任国司と対立したことが知られている〈『日本三代実録』元慶元年〈八七七〉八月条〉。

本章では、東国の性格や交通について論じた上で、その特殊性について述べた。また、新たな資料群を用いて、東北と東国の関係について私見を述べてきた。その結果、王権を直接介さない交流が続いていた可能性を示し、やがて、東北との関係が九世紀末以降に顕在化する東国の治安悪化をもたらしたのではないかという見通しを述べた。

こうした見解については、今後、さらに検証されることになろうが、最後に古代の地域史研究について一言、述べておきたい。この分野の研究は、畿内に比べて残された史資料が少ないという制約がある。しかし、出土文字資料はもちろん、考古学的成果を念頭に置きながら、中世史、場合によっては近世史にまでも視野を広げ、地名なども参考にするならば、まだ多くの研究が可能である。今後とも、多くの成果が生まれることに期待したい。

引用・参考文献

網野善彦、二〇〇四年『里の国の中世――常陸・北下総の歴史世界』平凡社ライブラリー

荒井秀規、一九九四年「「東国」とアヅマ」関和彦編『古代王権と交流二　古代東国の民衆と社会』名著出版

井上大樹、二〇一九年「愛知・西光寺地蔵菩薩像について」肥田路美編『古代文学と隣接諸学六　古代寺院の芸術世界』竹林舎

井上大樹、二〇二〇年「補遺一六　地蔵菩薩像」水野敬三郎ほか編『日本彫刻史基礎　資料集成』(鎌倉時代　造像

銘記篇16）、中央公論美術出版
井上光貞、一九八五年「陸奥の族長、道嶋宿禰について」『井上光貞著作集一　日本古代国家の研究』岩波書店
今泉隆雄、二〇一五年「八世紀前半以前の陸奥国と坂東」『古代国家の東北辺境支配』吉川弘文館
近江俊秀、二〇二〇年『海から読み解く日本古代史』朝日新聞出版
川尻秋生、二〇〇一年「房総の国造と部民」『千葉県の歴史　通史編　古代二』千葉県
川尻秋生、二〇〇二年「古代東国における交通の特質」『古代交通研究』11
川尻秋生、二〇〇三年a「坂東の成立」『古代東国史の基礎的研究』塙書房
川尻秋生、二〇〇三年b「古代東国の外洋交通」前掲『古代東国史の基礎的研究』
川尻秋生、二〇〇三年c「古代東国の沿岸交通――中世との接点を求めて」前掲『古代東国史の基礎的研究』
川尻秋生、二〇〇三年d「「香取の海」の水上交通」前掲『古代東国史の基礎的研究』
川尻秋生、二〇〇七年『戦争の日本史四　平将門の乱』吉川弘文館
川尻秋生、二〇一七年『古代の東国二　坂東の成立』吉川弘文館
川尻秋生、二〇二二年「「水落地蔵」の納入品からみた鎌倉初期の東国と東北――愛知県津島市西光寺所蔵地蔵菩薩立像を中心として」田島公編『禁裏・公家文庫研究』八、思文閣出版
川尻秋生、二〇二三年「文治三年諸国勧進交名から見た古代・中世の房総――「水落地蔵」納入品の分析から」『千葉史学』83
熊谷公男、一九九二年「道嶋氏の起源とその発展」『石巻の歴史六　特別史編』石巻市
熊谷公男、一九九六年「道嶋氏の活躍」『石巻の歴史一　通史編上』石巻市
栗田則久、二〇二〇年「集落からみた俘囚移配の様相（予察）――上総の長煙道カマドの検討から」『公益財団法人千葉県教育振興財団　文化財センター　研究連絡誌』84
西郷信綱、一九九五年『古代の声――うた・踊り・市・ことば・神話〔増補版〕』朝日新聞出版
佐藤進一、二〇二〇年『日本の中世国家』岩波文庫
佐藤敏幸、二〇二一年「東北における古代城柵の造営過程――牡鹿柵・牡鹿郡家の造営過程とその背景を中心に」

『東北学院大学　東北文化研究所紀要』53
鈴木拓也、一九九八年「古代陸奥国の軍制」『古代東北の支配構造』吉川弘文館
田島　公、二〇〇五年「「東人の荷前」（「東国の調」）と「科野屯倉」」吉村武彦編『律令制国家と古代社会』塙書房
平川　南、一九九二年「海道・牡鹿地方」『石巻の歴史六　特別史編』石巻市
平野　修、二〇一七年「武蔵と甲斐における俘囚・夷俘痕跡」『「俘囚・夷俘」とよばれたエミシの移配と東国社会』山梨県考古学協会二〇一七年度研究集会資料集（帝京大学文化財研究所研究成果公開シンポジウム）
平野邦雄、一九八七年「ヤマトから見た「東国」とは何か」『明日香風』21
東松島市教育委員会、二〇〇八年『東松島市文化財調査報告書五　矢本横穴墓群Ⅰ――飛鳥・奈良時代における牡鹿地方の墓』
東松島市教育委員会、二〇一五年『東松島市文化財調査報告書一一　矢本横穴墓群』
東松島市教育委員会、二〇一八年『東松島市文化財調査報告書一八　赤井遺跡発掘調査総括報告書Ⅰ　倉庫地区編――古代牡鹿柵・牡鹿郡家・豪族居宅跡推定地』
東松島市教育委員会、二〇一九年『東松島市文化財調査報告書二〇　赤井遺跡発掘調査総括報告書Ⅱ　館院編――古代牡鹿柵・牡鹿郡家・豪族居宅跡推定地』
黛　弘道、一九八二年「舂米部と丸子部――聖徳太子子女名義雑考」『律令国家成立史の研究』吉川弘文館
右島和夫、二〇二四年「古墳時代の榛名山噴火」吉村武彦ほか編『シリーズ古代史をひらくⅡ　天変地異と病』岩波書店
溝口睦子、一九八七年「古屋家家譜」『古代氏族の系譜』吉川弘文館
山梨県、二〇〇一年「古屋家家譜」『山梨県史　資料編三　原始・古代三（文献・文字資料）』
吉村武彦、二〇二三年ａ「ヤマト王権と「東国の調」」『日本古代国家形成史の研究』岩波書店
吉村武彦、二〇二三年ｂ「ヤマト王権の成立と展開」前掲『日本古代国家形成史の研究』

コラム　古代人と故郷

現代でも、人々が盆や正月に故郷に帰ることはよく知られ、その混雑ぶりは「帰省ラッシュ」と表現されることもある。その理由については、祖霊（先祖の霊）を迎えるためなどと説明されることがあるが、故郷を離れた者と出身地の関係は、古代においてどのようなものだったのであろうか。

筑紫君磐井《つくしのきみいわい》の叛乱の後、任那《みまな》との交渉に派遣された近江毛野《おうみのけの》は、帰途、対馬《つしま》で亡くなると、その遺骸は故郷の近江に「送葬」されたという（継体二四年紀是歳条、六世紀前半）。また、葦北《あしきた》国造（葦北は現在の熊本県）の出身で百済《くだら》に仕えた日羅《にちら》は、難波《なにわ》で暗殺されると、いったん難波の小郡《おごおり》に埋葬されたが、後に一族により葦北に「帰葬」されたとする（敏達一二年紀是歳条、六世紀後半）。承和《じょうわ》の変に連座した橘逸勢《たちばなのはやなり》は、伊豆への配流途中、遠江で亡くなると、「本郷へ帰葬」された（『日本文徳天皇実録』嘉祥三年〈八五〇〉五月条）。

編纂史料ばかりではない。今から一二五〇年ほど前、奈良県香芝《かしば》市の穴虫山《あなしむやま》から威奈大村《いなのおおむら》の骨蔵器が発見された（本書、三上喜孝「東北　蝦夷の世界」図3参照）。火葬された遺骨を入れた金銅製の容器には、次のような銘文が刻まれていた。

　慶雲四年歳《ほし》は丁未に在《やど》る四月二十四日を以て疾に寝し越《こし》の城《き》に終わる。時に年四十六才。その年冬十一月乙未の朔二十一日、大倭国葛木下郡山君里狛井山崗に帰葬す。

慶雲四年（七〇七）、大村は病により「越の城（沼垂《ぬたり》城のことか）」で亡くなった。享年四六歳。同年、大和国葛城下郡に「帰葬」したという意味である。

ここで毛野以外、いずれも「帰葬」ということばが使用されていることが注目される。「帰葬」がもともと古代中国の用語で、官人が異郷で亡くなった場合、遺骸や遺骨を故郷に戻して葬ることを意味したことが、最近の研究によって明らかになった［李、二〇二二］。中国だけの影響と言い切れるかどうかは不明であるが、古代日本でも、同様の埋葬方法がとられる場合があったことは、考古学を含めて今後注意する必要がある。

帰葬を考える時、筆者にはヤマトタケルの死が思い起こされる。タケルは父・景行の命により東征を行った帰途、伊吹山《いぶきやま》の神の祟りにより、能褒野《のぼの》で生涯を閉じることになった。そこで、人々はその地に陵を造り埋葬したが、その魂は白鳥と化して大和の地を指し飛び去った。そこで陵を開いてみると着衣しか残っていなかったという（景行四〇年紀是歳条）。

この話のモチーフは、帰葬として理解すべきではなかろうか。魂が故郷を目指して飛び去ることで、タケルの望郷の念を聞き手や読者に伝え、その英雄性・悲劇性を演出したと思われるからである。

次に、祭祀との関係が指摘できる。小野《おの》氏の氏神は、近江国志賀《しが》郡にあるため、毎年、春秋の祭には、許可なくして往還することが許された（『続日本後紀』承和元年〈八三四〉二月条）。同様の措置は、大春日《おおかすが》・布留《ふる》・粟田《あわた》氏にもとられており（同承和四年二月条）、平安京に住んでいても、もともとの本拠地の氏神とつながっていたことになる。

最後に、墨書土器をもとに、庶民の場合を見ておこう。千葉県をはじめとする東国の集落遺跡から墨書土器が出土することはよく知られており、「延命祭祀」に用いられたと考えられるものがある。これは坏《つき》や甕《かめ》に地名・人名・日付・人面などを記すもので、冥界から命を取りにやって来る使者に賄賂として美食を提供し、その代わりに死を免れようとする信仰によるものである［平川、二〇〇〇］。

古代人は、基本的に生まれた場所から自由に移動することは禁止されていた。したがって墨書の地名が住所なのか、それとも生まれた場所なのか、ほとんどの場合両者は一致するので判別は難しい。だが、いくつかの例外はある（次頁**図**）。

a　千葉県印旛郡本埜《もとの》村角田《つのだ》台《だい》遺跡出土の甕
匝瑳《そうさ》郡 物部黒麻呂《もののべのくろまろ》方□□〔代奉カ〕
女□□〔神奉カ〕
〔以下略〕

b　千葉県印西市池ノ下遺跡出土の甕
下総国埴生《はにゅう》郡酢取《すとり》郷 車持《くるまもち》□
□〔延カ〕暦二年正月十四日

前者に見える匝瑳郡は、現在の千葉県匝瑳市付近で出土地（本埜村）とは異なる。「黒麻呂方代奉」の「方代」は身代わり、「女神奉」の「神奉」は神に奉る意味を表わし、墨書の目的が延命祭祀であったことを裏付ける。後者の印西市池ノ下遺跡は、古代には印播郡に含まれていたと推測され、埴生郡とは異なる。これらの事例から見ると、墨書土器に記された地名は居住地ではなく、その人物の故郷（本貫地《ほんがんち》）と考えた方がよい〔川尻、二〇一〇〕。

官人にしろ、民衆にしろ、その思想的な背景は異なるものの、古代人は故郷を強く意識していたと言える。こうした故郷に対する感情は、本文で述べた事例を考える際にも有効なのではなかろうか。

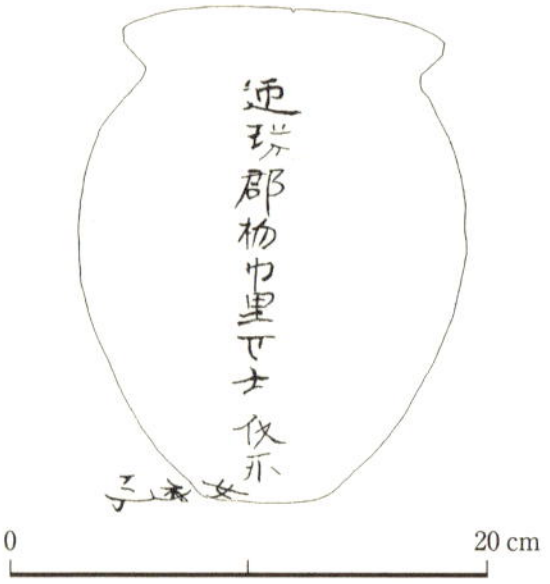

角田台遺跡出土の「延命祭祀」墨書土器［千葉県教育振興財団, 2006］

◉川尻秋生「墨書土器からみた本貫地」菊池徹夫編『比較考古学の新地平』同成社、二〇一〇年
◉千葉県教育振興財団『千葉ニュータウン埋蔵文化財調査報告書18――本埜村角田台遺跡（弥生時代以降）』二〇〇六年
◉平川 南『墨書土器の研究』吉川弘文館、二〇〇〇年
◉李華『帰葬』中国出版集団東方出版中心、二〇二三年

中国・四国　海の道

下向井龍彦

はじめに
1　安芸・周防海域の東西航路
——瀬戸内海東西航路の特質を理解するために
2　地乗り航法
3　律令国家の航路・海運管理
4　八世紀の海路運京と漂損・海賊対策
5　九世紀の海運政策
6　九世紀の漂損・海賊対策
おわりに——財政構造の転換と海賊問題の沈静化
コラム　復元　高倉院の厳島参詣航路

はじめに

奈良・平安初期の物流の中心は、全国から京《みやこ》に向けて調庸雑米《ちょうようぞうまい》(1)・封物《ふうもつ》(2)を運上する、一方通行・一極集中の国家的物流であった。その場合、おおざっぱにいえば、東国は駄馬で繊維製品などの「軽貨」を運京し、西国（山陽・山陰・南海道諸国）は海運で米・塩などの「重貨」を大量運京するという、分業関係が成立していた。瀬戸内海東西航路は物流の大動脈であり、とりわけ京の住人（天皇・貴族から庶民まで）の胃袋を支える生命線だったのである。

本章では、まず奈良・平安時代の瀬戸内海を中心とする中四国海域において調庸雑米を運京する船舶がどのようなコース（航路・停泊港湾）をどのような航法でたどっていたか、について論じる。ついで律令国家の交通政策のなかで、航路・港湾・船舶・海運管理がどのように行われたのか、航海途上のトラブル（海難事故・海賊〈被害〉）はどのように起こりどのように処理されたのか、などについて、八世紀の「軍国体制」(3)的交通体系と、「軍国体制」解除後の九世紀の交通体系の二つの段階に分けて論じる。

(1) 以下、調庸雑米など中央貢納物を官物とも、雑米は官米とも表記する。

(2) 国家から公卿・寺社等へ給付された「封戸」からの徴収物。

(3) 私は、対新羅朝貢強要外交・大規模徴兵制軍隊・公地公民制（編戸制・班田制）の三位一体の律令国家システムを「軍国体制」と規定する（後述）。

1　安芸・周防海域の東西航路

——瀬戸内海東西航路の特質を理解するために

従来の理解

古代の瀬戸内海東西航路と航法の特徴を、まず安芸《あき》・周防《すおう》海域の航路からとらえてみよう。

近世の安芸・周防海域の主要航路には「芸州灘地乗《げいしゅうなだじの》り」と「伊予路沖乗《いよじおきの》り」があった(4)(**図1**)。前者は東から牛窓《うしまど》(岡山藩)・鞆《とも》(福山藩)・蒲刈《かまがり》島三ノ瀬(広島藩)・上関《かみのせき》(萩藩)の海駅《かいえき》を経由して往来する公定航路であり、「地乗り」といいつつ、用がなければ音戸瀬戸《おんどのせと》—広島湾—大畠瀬戸《おおばたけのせと》の航路や尾道水道に入ることはない。一方、後者は江戸時代になって使われ始め、鞆から弓削瀬戸《ゆげのせと》、岩城《いわき》、鼻栗瀬戸《はなぐりのせと》、御手洗《みたらい》、津和地《つわじ》、上関へと進む航路で、木綿帆布への転換で帆走能力が高まった結果、沖合を一気に駆け抜ける。いずれの航路も、安芸・周防海域では、広い海原(斎灘《いつきなだ》・安芸灘・伊予灘)を屋代《やしろ》島(周防大島)に向かって直進する[佐竹、二〇〇四]。

では古代の安芸・周防海域航路はどうだったのか。松原弘宣は近世航路をほぼそのまま投影させ、「芸州灘地乗り」を七三六年(天平八)の遣新羅使《けんしらぎし》一行の航路(『万葉

(4)「地乗り」は海岸に沿って航行すること、「沖乗り」は海岸から遠く離れて航行すること。

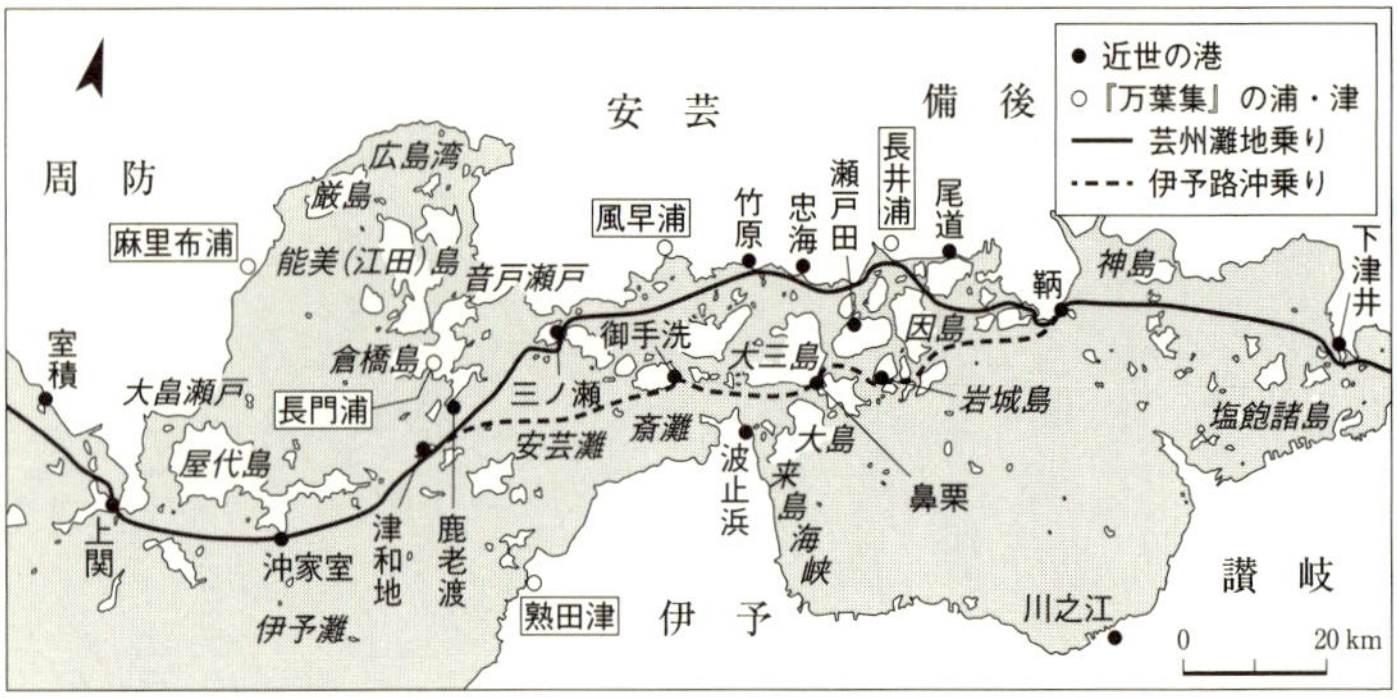

図1　近世の瀬戸内海の地乗り・沖乗りの航路と港([佐竹, 2004]をもとに作成, [松原, 1992]により『万葉集』の浦・津を補った)

集』巻一五)に、「伊予路沖乗り」を六六一年(斉明七)の百済《くだら》救援戦争決定後の朝廷の筑紫(北部九州)移動航路に見立てて、「八世紀代の瀬戸内海航路として広島湾内へ入り込む航路は存在しなかった」と述べる[松原、一九九二](**図1**)。栄原永遠男も森哲也も、音戸瀬戸を通って広島湾に深く入る航路を想定しない[栄原、一九九二/森、二〇一六]。音戸瀬戸が平清盛の開削によって航路となったという伝承は、この言説を支えている(5)。

大崎下島御手洗港または下蒲刈島三ノ瀬港から直進して上関港に至る近世の航路に対して、大きく迂回する広島湾航路を古代の瀬戸内海東西航路の主要航路とすることは、航行距離・航行時間・安全性(狭い海峡、速い潮流、岩礁、浅瀬など)を

(5) 中学高校の教科書や副教材では清盛開削を事実のように取り上げているものもある。清盛開削が事実ではないこと、清盛開削伝説がどのように形成され浸透していったかについては[下向井二〇一二b]参照。

考慮すると、常識的には考えにくい。しかし古代の航海関係史料を子細に検討してみると、通説とは異なる東西航路の姿がみえてくる［下向井、二〇一九］（図5も参照）。

安芸・周防海域東進航路

まず①『日本書紀』神武《じんむ》東征《とうせい》説話では、瀬戸内海に入った神武は、安芸国埃宮《えのみや》（安芸郡府中町）、吉備《きび》国高島宮（笠岡市神島《こうのしま》か岡山市高島）に滞在して難波《なにわ》に向かった。八世紀よりはるか以前から、広島湾に深く入る航路があったことを反映している。

つぎに②源　俊頼《みなもとのとしより》『散木奇歌集《さんぼくきかしゅう》』である。平安後期の一〇九五年（嘉保二）、父大宰権帥経信《だざいごんのそちつねのぶ》の赴任に同行した俊頼は、二年後の一〇九七年（永長二）、父を喪い悲嘆にくれる帰路で、航路に沿って父を追慕する歌を詠む。「第六　悲嘆部」の歌すべてである［関根・古屋、一九九九］。安芸・周防海域では、「むへ」（宇部市）、「くちなしのとまり」（不明）、室積《むろづみ》（光市）、竈関《かまどのせき》（上関町）、白石《しらいし》（大竹市）、鞆（福山市）に停泊または通過している。(6)

つぎに③『本朝無題詩《ほんちょうむだいし》』の僧蓮禅《れんぜん》の連作詩である［本間、一九九四］。一一三〇年（大治五）と推定される筑前紀行からの帰路(7)［佐藤、一九八三］、蓮禅は周防石室《いわや》（山口市小郡岩屋）、江泊《えどまり》（防府市）、笠戸泊（下松市）、椒《はじかみ》泊（不明）、白石、芸州赤崎泊（廿日市市宮島口）、道口津《みちぐち》（呉市安浦町三津口）に停泊または通過している。

（6）「第五　羇旅《きりょ》部」の歌では、往路で「亀のくひ（首）」（尾道市瀬戸田町）、帰路で「たかとみ」（呉市安浦町高飛《たかとび》）に泊まっている。

（7）蓮禅は三度、筑紫を旅しているが、二度目の旅の帰路では門司から室津までの航路順に詩作している。

さて②③ともに東西航路を東進するのに、周防・安芸国境の小瀬川河口の白石に停泊または通過していることに注目したい。俊頼・蓮禅が竈関を出て白石に進むには熊毛《くまげ》半島・屋代島《やしろ》(周防大島)間の狭水道を北上し、難所の大畠瀬戸を通過しなければならない。白石・赤崎を通過したあとは、広島湾から呉《くれ》湾を南下し、難所音戸瀬戸・女猫瀬戸《めねこのせと》を通って安浦湾(高飛・三津口)に至る航路になろう。

安芸・周防海域西進航路

こんどは厳島《いつくしま》参詣航路をみてみよう。④一一八〇年(治承四)三月、高倉院《たかくらいん》一行の厳島参詣に供奉《ぐぶ》した源通親《みちちか》が記録した『高倉院厳島御幸記《ごこうき》』(9)と、⑤西行《さいぎょう》『山家《さんか》集《しゅう》』(10)である。④高倉院一行は、三月二四日寅刻《とらのこく》(午前三—五時)に「せみと」(瀬溝《せみど》。笠岡市)、二五日申刻《さる》(午後三—五時)に馬島《うましま》(呉市安浦町)に着き、二六日午刻《うま》(午前一一—午後一時)に厳島に到着している。(11)⑤西行は、前出の「たかとみ」(高飛)に泊まり、翌日、厳島に到着している。(12)厳島参詣航路も、安浦湾(高飛・馬島)に停泊、女猫瀬戸・音戸瀬戸を通過して呉湾を北上し、広島湾に出て厳島神社に到着する航路をたどっている。(13)

平安後期の安芸・周防海域航路の具体的コースを、数少ない航海事例から確かめてみた。②③④⑤と注6・12の停泊地・通過地点を東進航路として結ぶと、

(8) 幅の狭い水道・海峡、瀬戸。

(9) 源(土御門《つちみかど》)通親が高倉上皇の厳島御幸に随行したときの紀行。供奉の女房の手記の形をとる。ときに通親は参議・高倉院別当。

(10) 漂泊の歌人西行(俗名佐藤義清《のりきよ》)の私家集。三巻。四季・恋・雑に部類される。

(11) 帰路では敷名《しきな》(福山市沼隈《ぬまくま》町)に泊まっている(『平家物語』巻四)。

(12) 『山槐記』一一七九年(治承三)六月二二日条にも前太政大臣藤原忠雅の厳島参詣記事があるが、備後栗原(尾道市)を発って厳島到着までの記事が欠損しており、その区間

→竈関(上関)→(大畠瀬戸)→白石→(大野瀬戸)→赤崎・厳島→(広島湾)→(呉湾)→(音戸瀬戸)→(女猫瀬戸)→安浦湾(高飛・馬島・三津口)→尾道・亀の首→

となる。西進の場合、矢印方向は逆になる(**図2**)。

この航路を特徴づければ、次のとおりである。すなわち、船舶は危険な狭水道(瀬戸)を避けて広い海原(灘《なだ》)を直進するのではなく、沿岸地形に沿いながら、あえて芸予諸島・防予諸島との間の危険な瀬戸を航行する地乗り航路をたどった、ということである。

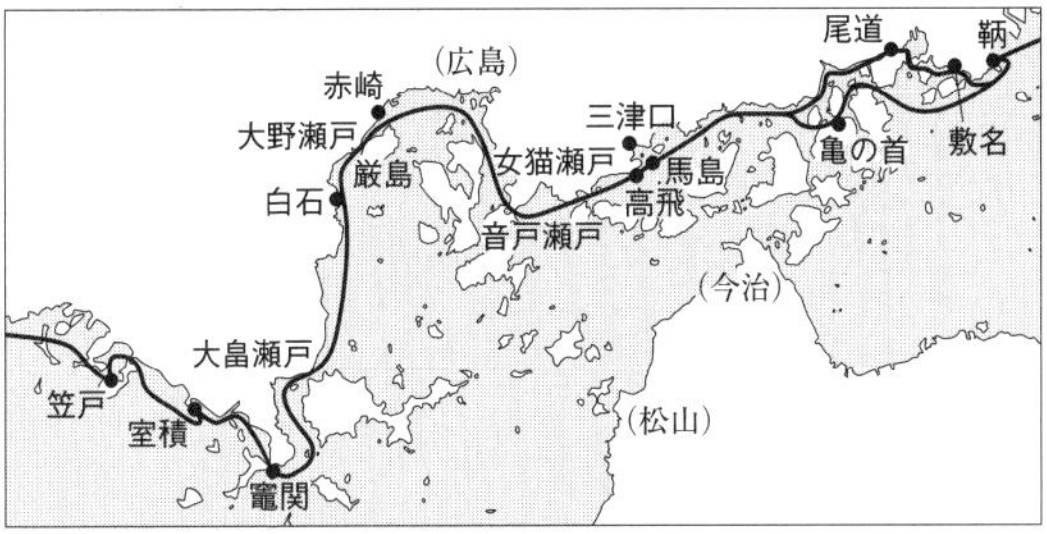

図2　平安後期の安芸・周防海域の東西航路

天平八年遣新羅使の安芸・周防海域西進航路

古代の安芸・周防海域地乗り航路を以上のように描くなら、七三六年(天平八)六月の遣新羅使一行の航路(『万葉集』巻一五)についても再検討を促す。遣新羅使一行は、「……→安芸国風早浦(東広島市安芸津町)→長門島(呉市倉橋島)→周防国麻里布《まりふ》浦(岩国市)→……」という航路をたどっている。風早は高飛・馬島・三津口がある安浦湾東隣の安芸津湾にあ

の停泊・通過地点はわからない。

(13)『鹿苑院殿《ろくおんいんどの》厳島詣《もうで》記《き》』では、一三八九年(康応元)三月一一日、厳島神社を参拝した足利義満一行は、安芸・周防国境大竹川河口の小方(大竹市)を過ぎて、岩国・由《ゆ》宇《う》・室岡に沿って南下して、「夜舟は心もとなかるべし」と神代《こうじろ》沖に投錨し、翌一二日、「大畠のなると」の急流を通過し、相浦《あいのうら》(柳井市阿《あ》月《つき》)を過ぎて、室積に至っている。②俊頼・③蓮禅のたどった安芸・周防海域東進航路を逆行している。作者の今川了俊《りょうしゅん》が音戸瀬戸や大畠瀬戸の激流に驚き怖《お》じたのと同じ鮮烈な印象を、俊頼・蓮禅ら平安時代の貴族・僧侶らも味わったことであろう。

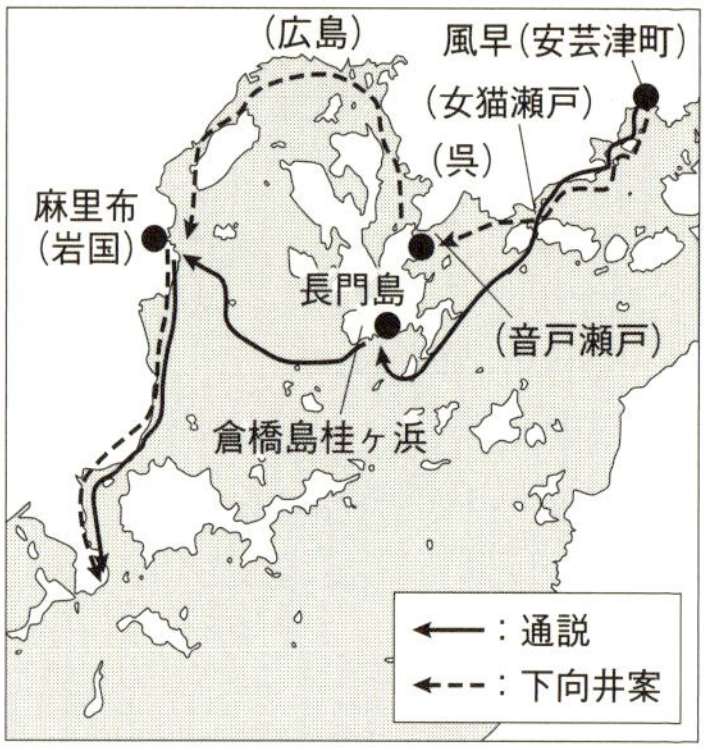

図3　736年(天平8)遣新羅使船の航路

り、麻里布に比定される岩国市は白石がある大竹市と隣接しており、平安後期の安芸・周防海域航路の停泊地とほぼ重なる。近世以来、長門島は呉市倉橋島の景勝「桂ヶ浜《かつらがはま》」に比定され、ここから安芸灘に漕ぎ出し、北西に進路をとって麻里布浦に至る航路が想定されてきた。**図3**の──→である。しかしこの航路は、**図2**の平安後期の安芸・周防海域航路と重ならず、また遣新羅使船の進行方向から遠ざかる不自然な軌跡を描く。朝鮮海峡を渡る遣新羅使船は内海航路の一般船舶に比べて「大船」(『万葉集』巻一五—三六三二)ではあるが、一般船舶と同じ地乗り航路をたどったようだ［石井、一九八三］。④高倉院の厳島御幸では平清盛が「唐船」に乗って同行しており、大型の「唐船」でも音戸瀬戸を通過できたのである。

このようにみるなら、遣新羅使船は風早浦—麻里布浦間を、**図3**の----→のとおり、女猫瀬戸・広湾を進み音戸瀬戸から呉湾を北上して広島湾に入り、そこから南下して麻里布に至る航路をたどったことになる。それは②③の東進航路を、ほぼそのま

沈みゆく太陽を招き返して一日で音戸瀬戸を掘り抜いたという豪快な清盛開削伝説もこのような貴族たちの驚嘆を一つの背景として形成されたものと思われる［下向井、二〇一二b］。

ま逆向きの西進航路にしたものである。そうであるなら、遣新羅使一行が停泊した「長門島」は、安芸灘に開いた桂ヶ浜ではなく、音戸瀬戸を抱く倉橋島北半の呉市音戸町（中世の波多見《はたみ》島）東湾岸（音戸湾）に比定し直さなければならない。遣新羅使一行は平安後期の安芸・周防海域西進航路と同じ航路をたどったのである。(14)

以上から、古代—中世の安芸・周防海域の主要東西航路は、一貫して危険な瀬戸を通過しながら広島湾奥深くに進入する地乗り航路であった。「広島湾内へ入り込む航路は存在しなかった」という通説は退けられなければならない。厳島神社が、古来、航海神として崇められてきたのは、瀬戸内海東西航路の要衝に位置していたからである。

それではなぜ、島々の南に広がる海原（斎灘・安芸灘・伊予灘）を直進する航路をとらず、あえて狭く危険な瀬戸を選んで広島湾奥深くに入る航路をとったのか、明らかにしなければならない。それが古代の瀬戸内海東西航路・航法の解明につながる。

（14）藤原純友《すみとも》の乱では、大宰府追捕使在原相安《ありわらのすけやす》の軍勢が純友軍に撃破されたことを、安芸・周防両国が同日に言上している（『日本紀略』九四〇年〈天慶三〉一〇月二二日条）。大宰府追捕使の軍勢は、地乗り航路をたどって大宰府に向かう途上で、厳島から岩国沖あたりの海域で撃破されたのであろう。

2　地乗り航法

潮流を主たる推進力とする航法

古代の瀬戸内海東西航路が地乗り航路をとる理由として、船舶の位置情報を沿岸地形の目視に頼る航海技術の原始性が指摘されることがあるが、根本的な理由はそういうことではなかった。近世後期に著された『塩製秘録《えんせいひろく》』(15)にみえる瀬戸内海に特徴的な海況・海象に関する記述を活用しながら、海況・海象に依存し、また制約される古代の瀬戸内海地乗り航法の特徴を明らかにしていこう。

地乗り航法は第一に、瀬戸内海特有の大きな干満差がつくる潮流を推進力とする。『塩製秘録』に「瀬戸内は丈余《じょうよ》〔三メートル余り〕の満干有、彼唐海《からうみ》〔＝外洋〕は満干少し」とある。ためしに二〇二三年八月一日の中四国海域各地点の潮位差(月齢一四・二、ほぼ大潮)を、海上保安庁海洋情報部ウェブサイト「潮汐推算《ちょうせきすいさん》」で算出してみた。安芸・周防海域を中心とする瀬戸内海西部の潮位差は三―四メートルに達するが、東部の大阪湾・播磨灘では二メートルになる地点はほとんどなく、鳴門海峡の外側、紀伊半島・四国太平洋沿岸の潮位差より小さいくらいである。日本海沿岸では二〇―六〇センチ台、小潮のときは一〇センチに満たない地点さえある。安芸・周防海域では、大きな干満差が生み出す潮流を、船舶の推進力として最大限に活用できたのである。遣新羅使一行の歌には潮待ちの歌はあるが帆走の歌はない〔石井、一九八三〕。『一遍聖絵《いっぺんひじりえ》』が描く、米を満載して大輪田泊《おおわだのとまり》(神戸市兵庫区、和田岬内側の神戸港)を目指す運上船は、帆をたたんでいる。地乗り航法では帆はあくまで補助推進力であった。櫓櫂《ろかい》も同様である。

(15) 一八一六年(文化一三)に周防国三田尻浜の製塩業者三浦源蔵が著した長州藩製塩業振興策についての著作(『日本庶民生活史料集成 第一〇巻』三一書房、一九七〇年)。

「瀬戸」通過航法

　地乗り航法は第二に、大畠瀬戸、大野瀬戸、音戸瀬戸、女猫瀬戸などのような(図2)、山陽道沿岸と島々とが形づくる瀬戸を、避けるのではなく、あえて危険をおかして通過する。『塩製秘録』に「瀬戸内にて嶋々の間に名ある瀬戸　専《もっぱら》多し。大畠・猫瀬戸・音渡《おんど》・おかむろ(沖家室)・はなくり(鼻栗)・八幡瀬戸(来島《くるしま》瀬戸か)・今治《いまばり》(来島海峡か)、此外《このほか》数あり」とある。瀬戸では潮汐における海峡両端水面の潮位差が大きいから、広い海原の灘に比べて潮流ははるかに速い。とともに潮流は狭水道を一方向に流れる。この急流を推進力に高速・長距離航行が可能となる。斎灘・安芸灘を直進する最短距離の航路(図1)から大きく迂回する、広島湾内に深く入る航路(図2)がメインルートだったのは、地乗り航法が狭水道の潮流を推進力とする航法だったからであった。『万葉集』(巻三―三〇四)の、「柿本朝臣人麻呂、筑紫国に下りし時、海路にて作れる歌　大君《おおきみ》の遠《とお》の朝廷《みかど》[16]とあり通ふ島門《しまと》[17]を見れば神代《かみよ》し思ほゆ」は、このような地乗り航路を詠んだものである。

　地乗り航法では、瀬戸の激しい潮流、複雑な海岸地形、岩礁、暗礁、浅瀬などを通過するから、航行する船舶には、「船の乗かた能《よく》知り得」た「多年の巧者」(『塩製秘録』)が梶取《かじとり》(船頭)や水先案内人として乗船することになる。[18]

(16)　大宰府のこと。

(17)　島と島、または島と陸地との間の狭い海峡＝瀬戸のこと。

(18)　瀬戸の沿岸地名には、船乗りの目線で見た航路標識ともいうべき即物的地名が多い。たとえば音戸瀬戸周辺の鍋《なべ》・舞々尻《まいまいじり》(カタツムリ)・蕪《かぶら》崎《さき》、やや離れて亀ヶ首《かめがくび》。

安芸・周防海域に比べて干満差が小さい播磨灘・大阪湾では（明石海峡を除く）、潮流は安芸・周防海域ほどには推進力にならず、また開けた海原である灘では本流とは逆方向の沿岸流＝反流も強い。④高倉院一行が、播磨灘では海上保安庁海洋情報部ウェブサイト「潮流推算」（本章末の「コラム」参照）が示す潮流の方向に長時間逆らって西進できたのは、そのためであろう［下向井、二〇一九］。地乗り航法を典型的に活用できたのは、安芸・周防海域から備讃瀬戸海域（岡山県と香川県の間の海域）までの区間だといえよう。

六時間インターバル航法

地乗り航法では第三に、潮が船の進行方向に流れる順潮のとき航行し、進行方向と逆向きの逆潮のときは待機するという航行パターンをとる。待機のための停泊を「潮待ち」という。風向きはあまり関係ない。『塩製秘録』に、「追風《おいかぜ》にても汐《しお》に向へは碇《いかり》を入て汐直るを待《まつ》。是《これ》を汐待《しおまち》といふ」とあるように、近世になって帆走主体に変わってもなお、追い風でも逆潮であれば順潮に変わるまで待ったのである。

満潮と干潮はおよそ六時間おきに繰り返す（潮汐周期）。各海域・海峡の潮流周期は潮汐周期に規定されるので、それぞれの海域・海峡でおよそ六時間おきに順潮・逆潮が繰り返される。したがって、地乗り航法では、純粋に潮流だけを推進力とするなら、約六時間おきに航行と待機を繰り返す。このような地乗り航法を六時間インターバル航法と呼ぶことにする。実際には客観的（悪天候など）・主体的（緊急性など）条件に左右されるし、満潮（干潮）のピークの前後は「潮だるみ」[19]だから航行可能時間はさらに延長され、潮待ち時間はそれだけ短縮可能となる。

　地乗り航法の基本パターンを六時間航行・六時間潮待ちとすると、潮待ちの停泊地を一定間隔で布置する必要がある。こうして古代・中世には、航路上の山陽道沿岸・島嶼にサービスエリア的な「潮待ちの泊《とまり》」が随所に置かれ、繁栄した。古代瀬戸内海の山陽道側に点在する津泊《つどまり》の多くは［千田、二〇〇一／松原、二〇〇四］、このような「潮待ちの泊」だった。昼間航行なら一八時間、昼夜兼行なら六時間、一つの津泊に停泊するかもしれない人々は、後述する郡司・津司（平安期には津刀祢《つとね》）の津泊管理のもと、宿泊・休憩・飲食・遊興（遊女・芸人との遊びや博打）・寺社参詣・遊《ゆ》山《さん》・詩歌などに時間を費やした。潮待ちではないが、九世紀中頃、東海東山両道の河川の渡りでは、渡船不足により数多の調庸運夫が何日も渡河を待たされ、彼らの喧嘩が闘乱に発展して「身命」を「破害」し、「官物」を「流失」する治安悪化を招いたという（『類聚三代格』八三五年〈承和二〉六月二九日官符）。官物運京船がひしめく潮待ちの津泊でも、類似の様相を呈する。それが略奪にエスカレートしたら、海賊である。

（19）満干が入れ替わるとき、潮流がゆっくりになり、やがて止まる時間帯のこと。

航行距離、航行時間、速度

実際の史料をもとに一航程の航行距離・時間・平均時速を割り出してみよう。

三善清行《みよしきよゆき》『意見十二箇条』（九一四年〈延喜一四〉）にみえる「行基《ぎょうき》(20)五泊」、すなわち室《むろ》津《つ》（たつの市）―（約二四キロメートル）(21)―韓泊《からとまり》（姫路市的形《まとがた》町福泊《ふくどまり》）―（約二〇キロメートル）―魚住《うおずみ》（明石市大久保町江井ヶ島）―（約三〇キロメートル）―大輪田（神戸市兵庫区和田岬）―（約二六キロメートル）―河尻（尼崎市神崎町今福）は、行基が一日航程を計って開発したと伝えられる港泊である（**図5**）。区間距離はおよそ二〇―三〇キロメートルである。魚住―大輪田間の距離が長いのは明石海峡の潮流を組み入れているからであろう。清行がこの意見封事《いけんふうじ》(22)を提出した一〇世紀前半には魚住泊は廃絶しており、公私の船舶は韓泊から大輪田泊まで約五〇キロメートルを「一日一夜」、夜間航行もせねばならず、海難事故が多発し、漂没・転覆・水没死が絶えなかったという。すなわち行基五泊は昼間航行・順潮六時間・三〇キロメートル以内を想定して布置されたのである。地乗り航法の一航程の標準を順潮六時間・三〇キロメートル・巡航時速五キロメートルとすれば、行基五泊間の航行時間は四―六時間となる。

潮流を主推進力とする地乗り航法が時速五キロメートル程度だったという仮説を、呉湾の満潮（干潮）から一・五―二時間後に北流（南流）がはじまる音戸瀬戸の特性に着

(20) 六六八―七四九。姓は高志《こし》氏。和泉国の人。弟子を率いて多数の寺院を造立し、道路・橋・灌漑施設・津泊・布施屋（京上する運夫・役民らの救護所）の造設などのいわゆる社会事業を行った。はじめ政府から弾圧されたが、のち公認され東大寺大仏建立に協力、七四五年に大僧正となる。

(21) ウェブサイト「地図蔵　距離を測定する地図」(https://japonyol.net/distance.html) で区間距離を概算した。以下の区間距離はすべてこれによる。

(22) 奈良・平安時代、国家の重要政策について、天皇が勅旨で臣下の意見を求め、臣下は意見書を密封して奉った。

目して(**図4**)、音戸瀬戸―厳島間約三〇キロメートル区間で検証できるだろうか。足利義満は一三八九年(康応元)三月一一日子刻《ねのこく》(西暦四月七日午前一時ごろ)(23)に厳島に到着しており(『鹿苑院殿厳島詣記』)、「潮汐推算　呉」では呉湾の満潮は前日午後六時半だから南流から北流に変わる午後八時ごろ音戸瀬戸出航、時速六キロメートル・五時間で到着したことになる。④高倉院一行は、一一八〇年(治承四)三月二六日午刻(西暦四月二三日午前一一―午後一時)に厳島に到着している。この日、呉湾の満潮は午前七時。北流がはじまる少し前の午前八時に音戸湾出港とし、午後一時の厳島到着とすれば時速六キロメートル・五時間の航海となる(本章末「コラム」参照)。やや厳しいが、ゴールを目前に音戸瀬戸の速い潮流と全力漕航で乗り切れたとみたい。十分な検証とはいえないが、地乗り航法の巡航速度をおおむね時速五キロメートルとみておきたい。

　『延喜式《えんぎしき》』(主計上)にみえる大宰府―京間の調庸雑米運京航程は海路三〇日であり(大宰府―博多間、淀―京間をそれぞれ一日として差し引くと二八日)、博

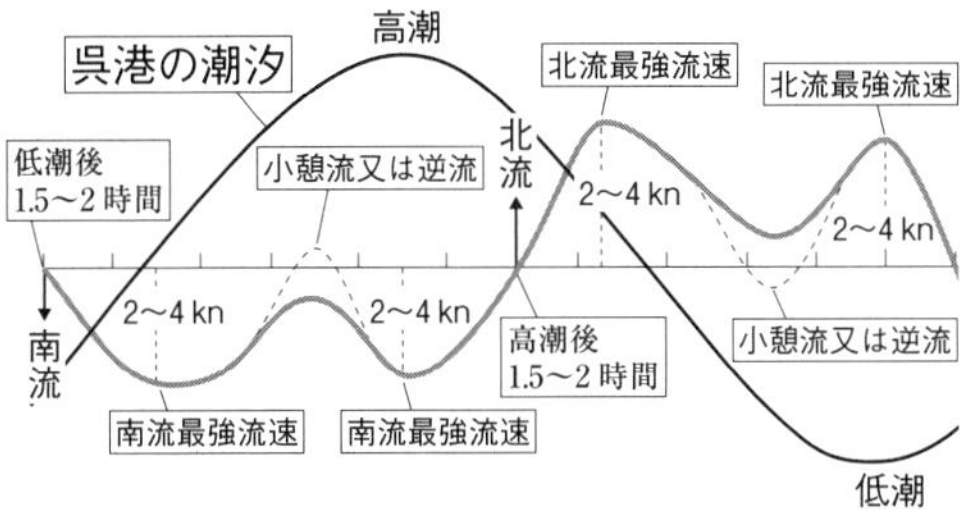

図4　呉港の潮汐と音戸瀬戸の潮流の関係(海上保安庁海洋情報部ウェブサイトより)

(23)『鹿苑院西国下向記』には「丑時同国厳島へ御着」とあるから厳島到着は子《ね》・丑《うし》の境目、すなわち午前一時ごろだったようだ。

多―淀間の航程を約六五〇キロメートルとすると、一日平均二三・二キロメートルとなる。同様に山陽道諸国―京間の航程を概算すると、行基五泊で想定した一日(一航程)二〇―三〇キロメートル、航行時間四―六時間、時速五キロメートルのなかにおさまる(備後だけは一日一九・六キロメートル)。公的航行、とくに官物運京の場合、海難事故回避のため、夜間航行を避け昼間四―六時間航行が原則だったことを示している。(24)

これを**図2**で復元した安芸・周防海域の津泊間に適用してみよう。大畠瀬戸を通過する竈関―白石間は約五二キロメートル、大野瀬戸を通過する白石―厳島間は約一五キロメートル、広島湾・呉湾を通過する厳島―音戸瀬戸間は約三〇キロメートル、女猫瀬戸を通過する音戸瀬戸―高飛間は約二五キロメートル(三津口までなら約三〇キロメートル)となる。竈関―白石間がほぼ二倍の距離、白石―厳島間が二分の一の距離であり、他の二区間は三〇キロメートルに収まる。厳島参詣後の義満一行が西進するとき大畠瀬戸手前の神代《こうじろ》沖で潮待ちしているので神代を加えると、竈関―神代間約二七キロメートル、神代―白石間約二五キロメートルだから、白石―厳島間約一五キロメートル以外は、おおむね二五―三〇キロメートルを時速五キロメートルで順潮五―六時間の航行、逆潮「潮待ち」という一航程がだいたい当てはまる。白石―厳島間約一五キロメートルは、西進の場合は順潮時間帯のなかで厳島出

(24) 地乗り航法では夜間航行しなかったという説があるが、昼夜兼行の事例は多い。

航をやや遅らせ、東進の場合は同じく厳島入港をやや早めることができる。高倉院一行が、備前児島で神社奉幣・娯楽・入浴・遊山に時間を費やしたように（本章末「コラム」参照）、東西航路の船乗りたちは航海安全祈願の聖地厳島でたっぷり時間を費やしたのであろう。

瀬戸内海東西航路図と津泊

ここまで取り上げた奈良・平安期の事例にみえる停泊津泊（通過地点も含む）を結ぶ瀬戸内海東西航路全体の航路図を作ってみた（**図5**）。本章では十分な考証ができなかった伊予国津《くにつ》(25)（今治市）、讃岐国津（坂出市）からの合流航路については、地乗り航法を採用した場合の推定コースである。前者の伊予国への航路については、『万葉集』に、難波津を出て伊予を目指し、「島伝いに敏馬《みぬめ》の崎」（神戸市灘区岩屋町）を通過し、明石海峡を抜けたが、風波を避けるために淡路島北西部の浅野（淡路市）で風待ちした、と詠んだ旋頭歌《せどうか》・反歌がある（巻三—三八八・三八九）。浅野には風波を避けるために停泊しただけで、瀬戸内北岸の地乗り航路に復帰して伊予を目指したと考えたい。また一一世紀中頃、歌僧能因《のういん》は伊予からの帰京航路を、「潮路《しおじ》をとめてゆく舟」（潮流をたどって泊まったり進んだりする舟）、「船出してと《（戸）》わたる島」（船出して島々との間の瀬戸を通過）というように、地乗り航法を反映する句を使って詠んでい

(25) 国津または国府津は、国府近傍にあり、国衙の海運港湾業務の統括港で、運京官物の主要積出港。

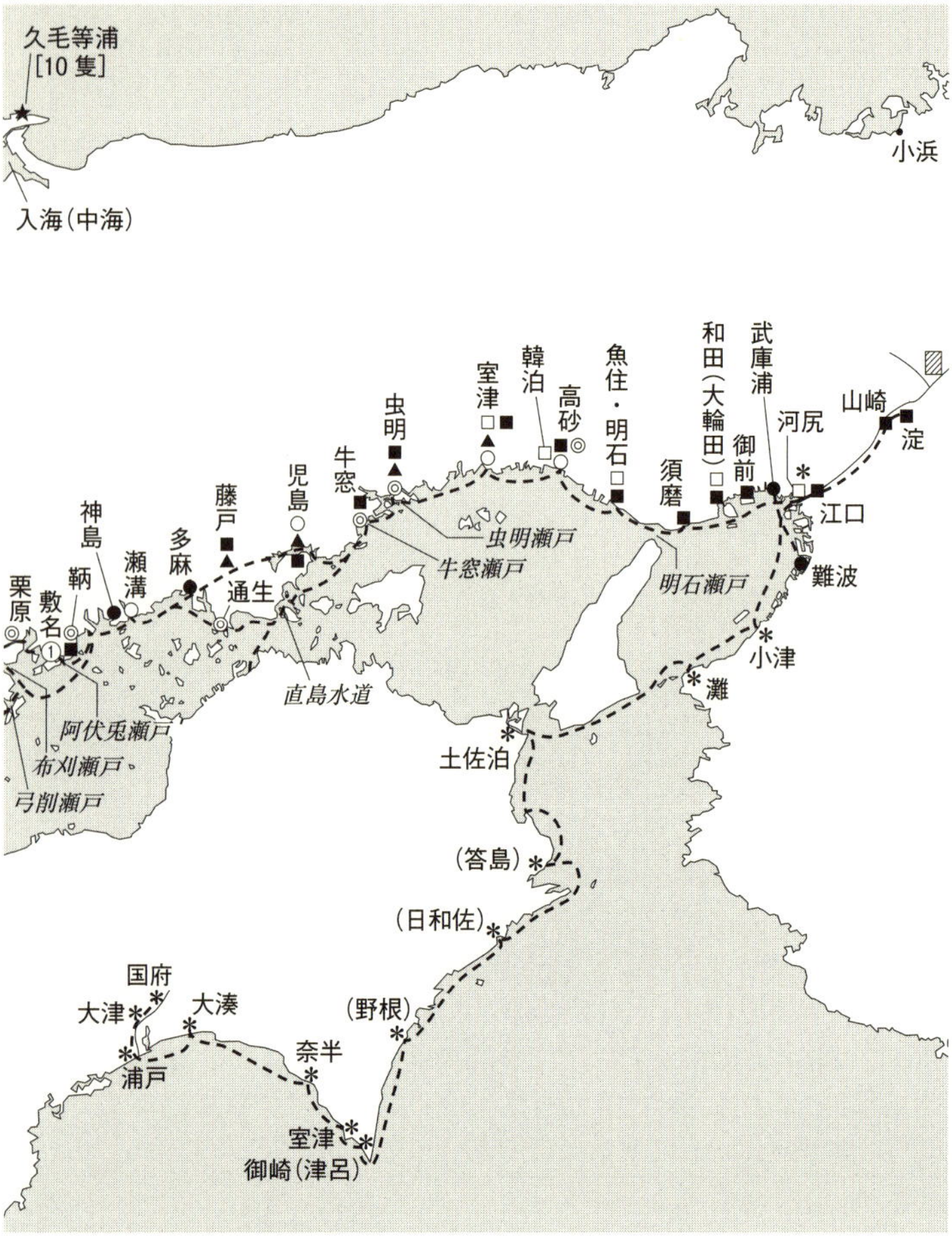

どる中国・四国地方の航路と津泊

図5 奈良・平安期の史料からた

る（『能因集』）。

さて瀬戸内海東西航路の航路上の津泊は無秩序に分布しているのではなく、地乗り航路の六時間インターバル航法を踏まえて布置される。布置の基準となるのは激しい潮流の「瀬戸」に近接する津泊であろう。東からいえば、大輪田、魚住（明石瀬戸）、鞆（阿伏兎《あぶと》瀬戸）、音戸（音戸瀬戸）、竈関（大畠瀬戸・竈戸瀬戸）、長門関（早鞆《はやとも》瀬戸）などの津泊を基準に、なかば自然になかば政策的に布置されたことになる。布置された津泊には、政治的・経済的な津泊（国津・郡津《ぐんつ》(26)）と重なるものもあれば、純然たる「潮待ち」の津泊もあった。これらの津泊は陸路における「駅」や「関」に相当する。

ただし気象・海象などの状況次第では臨機応変に、予定津泊を通過したり予定外の津泊に停泊したり(27)、潮待ち時間を延長したり短縮したりするのは当然である。

山陰沿岸航路と南海沿岸航路

山陰沿岸航路、南海沿岸航路についても素描しておきたい。

山陰沿岸の潮汐はきわめて小さく、瀬戸内海のような沿岸沿いの潮流にはならない。山陰沿岸の流れは、「岸寄り」の観測点では対馬海流の影響が強く、つねに東流・東北流であり、風向の影響は受けるが潮汐による潮流の影響はほとんどない。

(26) 郡衙（郡家《ぐうけ》）の外港で、郡内の運京官物の積出港。

(27) 源俊頼は筑紫からの帰路、予定していた寄港地鞆を、まだ陽が高いから適当な泊があるなら通過しようと提案したり、「ちかき程によきとまりあらはすきはや」と予定津泊を通過して室津に泊まったりしている。

また流速はおおむね時速〇・五ノット（約一キロメートル）以下であるという〔海上保安庁水路部、一九九五〕。この流れは東進に有利に西進に不利に働くが、この程度の流速では航行の主推進力たりえない。山陰沿岸では瀬戸内海のような潮流利用の地乗り航法は成り立たないのである。(28) したがって山陰航路は漕航・帆走中心であり、風波による長期の船止めもしばしばであろう。因幡《いなば》・但馬《たじま》・丹後《たんご》の官米運京国が海路運京する場合の上陸津泊と京までの陸路については諸説あるが、若狭湾の津泊（小《お》浜《ばま》など）で荷揚げし、陸路（のちの鯖街道）、また途中からは琵琶湖水運も利用して、京進したと思われる（『小右記《しょうゆうき》』一〇二四年〈万寿元〉一〇月二七日条）。山陰航路の停泊津泊は、瀬戸内地乗り航路とは異なる基準で配置されていたであろう。『出雲国風土記』にみえる出雲国沿岸の四つの「浦」には船舶収容隻数が書かれており、港湾施設と港湾管理要員（津守《つもり》）が配されていたと思われる（**図5**）。

一方、南海沿岸については、『土佐日記』(29) に書かれた前土佐守《とさのかみ》紀貫之《きのつらゆき》の帰京コースが、八世紀以来の南海航路であったとみてよかろう。貫之一行は土佐国大津（国津）を出て沿岸伝いにいくつもの津泊に泊まりながら土佐泊《とさどまり》（鳴門市）に至った。その間、「風波」「海荒」れて同じ津泊に何日も船止めされている。前記した瀬戸内海東西航路の航海事例ではみられなかったことである。貫之一行は土佐泊から淡路島南岸沿いに紀伊水道を渡って、和泉国灘（岬町）に着いている。灘からは大阪湾岸に沿

(28) 出雲・伯耆《ほうき》国境海域では、中海《なかうみ》と美保湾の間の狭水道の潮流が局地的に地乗り航法を成り立たせたと思われる。

(29) 紀貫之が自身を女性に仮託して綴った紀行文。九三四年（承平四）一二月二一日に国府を出て、翌年二月一六日に京の自邸に帰り着くまでの船旅を記す。

って小津（泉大津市大津）を目指し、小津からさらに住《すみ》の江《え》を経て淀川河口河尻に入っている(30)（図5）。

大阪湾に入ってからは、「波立たず」「海は鏡のごと」とおだやかな海況の日もあり、逆潮では水夫たちが海浜に降りて「綱手《つなで》」（船を曳《ひ》く綱）で船を曳いていること(31)から、順潮では潮流を利用する地乗り航法をとったと思われる。他方で、「船とく漕げ」「ゆくりなく風吹きて、漕げども〳〵、後方退《しりえしぞ》きに退きて……」とあり、潮流・漕航併用だった。瀬戸内航路の播磨灘海域の航法と同じである。大阪湾では帆走の記述はない。

土佐湾・紀伊水道南西海域は、沖合を東北流する黒潮の影響を受ける反時計回りの左旋流が優勢である〔海上保安庁水路部、一九九九〕。潮汐は向岸流・離岸流となり、海岸と並走する潮流は微弱であろう。したがってこの海域も、潮流を主推進力とする地乗り航法は採用できない。国司の赴任など土佐を目指す西進航路は左旋流と紀伊水道の引き潮を利用する航法になる。左旋流の流速が微弱なら、主推進力は帆（風力）と櫓櫂（人力）となる。『土佐日記』では、「漕ぎ出で（づ）」「漕ぎ行く」と漕航中心であり、帆走は「風のよければ、梶取いたく誇りて、船に帆上げなど喜ぶ」と風に恵まれたときだけだったようだ。

土佐も阿波も官米進納国であり、貫之の帰路と同じ航路を通って運京することに

(30)『万葉集』には、『土佐日記』とは逆に京から土佐を目指す歌が詠まれている。石上乙麻呂《いそのかみのおとまろ》の愛娘は、配流中の父を求めて、「島の崎々」「磯の崎々」をめぐって「百《もも》船人《ふなびと》」（多数の船と乗員）が集まる「大崎の神の小浜」を経て、土佐へと向かった（『万葉集』巻六—一〇一九—一〇二三）。「大崎」は、海南市下津町大崎とされているが、『土佐日記』の「灘」かもしれない。

(31)「潮流推算」をみると、大阪湾（泉州）の潮流は、綱手で船を曳いた九三五年（承平五）二月一日（西暦三月八日）は〇—五時、一二—一七時、二月五日（西暦三月一二日）は〇時—七時、一四時—一九時が南流（逆潮）であっ

なる。左旋流に逆行する漕航はさぞかし難儀な航海だったであろう。

3　律令国家の航路・海運管理

陸路陸運・海路海運の軍事的性格

八世紀律令国家の陸運・海運は、律令国家の税制・対外政策・軍事政策、その基盤である中央集権的国家支配（太政官《だいじょうかん》(32)―国―郡―里―戸）を機能させる、いわば脈管系であった。律令国家の外交の基軸である対新羅朝貢強要外交(33)を軍事的に担保するのが一戸一兵士の大規模徴兵制軍隊＝軍団兵士制であり、一戸一兵士の実現・維持には「編戸《へんこ》制」（戸の規模の規制）・「班田《はんでん》制」（戸の経営保障・規制）による「戸」間の格差拡大抑制が不可欠であった。この対新羅朝貢強要外交・軍団兵士制・公地公民制（編戸制・班田制）の三位一体の「軍国体制」が日本律令国家の本質であり〔石母田、一九七一／下向井、二〇〇二〕、陸路陸運・海路海運も「軍国体制」の一環として整備・維持・管理された。

律令国家は、人・物の遠距離移動を、陸上交通では七道の駅路・駅家《うまや》(34)と関（三関《さんげん》(35)・諸国関剗《かんさん》(36)）によって、海上交通では津（摂津・長門関・諸国諸津）によって管理統制していた。それを統括するのが兵部省《ひょうぶしょう》とその所管の兵馬司《へいばし》・主船司《しゅせんし》であった(37)（職員令《しきいんりょう》）。

た。二月一日は午刻（一一時―一三時）に出航している。綱手で曳いたのは、両日とも、午後の南流の時間帯であろう。

(32)　律令国家の中央政府。議政官（公卿）会議と事務局（弁官局・少納言局）で構成される。太政官の発出する政府命令・法令を太政官符という。以下、本章では太政官を政府、太政官符を政府命令と表記する。

(33)　六七〇年に朝鮮半島統一を目指して駐留唐軍との戦争に突入した新羅は、六六三年の百済救援戦争の敗戦国日本に対し（新羅は戦勝国）、背後の脅威の除去のため、朝貢を再開した。対唐戦争勝利・関係正常化後、新羅にとっては対日朝貢の九世紀初頭に両司が廃止されたこともあって、あまり注意されないが、交通行政の統括機関が兵馬司・主船司であったことは、重要な点である。

毎年、諸国司は膨大な行財政データ（帳簿）を四度使《よどのつかい》(38)を通じて中央に提出する。そのうち朝集使は国郡の文官人事記録を式部省に、武官人事記録・国内軍事力データ（兵士・公私兵器・公私馬牛・公私船舶などの帳簿）を兵部省に進上するが、そのなかに「道守《ちもり》帳」「駅馬帳」「駅家鋪設《ほせつ》帳」「伝馬帳」「百姓牛馬帳」「兵馬帳」（以上、兵馬司）、「津守帳」「公私船帳」（以上、主船司）があった（天平六年〈七三四〉出雲国計会帳《けいかいちょう》）。兵部省（兵馬司・主船司）が道路陸運行政・海路海運行政を統括したことを端的に示す。

「百姓牛馬帳」「公私船帳」は、「征行大事《せいこうだいじ》」（戦争）での公私馬牛・公私船舶徴用のため平時から帳簿で把握しておく、という職員令兵馬司条義解のとおり、渡海作戦を含む対外戦争での大規模動員における大がかりな徴用を想定したものである。山陽道など一二メートル超幅の直線駅路は、大規模動員と集結地までの行軍、徴用馬牛による軍需物資の大量輸送、軍事上の最速最短の緊急連絡を想定した軍用道路であり［木下、一九九六］、地形や利便性を無視した四国沿岸周回駅路も［足利、一九九二］、兵士動員・行軍を優先したものである。同様に津・航路の主船司管轄は、徴用公私船舶による軍事輸送を究極の目的としていた。

必要性は低下するが、日本はこの朝貢関係を永続化しようと朝貢を強要し続け、両国関係はしばしば緊張した。七六〇年代前半の藤原仲麻呂の新羅征討計画は実行一歩手前まで準備が進められた。

(34) 古代の駅制で、七道に三〇里（約一六km）ごとに設けられた、公私使に人馬の継ぎ立て、宿舎・食料の提供を行う施設。駅舎・駅馬を備え、駅戸から選ばれた駅長が駅子を率いて業務を行った。

(35) 伊勢（鈴鹿）・美濃（不破）・越前（愛発《あらち》）の三関。

(36) 国司が設置した関を「関剗」と表記することにする。

防人集団の海路往復

筑紫の縁海警備につく東国防人《さきもり》は、国ごとに部領使《ぶりょうし》（国司の一員）に引率されて陸路をたどって難波津に集結し、兵部省官人の検閲（点検）を受け、船に乗り込み専使《せんし》（政府特使）に引率されて筑紫へと向かう。『万葉集』（巻二〇）防人歌は、七五五年（天平勝宝七）に交替要員として難波に集結した防人集団の検閲にあたった兵部少輔大伴《しょうふおおとも》家持《のやかもち》が、諸国部領使を通して防人たちから採集した歌を選別・集録したものである。常陸国防人の歌「国国《くにぐに》の防人つどひ船乗りて別るを見ればいとも為方《すべ》無《な》し」（巻二〇—四三八一）は、難波津で出航までの待機期間、国を超えて交歓し別れ別れに乗船する名残惜しさを詠んだものであろう。防人定数は三〇〇〇人。一〇〇〇人ずつ三年交替だとしたら、毎年一〇〇〇人規模の防人集団を乗せた船団が**図5**の地乗り航路づたいに、昼夜兼行(39)で二〇—三〇キロメートル間隔の津泊で潮待ちを繰り返しながら航行する。防人船団が立ち寄る諸国の津泊では、事前に政府から通告を受けた国司・郡司の指揮下で、津司・津守らが港湾整備・幕舎設営などの事前準備、当日の入港・上陸の誘導、休憩・飲食提供、乗船・出航の誘導などを行い、防人集団の側では専使が集団の統制、国郡司・津司らとの折衝、出入港手続きにあたる。「大宰《だざい》府《ふ》防人、頃年《けいねん》、坂東諸国兵士を差《さ》して発遣《はっけん》す。是《これ》に由《よ》り、路次《ろじ》の国〔通過する国々〕、皆供給《くごう》〔飲食・宿舎などの世話〕に苦《くるし》む」（『続日本紀』七五七年〈天平宝字元〉閏《うるう》八月二七日

(37) 職員令民部省条には民部省管掌事項に「道橋・津渡」があるが、その註釈（義解《ぎげ》）や集解《しゅうげ》諸解釈は、地図（国図）上で地形や境界を知るだけで、点検・管理に関与するものではない、とする。『令義解《りょうのぎげ》』は養老令の官撰註釈書、八三三年（天長一〇）成立。『令集《りょうのしゅう》解《げ》』は養老令の註釈諸説集成。貞観年間（八五九—七七）、惟宗直本《これむねのなおもと》により成立。

(38) 国衙が政府に税務・財務・政務・人事に関する諸帳簿を定期報告する、貢調使・税帳使・大帳使・朝集使の四度の使。国司の一員が務める。

(39) 七三八年（天平一〇）の東国防人還郷では、

条）の記事は、上記の情景を彷彿とさせる。筑紫に着いて新防人集団を降ろした船は任を終えた旧防人集団を乗せ、往路と同じ航路を逆にたどって難波を目指す。毎年の防人集団が往復で立ち寄る二〇カ所前後の津では、上記のような港湾業務・出入港業務に忙殺されたのである。防人（衛士《えじ》も）の動員・移動は、兵部省（兵馬司・主船司）所管の駅路・海路による戦時の軍事輸送の平時における実地演習でもあった。

七三六年（天平八）、難波津を発った遣新羅使が立ち寄った各浦（**図5**）での「供給」の苦しみも同じである。当然、事前に路次諸国には停泊予定津泊・着岸予定日時を含めて通告され、停泊津泊を抱える国郡は準備を整えて待機する。大宰府官人・西国国司の海路赴任でも、より縮小された接待を含む出入港業務が待ちうけていた。

摂津・長門での海運管理

瀬戸内海を航行する船舶は、諸国司（西海道諸国は大宰府）から「過所《かしょ》」(40)（通行証）を発行してもらい、難波津や長門関などの「関津」で「勘過《かんか》」(41)（検問）を受けなければならなかった（関市令《げんしりょう》）。関市令の「関津」勘過規定は三関・摂津・長門に限定されない一般規定だが、摂津・長門は瀬戸内海の両端にあって瀬戸内海の航行・海運を管理する最重要「関津」だった。

門司《もじ》と長門関では常時「戍《じゅ》」（警備兵）を配置して関門海峡の通航を厳格監視し、

筑紫大津から備前児島まで一〇日分の食粮が計上された（天平一〇年筑後国正税帳）。区間約四七〇kmとして一日航程平均四七kmとなり、防人集団を乗せた船団は昼夜兼行の航海だったと思われる。

(40) 旅行者が、姓名・旅行目的・通過関津・目的地・所持物品・随員姓名などを記して郡司を通して国司に提出する旅行申請書に、国司が許可文言を書き添えて申請者に返給する関津通行証。

(41) 関津の役人（関司・津司）が旅行者の所持する過所を検査して、関津通過の可否を認定すること。過所不携帯また過所に不備があったら、旅行者は拘束される。

豊予《ほうよ》海峡にも豊後側と伊予側に「戍」が配置され海峡の往還は禁じられていた。しかし、鳴門海峡と紀淡海峡に「戍」を置いて往還を禁じることはなかったから、関門海峡・豊予海峡の勘過と「戍」は、国内船舶の臨検、違反船の拿捕だけでなく、海外からの潜入の警戒をも任務としていたのだろう。海峡の「戍」によって国際緊張をビジュアル化することは、「軍国体制」維持に不可欠の演出である。防人の配備や大宰府近辺諸城での警衛も単純に「国防」一辺倒で捉えるべきではなく、山陽道駅舎の白壁瓦葺《かわらぶき》とともに来日した新羅使節団への威圧効果を狙っており、新羅との朝貢強要外交を演出する舞台装置だった。瀬戸内海の厳格な海域管理・通行規制はこのような「軍国体制」の一環としての側面をもつ。

七一六年（霊亀二）に豊予海峡の航行規制が緩められたが、それは長門関や門司での勘過をも弛緩させる。「官人百姓商旅之徒」が門司で勘過を受けることなく、豊前草野《かやの》津・豊後国埼《くにさき》津・同坂門《さかと》津から「任意」に「往還」し、「擅《ほしいまま》に」「国物」を運漕するようになっていった。彼らは終着港難波津で国司発行の過所の最終勘過を受けるだけで正規航海と認定されたのである。七四六年（天平一八）七月、大宰府は政府命令を受けて門司勘過の厳格化を図ったが、その後も多くの「奸徒《かんと》」が門司勘過を経ないまま難波津に集まり、黙認される状況は八世紀末まで続いた（以上、『類聚三代格』七九六年〈延暦一五〉一一月二一日官符）。関門海峡以東の西海道諸国（豊前《ぶぜん》・豊《ぶん》後《ご》・日向《ひゅうが》)や長門・伊予両国で海路を利用する人々にとって、わざわざ門司まで迂回する「軍国体制」的な勘過はうんざりだったのである。

国衙の海運管理

国司は、毎年、国内公私船舶について、船名・大小・材質・積載量・破損状態・所属津泊・稼働可否の項目を調査した(営繕令《えいぜんりょう》官私船条)。このデータが「公私船帳」であり、作成した二通のうち一通は前記のとおり主船司に提出したが、もう一通は国衙《こくが》(42)が日常的な船舶管理運用に使用する。職員令兵部省主船司条の主船司の職掌「公私船および舟具《しゅうぐ》の事を掌《つかさど》る」について、「古記《こき》」(43)は「つねに津にある官私船数と積載量を調査・管理するが、他国と往来する船については臨時に「検察」するだけである」と註釈する。ここでいう「津」は「摂津」(難波津)だけでなく全国の「津」を指しており、「古記」の解釈は、縁海諸国は国内津泊在籍公私船舶については毎年定期的に調査して「公私船帳」を兵部省(主船司)に提出し、往来船舶については「津」で「過所」を臨時検察する、と読まなければならない。諸国津泊では往来船舶の「過所」を随時検察していたのである(44)。

津泊には「津守」が置かれ、また官船在籍津泊では兵士(一、二名か)が官船の「看守」についた(営繕令有官船条)。そして毎年、「津守帳」「公私船帳」が作られ、随

(42) 国司が業務を行う庁舎群を「国庁」、国庁・国司館・正倉群・職員舎宅群・市などが所在する都市空間を「国府」という。「国衙」は狭義には国庁と同義であるが、広義には国司らが業務を執行する組織・機構をいう。国衙機構・国衙権力などというが、国庁機構・国庁権力とはいわない。

(43) 集解諸説のうち、大宝令条文の解釈。

(44) 八〇六年(大同元)三月、平城天皇は「往古の恒制」であった「諸国関津」での武装固守の停止を命じている。津が勘過業務を行っていたことを示す(本章第5節)。

(45) 国郡行政のうち、

時、往来船舶の勘過（過所検査）が行われるから、各津泊では、関剗と同じく専当《せんとう》国郡司㊺の監督下で、港湾・海運管理業務が行われていたと考えなければならない。

そこで注目されるのが、「津司」「津長」の記載を含む木簡・墨書土器である。金沢市畝田《うねだ》・寺中《じちゅう》遺跡A２地区から八世紀の「津司」の墨書土器が出土している［石川県埋蔵文化財センター、二〇〇〇］。津司は国内関剗における「関司」に相当し、国内津泊の管理のために国司が津泊に配置したもので、専当郡司の別称かもしれない。前出の豊前国草野津に比定される福岡県行橋《ゆくはし》市延永《のぶなが》ヤヨミ園《その》遺跡は港湾施設と思われる官衙的遺構が残り、京都《みやこ》郡「郡符《ぐんぷ》」木簡㊻（**図６**）、京都郡大領《たいりょう》（郡司の長官）を指す「京都大」の墨書土器（**下図**）、郡内「不知山《いさやま》里」の貢進物付札木簡が出土していることから、京都郡司指揮下で日常的な港湾業務・勘過業務・官物積出業務が行われていたと考えられている［酒井・松川、二〇一〇］。また「津」の墨書土器が出土した福島県いわき市荒田目《あったため》条里遺跡からは、郡司が「客料」（「供給料」か）に充てるた

・「符　郡首□□少長□［　　］

図６　行橋市延永ヤヨミ園遺跡出土の「郡符」木簡（九州歴史資料館蔵）［九州歴史資料館，2015］

行橋市延永ヤヨミ園遺跡出土の「京都大」墨書土器（九州歴史資料館蔵）［九州歴史資料館、二〇一三］

特定の業務を専門に担当する国司を専当国司、郡司を専当郡司という。ここでは港湾管理業務。

（46）公式令《くしきりょう》符式条にもとづいて作成された、上級官司から所管官司へ下達する文書を「符」という（太政官符・国符・郡符など）。木簡に書かれた郡符を「郡符」木簡という。

め何かの物品の供出を「津長」に命じる「郡符」木簡が出土している〔吉田、一九九五〕。専当郡司指揮下で行われる港湾業務・海運業務の一端を彷彿とさせる。津司が専当郡司かそれに近い職名なら、また「津長」が里長（郷長）に相当するなら、両者が併存する場合は上下関係が想定されるが、以下「津司」に統一して論を進める。

国内津泊で毎日繰り返される港湾業務・海運業務の様相はつぎのようであっただろう。九―一〇月に港湾施設（防波堤・桟橋・澪標《みおつくし》・船だまり・舎屋など）の補修・浚渫《しゅんせつ》（営繕令津橋道路条）、随時の破損官船修理（同有官船条）、一一月末が提出期限の「公私船帳」の作成、官物積出港（国津・郡津）の場合は積出業務、出航までの綱領《こうりょう》(47)・運夫の世話、「潮待ち」船舶の出入港業務（「水脈《みお》引き」＝誘導・係船・過所チェック）、潮待ち中に起こる喧嘩や盗難などの検察・被害証明、津司・津守の勤務記録作成・提出、郡司からの通達（「郡符」）の執行、種々の事案の郡司への報告などが想定される。また防人船団のところで述べた、海路をとる公的使節や集団の迎接・「供給」は激務であった。

このような港湾業務を担う津司らは、寄港船舶から積荷に応じて勘過料・勝載《しょうさい》料《りょう》の名目で手数料を徴収していた。国衙レベルで「路次国国の津泊ら、勝載料と号し運上調物を割き取る」、「所々刀祢《とね》ら、勘過料と称し、調物を拘留す」（『壬生家文書』一〇六五年〈治暦元〉九月一日官符）という慣行は、八世紀以来のことと推定される。

(47) 官物運京の一団の統率者で、国司・郡司・富豪層が充てられた。民部省での窓口チェック、大蔵省などへの納入、領収証取得などの責任者。

港湾管理業務を行う津司は、九世紀には「津刀祢」と呼ばれるようになり、一〇世紀以降の国衙(48)では「船所《ふなしょ》」「勝載所《しょうさいしょ》」が船舶港湾業務を統括するようになる。

4　八世紀の海路運京と漂損・海賊対策

調庸雑米の海路運京

かつては律令国家の調庸雑米運京は陸路人担方式が原則であり、本来海路運漕方式は禁止されていたというのが通説であった。しかし今日では律令国家の成立当初から、大宰府からの運京物だけでなく、山陽南海両道諸国・山陰道諸国からの運京物も、海路運漕方式が併用され、とくに重貨（米・塩）についてはもっぱら海路運漕方式であったことが明らかになっている［杉山、一九七八／森、二〇一六］。

山陽南海両道諸国の官物運京船は、国津（または郡津）を出航して**図5**の航路上を、途中、二〇―三〇キロメートルごとに点在する津泊で潮待ちの停泊を繰り返しながら、いくつもの危険な「瀬戸」を通過して最後の明石瀬戸を抜け、大輪田泊に泊まり、奈良時代には終着港難波津に（平安時代になると河尻を経て、山崎・淀に）着岸する。地乗り航法では多数の船が同じ津泊から同じ六時間の順潮時間内に潮流に乗って二〇―三〇キロメートル航行してつぎの津泊に至るから、とくに納期まぎわの官米運

(48) 一〇世紀初頭の国衙機構改革によって、国衙行政を分担執行する諸分課「所《ところ》」が置かれ、受領の子弟郎等が各「所」の目代となり、「所」に所属する在庁官人を指揮して業務を遂行した。田《た》所《どころ》・税所《さいしょ》・調所《ずしょ》・検非違所《けびいしょ》・健児所《こにしょ》・船所・勝載所などがあった。

京船は航路上に列をなし、潮待ちの津泊（サービスエリア）は停泊する運京船で混雑する。入港・勘過の順番待ちで喧嘩・口論・闘乱も多発する。昼間航行を原則とする運京船の場合、一八時間も一つの津泊に潮待ちする場合がある。危険を承知で昼夜兼行して航程を短縮し公定運賃を浮かせるケースも多かっただろう。

律令の漂損・海賊被害の認定・弁償規定

危険な瀬戸を航行する地乗り航法では漂損(49)が頻発する。航海中や津泊停泊中に積荷を盗まれることもある。このような漂損・海賊被害が発生した場合について、律令には、貨物の亡失《ぼうしつ》（遺失・盗難）の規定がある（捕亡令亡失家人条《ぶもうりょうぼうしつけにん》）。それを官物を運京する綱領の漂損・海賊被害に適用すれば、被害地点を所管する官司（郡司）に被害届（事故事件状況・人的被害・物的被害など）を提出し、郡司は被害届の実否を確認したうえで被害証明の署判をする（被害証明書を「公験《くげん》」という）、となる。この規定は海難事故について、九世紀の実情を反映する『延喜式』（民部下綱領条）に継承されている。

律令には、官物亡失について雑律水火有所損敗条《ぞうりつすいかゆうしょそんぱい》など種々の弁償規定があり、「水火」（海難事故・水害・火災）による損失の場合、一般的には故意なら弁償、不可抗力なら弁償免除（免責）というのが法意であった。すなわち律令国家の発足時は、不

(49) 海難事故などで船舶の積荷が海に流失すること。

可抗力による官物漂損は被害額の全額弁償免除が原則であったと考えられるのである。

律令の規定では運京中の官物が盗難に遭った場合、盗人が捕まり盗難官物が見つかったら綱領に返却されるから問題はないが、見つからなかったら盗難分は免責されるのか弁償するのか、はっきりしない。兵士が戦闘中に配給武器を損失した場合は罪に問われず(唐雑律請受軍器《しょうじゅぐんき》条)、弁償も免除されていた(軍防令《ぐんぼうりょう》従軍甲仗《じゅうぐんこうじょう》条)。戦争は「非常」(50)、九世紀の海賊被害も「非常」(51)、九世紀後半に全額弁償免除される漂損も「非常」とされており(注69参照)、戦争同様の「非常」である海賊による官物略奪被害は全額弁償免除が律令の法意だったと思われる。陸路における官物の盗犯被害も同様である。

それでは漂損・海賊被害に遭い、被害届を郡司に提出し、被害証明を受けた綱領は、その被害証明書をどこに提出するのだろうか。綱領は上京するとまず民部省の窓口で、納品書と実物が揃っているかどうか点検を受け、それから大蔵省などに赴き貢納物を納品し、納品先から領収証を受け取る。このような検納プロセスから、綱領が持参した被害証明付き被害届の提出先は、民部省受付窓口だった。民部省の窓口チェックで被害証明がパスすれば漂損分・海賊被害分の免責の認定を受ける。郡司による被害証明、民部省窓口での免責認定の場面で不正が介入する余地はおお

(50) たとえば『類聚三代格』七九二年(延暦一一)六月七日勅に「兵士を設けるのは非常に備えるためである」とある。

(51) たとえば『三代実録』八八三年(元慶七)一〇月一七日条に「(海賊対策として)浪人二二四人を択び、要害の処に宿舎を造り兵器と船を与え、非常を守禦《しゅぎょ》させよ」とある。

いにある。

八世紀の漂損弁償法の展開

中央集権的に管理統制されていた八世紀の瀬戸内海域で、海賊が深刻な政治問題になることはなかった。(52) 主船司―国司―郡司・津司による航路・港湾管理が海賊発生を抑制していたのである。他方、狭く危険ないくつもの「瀬戸」を縫って航行する官物運京船はしばしば海難事故で漂損にあった。八世紀に海賊対策が出されなかったのに対し、漂損対策が変遷しているのはそのためである。

七一五年(霊亀元)五月、政府は、国司が庸米・庸塩の海路運京を民間に委託し多くの漂損を出しているのは、国司の運京責任を定めた「先制」(賦役令調庸物条か)を守らないためであるとし、今後は漂損が出た場合、国司全員を処罰し損失分は国司全員に配分比に応じて弁償させる、と命じた。従来、全額弁償免除であった庸米・庸塩の漂損だが、民部省への被害証明提出・被害額免除の増加を受けて、弁償免除原則を放棄して国司の弁償とすることで実質「未進」(53)の改善をはかったのである。

七三六年(天平八)五月、官米(庸米・舂米《しょうまい》(54))漂損について、漂損分の五分の三を綱領に、五分の二を運夫に弁償させる方式に転換した。

七五六年(天平勝宝八)、政府は山陽南海道諸国に対して、七三六年の五分弁償法

(52) 七三〇年(天平二)九月二九日、京・諸国の盗賊多発(「人家劫掠」「海中侵奪」)が百姓に多大の被害を出しているとし、「所在官司」(京職・国郡司)に厳しく追捕せよとの詔が出ている。前年の長屋王の変後、渤海と軍事同盟を締結し、軍縮路線から対新羅軍事強硬路線へ転換しようとする藤原四卿政権による一般的治安強化指令であり、現実の海賊事件への対策ではない。

(53) 調庸雑米などの未納分。ここでは中央への未納分をいう。

(54) 稲・穀を脱穀して舂《つ》いた米。運搬に適し、そのまま食用となる。運京する税目としては庸米・年料舂米(公出挙《くすいこ》(注

57参照〉利稲が財源)・年料租春米(租が財源)がある。

を確認したうえで官米の海路運京を義務づけた。それまで国司は陸路・海路両方式のいずれを採用するか任されていた。普通なら、多数の運夫を要し膨大な運賃がかかり公民を疲弊させ国衙財政を圧迫する陸路方式は採らず、大量輸送・低運賃を可能にする海路方式を採る。しかし、国司が政府には陸路方式で申告し実際には海路で運漕させれば、運賃差額分の着服が可能であり、漂損があっても運賃差額分で補塡してなお余りが出る(『類聚三代格』八一〇年〈大同五〉五月一一日官符)。このような不正着服の温床を遮断することが、官米海路運京義務化の意図であった。

ここで問題なのは、七三六年に出され、七五六年に再確認された五分弁償法が適用されていたはずの時期に、それとは異なる漂損弁償方式も行われていることである。たとえば七五五年「越前国雑物収納帳」(『大日本古文書』編年文書四)では、前年度の加賀郡海損米全額を国司全員で配分比に応じて弁償しており、八〇六年(大同元)には陸奥国司の運京官物「浮損」の弁償免除が問題となっている(前掲八一〇年五月一一日官符)。

不可抗力の漂損で綱領・運夫に全額弁償を求める五分弁償法は、いささか酷である。民部省窓口で被害証明と綱領の証言によって漂損原因や被害程度を評価し、全額弁償から全額弁償免除まで査定して綱領・運夫に通告し、彼らは弁償請求分を弁償配分比に応じて納入先に私物で弁償するというのが五分弁償法の実際の運用であったと思われる。彼らの帰国後、最終責任者である国司全員が配分比に応じて公廨《くがい》(55)から拠出し、綱領・運夫の弁償分を補償する。このように解すると、上記の矛盾するかにみえる弁償法を合理的に理解することができよう。

5　九世紀の海運政策

「軍国体制」の解除と陸海交通政策の転換

七八〇年（宝亀一一）二月、律令国家が対新羅朝貢強要外交を実質的に放棄したことは、この外交原則と三位一体の関係で律令国家の基本構造を構成してきた、一戸一兵士の大規模徴兵制軍隊、一戸一兵士の土台である編戸制・班田制、総じて「軍国体制」維持の必然性を失わせた。こうして八世紀末からはじまる諸改革によって、律令国家の中央集権的管理統制は緩和されていく。対新羅朝貢強要外交解消直後の三月に大軍縮、七九二年（延暦一一）に全面軍縮＝軍団兵士制廃止(56)、七八五年（延暦四）に浮浪人の公認による「編戸制」の放棄、七九五年（延暦一四）に公出挙《くすいこ》(57)制の「戸」の経営支援機能の放棄、八〇〇年（延暦一九）を最後とする全国一斉班田の廃絶は、それまでの律令国家の基本理念・基本政策を放擲《ほうてき》する根本改革であった〔下向井、二〇〇二〕。律令国家は新たな国家理念を模索しながら種々の分野で規制緩和政策を

(55) 官物欠失を補塡し、残余を国司の俸給として傾斜配分する国衙の予備財源。所定の公廨稲を元本に公出挙し、その利稲を財源とする。

(56) ただし「辺要国」（陸奥・出羽・佐渡・大宰府管内諸国）は残存。全面軍縮と関連する諸制度・諸施設の縮小・廃止は、八世紀末—九世紀初頭の行政改革の大きな部分を占める。

(57) 国衙が郡正倉に蓄積する稲を公民に貸付け、秋収の後に元本（本稲）と五割の利稲を徴収する制度で、利稲は国衙財源に充てられた。公出挙は収奪面が強調されるが、経営支援の側面も重視しなければならない。種籾の

進めていく。

　規制緩和政策の一環として交通システムも大きく変容する。八世紀末—九世紀初頭に、従来の一二メートル超幅・直線駅路が廃絶し、約六メートル幅・曲折駅路に転換した〔木下、一九九六／中村、一九九六〕。大軍を移動させる軍用道路が不要となったからである。『日本紀略』七九五年閏七月一七日条の「駅路を廃す(58)」はその転換を命じたものとみてよい。この旧駅路の新駅路への転換を契機に諸国駅家の損壊・荒廃が進み、八〇〇年、政府は駅家築造を国司交替の条件(＝前司の責任)とし新駅路の駅家整備を目指させた。

　新駅路への転換指令に先立つこと六年、七八九年(延暦八)七月一四日、三関が停廃された。目的は公私の通行障害の解消であるが、それを可能にしたのは、「今正《せい》朔施《さくほどこ》すところ、区宇《くう》外《そと》なし」(対新羅朝貢強要外交解消・蝦夷征討の進展による国内平和の実現)によって、「軍国体制」維持のための関が不要となったという現状認識であった。四カ月後の一一月一四日の摂津職《せっつしき》(59)での「公私之使」の勘過停止も、目的・理由付けは同じであろう。従来どおり「上下雑物」の「勘過」を行う長門国は、「辺要」の特殊性に鑑み兵士復置による勘過の厳格化を政府に申請し、八〇二年(延暦二一)一二月、認められている。

　三関の停廃といっても、中央政府の厳格な監督下での専当国司の配置、城門の毎

貸付の利稲五割は高率とはいえない。

　七九五年の「郷倉」への分散運用と利稲三割への変更は、富豪層への運用委託、実質税制化、富豪層育成政策であり(利稲三割への低減の恩恵を受けるのは富豪層である)、公民への経営支援機能の放棄であった。一般公民は富豪層の公出挙本稲と私稲を合体した利稲一〇割以上の私出挙に吸着され、富豪層に隷属していく。

(58) 通説は、特定区間の駅路の廃止記事とみる。

(59) 律令制で、摂津国の行政を管掌するだけでなく、副都的な難波宮、外交使節迎接の鴻臚館《こうろかん》、難波津を管するために置かれた特別行政機構。

日開閉、威風堂々の官舎・施設、兵器の儲備、兵士による守固など、厳しい勘過態勢を廃止したもので、自由通行になったわけではない。不破関《ふわのせき》跡からは停廃後の時期の須恵器《すえき》・灰釉《かいゆう》陶器が出土しており〔関ケ原町地域振興課、二〇一三〕、国内措置として関の勘過機能は維持された。だがそれでは五位以上の貴族の「任意出入」には対処できず、政府の禁制を求めなければならなかった（『類聚三代格』八五三年〈仁寿三〉四月二六日官符）。九世紀後半の王臣家と地方富豪層の私的結合(60)による往還活動に対して、国内措置の関剗は無力だったのである。後述する九世紀末—一〇世紀初頭の国制改革をうながした王臣家人問題の一側面である。

駅路・三関の変容は、航路・津泊の変容と連動している。八〇六年（大同元）三月一二日、践祚《せんそ》まもない平城《へいぜい》天皇は、「往古《おうこ》の恒制《こうせい》」であった親衛軍の甲冑《かっちゅう》着用による天皇警衛(61)の停止と「諸国関津(62)」の固守の停止を同時に命じた。前者を先帝桓武《かんむ》によって「海内清平《かいだいせいへい》」（国内平和）が実現したからであるとし、後者を通行障害の除去のためであるとするのは、三関停廃と同一理念である。ともに「軍国体制」解除を象徴する措置である。

諸国の関剗と津の固守の停止とはいっても、三関停廃と同じく武装固守・厳格勘過を停止しただけで、駅路通行・海路航行の全面自由化ではなかった(63)。摂津職の勘過停止も「公私之使」に対してであり、他の往来者・綱領らが勘過を受ける必要が

(60) 公卿クラスの上級貴族を王臣家といい、地方富豪層と王臣家の私的結合による脱税闘争が、九世紀後半、律令国家の財政・国司支配を危機に陥れていた（後述）。背景には官物累積未進という構造問題があった。

(61) 親衛軍の甲冑装着は「大儀」（元日朝賀・即位式・蕃客迎接・行幸）と践祚から即位式までの期間の御所警衛時だけであり、通常の警衛ではもともと甲冑は着用しない〔下向井、二〇一一a〕。

(62) 「諸国関津」は「関の機能をもつ津」ではなく、国司が置いた関剗と津のことであり、軍団兵士制存続中は兵士が守固し、兵士制廃止後は健児《こんでい》（兵士にかわる国府など

なくなったのではない。しかし勘過の簡素化により、公私の往来が八世紀とは比較にならないほど楽になったことは間違いない。究極的には「軍国体制」の解除にともなう規制緩和の一環であった。関津廃止後四カ月を経た七月、長門関の厳格な勘過が「理を失」っているとして、通過「衆庶」の抗議が「嗷嗷《ごうごう》」と殺到した（『日本後紀』八〇六年七月四日条）。他の津泊でのゆるい勘過とは異なる厳格審査が反発を買っているのである。

対外戦争を想定した全国軍事力データ管理の不要化、陸運海運管理の簡素化、国司への業務全面移管によって、兵馬司は八〇八年（大同三）に廃止された（『類聚三代格』八一三年〈弘仁四〉七月一六日官符）。主船司廃止も同時だろう。形骸化した帳簿管理業務はいったん兵部省に回収されるが、やがてそれらの帳簿は国衙から主税寮《しゅぜいりょう》（後述）に提出されるようになり（『政事要略』交替雑事）、国衙行財政帳簿・国司交替関係帳簿のなかに吸収される。

大輪田泊における海運管理

前年の長岡京遷都にともない、七八五年（延暦四）、京への貢納物の運上と公私行人の便宜のため、淀川と三国《みくに》川（神崎《かんざき》川）をつなぐ水路を開通させて河尻・山崎の津を整備し（『続日本紀』）、難波津の勘過機能は大輪田泊に受け継がれる。

の守衛要員）などに守固させていたと思われる。

（63）一一二七年（大治二）ごろの「加賀国国務雑事注文」に「津々事」「国中関事」があり、院政期でも国衙は関・津を置いて交通管理していたことがわかる。

先に取り上げた、草野・国埼・坂門三津を出航する船が門司勘過を経ず難波津に集まる状況は、七八四年（延暦三）以前の難波津が中核港だったころまでのことであった。中核港が大輪田泊に移転してのち、大宰府は、摂津国(64)での勘過にあたって大宰府発行過所と門司での勘過を必須条件とするよう政府に要請した。それに対して政府は、七九六年（延暦一五）一一月、公私船の上記三津と摂津国との往来を、出航地勘過だけで門司勘過は必要としない、と大宰府に指示を下した（『類聚三代格』七九六年一一月二一官符）。関門海峡以東の西海道諸国船舶の門司勘過は正式に廃止されたのである。政府の進める「軍国体制」的海運管理停止政策の一環であった。

大輪田泊が八世紀から官物運京の拠点津泊であったことは、「浜清く浦うるはしみ神代《かみよ》より千船《ちぶね》の泊《は》つる大和田の浜」（『万葉集』巻六―一〇六七）の歌からもうかがえる。長岡京遷都によって難波津から最終勘過業務を受け継いだ大輪田泊では、国司の修築業務・海運管理業務の負担が大きくなる。八一二年（弘仁三）六月五日、政府は大輪田泊の修築のため造船瀬使《ぞうふなせし》を置き、入港する公私船の積載物（品目・量）と乗船人数を調べ、それに応じて公私船から勝載料を徴収して修築費用に充て、公私船乗員に水脚役《すいきゃくやく》を科して修築労働力とした（『日本後紀』）。造船瀬使は毎年四季ごとに勝載料帳・水脚役帳を政府に提出した。四年後の八一六年一〇月、築港完成により業務はいったん国司に引き継がれたが、時を経ず再置された。

（64）難波宮廃止を含む「軍国体制」解除政策の一環として、七九三年（延暦一二）三月九日、摂津職は廃止され摂津国になった。

八一二年以来、大輪田造船瀬使が提出する帳簿には入港船の国名記載がなかったので、諸国公文勘会《くもんかんかい》に使えなかった。(65)そこで政府は八三八年(承和五)三月二三日、諸国に対し、今後毎年、年間向京船舶について船数・各船積載物・乗員数を記録した帳簿を税帳使《ぜいちょうし》(66)に付して進上せよと通達した(『類聚三代格』同日官符)。造船瀬使には帳簿に入港船舶の国名明記を命じたのであろう。主税寮(67)では両者の帳簿を照合して勘会(監査)するのである。この政策は政府が、船瀬修築財源確保を目的とする大輪田泊での勘過に便乗して、そこでのデータを諸国公文勘会に活用しようというものである。諸国国内諸津泊から京に向かう官物運京船の実態把握を通じて、官物運京過程での着服・横領の抑止・摘発を意図するものである。

九世紀の国衙の海運管理

右の主税寮勘会に対応させるため、八三八年、政府は諸国に対し、管内諸郡司に向京公私船数・積載物・挟杪《かじとり》(梶取)姓名を毎月国衙に申告させ、年終に国衙で集計して帳簿を作り、税帳使に付して進上せよ、と命じた(同右官符)。国内津泊の船舶出入港の動向は郡司が把握しており、郡司は毎月国衙にその動向を報告することが可能だったのである。それは八世紀に郡司が「郡符」で津司・津長を指揮して行っていた津泊管理を継承している。

(65) 中央政府が、国司の毎年提出する諸帳簿(公文)の点検を通して行った国衙行政・財政の監査。とくに主計寮による大帳・調庸帳の勘会、主税寮による租帳・正税帳の勘会が重視された。

(66) 四度使の一つ。毎年、正税帳および附属帳簿を国衙から中央政府に持って行く任に当たった。国司の一員が務めた。

(67) 民部省管下の官司。稲穀を財源とする諸国の国衙財政を、正税帳・租帳をはじめとする諸帳により把握し、勘会することを任務とした。

縁海各国は、この政府指令をテコに、規制緩和政策で弛緩していた国内港湾管理・海運管理・船舶管理を再構築していった。郡司の下では津司・津長に代わって津刀祢(68)による港湾管理が行われるようになったのだろう。

貞観年間(八五九―七七)から政府は、海賊対策の一環として、航路の保全、津泊の安全確保に力を注ぐ。八六七年(貞観九)三月、政府は「人衆猥雑《わいざつ》」の「津」に「偵邏《ていら》」(武装監視員)を置いて監視体制を強化するよう、また同年一一月には、「津」で「往来の舟航」を「具記《ぐき》」し、「去就の人・物」の詳細を検査して、海賊の疑いがあれば縁海諸国間で連携を強め情報を共有して対処するよう指令した(『三代実録』)。津泊の出入港船舶・積載物・乗員のチェック・記録は「勘過」そのものであり、津泊の港湾業務の一部である。「勘過」は津泊内・航路上の安全保障でもあり、「勘過料」「勝載料」は入港税である。津泊への「偵邏」配置、入港船舶に対する勘過は、大宝令制以来、国衙が国内行政の一環として行ってきた海運管理業務の延長であり、この政府指令はこれら国衙の国内津泊での出入港管理を権威付け、海賊対策のため国衙間相互通報システムとして活用しようとしたものである。

(68) 九―一一世紀の在地刀祢は郷・村など地域社会の代表者で、郡司の下で売買保証、被害証明、治安維持などにあたった。在地刀祢の一種である津刀祢は津の管理、勘過料徴収、治安維持などにあたった。

6 九世紀の漂損・海賊対策

九世紀には漂損対策でもあらたな動きがあった。地乗り航路を往く官物運京船が、激しい潮流や風波によって海難事故に遭うのは八世紀と変わらない。八七〇年（貞観一二）一二月二五日、政府は、乗員の半数以上が死亡する甚大な海難事故に遭った場合、漂損分の弁償は免除するという通達を出した（『三代実録』）。それ以下の被害は従来どおり五分法が適用され、三対二の比率で綱領と運夫が弁償する。海難事故の被害届・被害認定・弁償免除手続きについてはすでに述べた。八世紀から被害程度によって民部省係官の査定で一部または全額弁償免除と判定される場合があったと推定したが、免除認定を受けるのは厳しかったにちがいない。それでも綱領はしばしば漂損事故を偽装した。郡司・民部省係官が偽装を見逃したらみな同罪だが、偽装して弁償免除分を着服する綱領は多かったようだ[69]。

　九世紀なかばから海賊被害が頻発するようになる。八六二年（貞観四）に備前国官米運京船が海賊の襲撃を受け、米八〇斛《こく》が略奪され百姓一一人が殺害される衝撃的な事件が起こった。だが国司から政府に報告された具体的な海賊事件は正史ではこの一件だけである。国司は勤務評定にひびくから、軽微な海賊事件を申告したがらない。海賊頻発という政府認識は、国司の海賊被害報告によって形成されたものではなかった。政府の海賊認識は、たとえば「如聞《きくならく》」（聞くところによれば）、近来伊予国宮崎村に海賊が群居して略奪被害が多発し、そのため公私の海行は隔絶し、

(69) 八九六年（寛平八）、政府は民部省に綱領の不正・偽装申告の厳正チェックを命じるなかで、「非常漂損」などの申告があれば「公験」（被害証明書）を厳正審査して弁償免除の可否を定めよと通達している（『類聚三代格』八九六年閏正月一日官符）。

表1　山陽南海道諸国の雑米納期と海賊追捕官符発給月

	庸米納期	年料春米納期	海賊追捕官符
1月			
2月		播磨・紀伊	承和5
3月			貞観9
4月			貞観8
5月	播磨・美作・備前・紀伊・淡路		貞観4, 元慶5
6月	備中・備後・阿波・讃岐	美作・備前・讃岐	貞観7
7月	周防・長門・伊予・土佐		
8月		備中・備後・安芸・伊予・土佐	
9月			
10月			
11月			貞観9
12月			

〔中略〕いまなお海賊被害はおさまらないという「流聞」がある」（『三代実録』八六七年〈貞観九〉一一月一〇日条）のとおり、伝聞情報をもとにしており、深刻に受け止めているにしては具体性を欠く。

政府の情報源は何だったのだろう。海賊追捕令発令の季節と運京米進納期限の相関性に着目したい（**表1**）。山陽南海道諸国の庸米・年料春米《ねんりょうしょうまい》の納入期限は五―八月に集中しており（播磨・紀伊だけ二月）、追捕令は運京米運漕船が混み合うはずの二―六月に集中している（八六七年〈貞観九〉は一一月にも）。この時期に、上京した綱領から民部省窓口に被害額免責を求める海賊被害届が殺到し、それを受けて（あるいは殺到を予想して）、政府は海賊追捕令を発出していたのであろう。すなわち政府の海賊認識は、綱領の諸国運京米の被害届を通して形成されていたのである。政府が海賊対策に躍起になり海賊追捕令を頻繁に出すのは、被害額の免責による財政収入の減収に危機意識を抱いたからである。免責基準が厳しい漂損に対し、私見に間違いなければ、事実と認定された海賊被害は全額免責だった。

　海賊の実態は何だったのか。瀬戸内海の海運権の独占を目指す「海運業者集団」の活動というのが通説であるが、それを示す史料があるわけではない。私は、九世紀後半に深刻化する国司の調庸官米累積未進と、運京物の民部省窓口チェック・大蔵省（米は民部省・大炊《おおい》寮）一括納入という官物納入のあり方に、海賊問題の根本要因があると考えている。

　九世紀後半の一般的状況として、富豪層＝綱領は年度請負額に累積未進分を上乗せした額の調庸や官米の運京を国司から請け負わされていた。それが自身の負担能力を超えた場合、民部省窓口チェックで不足分の私物での塡納を要求され、国司から彼の経営（稲穀・田地）を没収されることになる。そこで海路運京する縁海諸国の綱領らが採る手段は、運京途上で①請負物を着服して（この行為は海賊である）王臣家に納め、自らは王臣家人となり、自身の経営を寄進して「王臣家荘《おうしんけのしょう》」とし、国司の差押えを回避して以後の課税を拒否する。九世紀後半、律令国家の国司支配と国家財政を危機に陥れた富豪層と王臣家の私的結合による脱税闘争である。②他国運京

（70）九世紀末―一〇世紀初頭の国制改革によって律令国家から転換し、一二世紀末に中世国家（朝廷・幕府体制）へ移行するまでの国家（体制）を王朝国家（体制）といい、その国家システムと政策が中世的社会編成（荘園

船を襲い、略奪物で不足分を補塡して窓口チェックを受ける。この場合、被害者は民部省窓口で海賊被害を申告し、実否審査のうえ被害額は免責される。③海賊被害に遭ったと偽装申告し、管轄郡司の被害証明をもらい、民部省窓口に被害届を出す。実否審査のうえ免責認定を受けるか、虚偽申告がバレて弁償を命じられるかである。被害偽装が成功するためには、郡司の被害証明と民部省窓口係官の審査合格が不可欠であるが、累積未進問題の責任回避のために上下をあげてモラルハザードが蔓延していた九世紀後半、海賊被害偽装に郡司も民部省係官も賄賂をもらって加担するケースが多かったと思われる。もちろん官物運京過程とは直接関係ない海賊もあるであろうが、主たる海賊の実態は上記のようなものであったとみて大過ない。陸路運京の群盗問題も同じである。

海賊被害・海難事故に対して、航路・津泊を管轄する郡司が被害届を受理し、被害証明の署判をする仕組みは、郡司が津泊の検察・治安維持を担当していたことを示しており、これも国衙の海運・港湾管理の一側面である。

おわりに――財政構造の転換と海賊問題の沈静化

九世紀末―一〇世紀初頭（寛平―延喜）、政府は、財政構造改革を中心とする国制

公領制・在地領主制・武士＝軍事的主従制）の形成を促進する役割を果たした。権門体制論・後期律令国家論と並ぶ、平安時代をとらえる有力な学説。

(71) 受領在任中の成績を審査し、功過を判定する公卿会議。

(72) 国制改革の一環として行った、九〇二年（延喜二）の土地調査によって国ごとに確定した「公田」面積を、国衙が富豪層の経営能力に応じて割り当て、経営・納税を請け負わせる仕組み。一〇―一一世紀中葉までの受領支配の基礎。請け負った富豪層を「負名」といった。九世紀末に累積未進分は実質帳消しにされ、単年度ごとの請負

改革を行い、国家体制は律令国家から王朝国家(70)へと転換する。危機克服は調庸官米の累積未進の処理から始まった。八九三年(寛平五)、政府は膨大な累積未進額を実質的に切り捨てた。累積未進の重圧から解放された国司は、任期四年分の定額貢納物を請け負う「受領《ずりょう》」になった。八九六年(寛平八)、受領は四年分完済証明証(調《ちょう》庸惣返抄《ようそうへんしょう》)を取得すれば任務から解放され、受領功過定《こうかさだめ》(71)で合格判定を受ければ位階昇進・受領遷任資格が与えられることになった。達成可能な目標が与えられた受領は任国支配に意欲を持って取り組むことになる。同様に累積未進から解放された富豪層の経営は安定し(「負名《ふみょう》体制」(72))、王臣家と組んでの脱税闘争も終息に向かった。

財政構造改革によって、綱領の運京物の民部省窓口チェックと、大蔵省などへの一括納入・一括収蔵、大蔵省などから必要部署への一括分配という律令国家財政運営方式は廃止され、綱領の受領京庫《きょうこ》(73)への物品の運京、受領京庫から必要部署への随時進納という王朝国家財政運営方式に転換した。累積未進から解放された綱領は、未進責任回避のために偽装海賊被害・偽装漂損を申告する必要もなくなり、届出窓口そのものが閉ざされた。こうして政治課題としての海賊問題はいったん終息した(74)。八九〇年代から九三〇年まで、海賊が政治問題にならないのは、この財政構造改革の成果であった。王朝国家段階の海運および海運管理については、紙数が尽きたので論じられない。

になったので、九世紀末までの経営の不安定性は一定程度解消された。

(73) 受領が京内に設けた倉庫。受領は国内から私物・官物を随時運京させ京庫に収蔵し、諸官司・諸官人からの請求(政府発行手形による)に対して随時納入した。大蔵省・民部省など財務官司の下級官人から採用した弁済使に管理・運用させた。

(74) 九三一年(承平元)にはじまる承平南海賊と九三九年(天慶二)に勃発する藤原純友の乱は、それぞれ独自の意義を持つ政治闘争であり、「海の道」で起こった事件ではあるが、「海の道」のあり方に大きな影響を及ぼすものではなかった。

引用・参考文献

足利健亮、一九九二年「山陽・山陰・南海三道と土地計画」稲田孝司・八木充編『新版古代の日本4　中国・四国』角川書店
石井謙治、一九八三年『図説 和船史話』至誠堂
石川県埋蔵文化財センター、二〇〇〇年『石川県埋蔵文化財情報』3
石母田正、一九七一年『日本の古代国家』岩波書店
海上保安庁水路部、一九九五年「日本沿岸の流れシリーズ3　山陰沿岸の流れ」『水路部技報』13
海上保安庁水路部、一九九九年「土佐湾及び紀伊水道南方海域の沿岸流」『水路部技報』17
木下　良、一九九六年「古代道路研究の近年の成果」同編『古代を考える　古代道路』吉川弘文館
酒井芳司・松川博一、二〇一〇年「福岡・延永ヤヨミ園遺跡」『木簡研究』32
栄原永遠男、一九九二年『奈良時代流通経済史の研究』塙書房
佐竹　昭、二〇〇四年「北前船の時代、瀬戸内の航路と交易」『「北前船とその時代」展図録』日本財団電子図書館 https://nippon.zaidan.info/seikabutsu/2004/00084/contents/0039.htm
佐藤道生、一九八三年「釈蓮禅と藤原周光の紀行唱和詩の成立時期について」『三田國文』1
下向井龍彦、二〇〇一年『日本の歴史07　武士の成長と院政』講談社
下向井龍彦、二〇一二年a「長岡宮内裏跡出土甲冑小札から広がる世界――「内兵庫」と挂甲」『史人』4
下向井龍彦、二〇一二年b「平清盛音戸瀬戸「日招き」開削伝説の形成と浸透」『芸備地方史研究』二八二・二八三
下向井龍彦、二〇一九年「『高倉院厳島御幸記』の厳島参詣航路」『厳島研究』15
杉山　宏、一九七八年『日本古代海運史の研究』法政大学出版局
関ケ原町地域振興課、二〇二三年『関ケ原町文化財報告書第4集　不破関跡　北限土塁確認調査報告書』
関根慶子、一九九二年『散木奇歌集　集注篇　上巻』風間書房
関根慶子・古屋孝子、一九九九年『散木奇歌集　集注篇　下巻』風間書房

千田　稔、二〇〇一年『埋もれた港』小学館
舘野和己、一九九八年『日本古代の交通と社会』塙書房
中村太一、一九九六年『日本古代国家と計画道路』吉川弘文館
本間洋一注釈、一九九四年『本朝無題詩全注釈　三』新典社
松原弘宣、一九八五年『日本古代水上交通史の研究』吉川弘文館
松原弘宣、一九九二年「海上交通の展開」稲田孝司・八木充編『新版古代の日本4　中国・四国』角川書店
松原弘宣、二〇〇四年『古代国家と瀬戸内海交通』吉川弘文館
森　哲也、二〇一六年「瀬戸内の海上交通」舘野和己・出田和久編『日本古代の交通・交流・情報1　制度と実態』吉川弘文館
吉田生哉、一九九五年「一九九四年出土の木簡　福島・荒田目条里遺跡」『木簡研究』17

挿図引用文献

海上保安庁海洋情報部ホームページ「呉港の潮汐と音戸の瀬戸の潮流の関係」(現在閉鎖中)
九州歴史資料館(進村真之・大庭孝夫執筆)、二〇一三年『延永ヤヨミ園遺跡Ⅲ区Ⅰ』一般国道二〇一号行橋インター関連関係埋蔵文化財調査報告第1集
九州歴史資料館(進村・大庭ほか執筆)、二〇一五年『延永ヤヨミ園遺跡Ⅳ区Ⅱ』一般国道二〇一号行橋インター関連関係埋蔵文化財調査報告第4集

コラム　復元　高倉院の厳島参詣航路

『高倉院厳島御幸記《たかくらいんいつくしまごこうき》』(以下『御幸記』)の記載どおりに、高砂を出港して厳島に到着するまでの高倉院一行の航路をたどると**図1**のようになる(日付は西暦換算)。発着両方の時刻を記している(ように見える)のは「馬島」のみで、他は到着時刻だけである。地乗《じの》り航法(六時間インターバル航法＝時速五㎞で六時間航行)を基準に、ウェブサイト「潮流推算」の西暦一一八〇年四月一八―二二日における一時間刻みの潮流図(**図2**)を活用し、『御幸記』未記載の推定寄港地を加えたうえで算出した各寄港地の発着時刻の復元試案を紹介したい。

図1で「せみと(瀬溝)」―馬島間約八〇㎞三五時間を「せみと」停泊時間六時間(仮定)を差し引いて二九時間とし、休憩なしで航行した場合、時速約二・八㎞でだらだら進むことになる。途中で『御幸記』不記載の二カ所に停泊したい。また馬島―厳島間約六〇㎞を馬島「日さし出る頃」＝日の出＝六時発、厳島一二時着とすると、約六〇㎞を六時間、時速一〇㎞(一三時着でも時速八・六㎞)休憩なしで漕航することになり、不可能であろう。途中、音戸瀬戸《おんどのせと》で停泊したい。**図3**は鞆《とも》・瀬戸田(亀の首)・音戸瀬戸を組み入れた、途中の停泊港・発着時間の復元試案である。

一八日六時(あけぼの・満潮)高砂発、約三〇㎞を六時間航行(一〇時まで東流)、一二時(午刻)室津着。六時間休憩(御所・沐浴・奉幣)、一八時発、約五〇㎞を一〇時間航行(二一時まで東流)して一九日四時(有明の月)児島着。

一四時間滞在(御所・楽屋・田楽・奉幣・遊山)、一八時発、約五〇㎞を一〇時間航行(二一時まで東流)して二〇日四時(寅刻)「せみと」着。六時間休憩して一〇時発、約二〇㎞を四時間航行

(ずっと西流)して一四時鞆着。

六時間休憩して二〇時発、約三〇kmを六時間航行(二〇時静止、二一時から西流)、危険な阿伏兎《あぶと》瀬戸海域と二一日一時前から東流に転じる尾道《おのみち》水道を避け、比較的安全な布刈《めかり》瀬戸経由で二一日二時に瀬戸田着。

七時間休憩、順潮を待って九時発、約三〇kmを六時間航行(ずっと西流、一五時から東流)して一五時(申刻)馬島着。

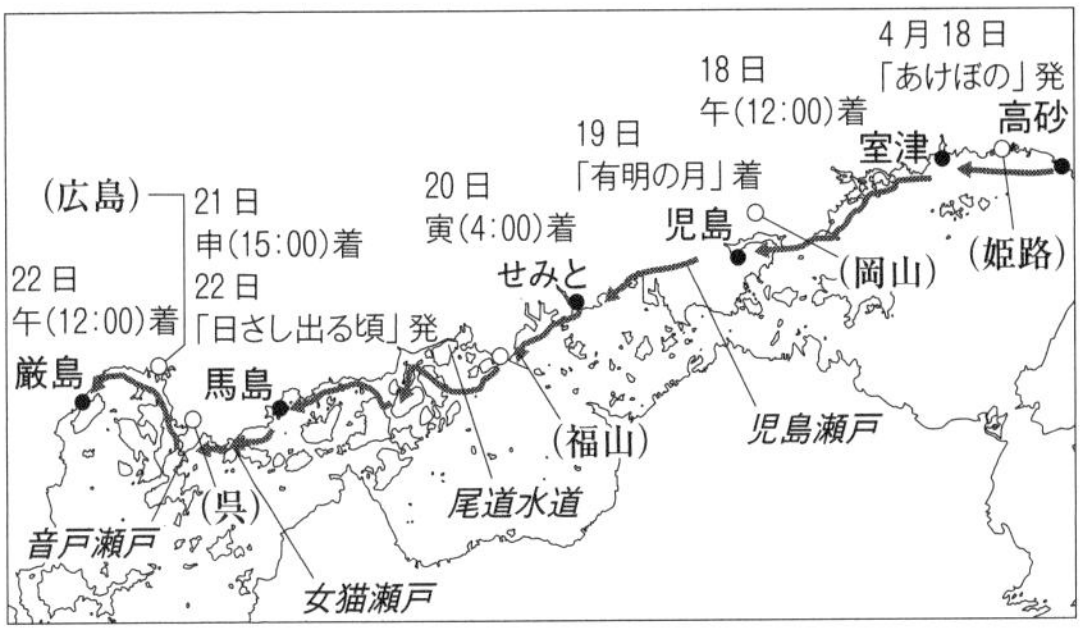

図1 『高倉院厳島御幸記』の停泊港・発着時刻

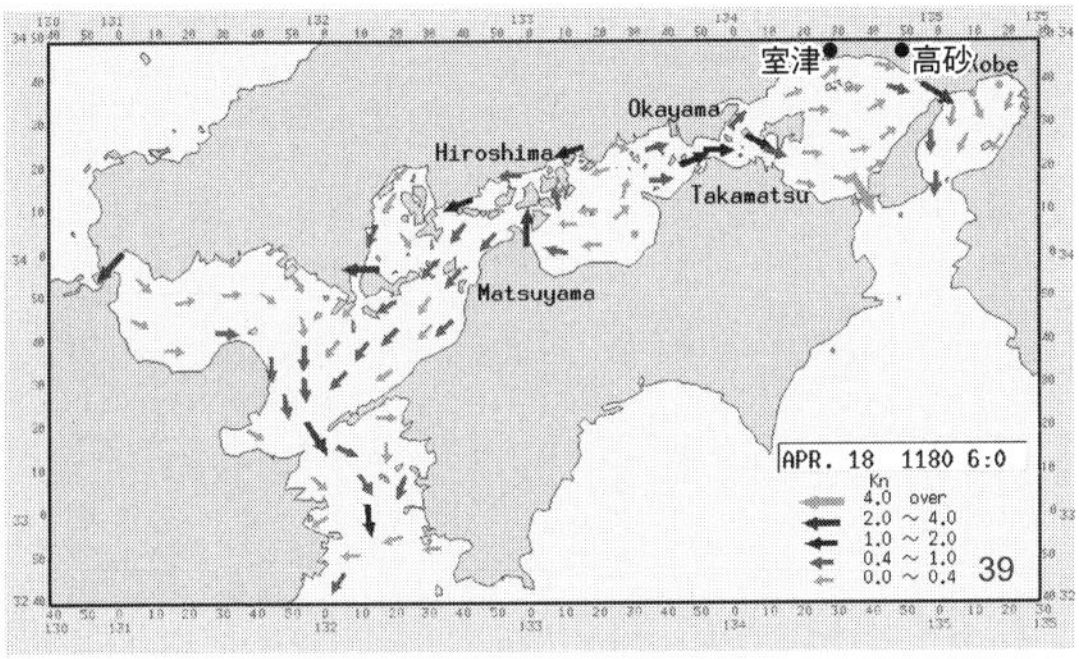

図2 高砂出港時の「潮流推算」画面

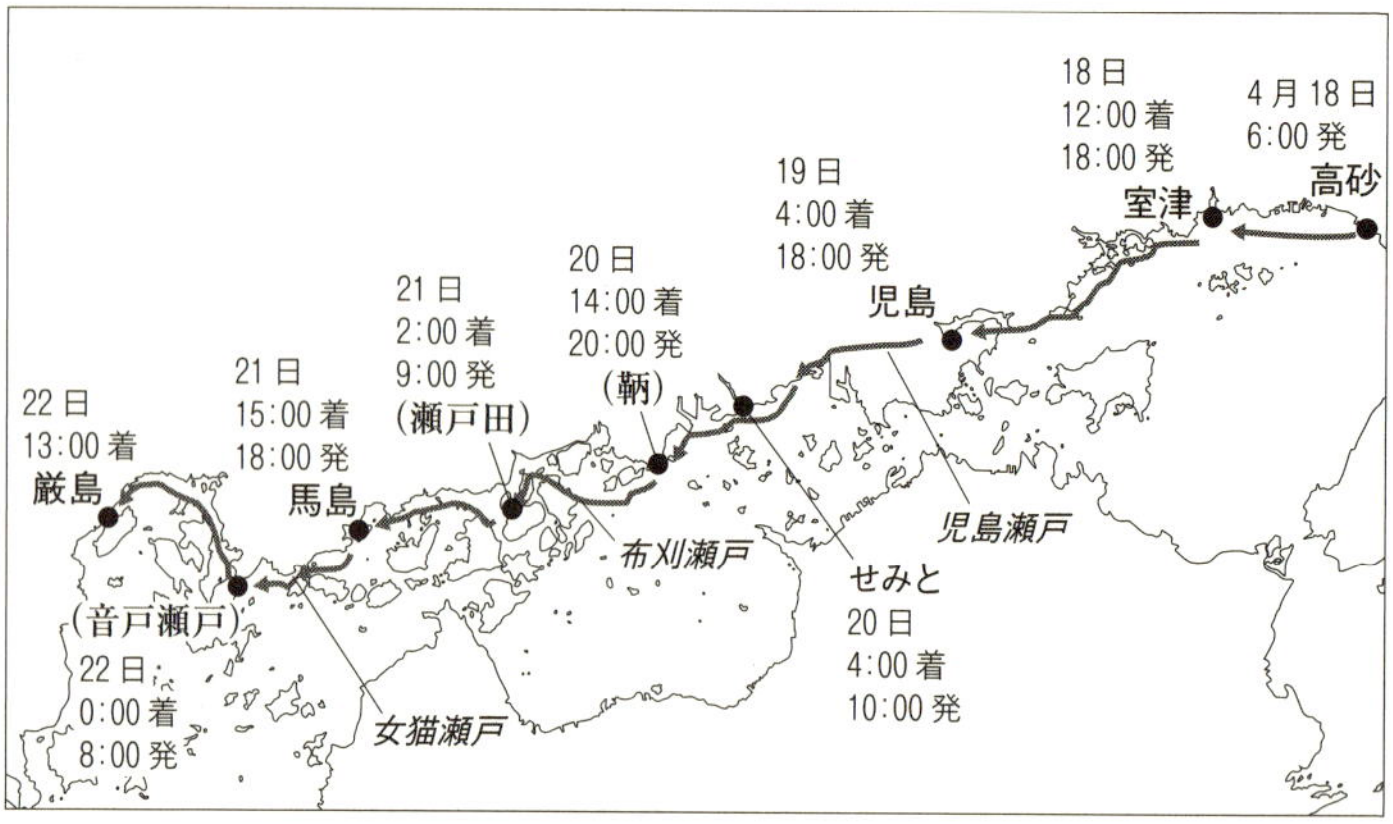

図3　高倉院の厳島御幸の航路復元

三時間休憩（船上で海水で禊《みそぎ》）、一八時発（東流だが、馬島―女猫瀬戸間の沿岸は常時西流する「餅食い潮」あり。二〇時から西流）、約三〇kmを六時間航行して二二日〇時音戸瀬戸着（現在も「御所の浦」の地名あり）。

八時間休憩して八時発（北流に転じる三〇分前、山際・雲間から「日さし出る頃」。日の出ではない）、時速六kmで約三〇kmを五時間航行して一三時（午刻）、めでたく厳島神社到着、となる。

以上は、「潮流推算」を歴史研究に応用する、あくまでも試案である。

近畿・北陸　日本の基点

鈴木景二

はじめに

1　近畿

2　北陸

3　近畿と北陸の道

むすびにかえて

コラム　古代の飛騨国

はじめに

近畿と北陸が本章の対象とする地域である。この二つの地域それぞれについて、どのようなイメージを持たれるだろうか。

近畿はヤマト政権の発祥地であり、律令国家の形成過程で中国の都城《とじょう》制に倣った藤原京以来、平安京に至るまで都が置かれた地域、古代史の舞台ということが前提となっているのではないだろうか。その過程では後に述べるように畿内という枠組みも設定され、近畿地方を特徴づけている。

一方、北陸の古代はどうか。日本海に展開した対外交流が想起されるのは自然であるが、陸上ではさしあたり列島中央部と共通の歴史過程が進行したということではないだろうか。しいていえば、継体《けいたい》天皇、大伴家持と『万葉集』、東大寺の北陸荘園といった事項を数えられるかもしれない。

この一章で両地域のこうした歴史を過不足なく叙述することは容易ではないし、事象の羅列になるだけであろう。そこで本章では、近畿と北陸について、いくつかの問題を取り上げて述べ、最後に両地域の繋がりについて述べることとしたい。

1　近畿

近畿地方は、言うまでもなく古代の政権が成立したヤマトを中心とする畿内およびその周辺地域である。奈良育ちで「奈良は魂のふるさと」と言った古代史家岸俊《きしとし》男《お》(1)は半世紀前に、古代史の論考の多くは必ず大和にふれながら、土地に即したかたちでの研究が意外に深化していないと述べ、その要因を、古代史が大和を中心に展開したため、所論が一般化される傾向に進み、かえって大和を個性的な一つの地域として研究することがおろそかになるからだとして、奈良の古代史研究の難しさを語っていた〔岸、一九七〇〕。列島各地の視点を重視する本書のテーマに基づき、半世紀前の岸の提言を思い起こして、この地域が古代国家の中心地となったことを自明としないこと、また中心となったことによる特殊性を考えることが課題となると思う。

(1) 一九二〇—八七。戦後の代表的古代史家。奈良女子大学助教授、京都大学教授、橿原考古学研究所長を歴任。文献史料による精緻な実証にとどまらず、遺跡・遺物をも積極的に取り入れ、戦後出土しはじめた木簡の研究体制の基礎を固めた。

ヤマト政権のふるさと

列島で最初の統一政権となったヤマト政権の所在地の中心地域は、奈良盆地の東南部、奈良県天理市から桜井市にかけての、かつて磯城《しき》と呼ばれた地域の「ヤマ

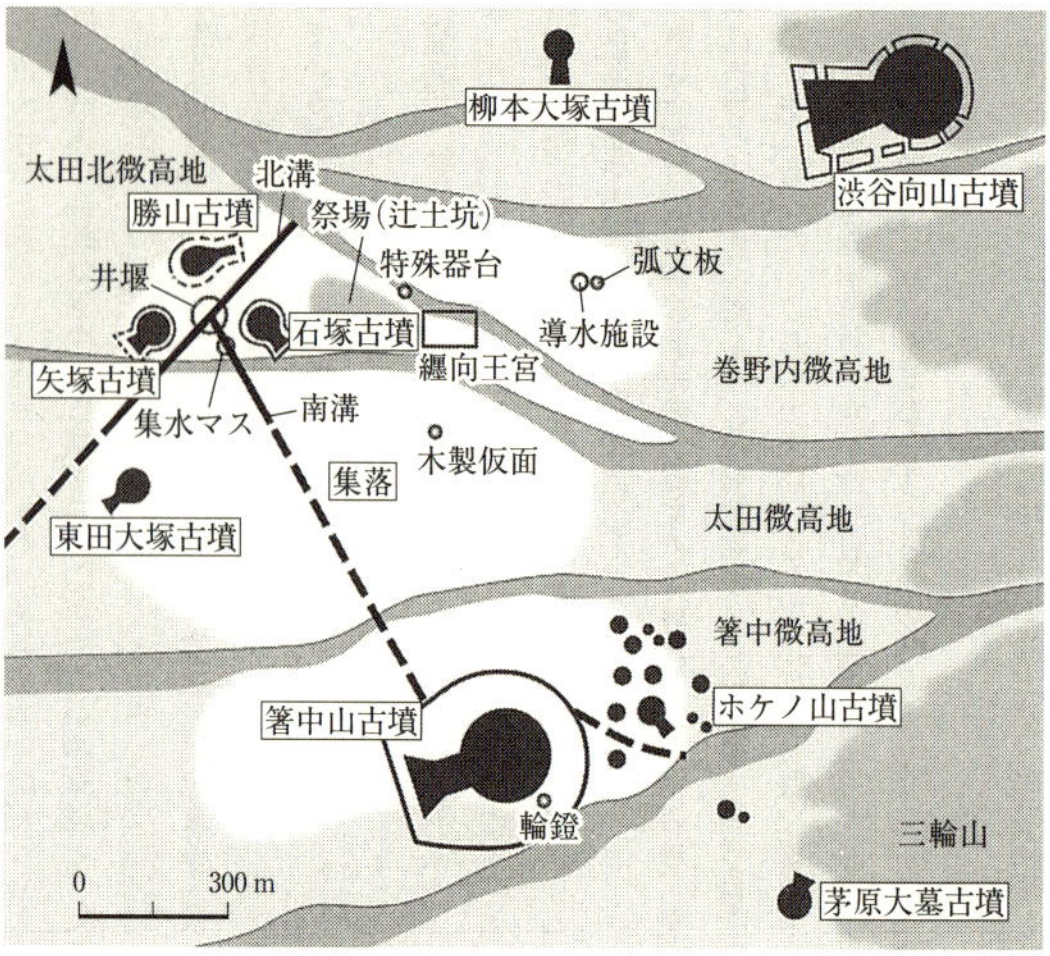

図1　纒向遺跡図[石野，2019]

ト」というあたりだと考えられている[直木、二〇〇九]。大王墓と考えられる大型の前方後円墳からなる大和《おおやまと》古墳群の存在がそれを物語っているし、地中に残された遺跡の具体的な様相も、考古学による調査研究の成果によって明確になりつつある。ちなみに、ヤマトは全国各地にある地名で、「山の戸・門」つまり「山の端」に近い意味らしい。山辺《やまのべ》という地名とも親和性がある。この地のヤマトの場合、山とは聖なる三輪山《みわやま》を指すという説もある[和田、一九八八]。

この地に広がる纒向《まきむく》遺跡（**図1**）は、南北一・五キロメートル、東西二キロメートルにおよぶ広範囲の遺跡で、纒向型前方後円墳といわれる纒向石塚古墳、ホケノ山古墳など、そして最古の大型の定形型前方後円墳とされる箸墓《はしはか》古墳（**図2**）が点在する。その北約八〇〇メートルの辻地区では、大型の掘立柱《ほったてばしら》建物が東西方向を主軸として規格性を持って三棟以上並んで発見された（**図3**）。その年代は三世紀前半頃とされ、当該期の建物としては最大規模とされる。さらに灌漑や運河の機能を持つと考えられる大規模な人工水路も見つかっている。この遺跡からは、農耕具よりも土木工事用の工具が多数出土し、農村とは異なる様相を示している。出土する土器も、関東から九州におよぶ広範囲から持ち込まれた土器が、出土品全体の一五パーセン

図２　桜井市箸墓古墳（著者撮影）

図３　史跡纒向遺跡の建物跡（著者撮影）

ト前後に達しているという。列島規模の広い範囲の土器が出土していることは、各地の政治権力がこの地を中心とするヤマト政権を構成し、それぞれの代表者が首都というべきこの地に出仕していたことを表していると考えられている。箸墓古墳に吉備《きび》(岡山県)に起源をもつ特殊器台(2)がみられ、ホケノ山古墳後円部の埋葬施設が石《いし》囲《かこ》い木槨《もっかく》(3)という特殊な構造で、東部瀬戸内地域の墓制の影響を受けているらしいことなどは、ヤマト政権が吉備を中心とする瀬戸内地域の強い関与のもとに成立したことを示している[石野、二〇〇八]。ヤマト政権は奈良盆地のヤマトの地で独自に発祥した政治権力が拡大したわけではなく、おもに西日本を母体とする政権なのである。

　この地に拠点を置いたその政権は、三世紀中葉の成立という見方が強くなってきた箸墓古墳に続いて、大和古墳群の西殿塚《にしとのづか》古墳、柳本《やなぎもと》古墳群の行燈山《あんどんやま》古墳、四世紀中葉とされる渋谷向山《しぶたにむかいやま》古墳と、大型の前方後円墳を継続して築いていることから、約一〇〇年にわたってこの地がヤマト政権の首都として存続していたことになる。

　纒向遺跡の調査成果で興味深いのは、この遺跡にはその前身となる遺構が見つからず、三世紀はじめに突然出現したとされることである[寺沢、二〇一三]。その前の時期には、奈良盆地にいくつかの集落があり、中央に位置する唐古《からこ》・鍵《かぎ》遺跡が代表的な集落であった。ところがヤマト政権が成立する段階で纒向遺跡が造営された

(2) 弥生時代後期に岡山県の吉備地域でつくられた装飾のある円筒形の土器。墳墓に供える壺を載せる台で、ヤマトへももたらされ箸墓古墳などに立てられた。これが円筒埴輪の起源になった。

(3) 桜井市のホケノ山古墳で見つかった埋葬施設。棺を納める木槨の外側に石を積み上げて囲む。

と考えられ、交替するかのように唐古・鍵遺跡が勢いを失うとされているのである。唐古・鍵遺跡は弥生時代を通じて存続したが、前期から中期前半は伊勢湾から東海地方の土器が多く出土し、中期後半になると吉備地方を中心とする瀬戸内地方の土器が多く出土するという。すでに広範囲の交流を実現していた唐古・鍵遺跡の勢力がヤマト政権の構成集団に含まれていると考えることは自然で、それに吉備を中心とする瀬戸内の勢力などが連合してヤマト政権が成立したとみられる。その政権が王都にふさわしい場所として、あらたにヤマトの地を選んで政治の中心地としたと考えられるのである。

　こうした過程は、文献史料には何らかの跡をとどめていないだろうか。『古事記』『日本書紀』のいくつかの記述は、それと対応しているように見える。ヤマト政権成立という古い時代の歴史的事実を記紀に求めようとすることは、史料批判に基づく信憑性の評価からみてかなり難しいことであるが、無条件に避けるのではなく、考え続けることも必要であると思う。まず、神武《じんむ》天皇の東征の物語である。もちろんそのまま事実とみることはできないが、皇室の祖先を日向《ひむか》発祥とし神武天皇の東征により奈良盆地に到達したという物語の設定は、少なくともヤマト政権が外来の政権であることを認めている。奈良盆地を管下としたとみられる倭国造《やまとのくにのみやつこ》についての伝承も同様である。国造制自体は六世紀の成立とされるが、一般的には当該地域に古くから勢力をもつ豪族が任命されたと考えられている。しかし倭国造は『古事記』中巻では、神武天皇が吉備の高島宮から瀬戸内海を東へ向かう際に、速吸瀬《はやすいのせ》戸《と》で現れ水先案内を務めた国つ神槁根津日子《さおねつひこ》を祖と伝えている。宮廷の祭祀についても外来性を思わせる記述がある。『日本書紀』には崇神《すじん》朝のこととして、天皇の宮殿に天照大神と倭大国魂《やまとのおおくにたま》の二神を祀っていたが、神威を畏れて宮殿外で祀らせたと記している（崇神天皇六年条）。ついで疫病流行時に「倭国域内に居る神」、大物主《おおものぬし》の神《かみ》が託宣あるいは夢告して、大田田根子《おおたたねこ》に大物主を、市磯長尾市《いちしのながおち》に倭大国魂を祀らせたとする（同七年二月辛卯・八月己酉条）。垂仁《すいにん》紀によれば市磯長尾市は倭国造の祖であるといい、神地を穴磯《あなし》邑《むら》に定め「大市《おおち》の長岡岬」に倭大国魂を祀ったという（垂仁天皇七年七月乙亥・同二五年三月丙申条）［西宮、二〇〇四］。倭大国魂がもとは宮殿に祀られていて長尾市によって神地を得たという話も、その神が元来ヤマトの土地に鎮座する神でなかったことを物語っている。こうしてみると、そもそもヤマトの王の始祖もヤマトの国造の祖もヤマトの外から到来したという筋書きである。そして、もとから三輪山に鎮座していたいわばヤマトの地主神《じしゅしん》大物主は、外来の人の子孫という設定の天皇に祟る神として語られているのである。

記紀に磯城に初めて宮（『古事記』中巻では師木水垣宮《しきのみずがきのみや》）を置いたと伝える崇神天皇の実在性には議論があるが、崇神朝において宇陀《うだ》の墨坂《すみさか》神に赤色の楯《たて》・矛《ほこ》を祭り、大坂の神に黒色の楯・矛を祭った（『古事記』中巻、『日本書紀』崇神天皇九年三月戊寅条に類話）という境界祭祀の伝承は一考に値する。大坂は奈良県と大阪府の境を越える交通路穴虫越《あなむしごえ》（大阪府太子町と奈良県香芝市の境）である。いっぽう墨坂は奈良県宇陀市榛原《はいばら》の西峠に当たるとされる。奈良盆地から伊賀へと続く初瀬《はつせ》の谷を東へ登りつめた峠である。墨坂は恐らく隅の坂の意であろう。後述する大化改新詔の畿内の東の境「名墾《なばり》の横河《よこかわ》」、後の大和国と伊賀国の境界（奈良・三重県境）よりもはるかに奈良盆地に近く、後世の知識で創作したとは考えにくい。ヤマト政権成立期の一定の領域を示している可能性がある。垂仁天皇による倭屯田《やまとのみた》の設定（『日本書紀』仁徳天皇即位前紀）が信憑性をもつことは、岸俊男が指摘して以来研究が深化している〔岸、一九八八／吉川、二〇二四〕。それが纒向遺跡の西側にあたることと合わせて、こうした記紀の記述はヤマト政権の王都の整備の一連の事業として考えることができるのではないだろうか。

　岸俊男は、古代の奈良盆地に即して研究するために和邇《わに》氏の歴史を明らかにし、それを踏まえて豪族の分布を把握した〔岸、一九六六〕。この視点を継承した熊谷公男は、さらに畿内と近江《おうみ》、紀伊の豪族の構成を検討している。そして大伴《おおとも》氏や物部《もののべ》氏などの連《むらじ》姓氏族の拠点が王権における職務執行の場という性格をもつことから、ヤマト王権によって連姓氏族が王権の拠点的な場所に配置されたという見解を示している［熊谷・白石、二〇〇六］。ヤマト政権の伴造《とものみやつこ》(4)氏族がヤマトを中心に配置されているとすると（**図4**）、纒向遺跡とその周辺が「作られた王都」であるという考古学的見解と符合する。

西日本の連合政権が、王都を盆地の中央ではなく東南隅のヤマトに設定した理由は、やはりこの地の地理的条件に求められるであろう。磯城の地域は、大阪平野からの道が山地（穴虫峠）を越えて奈良盆地に入り、平地を西から東へ横切って到達する山裾の地点である。また初瀬川の谷筋を東へと進み墨坂を越え伊賀・伊勢を経て東国へ行く道の入り口である。この条件が位置決定の大きな要因であることは確かであろう。また、倭屯田をはじめとする盆地の耕地を潤す初瀬川の川上に当たること、さらに神の山である三輪山のふもとであることなどが要件として考えられている。

ヤマトの地の王宮には、その政権に属した各地の政治集団から代表者もしくは代理人が出仕することになったはずで、もちろんその従者も来訪し、生活を支える仕送りの物品も運ばれたと考えられる。出土する各地の土器がそれを明瞭に示している。彼らは王宮の近辺にそれぞれ居住したであろう。奈良盆地の南側に旧国名の地名が点在することもよく知られている［直木、一九六八／村井、一九七六］。その年代は藤原京の造営時とする見方もあるが、一時期ではないとも考えられる。倭屯田の

（4）ヤマト政権において、大伴氏、物部氏などのように特定の職務をウジ名にして、その職務を世襲し、それにともなう伴や部（奉仕集団）を管轄した氏族。

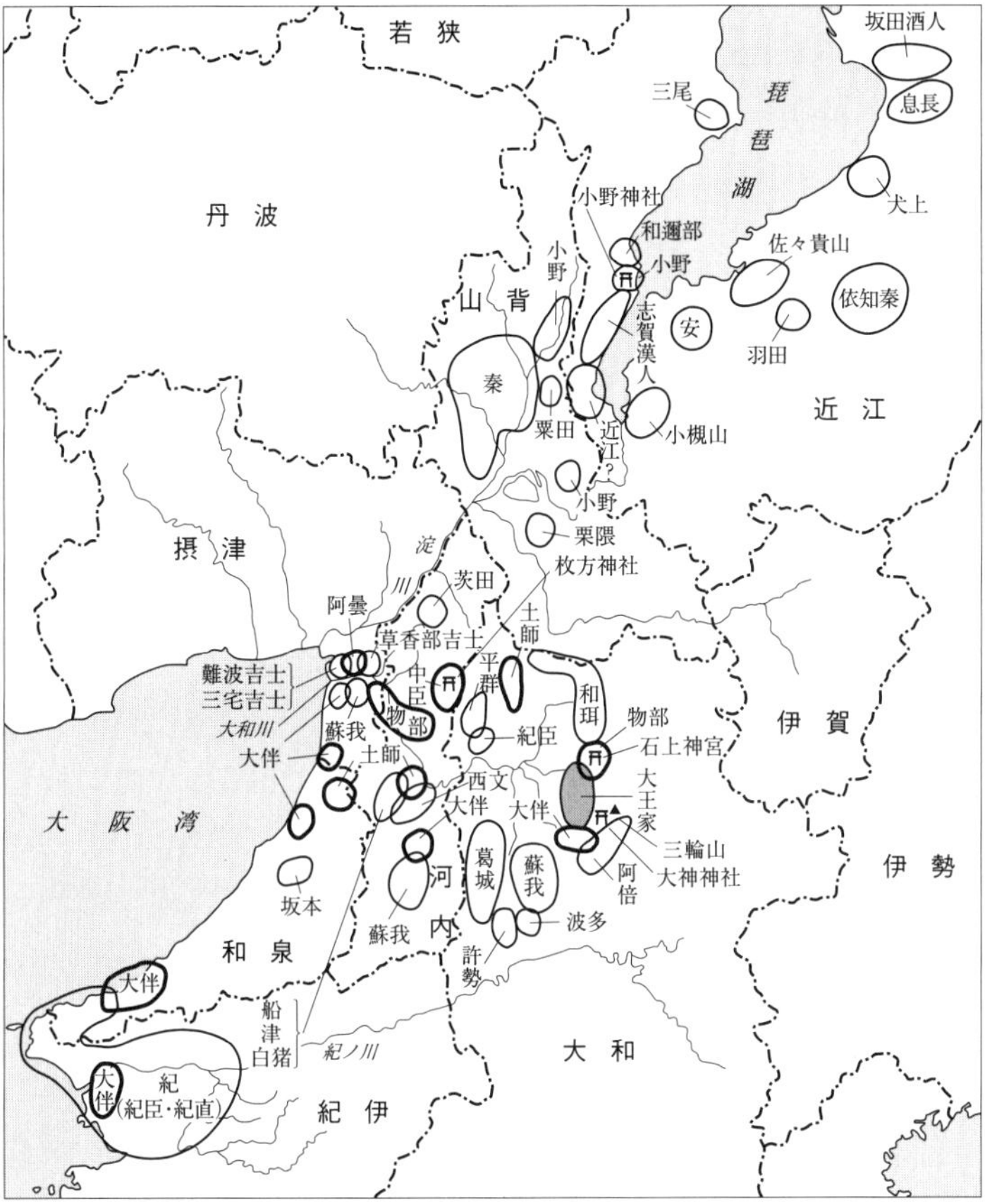

図4　近畿の豪族の分布[熊谷・白石，2006](太線は伴造氏族)

管理者が出雲臣《いずものおみ》の祖、淤《お》宇宿祢《うのすくね》とされ、その地に出雲の地名が残されていることからみて、国名地名にはヤマト政権出仕者の居住地に由来するものも含まれている可能性がある。こうして列島の政治の中心地、政権に奉仕する人びとの集住地、その地への人と物資の求心性が生まれた。この後の近畿地方の特徴がこうして成立したのである。

いっぽう記紀の伝える崇神天皇、景行天皇以降の宮の所在地は、各地を移動したように記されるが、それでも用明天皇の磐余池辺《いわれいけべ》双槻宮《なみつきのみや》に至るまで、磯城、長谷を含む磐余地域に戻ることがあった。雄略《ゆうりゃく》天皇の泊瀬《はつせ》朝倉宮、コシからやってきて「入り婿」の形でヤマトの王家を継いだ継体天皇の磐余玉穂宮《たまほのみや》、欽明天皇の磯城島《しきしま》金刺宮《かなさしのみや》などである。磐余の地には吉備の地名も残る。磯城・磐余地域は初期ヤマト政権が拠点を設置してから、政権に仕える人びとが周辺に定住し、倭屯田が経営され、それなりの基盤が成立していた可能性がある。蘇我《そが》氏の系統の天皇が飛鳥《あすか》に宮を置くようになるまで、三輪山のふもとのこの地が創業以来の基盤の地となっていたのかもしれないが、具体的に追究していく必要がある。

大化改新——京師・畿内の制度

ヤマト政権により近畿地方が政治の中心として求心力を持つことになり、その特

(5) 六四五年一二月に孝徳天皇が遷都した王宮。大阪市中央区法円坂一帯の上町台地に造られた。史跡難波宮跡の下層遺構がそれにあたる。現在は難波宮跡公園として整備されている。

(6) 四カ条の詔勅で、各条に副文がつく。副文に養老令の文章とほぼ同文のものがあることなどから、信憑性について諸説がある。

(7) 改新詔に記される郡という用語は、後の大宝律令で定められ、それ以前は評であったから、書紀の詔は原文ではないという見解をめぐる論争。

徴が形作られはじめた。この特徴をさらに強固なものとしたのが、律令制度の導入によって成立した都城と畿内の制度である。

六四六年正月一日、孝徳天皇は難波長柄豊碕宮《なにわながらとよさきのみや》(5)で改新詔(6)を発令した。『日本書紀』に記された改新詔（孝徳天皇大化二年正月甲子条）をめぐっては多くの議論があり、郡《ぐん》評《ぴょう》論争(7)で知られるように後の改変があることはまちがいない。しかし、大宝律令とは異なる要素を含む文章もあり、また出土文字資料の増加などによって、記載事項によっては当時の詔の存在が想定されるようになっている〔市、二〇二四〕。

詔第二条の主文は「初めて京師《みさと》を修め、畿内国の司・郡司・関塞・斥候・防人・駅馬・伝馬を置き、及び鈴契を造り山河を定めよ」というものである。そして「凡」ではじまる副文の第二条で畿内の範囲が記される。

凡《およ》そ畿内は東は名墾の横河より以来《このかた》、南は紀伊の兄山《せのやま》より以来（訓注略）、西は赤石《あかし》の櫛淵より以来、北は近江の狭々波《ささなみ》の合坂山《おうさか》より以来を畿内国とす（『新編日本古典文学全集』）

この記述は地名が具体的であり、後の令制国《りょうせいこく》(8)の該当国の境界と一致しない地点もあることなどから、実際に「畿内国」として実施されたと考えられている。畿内制は中国の『周礼《しゅらい》』などに記される王城の周辺千里四方の天子直轄地（王畿）を特別区とする制度で、改新の政治改革に参画した在唐経験のある高向玄理《たかむこのくろまろ》(9)、僧旻《そうみん》(10)らの知見が

藤原宮から評と書いた大宝律令以前の木簡が出土して決着した。

（8）律令制の畿内七道制整備過程で地域区分の単位として設定された国。

（9）？—六五四。六〇八年、小野妹子に同行して隋へ留学。六四〇年に帰国。六四五年の乙巳の変の後、国博士となり政治改革に参画した。六五四年、遣唐使として渡唐し客死した。

（10）？—六五三。渡来系氏族出身の僧。六〇八年、小野妹子に同行して隋へ留学。六三二年に帰国。六四五年の乙巳の変の後、高向玄理とともに国博士となり政治改革に参画した。同年、十師となった。

大きく影響したとみられる。畿内制は後の律令制に引き継がれ、畿内四カ国は租税負担のありかた（調は規定の半分・庸は免除）、国家の神祇祭祀の対象の神社の区別など、多くの点で畿外の国とは異なっていた［西本、二〇一八］。関晃はその点を踏まえ、中国の王畿の制を模したように見える日本の畿内制は、ヤマト政権の合議制の構成メンバーや官人層の勢力基盤を温存したものだとする見解を示した［関、一九九六］。畿内政権論である。この説は、律令国家は大王と豪族（天皇と貴族）の合議制であること、その豪族の基盤がヤマト政権以来の近畿（畿内）であったこと、の二つの視点から成り立っている。さまざまな議論があるが、後者の視点について考えてみると問題点も多いことが指摘されている［門井、二〇一二］。豪族の基盤地域を区画するなら、自然境界に基づく後の令制国の境界を、畿内の境界に設定するのが自然であり合理的であるが、境界の位置に齟齬がある。また、近江および紀伊の両国は畿外でありながら、ヤマト政権の構成メンバーの出身地であるなど、畿内に近い様相を呈しており、なぜ畿内に含まれなかったのかが問題となっている。

かつて瀬戸内地方から奈良盆地にかけての豪族を中心に構成されたヤマト政権は、奈良盆地東南に中心を据えてから四世紀以上を経ている。政権の構成メンバー、渡来系の人びとを含む実務官人らの基盤が、大阪平野から奈良盆地とその周辺にかけて位置するのは、その結果として理解できる。

畿内の範囲は、難波長柄豊碕宮を中心とする半径五〇キロメートルほどの範囲となることを金田章裕が指摘している〔金田、二〇〇二〕。原秀三郎は難波宮を中心に方形の区画を想定し、畿内は中国の『周礼』の理念を第一義として、難波宮を中心として一定の範囲を王畿の地として設定したのではないかと指摘していた〔原、一九八五〕。畿内制は中国の理念をもとに、あるべき制度として設定したというのが実情なのではないだろうか。その範囲がヤマト政権を構成する氏族の基盤地域とほとんど重複するのは、ヤマト政権が近畿で成長した経緯からすれば不思議ではない。その後、律令制に基づく国郡制の設定時に、租税の制度における王畿の特殊性が適用されたと考えられないだろうか。

難波の京師

前述の改新詔第二条には「初めて京師を修め」る、つまり都城を設定するという文言があり、それに続く副文第一条では京内の区画である坊《ぼう》の制度などを記している。その条文は養老令《ようろうりょう》の戸令《こりょう》とほぼ同文なので、大化当時のものとは考えにくい。そのためか、この条文は理念としてはともかく実態として検討されることはほとんどない。しかし六四五年一二月に難波長柄豊碕に遷都〔『日本書紀』孝徳天皇大化元年一二月癸卯条〕、翌年正月に大化改新詔を発令しており、難波に遷ったということからみて、倭国初の都城のプランが想定されていた可能性を読み取ることもできなくはない。また発掘調査により宮南方で当時のものとみられる方格地割が見つかっている［積山、二〇一四］（図5）。それだけではなく、実際に都城を設定しようとしたと考えられる徴証がある。難波宮の地すなわち摂津国《せっつのくに》の郡名である。孝徳天皇の難波宮は聖武朝難波宮と同じ地点とみられ、上《うえ》町《まち》台地(11)の北端の中央に営まれ、中軸線が難波大道(12)にあたると考えられている。この道もしくはその西の谷町筋を境とするらしいのが摂津国の西成《にしなり》郡と東生《ひがしなり》郡である［吉田、一九八二］（図6）。

図5 難波宮跡（大阪歴史博物館から東南方向を俯瞰，著者撮影）

ところで、古代に地区を分割する場合、都に近い方から前後あるいは上下とするのが一般的である。古代の地名を網羅的に収める『和名類聚抄《わみょうるいじゅうしょう》』(13)の郡郷名をみると、そうした事例はいくつかあるが、東西に分割したとみられる事例は意外にもほとんどないのである。この摂津国の郡名のほかには、同国百済《くだら》郡東部・西部・南部郷、近江国蒲生《がもう》郡の東生・西生郷、肥後国球麻《くま》郡東村・西村郷（熊本県錦町・あさぎ

(11) 大阪平野の中央部に、南北に延びる南北約一一km、東西約二―三kmの台地。

(12) 『日本書紀』仁徳天皇一四年是歳条に「大道を作りて京中に置き、南門より直に指して、丹比《たじひ》邑《むら》に至る」とあり、時期はともかく難波宮の正門から南に延びる道が造られたとみられる。延長線上の大阪府松原市大和川今池遺跡で該当する道路の遺構が出土している。

(13) 訓読みを付けた漢語辞書。承平年間（九三一―三八）成立。二〇巻本には国郡郷を列挙した部分もあり古代史の重要な史料。

(14) 摂津国の両郡は、『続日本紀』天平六年（七

り町付近に比定)しかない。摂津・近江の事例は奈良時代にさかのぼることが確認でき(14)、肥後国の事例を平安時代の山間部の開発地とみて除外すると、上記三カ所は極めて特殊な事例となる。そのうちの摂津国百済郡の郷名についてては由来が解明されている。古代の百済国の都泗沘《さび》(15)では五方五部制(16)、すなわち方位による行政区画が行

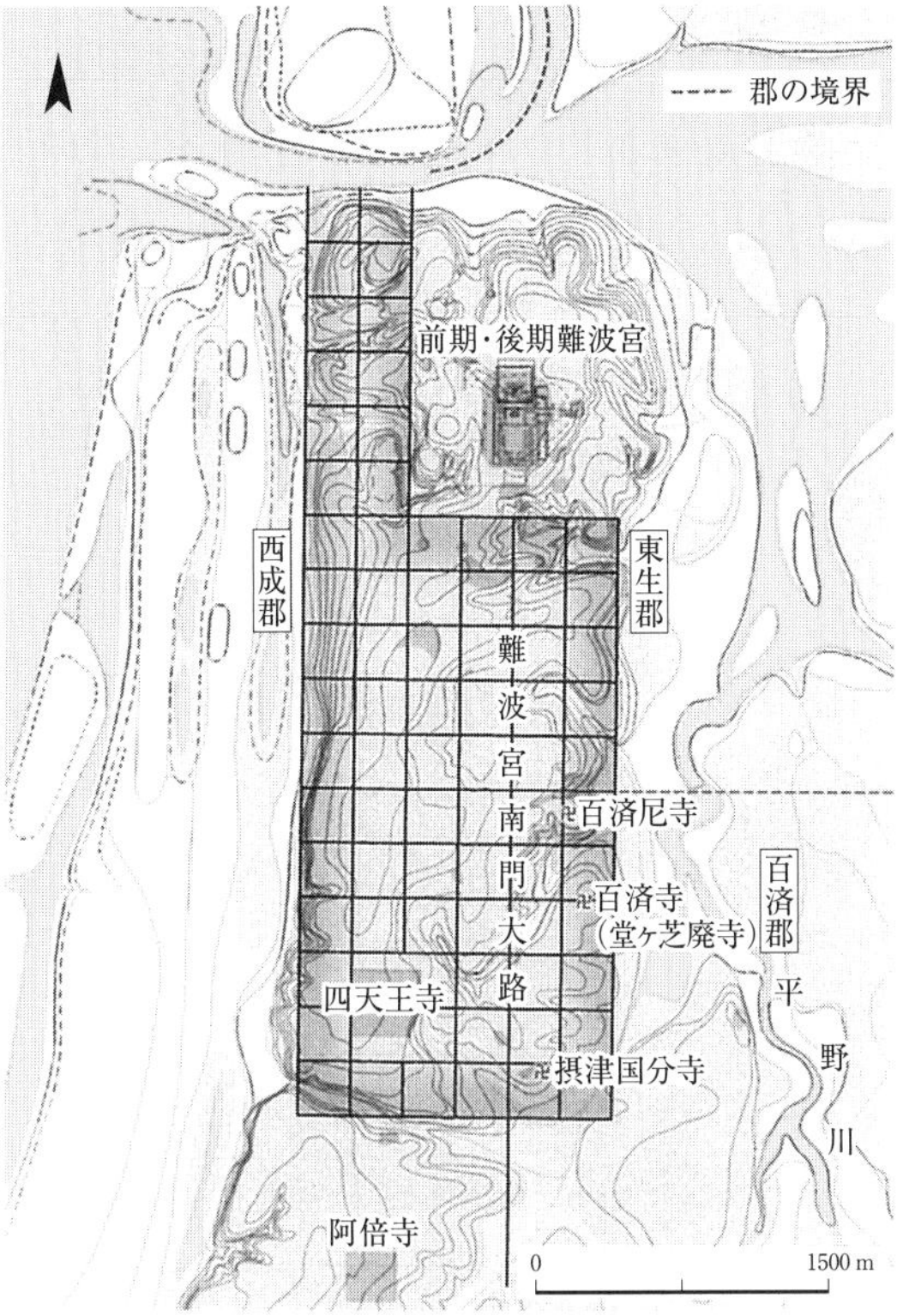

図6 難波京想定図[積山, 2014]

三四)三月丁丑条に聖武天皇の難波行幸時に難波宮に供奉したと記される東西二郡が初見。近江国蒲生郡の東生郷は正倉院調布銘文に「蒲生郡東生郷」と見え[杉本、二〇二〇]、西生郷は長屋王家木簡に「蒲生郡西里」と見えるのが初見(『平城宮発掘調査出土木簡概報』二七号、一八頁)。

(15) 現在の忠清南道扶余郡にあった百済の王都。五三八年に熊津《ゆうしん》(現在の忠清南道公州市)から遷された。六六〇年、唐と新羅に攻められ百済国はここで滅亡した。

(16) 百済が五三八年に都を泗沘に遷して実施した軍政区画制度。王都を上・前・中・下・後の五部あるいは中・東・西・

われ、その王族が渡来し居住した摂津国百済郡の東部・西部・南部の郷は、百済の制に基づく地域区分が実施された名残とされている[藤沢、一九七三]。

孝徳朝のあと斉明朝に都は難波から飛鳥へ戻るが、六六三年八月の白村江の敗戦後、中大兄皇子《なかのおおえのおうじ》らは防衛のため政権の中枢を近江へ遷すことを考え実行した[林、二〇〇五]。六六五年二月に百済国の百姓男女四百余人を近江国神前《かんざき》郡に居住させ(『日本書紀』天智天皇四年二月丁酉条)、六六七年三月、近江大津宮《おおつのみや》へ遷宮し(同六年三月己卯条)、翌年正月、ここで天智天皇が即位した(同七年正月戊子条)。同年五月には琵琶湖の東側の蒲生野《がもうの》へ遊猟し(同五月五日条)、六六九年、百済の貴族佐平余自信《さへいよじしん》、佐平鬼室集斯《さへいきしつしゅうし》らを含む男女七百余人を近江国蒲生郡に居住させた(同八年是歳条)。翌六七〇年二月、庚午年籍《こうごねんじゃく》(17)の作成を始め、天皇は蒲生郡匱迮野《ひつさの》に行幸し宮地を観たという(同九年二月条)。新都造営準備が戸籍作成と同時期であることは、国土の行政区分の実施という一連の大事業に着手したことを意味すると考えられる。新都の地は『和名類聚抄』の蒲生郡必佐《ひつさ》郷(18)・東生郷・西生郷にあたるらしい。

天皇は翌年一二月に死去し(同一〇年一二月乙丑条)、壬申《じんしん》の乱(19)を経て都は飛鳥に戻ったので、この構想は完成しなかった。しかし現地視察とみられる蒲生野遊猟から約二年という時間経過を考えると、百済貴族を住まわせた蒲生郡に本格的な都城の設定を始めていたことは十分考えられる。その地に残る東西分割の郷(里)の区分、

南・北の五部に分けた。また地方を中および東・西・南・北の五方に分けた。

(17) 天智天皇九年(六七〇)、庚午の年に作成された全国を対象にした初の戸籍。氏姓の根本台帳として永久保存が定められていた。

(18) 必佐郷は平城京出土木簡に「近江国□□郡必佐郷」と見える(『木簡研究』一一号、二三頁)。

(19) 六七二年、天智天皇の没後に弟大海人《おおあま》皇子と子大友《おおとも》皇子が皇位をめぐって戦った内乱。大海人皇子が勝利し即位して天武天皇となった。大友皇子側についた豪族が滅び天武天皇の権力が強まった。

難波宮のあった摂津国の東西の郡域区分は、百済の都城制度を参照した初の都城プランを設定した痕跡であると考えてよいのではないだろうか[20]。

以上の推定に誤りがなければ、改新詔第二条は、畿内制だけでなく京師の事項もそれなりに実施されたと評価することができる。孝徳天皇と中大兄皇子は、中国の思想、百済の制度に基づく都城、王畿の制を一体の事業として施行したのである。都を難波に、ついで防衛上の観点から近江に設置した行動には、畿内豪族の基盤の温存という方針は見いだせない。都城制と畿内制の実施が一連の事業であるということを考慮すると、畿内制も原が指摘したように外国の制度を文字通り日本に適用したという以上の意義を読み取ることは難しいのではないだろうか。

天智天皇の死去により、始まりかけた都城制はいったん頓挫し、六七二年の壬申の乱を経て政権は再び大和の南部、飛鳥に戻った。天武は兄が実現しかけた都城の造営を目指し、持統天皇がそれを継いで藤原京を、そして元明天皇が平城京を実現した。ヤマト政権が奈良盆地の東南部に拠点を設定したことにはじまる政権所在地の求心性は、律令国家の成立により都城所在地およびその官人の出身地である近畿地方を先進的な地域とした。舎人《とねり》や兵衛《ひょうえ》、采女《うねめ》[21]としての郡司一族の出仕、仕丁《してい》、役《えき》民《みん》という民衆の上京、庸調などの税物資の貢納などは、以前からの地方豪族の大王への奉仕に由来するであろうが、それが一定の間隔で繰り返される制度となったこ

(20) 近江国蒲生郡の東生・西生郷が、摂津国百済郡の東部・西部郷と同類ではないかという論点は吉川真司氏のご教示による。

(21) ヤマト政権に服属した地方豪族の兄弟姉妹や子女が宮廷に奉仕したことに由来する、宮廷出仕の制度。令制では、一国を三分して二分は兵衛(武官)、一分は采女(女官)を出す規定がある(軍防令38兵衛条)。

とにより、都へ集中する列島規模の物流を生み出し促進したと想定される。平安京を中心として定着する古代の近畿の特色は、こうして形作られたのである。

2 北陸

コシと山陰

現在も使われる北陸という地域名は、古代国家が設定した七道のうち、若狭《わかさ》・越前・越中・越後・佐渡の五国、現在の福井県から新潟県に及ぶ区画の北陸道に由来する。その区画から若狭、佐渡を除いた地域は、古くはコシ(古志・高志)と呼ばれていたことが、『古事記』などの記述や木簡などによって確認できる[22]。北陸道という枠組みは、畿内から各地へと放射状にのびる支配の道の視点に基づいており、現地の感覚とは必ずしも一致しない。現代では北陸三県(福井・石川・富山)という呼称が馴染んでいて、新潟県域との隔たりを感じる。これは越後とのちの江戸・東京との位置関係にも要因があると考えられるが、いうまでもなく地理的・歴史的に規定されている。

ヤマト政権が成立する以前、列島各地にはそれぞれに政治勢力が存在し交流していた。北陸すなわちコシとの交流がよく知られているのは、ともに日本海に面して

(22)『古事記』上巻の八《や》千矛神《ちほこのかみ》の妻問いの歌謡に「高志国」、『日本書紀』大化四年(六四八)是歳条に「越」と見える。七世紀の木簡にも「高志」と見える(『評制下荷札木簡集成』一四一・一四二号)。

いる出雲などの山陰地方である〔浅香、一九七八b／藤田、一九九〇／松本・森田、二〇〇六〕。

両地域の交流は、『古事記』『出雲国風土記《いずものくにふどき》』などの記述により以前から推定されていた。出雲でスサノオが退治したのは高志の八俣《やまたの》オロチであったし、『風土記』（意宇《おう》郡）の有名な国引き神話では、出雲の八束水臣津野命《やつかみずおみつののみこと》が「高志之都都之三埼」を切り離して引き寄せたのが島根半島東端の三穂之埼《みほのさき》（松江市美保関《みほのせき》）であると伝えている。都都は、「つつ」と読んで能登半島先端の石川県珠洲《すず》市とみる説と、「つう」と読んで『和名類聚抄』の越後国頸城《くびき》郡都有《つう》（都宇）郷（新潟県上越市か）とする説があるが、いずれにせよコシとのつながりを暗示する。『風土記』出雲国意宇郡の母理《もり》郷・拝志《はやし》郷の条には、大穴持命《おおなむちのみこと》が「越八口《こしのやぐち》」を平定したという伝承がある。また島根郡美保郷（松江市美保関町）の地名起源譚では、天下を造った大神が高志国に坐す神、意支都久辰為命《おきつくしいのみこと》の子、奴奈宜波比売命《ぬながわひめのみこと》に娶《あ》って産んだのが御穂須須美命《みほすすみのみこと》で、その神が鎮座するからミホというのだと記す。『古事記』上巻にも、出雲の八《や》千矛《ちほこの》神《かみ》が高志国に妻問いに出向いて沼河比売《ぬなかわひめ》と婚姻したという歌物語を載せる。この場合のコシがどこを指すのかは不明だが、越後国頸城郡に「沼川《ぬなかわ》郷」（新潟県糸魚川《いといがわ》市）があり、『延喜《えんぎ》式《しき》』神祇《じんぎ》、いわゆる「神名帳」に記載される越後国頸城郡の「奴《ぬ》奈《な》川《かわ》神社」と関係するといわれ、糸魚川市付近で産出するヒスイの流通との関係も想定されている。奈良時代に、出雲の神がコシと行き来したという伝承があったのである。

また『出雲国風土記』神門《かんど》郡条には、郡家《ぐうけ》の所在する古志郷の地名起源として、伊弉那弥命《いざなみのみこと》の時代に日淵川《ひぶちがわ》の水で池を作った時、古志国人らが到来して堤防を作り、彼らが宿泊したところなのでコシの地名が付いたという話を載せている。郡家と同所という狭結《さゆう》駅の説明にも古志国の佐与布《さよう》という人が来て居住したという記述がある。古志郷の遺称地《いしょうち》(出雲市古志)には郡家の可能性のある古志本郷遺跡がある[島根県埋蔵文化財調査センター編、二〇〇三]。郡の中心地に北陸からの移住者の伝承があることは、当然ではあるが豪族が深く関与し何らかの政治的な交流があったことを思わせる。

こうした説話は信憑性や時代など不確定要素があるが、以下に見る遺跡・遺物のあり方からみて、ヤマト政権の成立前後、山陰と北陸の間で日本海航路による相互交流があったことは広く認められている。情報は出雲側に多く残されたが、北陸側にもそれに応対する政治勢力が存在したことは想定してよい。

北陸の代表的な弥生時代の拠点集落遺跡、八日市地方《ようかいちじかた》遺跡(石川県小松市)は、玉類の生産と流通の拠点となっていた。ここをふくめ北陸地方で生産された玉類《ぎょく》が日本海を通じて山陰から九州まで流通していたことが各地の出土品から明らかにされている。また山陰の代表的な拠点集落遺跡、青谷《あおや》上寺《かみじ》地《ち》遺跡（鳥取市青谷町）出土の木製高杯《たかつき》をみると金沢市西念《さいねん》・南新保《みなみしんぼ》遺跡出土品と酷似しており、両地域が沿岸航路で結びついていたことが一目瞭然である〔石川県立歴史博物館、二〇二三〕（図7）。さらに、コシと山陰の結びつきを最もよく表す遺跡として知られているのは、弥生時代の出雲・伯耆《ほうき》周辺に特有の四隅突出型《よすみとっしゅつがた》墳丘墓である（図8）。これは、四角い座布団の角がスロープ状に延びたような形をしている。それが一九七四年、誰もが予想しなかった遠く離れたコシの富山市の丘陵上で見つかった。杉谷四号墳である〔藤田、一九九〇〕（図9）。北陸にもそれがあり得ることが判明して以来、福井・石川両県域でも見つかっている。二世紀初めの福井市小羽山《おばやま》三〇号墓が古く、その地域から北へ飛び石状に漸進し、古墳出現期に富山に達したとされている。いっぽう鳥取県安《や》来《すぎ》市の仲仙寺《ちゅうせんじ》古墳群宮山支群の四隅突出型墳丘墓は、逆に北陸の影響を受けているという指摘がある〔古川、二〇一〇〕。北への一方向の進出ではなく、相互交流があったらしい。『風

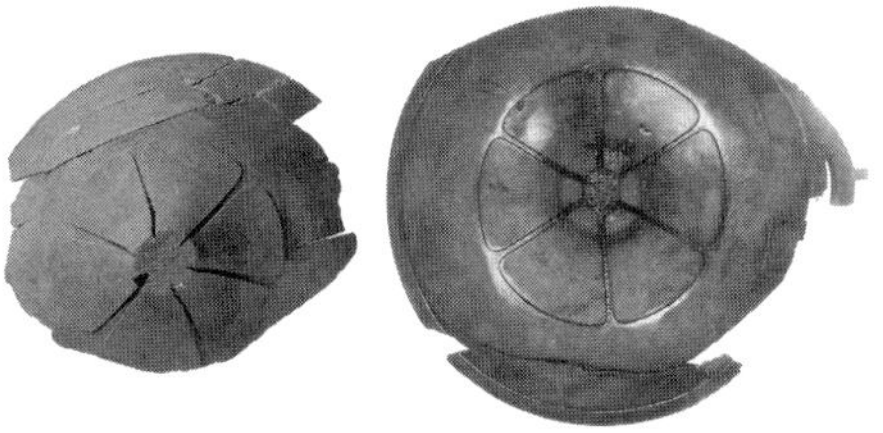

図7 北陸と山陰の遺跡から出土した木製高杯
左：鳥取市青谷上寺地遺跡「花弁高杯」(画像提供＝鳥取県)
右：金沢市西念・南新保遺跡「木製高杯」(金沢市埋蔵文化財センター蔵)

土記』の古志郷の話が想起される事象である。

こうしてみるとヤマト政権の成立前後、北陸にもそれなりの政治勢力があり、ヤマトを経由せずに地域交流をしていたことは明らかである。

北陸の歴史研究にも多大な功績を残した浅香年木はこのような事象を前提にして、鳥取県から新潟県にかけてケタ・コタという神社や地名が散在することに注目し、山陰からコシにかけて「気多政治圏」が存在したと想定した[浅香、一九七八b]。中央政権重視の歴史観に対するアンチテーゼとして魅力的な説であるが、ケタという

図8　出雲市西谷2号墳の復元(著者撮影)

図9　富山市杉谷4号墳，右奥の墳丘の角から手前に延びる突出部(著者撮影)

語彙が政治勢力を指すかどうかの決め手がない。ケタ・コタは特定の地形を指す語彙と考えることも可能である。日本海側に分布する「潟」(カタ)と同語なのではないだろうか。潟は港としての条件を備え、その近くに政治権力が成立することが指摘されている[森、一九九四]。代表的なのが能登半島の羽咋《はくい》市の邑知潟《おうちがた》と気多《けた》大社・寺家《じけ》遺跡である。羽咋君氏の拠点に国家的祭祀を行った遺跡と神社が並存している。潟を意味する地名と古代の重要地点が一致するように見えることは理解しやすい。

コシの豪族

北陸の各地の権力集団を示す前期古墳は、前方後円墳よりも前方後方墳が先行する傾向があるとされ[橋本、二〇一六]、日本海側最大の前方後方墳が富山湾に面した富山県氷見《ひみ》市柳田《やないだ》布尾《ぬのお》山《やま》古墳であるように、古墳時代に入ってもいくらか独立性を維持していた可能性がある。北陸の国造の姓を調べた米沢康は、直《あたい》姓よりも臣《おみ》姓が多い傾向があり、ヤマト政権とのあいだにある程度の政治的距離があることを指摘していた[米沢、一九六五]。時期が降るが、『日本書紀』欽明天皇三一年(五七〇)四月乙酉条の道君《みちのきみ》氏をめぐる事象は、北陸の豪族の独立性を示すものとしてよく知られている。加賀平野南部の海岸に漂着した高句麗《こうくり》の使節を、地元の豪族道君氏が自らが国王であるかのように迎接した。それを隣地の豪族江《え》渟《ぬの》臣《おみ》裙《も》代《しろ》が大和の宮廷に訴え出たことで発覚し、政府は膳臣傾子《かしわでのおみかたぶこ》を越に遣わして使節を都に迎えたという。一般的に臣姓よりも君姓の氏族の方が独立性が強いとされ、加賀平野南部の豪族の確執が、姓に表現されるヤマト政権との政治的距離に対応しているのであり、ここでは君姓の道氏が大きな勢力を持っていたことが窺える。北陸の君姓の豪族をみると、越前地域には三国《みくに》君、佐味《さみ》君、山君、品治部《ほむちべ》君、加賀地域には道君、能登には羽咋君、越中には安努《あぬ》君、越後には高志君が知られる。各地域に独立性の強い豪族が盤踞《ばんきょ》していたことが読み取れる。越中の場合は、平野部ではなく能登半島の富山湾側の付け根の氷見の豪族であることが特徴である。そこは前述の布尾山古墳の所在地である。なお、米沢は後に上記の説話について史料批判が必要であること、君姓豪族を独立性の強い豪族とする性格付けに検討の必要があることを述べ、自説を修正している［米沢、一九八九a］。しかし、その理由は決定的なものではなく、上記の見方はやはり有効であると思う。

ヤマト政権の進出

七世紀後半、天武・持統朝に律令国家が整えられ、令制国の区画も設定されていった。大倭《やまと》・山背《やましろ》・摂津（職《しき》）・河内の四国が畿内とされ、その外側は東海道・東山道・北陸道・山陰道・山陽道・南海道が放射状に設定され、大宰府《だざいふ》のもとに九州が西海道《さいかいどう》として設置された。各「道」は交通路を指すとともに、その道が通る国を一括する単位でもあった。国は前提となった地域が大きい場合、都に近い方から前・中・後あるいは上・下に分割された。その方式は北陸道も同様である。

しかし地図で他の地域と見くらべると、北陸道の特殊性が浮かび上がる。たとえば同じように前・中・後に分割された吉備の場合、分割以前の吉備は山陽道の中ほどの、ある区域である(**図10**)。それに対して分割前のコシの国は若狭・佐渡を除くと北陸道そのものなのである。逆に言えばもとのコシという国は、そのまま後の一道に相当する広大なエリアだったのである。なぜそうなっていたのか。令制国設置の際も三国(越前・越中・越後)に分けるにとどまっている。古墳の分布は後の郡に対応するように見えるから、政治権力の密度が希薄だったということではないであろう。律令国家による把握のあり方が他の諸道とは異なっていたのである。その理由はいまのところ不明であるが、ヤマト政権の進出のあり方に

図10　高志と吉備の比較

図11　城の山古墳(画像提供＝胎内市教育委員会)

もその傾向をうかがうことができる。

　ヤマト政権は前期古墳の分布に見るように、三世紀半ば以降、列島各地に勢力を拡大した。記紀には、その進出の様子を伝える可能性のある記述がある。いわゆる四道《しどう》将軍の派遣の記事である。『古事記』中巻の物語によると、孝霊天皇の時に大吉備津日子《おおきびつひこ》、若建吉備津日子《わかたけきびつひこ》が吉備国を平定し、崇神天皇がおじの大毘古《おおひこ》を高志道に、その子建沼河別《たけぬなかわわけ》を東方十二道すなわち東海道に遣わして、従わない人を平定させた。大毘古は高志国に行き、その先で、東方を平定した建沼河別と出会ったという。その場所が相津《あいつ》(福島県会津若松市)だとしている。この話は当然、信憑性が問題になるが、埼玉県稲荷山《いなりやま》古墳出土鉄剣の辛亥年(四七一)の銘の「意富比垝《おほひこ》」が大毘古にあたるとみられ、鉄剣を作らせたヲワケの七代前の祖としていることは看過できない。さらに重要なのは、新潟県胎内市の城《じょう》の山《やま》古墳(**図11**)である。七世紀半ばに律令国家の前進基地ともいうべき磐舟《いわふね》柵が設置されたと考えられる現在の村上市岩船の南方約二〇キロメートルに位置する四世紀第1四半期の円墳である[胎内市教育委員会、二〇一六]。構造、副葬品ともにヤマト政権とのつながりが明瞭で、出土した靫《ゆき》(23)の特徴から会津大塚山古墳との関連も指摘されている[橋本、二〇一六]。大毘古の伝承のもとになったヤマト政権のコシへの進出は否定できないであろう。

『古事記』の四道将軍派遣先を見ると、西日本は吉備・旦波(丹波)という国単位、それに対して東日本は高志道・東方十二道という道単位である(『日本書紀』では、高志を北陸、東方十二道を東海というように律令制の用語に直している)。ここから東日本では東海は一二国からなる一ユニット、北陸は高志一ユニットという違いを読み取れる。また、高志はユニット名であるとともに到達点の地名でもあった。この表記の違いは当該期のヤマト政権のコシ地域把握の深度を表していると思われる。それは令制国の設置の仕方にまで影響していると考えられる。

これに続き『古事記』中巻には垂仁天皇の子本牟智和気《ほむちわけ》の物語として、山辺大鶙《やまべおおたか》が鵠《くぐい》を追っていくルートが記されている。近淡海《ちかつおうみ》(近江)から三野(美濃)、尾張、信濃そしてついに高志国の和那美《わなみ》の水門《みなと》に至っている。このルートでは、信濃から高志に至っている。さらに『古事記』の倭建《やまとたける》の東征物語では、彼は東方十二道を平定して蝦夷《えみし》に接する地点まで行き、関東平野から甲斐、信濃という東山道に近いルートを西に戻っている。コシすなわち北陸には言及がない。いっぽう書紀での日本《やまと》武《たける》は、信濃国・越国が服従していないとして、関東平野から碓氷《うすい》峠を越え信濃に進

(23) 矢を入れて背負う縦長の容器。古墳の壁画や埴輪にも見られ、武力の象徴ともなった。

図12　親不知(戦前の絵葉書)

み、吉備《きび》武彦《たけひこ》を越国に遣わし視察させ、両者は美濃で合流したと語られている。『古事記』に記されない武彦の越視察は、後付けとも考えられる。

このように、コシへの道は信濃経由で記される。コシは北陸道全体の呼称でもあるが、信濃から到達するという位置関係からみて、国名としてのコシは越後国古志郡(24)に該当する。大毘古の場合は経由地が記されていないが、後者を踏まえると信濃経由と考えても不自然ではない。以上のように考えてよければ、『古事記』の四道将軍の物語の「高志道」は、後の東山道ルートで信濃を経て古志に至る道を指すとみてよい。

田島公が明らかにしているように、古い時代のコシ国への道は信濃経由であった[田島、二〇二二]。ヤマト政権は、後の東海道および「高志道」(東山道→信濃→古志ルート)の二本の道を幹線として東方へ進出したと想定される。

こうしてみると初期のヤマト政権の進出を示す史料では、現在の福井・石川・富

(24) 現在の新潟県中央部、信濃川左岸一帯にあった郡。令制国設置段階では越中国に属したと考えられ、大宝二年(七〇二)三月、越後国に移管された。

(25) 新潟県最南端の日

山のいわゆる北陸三県のエリアが空白であることがわかる。あたかもそこを避けて新潟県域以北に進んだかのようである。そのエリアが現在の富山県以南となっている要因の一つは地理的な条件であろう。両地域の間には、飛驒山脈の北端が日本海に直に沈みこむ自然境界地帯、親不知《おやしらず》[25]（**図12**）と呼ばれるところがある。糸魚川静岡

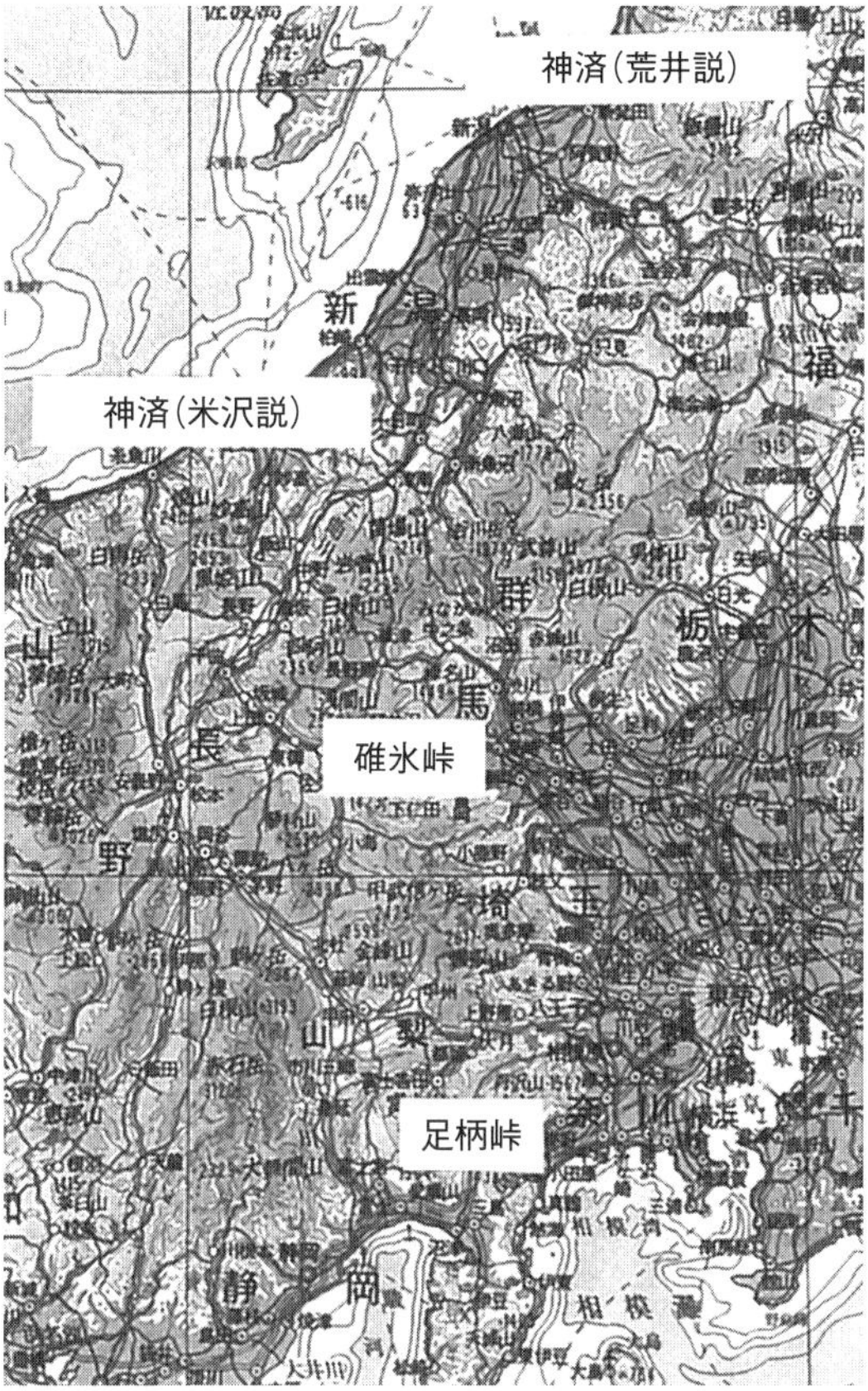

図13　神済の位置図［鈴木，2017］

本海沿岸部の隘路付近の地名。富山県境に接する。江戸時代まで北陸道はわずかな海岸を通っていた。現在は海流の変化で海岸は消滅している。

構造線をまたぐところで、古代には東山道碓氷峠、東海道足柄峠《あしがら》とならぶ神済《かみのわたり》(26)(図13)と呼ばれる境界となっていた[米沢、一九八九b・一九八九c]。わずかな幅の海岸を通り抜ける難所で、親不知と呼ばれるようになったのは中世以降のことである。語源はおそらく大白州《おおしらす》であろう[鈴木、二〇一七]。

ヤマト政権の東日本への進出は、近畿から東海道、東山道方面、信濃を経て新潟県域のコシへという動きと、何らかの差異をもって近畿から滋賀、福井を経て石川、富山県域へと進められた動きの二方向で行われたと考えることができる。古代北陸道の地域は地理的には親不知で南北に分かれ、ヤマト政権の進出も信濃からその北側エリアへのルートの方が重視されていたように見える。それが律令国家によってコシ一国、すなわち北陸道が一体として区画されたのは、畿内を中心として各方面を放射状に把握する国土観の成立によると考えられる。それを実現するため南側エリアの福井県敦賀《つるが》地域から新潟県域のエリアへと北進して支配を進める動きがあったと推定される。

『日本書紀』崇峻《すしゅん》天皇二年(五八九)七月壬辰条には、近江臣満《おうみのおみみつ》を東山道の使に遣わして蝦夷の国境を観させ、宍人臣雁《ししひとのおみかり》を東海道の使に遣わして東方の海浜の諸国の境を観させ、阿倍臣《あべのおみ》を北陸道の使に遣わして越等の諸国の境を観させたとある。この時点では、東方は並行する三本の道で編成されていて、北陸道も日本海沿いに親

(26)『令義解』公式令51朝集使条に、北陸道のある区切り地点として記される地名。信濃川河口にあてる説もあるが[荒井、二〇一二]、同条文で碓氷峠、足柄峠を指す語彙と並記されていることから見ると、米沢康の親不知説が妥当であろう。

不知をも跨ぐ一つのエリアとして位置付けられていたのである。その地域は、到達点の地名に基づいて高志と呼ばれるようになった。二つのエリアの地理的、歴史的な条件よりも国家制度を優先した、広大な一つの行政地域が設定された。

飛鳥から出土した二点の木簡(27)により、天武末年（六八〇年代中頃）までに、のちの越中国地域（富山県域）で「高志国―評―五十戸」という行政区分が設定され、税物が飛鳥まで運ばれていたことが判明している［奈良文化財研究所編、二〇〇六］（**図14**）。一道一国というべき広大な領域の行政の中心がどこに置かれ、どのように運営されたのか興味深いところである。

高志国が前・中・後の三国に分割された時期は、書紀の記述のあり方からは天智七年（六六八）から持統六年（六九二）の間と考えられるが(28)、上限は上記の木簡により天武朝末頃と考えられる。天武一二年（六八三）一二月に伊勢王《いせのおう》らを天下に巡行させて諸国の境界を限分させたが、年内には達成できなかったという（『日本書紀』同丙寅

図14　「高志国」の木簡（画像提供＝奈良県立橿原考古学研究所附属博物館）

(27)　一点は「高志□新川評」「石□（背カ）五十戸大□（家カ）□目」とあり、現在の富山市岩瀬地区から出された税物の荷札とみられる。いま一点は「高志国利浪評」「ツ非野五十戸造鳥」とあり富山県の砺波郡域からの荷札である。「ツ非野」は『和名類聚抄』郡郷名に対応するものがなく、場所は特定できない（［奈良文化財研究所編、二〇〇六］一四二号・一四一号）。

(28)　『日本書紀』天智天皇七年七月条に「越国」が燃える土と水を献じたとあり、持統天皇六年九月癸丑条に「越前国司」が白蛾を献じたとある。

条)。同一四年九月には、東海、東山、山陽、山陰、南海、筑紫へ巡察の使を派遣していて(同戊午条)、この時に七道制と各国域が定まった可能性が高いと考えられている[鐘江、二〇一三]。しかし、この記事には北陸への使者が見えない。脱字の可能性もあるが、北陸の国分けが容易ではなかったとも考えられる。前述のように北陸道全体が「高志」という一地域であり、若狭・佐渡以外をわずか三国に、しかも国名が各々の地名ではなくコシの三分割に留まったのも、現地の掌握が不徹底など何らかの事情があったことを思わせる(**図15**)。

この時点での越の三国の範囲を、後の情報ではあるが平安時代の『延喜式』(民部

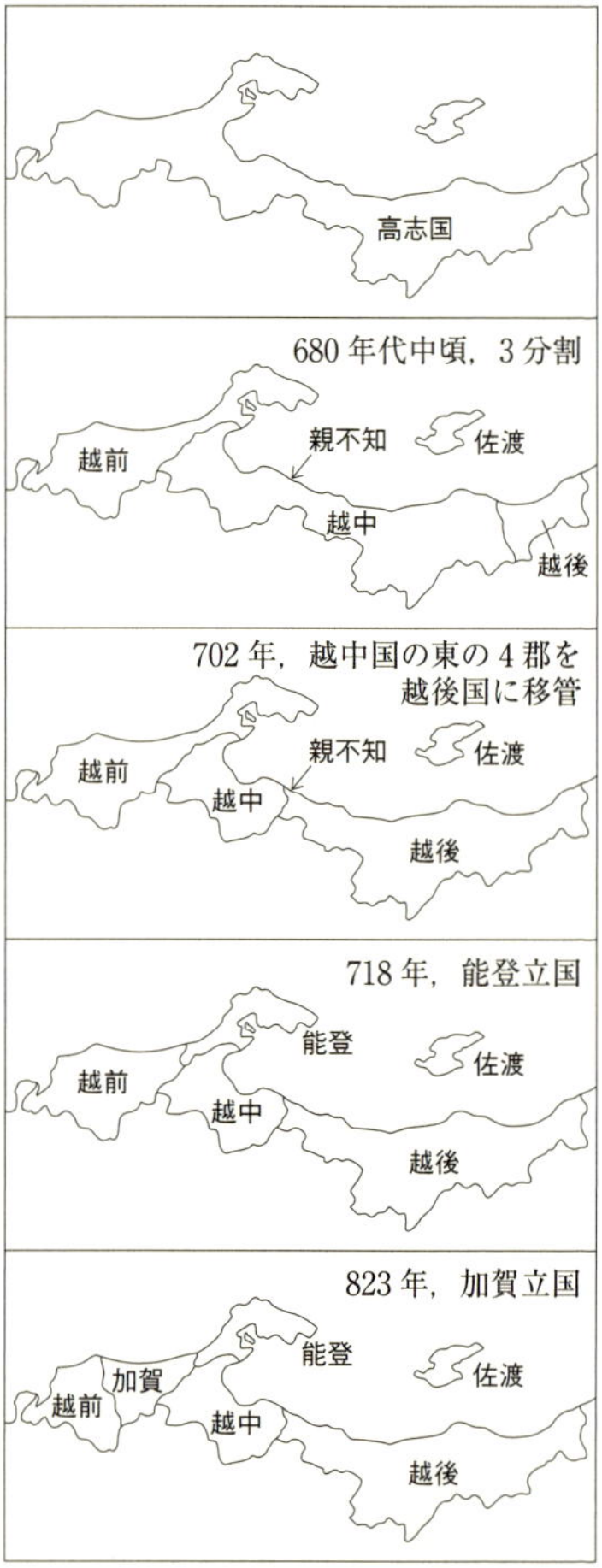

図15 高志の変遷図([石川県埋蔵文化財センター編, 2001]所載の図に加筆)

上）の郡の数でみると、越前が一四、越中八、越後二（出羽は除く）となる。越前が極端に多く、越中は自然地形上の大境界地帯である親不知を跨ぎ、越後は二郡で北の蝦夷の地帯を控えるという粗い設定にみえる。この枠組みは後に改変されていくことになる。

大宝二年（七〇二）三月、越中国の四郡（頸城郡・古志郡・魚沼《うおぬま》郡・蒲原《かんばら》郡）を分ち越後国に附属させた（『続日本紀』同甲申条）［米沢、一九八九d］。北に接する蝦夷支配の拠点として越後国を拡充する政策と考えられているが、大規模な国域変更で境界を大きく南に移動させて、自然境界の親不知に合致させたのである。大宝律令を施行した段階で、現地の実情との乖離が顕在化し、その解消に努めたという面もあったのであろう。四月には越後国から采女・兵衛を選び、差し出させたとあるから（同壬子条）、国域改変でようやく実務が動き出したとも考えられる。続いて和銅元年（七〇八）九月、越後国の建言で出羽郡が置かれ（同丙戌条）、五年九月に北方の夷狄対策として越後国から独立して出羽国となった（同己丑条）。

いっぽう越前国では養老二年（七一八）五月に能登国が分立した（同乙未条）。この時、上総から安房国、陸奥から石城《いわき》国・石背《いわせ》国も独立している。能登国は天平一三年（七四一）一二月に、今度は越中国に併合された（同丙戌条）。同時に安房国は上総国に戻されている。天平勝宝九歳（天平宝字元・七五七）五月、再度、能登国、安房国が独立した（同乙卯条）。能登と安房は同じ半島国として、ほとんど同じ変遷をたどっている。

天平一五年（七四三）二月、越後国に佐渡国を合併し（同辛巳条）、天平勝宝四年（七五二）一一月、再び佐渡国を分立した（同乙巳条）。平安時代に入っても弘仁一四年（八二三）三月、越前国の加賀郡と江沼《えぬま》郡を割いて加賀国が設置されている（『類聚三代格』所収、弘仁一四年〈八二三〉二月三日太政官奏）。令制国の最後の立国である。その申請の上申文言には越前国は「境内闊《はる》かに遠く、もと難治と号す」とある。コシ国以来の枠組みの大きさが北陸道の特色であり、国域の改変の多いこともそれと関係すると考えられる。

軍防令48帳内《ちょうない》条は、三関、大宰部内《だざいぶない》、陸奥・石城・石背・越中・越後の各国から帳内・資人《しじん》(29)を採用することを禁止する条文である。この条文は養老令で成立したと考えられているが［米沢、一九八九d］、三関国、東北、九州とならんで、北陸道地域が広域の軍事上の要地と考えられていたことが読み取れる。こうした位置付けや国域の設置のあり方は、東北地方と類似するように思われる。一般的な古代史の概説などでは取り上げられないが、古代の北陸道地域は、他の諸道地域とは異なる特色を持っていたのである。ヤマト政権のコシ南側エリアへの進出が北部よりも遅く見えること、律令国家の北陸道の国域設定が大枠であることの理由は、さらに考え

(29) 令に公的従者の派遣制度が規定されており、親王・内親王の従者を帳内、貴族の従者を資人という。本主との絆ができることもあるため、軍事的に重要な国などからの採用が禁止されている。

てみるべき問題である。

3　近畿と北陸の道

コシへの入り口・敦賀

前の二節で近畿と北陸について述べてきた。本節では両地域の行き来について述べよう。ヤマト政権の北陸進出が大きく前進した契機として、五世紀の倭の五王の東アジア進出を考えることは異論のないところであろう。ヤマト政権の日本海地域の拠点としてよく知られるのは若狭である。国造を、宮廷の食膳と外交・軍事を担当する伴造氏族の膳臣《かしわでのおみ》氏がつとめ、律令制下でも調の品目として塩が指定され、さらに天皇の食用である贄《にえ》(30)も貢納していたことなどが、都城から出土する若狭の荷札木簡により判明し、現地でも製塩遺跡が見つかっている［狩野、一九七〇／舘野、二〇〇五］。また現地の古墳からは、朝鮮半島との交流を物語る副葬品が多数出土して、対外交流の拠点であったこともたしかである。この若狭と一見すると類似する様相を見せる地が、隣接する越前国敦賀（角鹿《つぬが》。福井県敦賀市）である。神功《じんぐう》皇后の朝鮮半島侵攻の物語では、仲哀《ちゅうあい》天皇と皇后が近江の高穴穂《たかあなほ》宮から敦賀の笥《け》飯《い》宮に至り、皇后はここから出航して山陰沖を西へ進み穴門《あなと》の豊浦《とよら》宮（下関市豊浦町）に至ったと

（30）古代の税の一種で律令法には規定がないが、藤原宮・平城京出土木簡によって、その存在が知られる。大王の食用として貢献された食物の系譜を引くと考えられている。

する（『日本書紀』仲哀天皇二年二月戊子・七月乙卯条）。また『古事記』中巻には、即位前の応神天皇が「高志前の角鹿」の仮宮にいた際、この地の神イザサワケと名前を交換して返礼として御食《みけ》の魚《な》をもらい、その神を御食津大神《みけつおおかみ》と名付けたという話を載せている。気比《けひ》神宮（図16）の祭神である。

図16　敦賀市気比神宮（著者撮影）
右の山は天筒山.

　象徴的な敦賀の物語は、『日本書紀』武烈《ぶれつ》天皇即位前紀（仁賢天皇一一年一一月戊子条）の角鹿塩の物語である［鈴木、二〇一三］。ヤマトの豪族平群《へぐり》氏が滅ぼされる際、大臣平群真鳥《まとり》が各地の塩に呪いをかけて死去したが、「角鹿塩」のみ呪詛し忘れて以来、天皇の食用は角鹿塩に限定されているというのである。この天皇の食用塩と御食津大神の存在が、隣接する若狭との共通性を想起させ、元来、敦賀と若狭は同一地域であり「角鹿塩」の話は、実は若狭の塩のことだとする見解も提起された［狩野、一九七〇］。しかしその後、越前国敦賀郡が確立していた奈良時代にも「角鹿塩」という種別が存在していたことが長屋王家木簡により判明し［奈良文化財研究所編、二〇一〇、二一頁上］（図17[31]）、この見方は成立困難となった。筆者は若狭と敦賀の様相を次のように考えている。

（31）木簡庫 https://mokkanko.nabunken.go.jp/ja/6AFITB11000648

若狭は前述のように、伴造氏族が管轄するヤマト政権の海産物収取の直営拠点である。これに対して敦賀は、近畿から最も近い日本海の北陸方面への拠点港である。ヤマト政権は北陸への進出にあたり、航路の基点となるこの地を支配下に収めたと考えられる。現地の神が大王に海産物を貢納したというのは、この地の豪族が海の支配権を差し出し服属したことを意味している。ところで天皇の食用塩が角鹿塩に限定された理由を呪いで説明しているのは、その本来の理由が忘却されていたこと、いいかえれば品質や生産量という物理的な理由では説明できないことを暗示している。近畿からの日本海航路の基点の海の塩を天皇が食べるということは、日本海に対する支配を象徴する食国《おすくに》儀礼(32)に由来するのではないだろうか。服属したのはこの地の豪族角鹿海直《つぬがのあまのあたい》氏であろう。海直という複姓からうかがわれるように、この地の海部《あまべ》(33)を支配する豪族である。

その海部集団の具体的な活動を偲ばせる珍しい史料が残されている。かつて気比神宮に伝わっていた「気比神楽歌《かぐらうた》」(承徳本古謡集のうち。『日本古典文学大系　古代歌謡

(32) 王が、服属した豪族の貢献する生産物を食することにより、支配領域の領有権を確認する儀礼。

(33) 沿海の地に拠点を持ち、海産物の貢納や航海技術をもって朝廷に仕えた部民。『日本書紀』応神天皇三年一一月に阿曇《あずみ》連の祖、大浜宿祢に処々の海人《あま》を統括させ、同五年八月壬寅に諸国に海人と山守部を定めたとある。

図17 「角鹿塩」木簡[奈良国立文化財研究所編, 1995]

図18　敦賀市深坂越え古道（著者撮影）

集』所収）である〔鈴木、二〇一二〕。その中に「わが船は能登の早船鳥なれば、みさか越えて大王に仕へ奉らむ、みこたちに仕へ奉らむ」という歌詞がある。ミサカは、敦賀と琵琶湖の北岸の塩津港を結ぶ道の深坂《ふかさか》峠（図18）を指す。「能登の早船」という特別な航海技能によって、ミサカ峠をも飛び越えてヤマトの大王に奉仕しようという内容は、敦賀を拠点とする海部集団の服属儀礼の面影を伝える。「能登の早船」や、他の歌詞に羽咋市の気多大社が出てくることから、敦賀の海部は能登半島までの沿海航路を活動の場としていたらしい。大王が日本海の海部を従える豪族を服属させているあり方は、ヤマト政権のコシ南部への進出が航路でも進められたことを示している。

近江とコシの道筋

律令国家が畿内から列島各地へと敷設した駅路のルート復原は各地で進められ、北陸道についても、主に『延喜式』兵部省諸国駅伝馬条の駅名をもとにしたルートが推定されてきた［藤岡編、一九七八］。まず近畿と北陸の境界地域のルートについて述べよう。

近畿北部の分水嶺を越える最短ルートは、近江北部すなわち湖北と敦賀の間の道である。律令国家が設定した北陸道駅路もこの地域のいずれかを通ったはずである。また、その途上には、伊勢の鈴鹿《すずか》、美濃の不破《ふわ》とならぶ三関のひとつ、越前の愛発《あらち》関が置かれていた（『令義解』軍防令54置関条）。三関は延暦八年（七八九）に停止されたが（『続日本紀』同七月甲寅条）、大同元年（八〇六）、桓武天皇死去時に「三国故関」を固めたように（『日本後紀』同三月辛巳条）、その後も政変の恐れがある場合には固守された。愛発関のみは、この大同元年の固関《こげん》以後は記録がなく、近江の逢坂《おうさか》関がそれに代わった。この愛発関の所在地および北陸道の道筋は諸説が分かれている［門井、二〇〇四］。

まず確認すべきは、古代の駅制、駅路の第一の設置目的が駅使《えきし》(34)による高速の情報伝達であるということである。律令国家が必要とした交通には都への税物の輸送もあるが、それは必ずしも駅路を通ったとは限らず、地域の在来の主要交通路を運ばれたことも考えられる。したがって物資輸送の利便性は駅路の地理的な条件として二義的な問題である。こうした前提を踏まえ、当該地域の北陸道ルート、その通過地点である愛発関の位置について考えてみよう［鈴木、二〇一七］。

(34) 駅鈴を与えられて駅の馬の使用を許され、各地に赴く公用の使者。

古代の関は、都から見て国境の向こう側の少し広い場所に設置することが知られており、愛発関は近江国から国境を越前国へ越え、少し広い敷地のある地区に置かれたと想定できる。地図を見ると、湖北から敦賀平野への道で可能性のあるのは三本の道である。西から白谷越《しらたにごえ》、山中越（西近江路）、深坂越（途中の沓掛《くつかけ》までは、塩津からと大浦からの二ルート）である。このうち後の二ルートは最終的に、国境を北へ越えてくだった最初の小平地の追分《おいわけ》集落で合流する。したがって、このルート上に関を想定するなら、追分かその先の疋田《ひきた》の付近が条件に適合する。いっぽう白谷越は黒河《くろこ》峠から黒河川沿いにくだり、敦賀平野の南端の山《やま》という集落に達する。この道筋なら山集落付近が条件に適うことになる。愛発関の候補地はこの二カ所となる。

このいずれであるかを判断する材料は、天平宝字八年（七六四）九月の恵美押勝《えみのおしかつ》の乱(35)の藤原仲麻呂の行動記録である（『続日本紀』同壬子条）。

平城京を脱出した仲麻呂は琵琶湖西岸を北上して近江国高島郡に至り、そこから越前へ越えるため、越前国愛発関に先発隊として精兵数十を派遣した。ところが関はすでに敵方の物部広成《もののべのひろなり》らが抑えていて入関を拒否し、先発隊は退却した。ここで進退きわまった仲麻呂は湖岸から船に乗り浅井郡塩津を目指した。塩津はいうまでもなく敦賀への主要道深坂越の基点である。結果的には逆風に吹き戻され到達できなかったが、愛発関通行を拒絶された仲麻呂が深坂越を目指したということは、国

(35) 天平宝字八年九月、恵美押勝（藤原仲麻呂）・淳仁天皇と孝謙上皇の間で発生した内乱。宮中の駅鈴・内印の確保におくれた仲麻呂が敗北し琵琶湖畔で斬られた。

境の深坂峠から北へくだる道の途上には愛発関が存在していなかったためとしか考えられない。そうであるなら、山中越、深坂越ルートの追分、疋田は愛発関候補地として成立困難となり、残る白谷越の途上に設置されていたという結論に至る（**図19**）。それは北陸道のルート諸説の結論でもある［山尾、一九九七／鈴木、二〇一七］。

地図を見れば明らかなように、琵琶湖西岸から北上して敦賀平野に至るには白谷

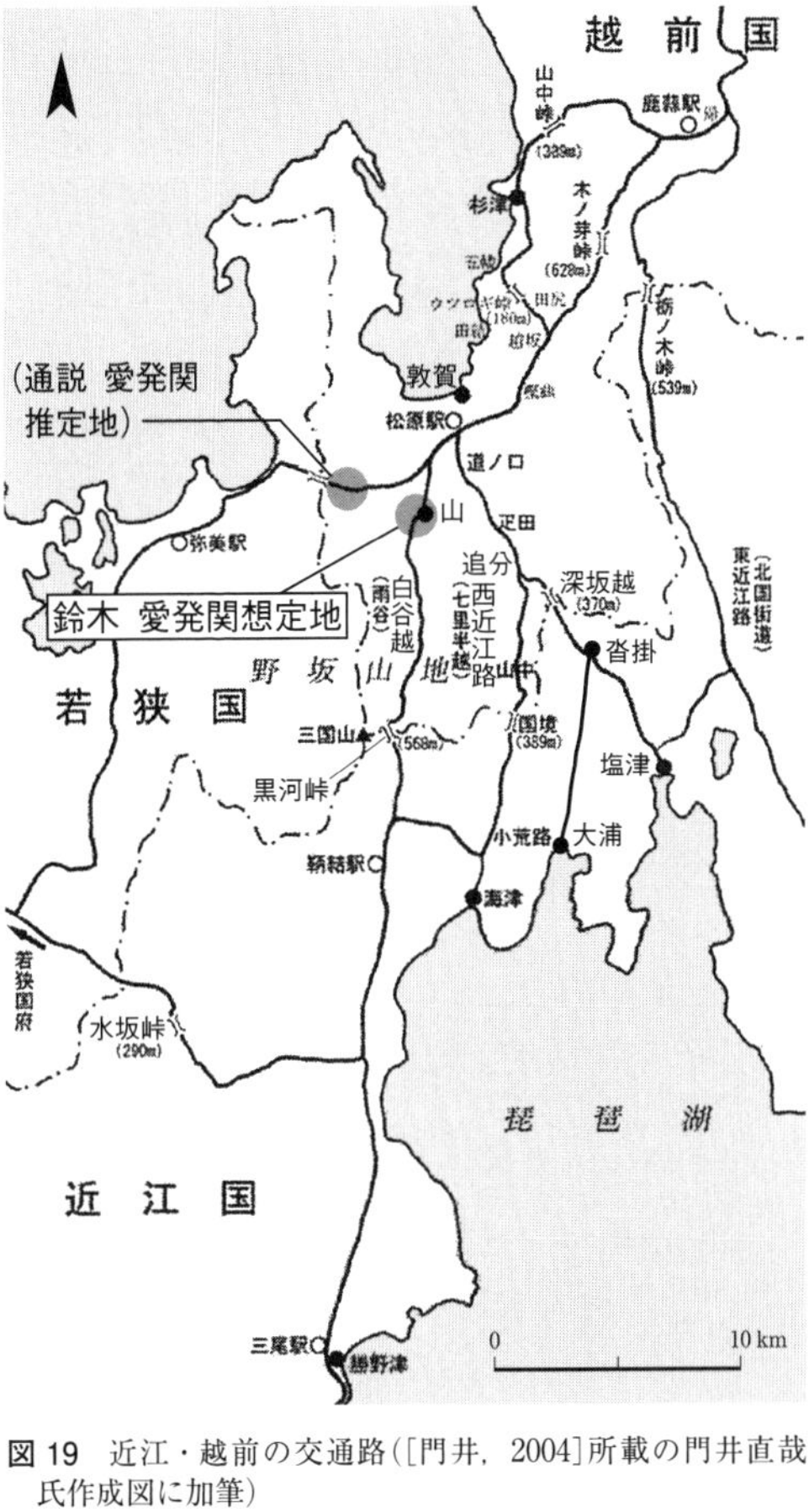

図 19　近江・越前の交通路（［門井，2004］所載の門井直哉氏作成図に加筆）

越ルートが最短である。従来、このルートは峠前後の道が急峻であるとして評価されなかった。しかし駅路は、駅使が通行可能ならば最短距離を選択するはずである。『延喜式』主税上諸国運漕雑物功賃条には、北陸諸国の税物の輸送路として深坂越の利用が明記され、それが奈良時代まで遡る可能性は否定できないが、駅路と物資輸送路は別に考えるべきであろう。

七道制における北陸道の国順が若狭を筆頭としていることなどから、奈良時代の北陸道は、滋賀県高島市今津町付近から西北へ向かい水坂《みさか》峠を越え、若狭国を経由して越前へ向かう道であったとする金田章裕の説がある〔金田、二〇一二〕。そのルートはその後、『延喜式』段階までに改変され、若狭・越前間は支路となったといい。その説では、愛発関は若狭と越前の境界に想定されているが、それを積極的に示す史料は見られず、また北陸への道が大きく迂回するのは駅路の目的にはそぐわないであろう。近畿の近江国と北陸の越前国との間には、駅路である最短距離の北陸道、物資輸送に便利な塩津港から続く古くからの深坂越の道が並行し、目的に応じて利用されたのである。笠金村《かさのかなむら》が敦賀へ行くときに通ったのも、塩津からの道であった(『万葉集』巻三、三六五番歌)。

北陸道の変更と水運

『延喜式』により復原される北陸道は、海岸の近くを通り、駅によっては渡しや湊と接するところもある。各地から都への物資輸送公定賃料を列記した前述の『延喜式』諸国運漕雑物功賃条を見ると、北陸道は海路の記述が特に詳しく、国ごとの湊の名称も記されている。

それぞれの湊から敦賀津に入港し、陸路（深坂越）を塩津まで越え、そこから湖上を大津へ行き、陸路を京へ入るというルートである。こうした情報に基づいて、陸路と海路が併用できるように設定された点が北陸道の特色だと考えられてきた〔浅香、一九七八a／木下、一九九五〕。しかしその後、想定に反する事例が知られるようになってきている。福井平野の遺跡で北陸道とみられる遺構が見つかり〔福井市教育委員会、二〇一六／福井県教育庁埋蔵文化財調査センター、二〇二二〕、正倉院文書で知られていた桑原《くわばら》駅(36)の比定地（福井県あわら市桑原）を手掛かりに、平野の東側を南北に通るルートを推定できそうである。加賀平野南部では、『延喜式』の潮津《うしおつ》駅比定地（加賀市篠原《しのはら》シンゴウ遺跡）が海沿いであるのとは対照的に、柴山潟《しばやまがた》を挟んで山地側の小松市粟津《あわづ》町付近に長屋王家木簡の淡津《あわつ》駅が想定されるようになった。富山県域でも、想定外の内陸部で北陸道とみられる道路遺構が、射《い》水《みず》市赤井南《あかいみなみ》遺跡で見つかっている〔富山県文化振興財団埋蔵文化財調査事務所、二〇一二〕。これらを見渡すと、奈良時代の北陸道は海岸沿いではなく内陸部を通っていた様相が浮かび上がる（**図20**）。こ

(36) 天平神護二年（七六六）「越前国司解」（『大日本古文書』五―五九八頁）に「桑原駅家」と見える。

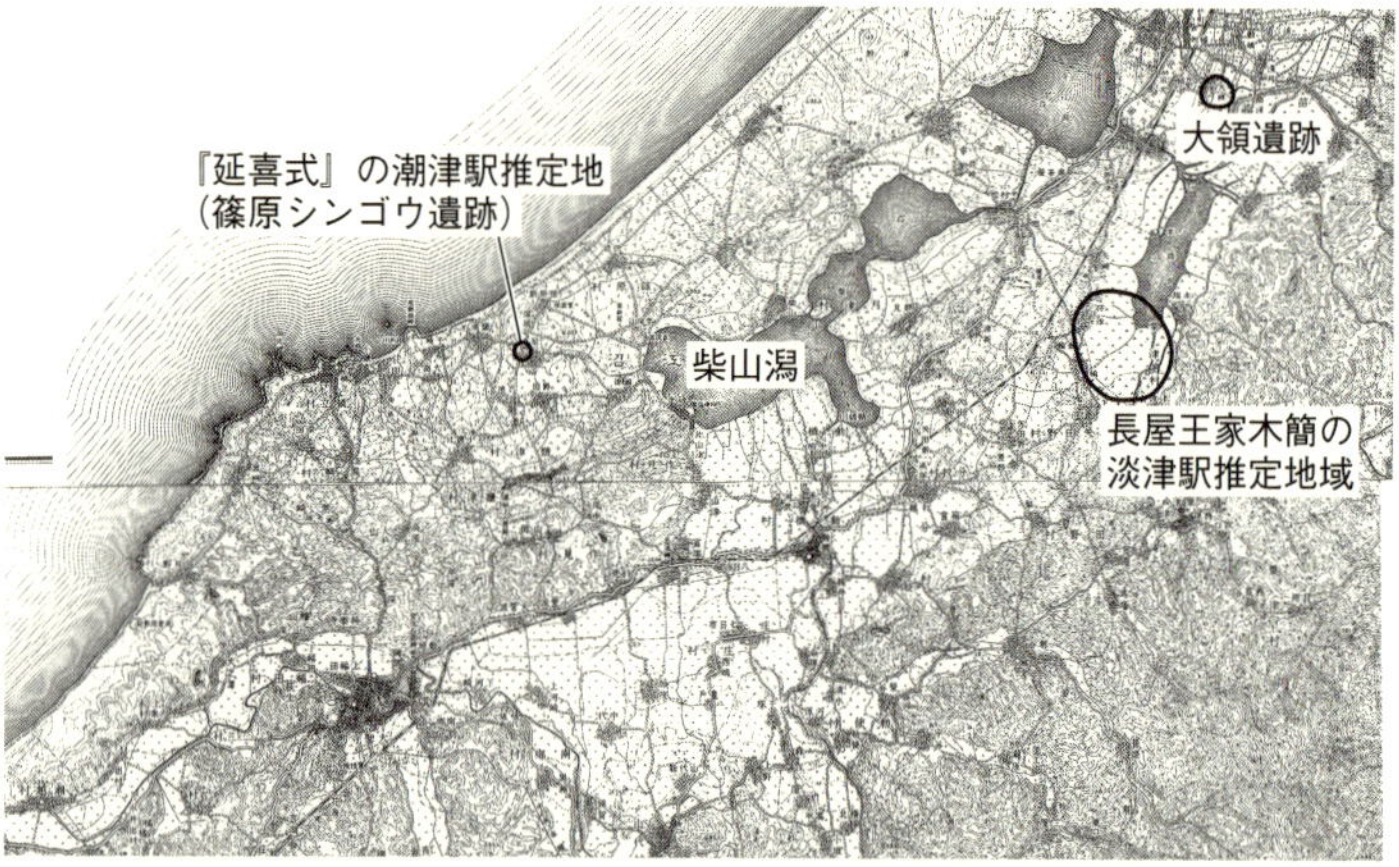

図 20　石川県南部の古代道関係遺跡(5 万分の 1 地形図「小松」「大聖寺」〈1913 年〉に加筆).小松市大領遺跡からは古代道の遺構が見つかっている.

のようなあり方は、前述の古代駅路の設置目的を考えれば合理的である。日本海沿岸は海岸砂丘だけでなく潟湖が点在するから、海岸沿いの道は障害が多く、駅使の道を設定するには不適当であろう。律令国家が設定した当初の北陸道は、海路との併用は考慮していなかったのである。

『延喜式』の駅路は、平安時代までに変更されたルートであったと考えられる。福井県あわら市の細呂木《ほそろぎ》阪東山《ばんどうやま》遺跡は、その前後の関係を想定する材料となりうる遺跡である。近世の北国《ほっこく》街道が北潟《きたがた》湖《こ》に接する地点に位置する奈良時代にさかのぼる官衙《かんが》風の遺跡で、

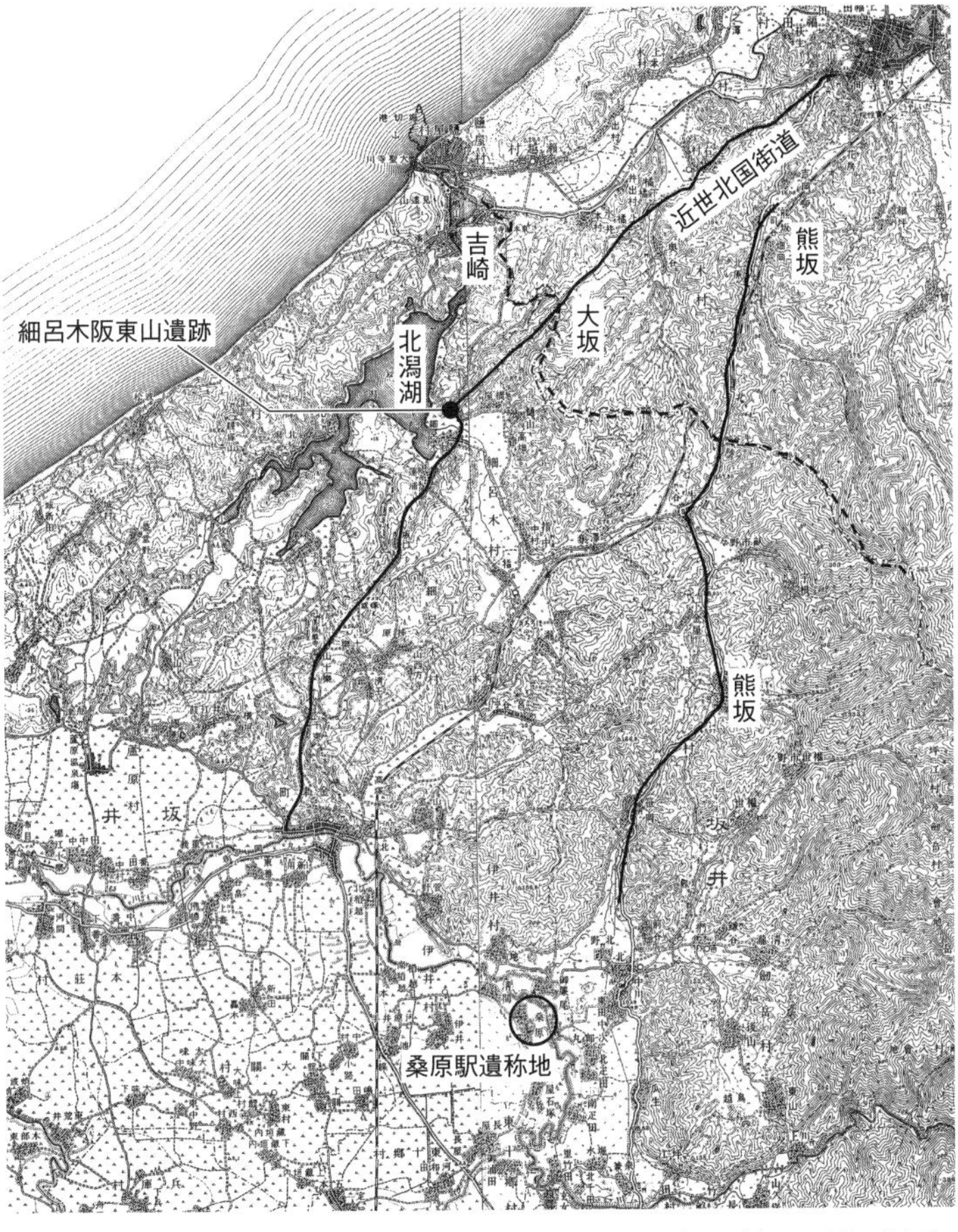

図 21 加賀・越前国境付近の道と遺跡(5 万分の 1 地形図「三国」〈1912 年〉・「大聖寺」〈1913 年〉に加筆)
「大坂」「熊坂」はともに古代道の境界地名．吉崎は 15 世紀に蓮如が吉崎御坊を建てたところ．

多数の出土墨書土器のなかに「津家」(下図)が含まれ、日本海へつながる潟湖の舟運と地域主要交通路の交点の施設だと考えられる。奈良時代の北陸道は桑原駅遺称地の位置から平野の東側に想定されるので、北潟湖側の道は駅路とは別の海運と連接する在来の道と考えられる(図21)。その遺跡に接する北国街道は『延喜式』駅路のルートに当たる可能性があり、そう考えてよければ古くからの地域の主要輸送路を、平安時代に駅路に指定し直した事例となるであろう。

北陸地方は北前船《きたまえぶね》のような沿海航路の存在が想起され、古代でも税物などの輸送に利用されたが、律令国家が設定した当初の北陸道は、北方を目指す高速情報伝達路として内陸部に設けられたのであった。この区別を認識すると、『延喜式』段階の北陸道の沿海ルート・航路併用への変更、すなわち官道の物資輸送路化という変化が見えてくるであろう。

むすびにかえて

古代の近畿と北陸について、いくつかの話題を取り上げて述べてきた。古代の統一政権が奈良盆地に所在したことは古代史の前提ではなく過程の一部であり、政権が平安京に定着したこともその結果であった。それはその後の列島のあり方に、大

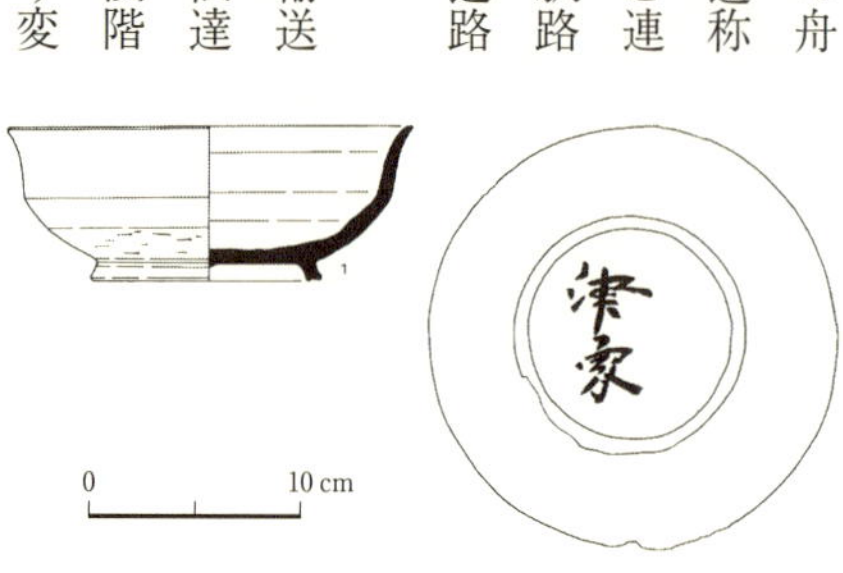

細呂木阪東山遺跡の「津家」墨書土器[福井県教育庁埋蔵文化財調査センター、二〇一九]

きな影響を与えた。西日本に母体をもつヤマト政権は、東へと支配を進めた。律令国家はその地域を東海道・東山道・北陸道という三本の官道を基軸として制度化した。そこにいたる過程は、天武・持統朝の律令国家形成の一部、七道制の樹立政策として平均的に語られがちである。しかし北陸道は、令制国の前身が高志一国のみ、しかも神済のちに親不知とよばれる列島規模の境界地帯を含んでいた特色のある地域である。北陸道という律令国家の設定した枠組みと実態の差異はその後の歴史に影響をおよぼしたのではないだろうか。

いっぽう近畿に成立した律令国家は、都城を設置し税物の運京を制度化した。それは毎年の物資の都への集中を制度化したものであり、一方向の物流を促進、増大化し、交通を活性化したと考えられる。列島規模での物流が大きく変化し、国家の交通政策へも影響したに違いない。その結果、官道の用途が物資輸送、具体的には税物輸送の効率化へと重点を移し、重貨輸送に有利な海路との併用可能な交通路の重みが増したと考えられる。北陸道のルート変遷はその表れである。こうした変化は地域社会にどのような影響を与えたのだろうか。物資の動きが地域間相互から都市への集中へと変化したと想定される。かつて出雲と交流をしたような政治指向と財力は、近畿地方へと方向転換したであろう。そうした歴史過程の解明は現代社会のあり方との関係からも大きな課題である。

本章では北陸地域の特色として誰しもが思い浮かべる継体天皇関係や、日本海を介する対外交通[小嶋、二〇〇五]、たとえばツヌガアラシトや高句麗使、渤海《ぼっかい》使来訪などについては、全く触れることができなかった。これらについてもこの先の課題としたい。

引用・参考文献

浅香年木、一九七八年a「古代の「北陸道」と海運」『古代地域史の研究』法政大学出版局
浅香年木、一九七八年b「古代のコシとイヅモ」『古代地域史の研究』法政大学出版局
荒井秀規、二〇一二年「公式令朝集使条と諸国遠近制」鈴木靖民編『日本古代の地域社会と周縁』吉川弘文館
石川県立歴史博物館、二〇一三年『碧の海道　古代の日本海交流』
石野博信、二〇〇八年『邪馬台国の候補地・纒向遺跡』新泉社
市　大樹、二〇一四年「大化改新論——再評価の立場から」大津透編『日本史の現在二　古代』山川出版社
門井直哉、二〇〇四年「近江・越前間の古代北陸道の変遷について」『福井大学地域環境研究教育センター研究紀要』11
門井直哉、二〇一二年「古代日本における畿内の変容過程——四至畿内から四国畿内へ」『歴史地理学』54—5
鐘江宏之、二〇二三年『律令制諸国支配の成立と展開』吉川弘文館
狩野　久、一九七〇年「御食国と膳氏——志摩と若狭」『日本古代の国家と都城』東京大学出版会
岸　俊男、一九六六年「ワニ氏に関する基礎的考察」『日本古代政治史研究』塙書房
岸　俊男、一九七〇年「古代社会の発展と郷土景観」古島敏雄ほか編『古代郷土史研究法　郷土史研究講座二』朝倉書店
岸　俊男、一九八八年「「額田部臣」と倭屯田」『日本古代文物の研究』塙書房

木下　良、一九九五年「古代の北陸道」木下良ほか編『北陸道の景観と変貌』古今書院
金田章裕、二〇〇二年「大津宮と畿内・国土軸」『古代景観史の探求』吉川弘文館
金田章裕、二〇一一年「古代北陸道のルート変遷と駅」『古代・中世遺跡と歴史地理学』吉川弘文館（初出一九九七年）
熊谷公男・白石太一郎、二〇〇六年「畿内とその近国」上原真人ほか編『列島の古代史1　古代史の舞台』岩波書店
小嶋芳孝、二〇〇五年「日本海対岸世界との交通——七世紀の越と日本海対岸世界」小林昌二ほか編『日本海域歴史大系』第一巻、清文堂
島根県埋蔵文化財調査センター編、二〇〇三年『古志本郷遺跡V』国土交通省中国地方整備局出雲工事事務所・島根県教育委員会
杉本一樹、二〇二〇年「正倉院の繊維製品と調庸関係銘文」『正倉院紀要』42
鈴木景二、二〇一一年「気比神楽歌にみる古代日本海交通」『古代文化』62—4
鈴木景二、二〇一三年「「角鹿（敦賀）の塩」再考」『若狭国と三方郡のはじまり』（美浜町歴史シンポジウム記録集七）、美浜町教育委員会
鈴木景二、二〇一七年「北陸道の交通と景観」鈴木靖民ほか編『日本古代の道路と景観——駅家・官衙・寺』八木書店
関　晃、一九九六年「畿内制の成立」『大化改新の研究　下』関晃著作集第二巻、吉川弘文館（初出一九五四年）
積山　洋、二〇一四年『東アジアに開かれた古代王宮　難波宮』新泉社
田島　公、二〇二二年「三川・穂・三野・科野・越の地域と社会」吉村武彦ほか編『シリーズ　地域の古代日本　東国と信越』角川選書
胎内市教育委員会、二〇一六年『城の山古墳発掘調査報告書』
舘野和己、一九九三年「越の国々と豪族たち」『新版古代の日本七　中部』角川書店
舘野和己、二〇〇五年「若狭・越前の塩と贄」小林昌二ほか編『日本海域歴史大系』第一巻、清文堂

寺沢　薫、二〇二三年『卑弥呼とヤマト王権』中公選書
富山県文化振興財団埋蔵文化財調査事務所、二〇一二年『水上遺跡・赤井南遺跡・安吉遺跡・棚田遺跡・本江大坪Ⅰ遺跡発掘調査報告』
直木孝次郎、一九六八年「国名を持つ大和の地名」『奈良時代史の諸問題』塙書房
直木孝次郎、二〇〇九年「〝やまと〟の範囲について――奈良盆地の一部としての」『大和王権と河内王権』吉川弘文館(初出一九七〇年)
奈良文化財研究所編、二〇〇六年『評制下荷札木簡集成』東京大学出版会
奈良文化財研究所編、二〇一〇年『平城宮発掘調査出土木簡概報』40
西宮秀紀、二〇〇四年「律令制神祇祭祀と畿内・大和国の神(社)」『律令国家と神祇祭祀制度の研究』塙書房(初出一九九二年)
西本昌弘、二〇一八年「畿内政権論とウチツクニ」広瀬和雄ほか編『講座畿内の古代学一　畿内制』雄山閣
橋本博文、二〇一六年「古墳時代前期の日本海側地域」『考古学ジャーナル』681
林　博通、二〇〇五年『幻の都　大津京を掘る』学生社
原秀三郎、一九八五年「大化改新と難波宮」直木孝次郎編『難波京と古代の大阪』学生社
福井県教育庁埋蔵文化財調査センター、二〇二一年『高柳遺跡2』
福井市教育委員会、二〇一六年『今市遺跡2』
藤岡謙二郎編、一九七八年『古代日本の交通路Ⅱ』大明堂
藤沢一夫、一九七三年「摂津国百済寺考」朝鮮文化社編『日本文化と朝鮮』新人物往来社
藤田富士夫、一九九〇年『古代の日本海文化――海人文化の伝統と交流』中公新書
古川　登、二〇一〇年「首長墓、登場――小羽山三〇号墓造営の歴史的意味」小山墳墓群研究会編『小羽山墳墓群の研究』福井市立郷土歴史博物館
松本岩雄・森田喜久男、二〇〇六年「北陸・山陰」上原真人ほか編『列島の古代史1　古代史の舞台』岩波書店
村井康彦、一九七六年『律令制の虚実』講談社現代新書

森　浩一、一九九四年「潟と港を発掘する」『考古学と古代日本』中央公論社（初出一九八六年）
山尾幸久、一九九七年「古代近江の早馬道」上田正昭編『古代の日本と渡来の文化』学生社
吉川真司、二〇二四年「古代荘園の歴史」吉村武彦ほか編『シリーズ古代史をひらくⅡ　古代荘園』岩波書店
吉田　晶、一九八二年『古代の難波』教育社
米沢　康、一九六五年「大化前代における越の史的位置」『越中古代史の研究』越飛文化研究会
米沢　康、一九八九年a「江沼臣氏と道君氏――『欽明紀』三十一年条所伝の再検討」『北陸古代の政治と社会』法政大学出版局
米沢　康、一九八九年b「北陸道神済をめぐる史的環境」『北陸古代の政治と社会』法政大学出版局（初出一九七〇年）
米沢　康、一九八九年c「神済考」『北陸古代の政治と社会』法政大学出版局（初出一九七一年）
米沢　康、一九八九年d「越中国をめぐる二、三の問題」『北陸古代の政治と社会』法政大学出版局
和田　萃、一九八八年『大系日本の歴史2　古墳の時代』小学館

挿図引用文献

石川県埋蔵文化センター編、二〇〇一年『発見！　古代のお触れ書き　石川県加茂遺跡出土加賀郡牓示札』大修館書店
石野博信、二〇一九年『邪馬台国時代の王国群と纒向王宮』新泉社
奈良国立文化財研究所編、一九九五年『平城京木簡一』吉川弘文館
福井県教育庁埋蔵文化財調査センター、二〇一九年『樋山遺跡　細呂木阪東山遺跡』

コラム　古代の飛騨国

飛騨《ひだ》の国は古代史上も興味が尽きないところである。『日本書紀』仁徳天皇六五年条には両面宿儺《りょうめんすくな》の話が記されている。二面の顔と二組の手足を持つ宿儺という人がいて、剣と弓矢を使い敏捷で力強く、民衆から略奪をしていた。ヤマト政権は和珥《わに》臣の祖、難波《なにわ》根《ね》子《こ》武振熊《たけふるくま》を遣わして宿儺を誅殺したという。これは伝説であるが、朱鳥元年(六八六)一〇月には、大津皇子謀反に連座して逮捕された新羅僧行心《しらぎそうこうじん》(幸甚)が「飛騨国伽藍」に移されている。持統天皇八年(六九四)一〇月には同国荒城《あらき》郡の弟国部弟日《おとくにべのおとひ》が白蝙蝠《こうもり》を見つけて位階を得ている。祥瑞《しょうずい》の出現である。大宝二年(七〇二)四月には飛騨国から神馬《しんめ》が献上され、天下大赦が行われた。この祥瑞を発見したのは行心の子の僧隆観《りゅうかん》で、罪を赦され藤原京に入った。

飛騨は東山道支道の終点で、変異が出現したり罪人の配流先になったりして、奥地のイメージがあるかもしれない。しかし岐阜県下最大級の横穴式石室のある「こう峠口古墳」(六世紀後葉)などの古墳や寺院跡が多い。八賀晋《はちがすすむ》は「あたかも飛鳥の地の寺々を思わせるような多数の寺院の存在は、全国的に見てもきわめて特異な例である」と述べている〔八賀、二〇〇二〕。飛騨国伽藍の候補の一つ、寿楽寺廃寺《じゅらくじはいじ》の軒丸瓦の模様は、長野県安曇野《あづみの》市の明科《あかしな》廃寺と同型であることが判明している。山脈を越えて信州松本平と交流していたのであり、神馬出現も名馬の産地信濃とのつながりを思わせる。また、遺跡の集中する高山《たかやま》盆地および国府・古川盆地を貫流する宮川は神通川《じんづうがわ》となって富山湾に注いでいる。江戸時代には富山湾の鰤《ぶり》が飛騨、さらに松本平まで運ばれていた(「飛騨鰤」)。古代ではどうか。興味深いことに国府・古川盆地の五カ所の遺跡で製塩土器が見つかっている。寿楽寺廃寺関連の太江《たいえ》遺跡出土品は北陸地

飛騨市杉崎廃寺塔跡の心柱礎石（著者撮影）
同廃寺は法起寺式伽藍配置の寺院跡（岐阜県指定史跡）で，郡符木簡などが出土し，史跡公園になっている．

方の様相を呈しているという〔国府町史刊行委員会、二〇〇三／岐阜県教育文化財団、二〇〇五〕。コシと飛騨を結ぶ古代の塩の道のきわめて貴重な物証である。山間の小盆地ゆえに閉鎖的という訳ではなかったのである。

飛騨の特殊性を象徴するのが匠丁《しょうてい》である。後に伝説の名工飛騨匠《ひだのたくみ》の物語（『今昔物語集』巻二四―五）が有名になるが、本来は養老賦役令《ようろうぶやくりょう》39斐陀《ひだ》国条で規定された、飛騨国のみの公民の課役である。

　凡《およ》そ斐陀国は庸・調ともに免ぜよ。里ごとに匠丁十人を点ぜよ。〈四丁ごとに廝丁《しちょう》一人を給へ〉。一年に一たび替へよ。余丁は米を輸《いだ》して匠丁の食に充てよ〈正丁六斗、次丁三斗、中男一斗五升〉。

大宝令にも同様の条文があったとされている。飛騨国の公民は庸・調が全額免除されるかわりに、一里あたり一〇人の「匠丁」が毎年交替で都へ上番し、地元に残る人びとも、匠丁の食糧の米を貢納することになっていたのである。

この特別な匠丁の上番制の成立要因について、意見が分かれている。飛騨の人びとは優れた土木や木工技能を身に付けていて、政府が彼らを恒常的に動員するための規定だという見方が一つ。飛騨国がわずか二郡で編成されたのも、志摩や若狭のような特定の目的の立国と同類という見解もある。

これに対して、飛騨の人びとの際立った木工技術を評価しない説がある。それはさらに二つの見方に分かれる。飛騨は生産力が低く物品税の徴収が難しいので力役を課したという意見と、律令国家の支配イデオロギーに基づいて、異人地域から従順に都城に上番する労働力として象徴的に設定されたという見解[筧、一九九六]である。筆者は従来から指摘されている飛驒の古代寺院の多さの特異性、藤原宮近傍の飛驒の国名地名の存在から、大宝令以前より飛驒の人びとが宮殿の造営にあたったと想定できることに惹かれる。飛驒の匠丁が何らかの土木や木工の技能を保持していたと考えたい。

もしそうなら次に解明すべき問題は、その技能とはどのようなものか、なぜそれが飛驒で培われたのかである。この先、遺跡・遺物などの手掛かりが得られることを期待したい。

◉石川千恵子「賦役令「斐陀国条」の考察——古代「飛驒匠」の実像」『律令制国家と古代宮都の形成』勉誠出版、二〇一〇年
◉彌永貞三「飛驒工」『日本古代社会経済史研究』岩波書店、一九八〇年(初出一九七一年)
◉筧　敏生「飛驒匠伝説形成論」梅村喬編『古代王権と交流四　伊勢湾と古代の東海』名著出版、一九九六年
◉北村安裕「飛驒国の立国に関する予察」『郷土研究岐阜　創立五十周年記念論集』岐阜県郷土資料研究協議会、二〇一三年
◉岐阜県教育文化財団『太江遺跡Ⅱ』二〇〇五年
◉国府町史刊行委員会『国府町史　考古・指定文化財編』二〇〇三年
◉八賀　晋「「飛驒国伽藍」について」八賀晋編『美濃・飛驒の古墳とその社会』同成社、二〇〇一年

九州と南島　大陸との窓口

柴田博子

はじめに
1　大陸との窓口
2　東国防人の往来とその痕跡
3　東北俘囚・夷俘の移配とその痕跡
4　南島の交易
おわりに――一一世紀の転換
コラム　隼人の朝貢

はじめに

日本列島の南西には九州島と、その南に約一二〇〇キロメートルにわたって島々が点在している。九州島の地形を上空から見ると、脊梁《せきりょう》山脈としての九州山地が大分県南部から熊本県南部にむけて、北東から南西に斜めに走っていることがわかる。おおよそのところ、その北側が古代には筑前《ちくぜん》・筑後《ちくご》・豊前《ぶぜん》・豊後《ぶんご》・肥前《ひぜん》・肥後《ひご》の六国、南側が日向《ひむか》・大隅《おおすみ》・薩摩《さつま》の三国にあたる。九州山地の北側では、平野に恵まれた内陸部とリアス式地形が発達した沿岸部のもとに農耕が展開したが、南側は火山活動によるシラス台地が発達しており、古代の農業生産力は北側に比べて低かった。そこでは後述のように馬の生産などが盛んになる。

九州島はまた、日本海・東シナ海・瀬戸内海・太平洋に囲まれている。北は壱岐《いき》島・対馬《つしま》島を経て朝鮮半島へ通じ、西は五島列島を経て中国大陸へ、東は瀬戸内海や太平洋を通って近畿地方へつながる。南には種子《たねが》島《しま》・屋久《やく》島《しま》をはじめとする大隅諸島からトカラ列島、奄美《あまみ》諸島、沖縄諸島、先島《さきしま》諸島が連なり、台湾へ至る。奄美諸島以南の島々は氷河期が終わって温暖化が進むと亜熱帯気候帯となり、黒潮の流入によってサンゴ礁が発達した。

律令国家の国郡制では九州は西海道《さいかいどう》とされ、種子島・屋久島に郡を立てて設けた多《た》褹《ね》島が南端であったが、天長《てんちょう》元年（八二四）に廃されて九州本土の大隅国に編入された。(1) 一方、トカラ列島以南は国郡制に入らず、南島《なんとう》と称された。(2) このような地理的環境から、九州には中国大陸・朝鮮半島からの大陸文化、本州の文化、そして南島文化との接触とそれをもたらした人や物の移動がみられる。そして南島には、九州をはじめとする本土側とともに、中国大陸側との交易関係もうかがわれる。

本章では、古代の九州と南島の、他の地域とのつながりについて、人や物の移動からとりあげてゆきたい。

1　大陸との窓口

中心から窓口へ——楽浪系土器と中国鏡

中国の正史『漢書《かんじょ》』の地理志に、倭人に関する最初の情報が記されている。

　それ楽浪《らくろう》海中に倭人有り、分れて百余国と為る。歳時を以て来り献見すと云う。

紀元前一世紀頃、倭から漢王朝の楽浪郡へ使者が赴き、通交があったという。

武末純一によると、楽浪郡が機能した時期に(3)楽浪郡を中心に製作された土器やそ

(1) 律令制による地方行政単位として、規模の小さい壱岐・対馬・多褹には「国」ではなく「島」を置き、中央政府から島司《とうし》を派遣した。多褹島の廃止（『類聚三代格《るいじゅうさんだいきゃく》』巻五、天長元年九月三日太政官奏）により、西海道は九国二島で構成されることになる。

(2) 『続日本紀《しょくにほんぎ》』文武二年（六九八）四月壬寅条の「南嶋」が史料上の初見である。

(3) 楽浪郡は、紀元前一〇八年に衛氏《えいし》朝鮮を滅ぼした前漢武帝が朝鮮半島に設置した。役所は現在のピョンヤンの楽浪土城。中国による半島支配の拠点で、最終的には三一三年に高句麗によって滅ぼされた。

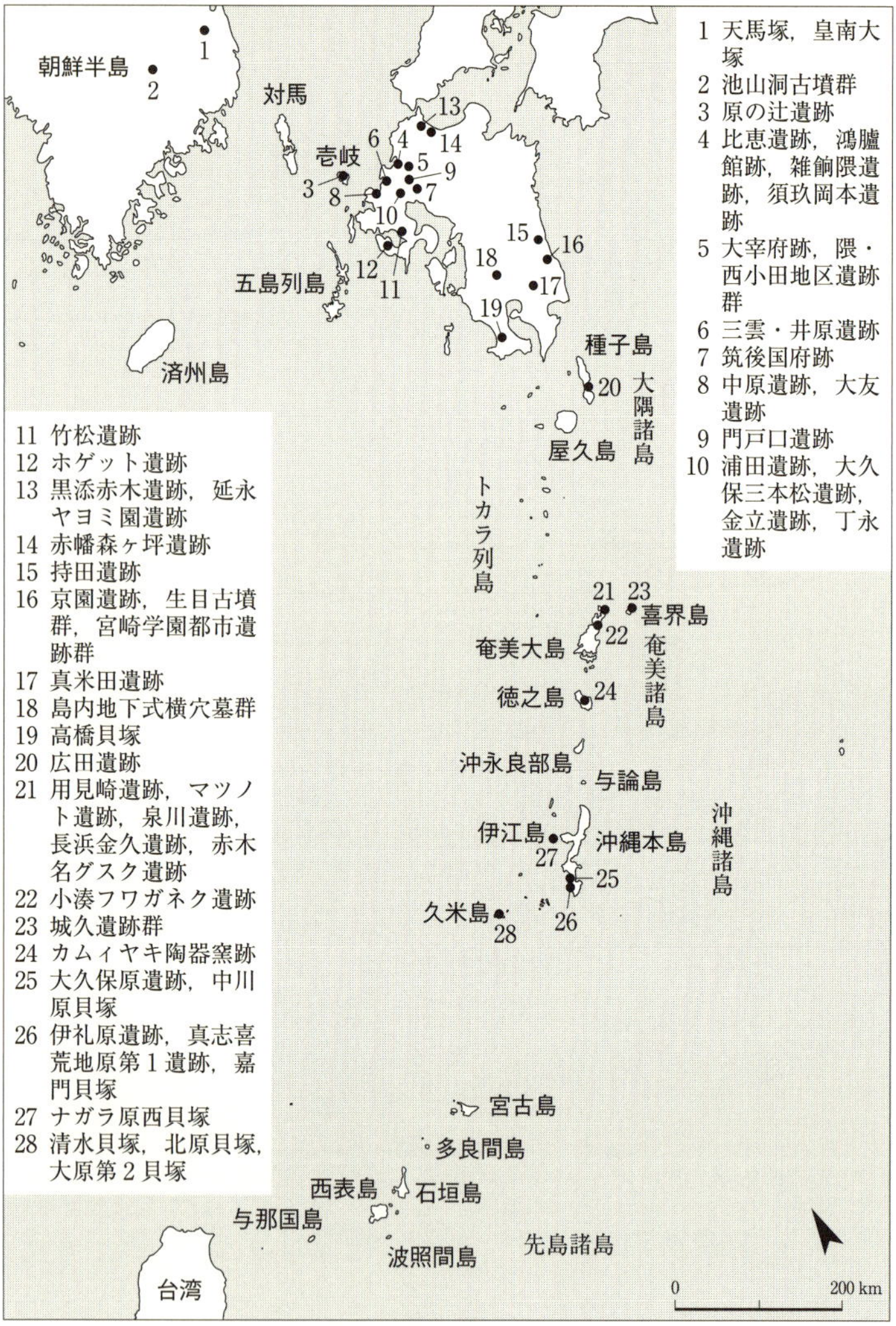

図1　九州と南島，遺跡位置図（[新里，2010]掲載図をもとに作成）

の模倣品を楽浪土器、胎土《たいど》が弥生土器と同じものなどをあわせて楽浪系土器という。日本列島での楽浪系土器は、九州北部の玄界灘《げんかいなだ》沿岸地域で出土し、それ以外では極めてまれである。まとまった出土がみられる遺跡としては、長崎県壱岐市原《はる》の辻《つじ》遺跡や、福岡県糸島《いとしま》市三雲《みくも》・井原《いわら》遺跡があり、楽浪人の滞在や居住が考えられている［武末、二〇一六］。三雲・井原遺跡は、『魏志倭人伝《ぎしわじんでん》』にみえる伊都《いと》国の国邑とみなされる所で、「郡使の往来、常に駐まる所」との記述とも合致する。

三雲・井原遺跡にある三雲南小路《みなみしょうじ》王墓では、弥生時代中期後半、紀元前一世紀の二基の大型甕棺墓《かめかんぼ》があり、一号甕棺に前漢鏡三五枚、二号甕棺に前漢鏡二二枚以上が副葬されていた。同時期の漢鏡は、福岡県春日市須玖岡本《すぐおかもと》遺跡（D地点甕棺）でも二九枚が確認される。弥生時代中期から後期まで、前漢鏡・後漢鏡保有の中心地は九州北部にあり、一〇〇枚余が出土している。中国鏡は弥生時代中期後半から古墳時代前期前半を通じて継続して日本列島に流入した舶載文物であるが、古墳時代前期の三国西晋《せいしん》鏡が流入する段階になると、鏡保有の中心地は近畿地方へ移動する［辻田、二〇二二など］。たとえば奈良県桜井茶臼山《さくらいちゃうすやま》古墳（三世紀末）では、国内最多の一〇三枚もの銅鏡が見つかっている。

このように、弥生時代には九州北部が大陸・半島に由来する先進的文物を保有し分配する中心であったが、三世紀になると中心は近畿地方へ移る。それにより九州北部は、近畿に成立したヤマト王権にとっての、大陸・半島への窓口になってゆく。

朝鮮半島への出兵と馬の導入・輸出

四世紀前半に高句麗《こうくり》が楽浪郡を滅ぼして南下政策を進めると、朝鮮半島情勢が緊迫化した。「高句麗広開土《こうかいど》王《おう》碑」は、四世紀末から五世紀初めに倭から軍勢が半島へ渡っていたこと、倭軍が高句麗の騎馬軍に敗退したことを記す。五世紀に倭が半島から馬を本格的に導入し、(4) 列島内での馬生産を開始するのは、このような軍事的情勢に対応したものと考えられる〔千賀、二〇一九など〕。

『日本書紀《にほんしょき》』によると継体《けいたい》六年(五一二)には「穂積臣押山《ほづみのおみおしやま》を遣して、百済《くだら》に使せしむ。仍《よ》て筑紫《つくし》国の馬四十匹を賜う」(同年四月丙寅条)と、逆に百済へ馬を供与するようになっており、それは筑紫国すなわち九州島産の馬であった。欽明《きんめい》一五年(五五四)にも援軍要請に応じて「助軍数一千・馬一百匹・船四十隻」を百済へ送っている(同年正月丙申条)。馬の生産はおもに火山性台地の広がる九州中南部で盛んであった。

兵士も九州島から派遣されていた。百済が高句麗に敗れて王都を熊津《ゆうしん》(現在の韓国公州市)へ南遷した後、四七九年に立てられた東城王《とうせいおう》を滞在していた倭から百済へ帰す際、『日本書紀』は雄略《ゆうりゃく》天皇が兵器を供与し筑紫国の軍士五〇〇人を遣わして

(4)『日本書紀』応神《おうじん》一五年八月丁卯条には、百済王が阿直岐《あちき》を遣わして馬を伝えたと記している。

(5) 地下式横穴墓とは、五世紀から七世紀の九州南部東半部に分布する横穴系の墓制で、地面に深い竪穴を掘り、その壁に横穴をうがって奥に玄室(墓室)を設けたものであ

本国へ衛《まも》り送らせたこと、この歳、筑紫安致臣《あちのおみ》・馬飼臣《うまかいのおみ》等が船師を率いて高句麗を撃ったことを記す（雄略紀二三年四月条・是歳条）。高句麗との戦闘にあたっては倭軍にも騎兵がいたであろうが、その統率者のウジ名が筑紫安致臣であることからすると、主力は九州島出身の兵士で、馬も九州島で集めていたと考えられる［柴田、二〇二一］。

半島にかかわる活動に従事した軍士——島内一三九号地下式横穴墓

宮崎県えびの市島内《しまうち》地下式横穴墓群(5)は、えびの盆地（加久藤《かくとう》盆地）を西流する川内《せんだい》川の南岸に広がる台地上に立地する。東西約六五〇メートル、南北約三五〇メートルという広大な範囲に一〇〇〇基以上の地下式横穴墓が分布していると推定され、馬を埋葬した土坑も二基確認されている。短甲や馬具類、蛇行剣《だこうけん》(6)などの出土が知られているが、二〇一四年から発掘調査が行われた一三九号墓では玄室《げんしつ》（墓室）内で武器・武具を中心とする大量の副葬品が発見されたことで注目された（**図2**）。発掘調査報告書によると副葬品の時期は五世紀末のものもあるが、ほとんどが六世紀前葉のもので、被葬者は継体朝期に活躍した人物と推測されている。副葬品のうち、甲《かっ》冑《ちゅう》セット、銅鏡、鹿角装鉄剣、木装長刀、装飾馬具、平胡籙《ひらやなぐい》(7)、長頸鏃《ちょうけいぞく》群（矢尻の一種）などはヤマト王権が政治的紐帯を表すものとして地域有力首長層に対して配付

る。墳丘をともなわず、副葬品を確認できないものや、あってもわずかな鉄製品にすぎない場合がほとんどであるが、一部に豪華な副葬品をもつものがある。また、前方後円墳である宮崎市生目《いきめ》七号墳など、円墳や前方後円墳で主体部に地下式横穴墓を採用している可能性が高い例もある。地下式横穴墓の分布は現在のところ宮崎県児湯《こゆ》郡高鍋町持田《もちだ》遺跡が北限である。

(6) 古墳時代の、剣身が蛇のように曲がりうねっている形状をしている鉄剣。島内地下式横穴墓群ではこれまでに全国最多の一二本が出土している。

(7) 矢を入れて携帯するための道具の一種。

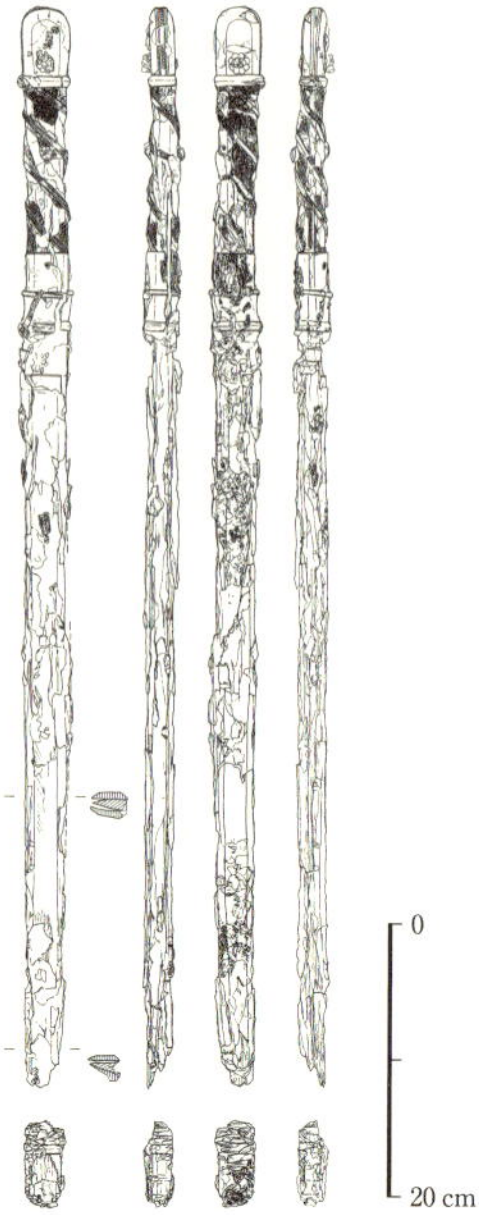

図 3　銀装円頭大刀実測図［えびの市教育委員会，2021］

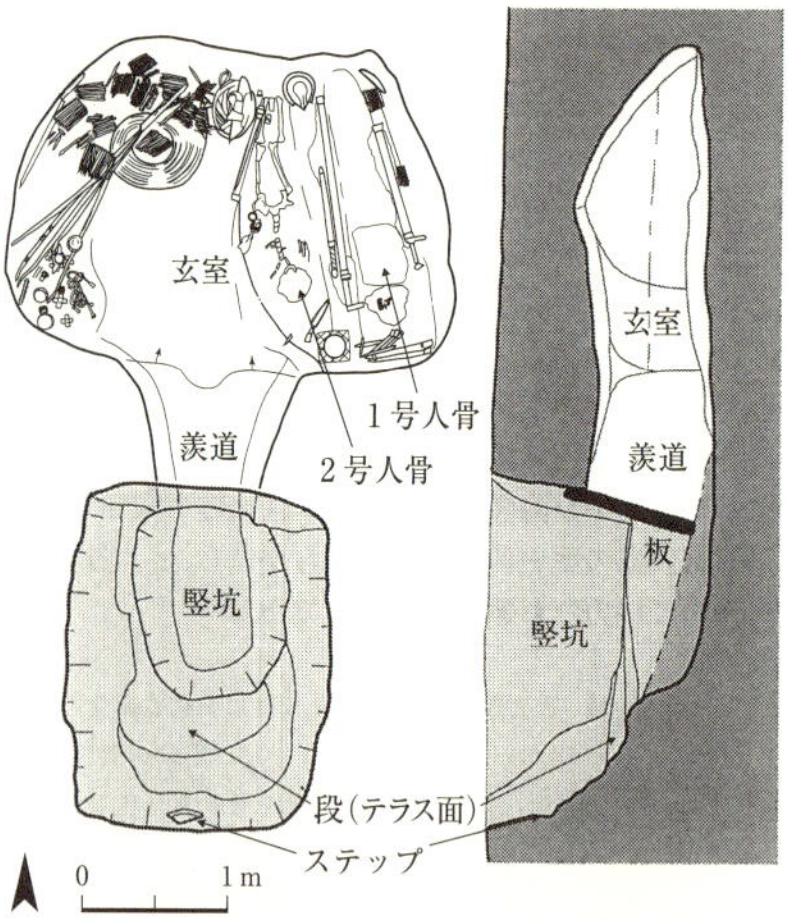

図 2　島内 139 号地下式横穴墓の構造(上)と玄室内部(下)［えびの市教育委員会，2018・2021］

したものである。一方で、朝鮮半島製とみられる銀装円頭大刀（図3）は、近畿中央部でも出土が確認されていないことから、被葬者がヤマト王権からではなく、半島にかかわる活動のなかで直接入手した可能性がある。また小刀群の構成から、在地社会で鉄器や鹿角・皮革生産などの生産者集団を統括するような人物像が浮かび上がる。ただ、一三九号墓は玄室が大きいとはいえ群集する墓群のなかの一基であり、在地集団から突出した首長墓ではない。したがって、すぐれた副葬品は在地社会を基盤とする政治勢力の首長としての地位によるものではなく、被葬者個人の対外活動の評価によって入手したものとみなされている［橋本編、二〇二二］。

島内地下式横穴墓群には高塚墳が一基あり、径二三―二五メートルの墳丘をもつ円墳（島内一号墳）である。その墳丘裾で検出された馬の埋葬土坑から出土した剣菱形杏葉《ぎょうよう》（馬具の装飾具）が五世紀後半頃の特徴をもつことから、その頃すでに牧《まき》が営まれ、牧の設置に際して馬飼の技術が、近畿地方の有力者層の援助によって実現したとみられている［千賀、二〇一二］。

このように九州南部の内陸部からも、一部に馬を伴って半島へ出兵していたと考えられ、戦闘に活躍し、武器・武具類を入手して故郷へ帰ってきた兵士がいたようである。この霧島《きりしま》山麓にあるえびの盆地には、平安時代の牧と想定されている遺構がある［中野、二〇一三］。

古代九州の馬の生産と供給

古墳時代の九州島における馬具出土古墳は、桃﨑祐輔によると約六〇〇基が知られており、最多が福岡県で、佐賀県、熊本県、宮崎県と続く。また殉葬馬の痕跡も福岡県で三七以上、熊本県二六以上、宮崎県二五以上がある〔桃﨑、二〇一九〕。福岡県域に多いのは朝鮮半島に備えたものと考えられるが、当該地域は必ずしも馬生産の適地ではなく、九州中南部の馬産地からの移動と集積が想定でき、九州島には馬の集積・出航地としての福岡・佐賀県域と、生産地としての九州中南部の二つの地域があったとされる〔桃﨑、二〇一二〕。火山噴出物を母材とする黒ボク土とよばれる土壌は古代の放牧の生業との関係が指摘されており、九州中南部に広く分布している〔渡辺、一九九〇など〕。

『延喜式《えんぎしき》』兵部《ひょうぶ》・諸国牧条《しょこくまき》に載る馬牧の数をみると、駿河《するが》国以東の東国に圧倒的に多いが、次に多いのが九州で、肥前国に三牧、肥後国に二牧、日向国に三牧の馬牧がある。諸国牧の馬は五、六歳になると平安京の左右馬寮《さゆうめりょう》へ貢進されるのだが、九州については大宰府《だざいふ》(後述)へ送られ、平安京へ送るのは阿蘇《あそ》山麓に比定されている肥後国二重《ふたえ》牧の「群を超ゆるもの」に限られた。そして、大宰府には兵馬が常置され、緊急に備えるため鴻臚《こうろ》館《かん》(後述)にも分置されることになっていた。このように九州の馬生産は、そもそも対外的軍事用として始まり、その性格は『延喜式』にも継承されていた。

馬歯の酸素同位体分析による馬の産地推定[8]によると、奈良県藤原宮跡出土の馬の産地は東日本内陸部および東北地方で、四歳以降に藤原宮に持ち込まれたとみられている。一方、中世のものだが福岡市博多《はかた》遺跡群出土の馬は数値が異なり、産地は九州内に収まることが指摘されている［覚張・米田、二〇一六］。東日本の馬は京・畿内用、九州の馬は対外軍事用であったとみられる。

半島への兵站基地

九州北部の首長層は半島との往来を続けていたと考えられるが、六世紀になると、新羅《しらぎ》と通じたとされる筑紫君磐井《つくしのきみいわい》の乱の鎮圧後、外交権がヤマトの大王に一段と集約される。糟屋屯倉《かすやのみやけ》を始めとして九州にミヤケの設置が進み[9]、宣化《せんか》元年（五三六）、那津《なのつ》（博多港）のほとりに官家《みやけ》を設置させる天皇の詔では、筑紫国は国々が来朝し往復の関門となる所であり、そこに食糧を蓄積し賓客を饗応してきたと述べ、九州の筑紫・肥《ひ》・豊《とよ》だけでなく近畿・中京地域の屯倉からも穀を集積させて那津官家を修造することを命じている（『日本書紀』同年五月辛丑条）。福岡市比恵《ひえ》遺跡で検出された、六世紀後半に出現する柵に囲まれた大型倉庫群が、那津官家に関連する施設とみら

（8）動物の歯のエナメル質の主要構成成分であるハイドロキシアパタイトの酸素同位体比が、動物が生育過程で摂取した水のそれと高い相関関係にあることを利用し、日本列島における表層水の酸素同位体比の分布と照合することで産地を推定している。

（9）ミヤケは屯倉・官家・御宅などと表記される、ヤマト王権によって設けられた建造物の意で、政治的・軍事的拠点として設置された。

れている。

『日本書紀』は宣化二年（五三七）、大伴金村《おおとものかなむら》の子磐《いわ》と狭手彦《さでひこ》が任那《みまな》救援を命じられたとき、狭手彦は渡海して任那を鎮め百済を救け、一方、磐は筑紫に留まり、その国の政を執って「三韓」に備えたと記す（同年一〇月壬辰条）。このように筑紫は、ヤマト王権が半島情勢に対応するための軍事的・財政的拠点となり、兵站基地となった。

六世紀後半には百済と新羅の対立が激化し、百済がたびたび倭国に援軍を要請してきた。『日本書紀』欽明一五年（五五四）一二月条では、「伏して願くは、速く竹斯《つくし》嶋上の諸軍士を遣し、臣が国を来り助けたまえ」と、筑紫に集結・駐留している兵士の派遣を求めている。また欽明一七年（五五六）正月条では、前年に百済聖明王《せいめい》の死去を伝えに来ていた百済王子恵《けい》が帰国するとき、多くの武器と良馬を供与するとともに、「阿倍臣《あべのおみ》・佐伯連《さえきのむらじ》・播磨直《はりまのあたい》を遣し、筑紫国の舟師を率て、衛送して国に達《いた》らしむ。別に筑紫火君《つくしのひのきみ》〈百済本記に云く、筑紫君児《つくしのきみのこ》、火中君《ひのなかのきみの》弟〉を遣し、勇士一千を率て、衛《まも》りて弥弓《みて》に送らしむ」と、近畿地域から派遣された豪族が九州の船団・軍士を率いて半島へ送り届けている。

『日本書紀』によると半島への出兵は、欽明朝から推古《すいこ》朝にたびたび計画され、欽明二三年（五六二）や推古八年（六〇〇）には渡海して戦闘を行っている。中止した例だが、崇峻《すしゅん》四年(五九一)には二万余の軍を筑紫まで出陣させ(同年一一月壬午条)、将軍の帰還は推古三年(五九五)にみえるので(同年七月条)、複数年にわたり多数の兵士を九州に駐留させたことがうかがえる。

百済滅亡後の斉明《さいめい》七年(六六一)、遺臣が救援軍を求めてきたのに応じ、斉明天皇と中大兄皇子《なかのおおえのおうじ》らは瀬戸内海を通って筑紫まで西征し、三年間にわたり三―四万人もの兵を半島へ送り出した。のちの兵士の帰還記事には九州はもとより中国・四国や陸奥《むつ》出身者もみえ、[10] まさに全国から軍兵が集められたことがわかる。斉明天皇は朝倉宮《あさくら》(福岡県朝倉市)で没し、中大兄皇子は那津の「長津宮《ながつ》」で「水表《おちかた》(海外)の軍政」を執ったが(『日本書紀』天智即位前紀七月是月条)、天智《てんじ》二年(六六三)、倭軍は唐《とう》・新羅連合軍に白村江《はくそんこう》で大敗し、退却した。

倭国は唐軍の侵攻を警戒して、亡命百済人の技術指導のもと、いわゆる朝鮮式山城や水城《みずき》などの防衛施設を対馬・九州から瀬戸内海沿岸に築造し、また九州における拠点を那津から内陸へ移した。博多湾岸から約一五キロ離れた大宰府(福岡県太宰府市)である。

(10)『続日本紀』慶雲《けいうん》四年(七〇七)五月癸亥条の帰還兵士のなかに陸奥国信太《しだ》郡人がいる。

大宰府と鴻臚館(筑紫館)

律令国家の地方官衙《かんが》として最大規模をもつ大宰府は、西海道の九国二島(多褹島設置期間は九国三島）の内政の統括とともに対外窓口の業務を担った。養老職員令《ようろうしきいんりょう》69大宰府条の帥《そち》（長官）の職掌に、全国の国守と同じ内政の職務に加えて「蕃客《ばんきゃく》」（外国使節）・「帰化」(11)・「饗讌《きょうえん》」(12)の職務が規定され、壱岐・対馬・日向・薩摩・大隅国の守《かみ》（長官）の職掌にも「鎮捍《ちんかん》（賊を鎮《しず》めること）・防守及び蕃客・帰化」という防衛および外国人来着への対応といった職務が規定されている（養老職員令70大国条）。このように律令制では、外国人の来着地として設定されていたのは九州であり、まさに大陸との窓口であった。

たとえば鑑真《がんじん》の伝記である『唐大和上東征伝《とうだいわじょうとうせいでん》』によると、鑑真一行は遣唐副使大伴古麻呂《こまろ》の船（第二船）に同乗し、阿児奈波島（沖縄島）・多褹島（種子島）・益救島（屋久島）を経由して、天平勝宝《てんぴょうしょうほう》五年（七五三）一二月二〇日に薩摩国阿多《あた》郡秋妻屋《あきめや》浦に到着、二六日に大宰府へ入った。古麻呂は大宰府から鑑真が到着したことを都へ奏上し、翌年二月一日に鑑真一行は難波《なにわ》に、五日には奈良東大寺に入っている。また、もうひとりの副使吉備真備《きびのまきび》の船（第三船）が屋久島に着いた由も、大宰府から奏上が届いていた（『続日本紀』天平勝宝六年〈七五四〉正月癸丑条）。多褹島司から大宰府へ急報されていたものとみられる。

博多湾をのぞむ丘陵上には、外国使節を宿泊させ饗応する客館として鴻臚館（奈良時代までの名称は筑紫館。福岡市中央区）を設けた(13)（**図4**）。史料上の初見は、『日本書

(11) 日本の天皇の「徳」を慕って来日した外国人が、天皇の民となること。[田中史生、二〇二〇]を参照。

(12) 饗宴に同じ。都で外国関係者への対応を担当する治部省玄蕃頭《じぶしょうげんばのかみ》の職務にも「蕃客辞見・讌饗」がある（養老職員令18玄蕃寮条）。

(13) 鴻臚館は、京・難波・筑紫の三カ所に設けられたが、これまでのところ発掘調査で建物配置等全体の遺構が発見されているのは筑紫だけである。

紀』持統《じとう》二年（六八八）九月戊寅条の、耽羅《たむら》（済州島）王からの方物《ほうぶつ》（地方の産物）を献上してきた使者を「筑紫館」に饗したとある記事である。新羅などから来日した外国使節をまずここに収容して衣食を提供し、饗応し滞在させ、大宰府から都へ連絡、都から上京の許可を得れば使節は難波経由で京へ向かうことになる。また日本からの遣唐使や遣新羅使などの使節も、この客館を経由して船出した。『万葉集』巻一五には天平八年（七三六）に遣新羅使が「筑紫館」滞在中に詠んだ歌が載っている。鴻臚館は、一九八七年の発掘調査で遺構が確認され、以後の調査によって大きく五期、七世紀後半から一一世紀中頃までの存続が判明している。

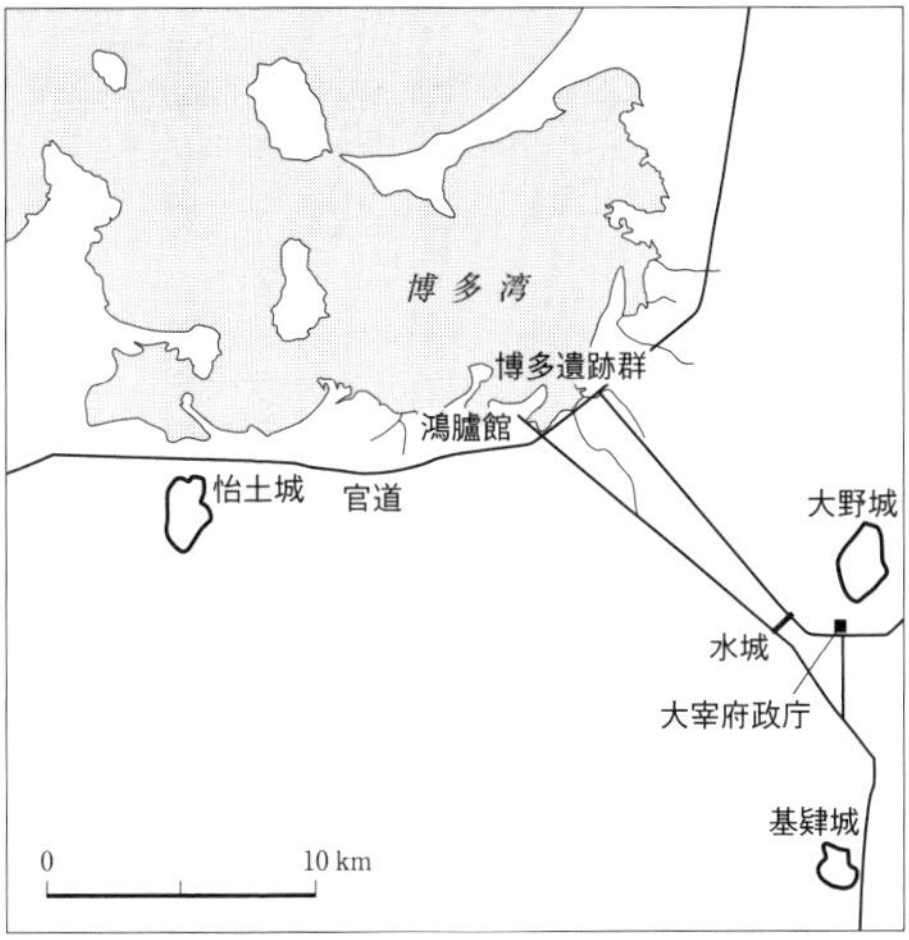

図4　鴻臚館と大宰府（[福岡市博物館, 2017]掲載図をもとに作成）

　鴻臚館は、奈良時代までは公的使節のための客館であった。しかし新羅使は宝亀《ほうき》一〇年（七七九）の来日を最後に途絶え(『続日本紀』宝亀一一年正月辛未条など)、日本からの遣唐使も承和《じょうわ》五年(八三八)の渡唐[14]を最後に派遣されなくなる。一方で、九世紀前半になると新羅商人の来航が、九世紀後半以降は中国商人の来航が増加する。[15] 外国商人への対応は「帰化」に准じて鴻臚館に安置、衣食住を提供し、管理した。貨物は大宰府がチェックし、官司先買[16]が行われ、その対象から外れた品々については大宰府の管理下で外国商人を隔離しての民間交易が許可された。これにより、鴻臚館は本格的な貿易商品取引の場、交易の拠点となった〔田中史生、二〇一八など〕。また、貞観《じょうがん》一一年(八六九)五月には、新羅海賊が博多津にて豊前国の年貢絹綿を掠奪し逃走する事件が起こり、同年一二月に危急の備えとして大宰府の統領《とうりょう》・選士《せんし》を増やし、甲冑とともに鴻臚館に移し置かせている。[17] 鴻臚館は対外防衛の拠点でもあった〔松川、二〇二三〕。

一一世紀中頃になると鴻臚館では遺構・遺物がみられなくなり、交易の拠点は博多へ移る。

初期貿易陶磁器の広がり

外国商人の活動により、八世紀末頃から外国産の陶磁器が継続的に日本に流入するようになる。中国越州窯《えっしゅうよう》系青磁《せいじ》を中心に、邢州窯《けいしゅうよう》系などの白磁《はくじ》、長沙窯黄釉《ちょうさようこうゆう》陶器が日本をはじめ東南アジアに広く流通しており、これがおおよそ一一世紀中頃ま

(14) 承和元年(八三四)正月に藤原常嗣《つねつぐ》を遣唐大使に任命(『続日本後紀《しょくにほんこうき》』同年正月庚午条)、同五年に出発し、同六年八月に帰国した。この次の遣唐使派遣計画は菅原道真《すがわらのみちざね》の建言によって中止された。

(15) 新羅商人の史料上の初見は『日本後紀《にほんこうき》』弘《こう》仁《にん》五年(八一四)一〇月丙辰条、唐商人の初見は『続日本後紀』嘉祥《かしょう》二年(八四九)八月乙酉条である。新羅商人としては、唐・新羅・日本の間で手広く交易活動を行った張《ちょう》宝高《ほうこう》が有名である。

(16) 養老関市令《かんしりょう》8官司条において、官司より先に私的に外国人と交易することを禁じている。

で続く初期貿易陶磁器の時代とされる［徳留、二〇一三／田中克子、二〇一八］（**図5**）。たとえば鴻臚館では初期貿易陶磁器の出土量が九世紀初頭から増加し、九世紀後半以降激増するが、その背景には鴻臚館が外国商人の滞在・交易の場となったことがあげられる。

　初期貿易陶磁器の量は、土橋理子によると、鴻臚館を除いても九州全体で全国の約三分の二を出土している。日本出土の越州窯系青磁には、大別して精良な胎土に全面施釉の精製品と、硬陶質の胎土に部分施釉の粗製品がある。粗製青磁は全国出土破片数の九割以上が九州から出土していることから、ほとんどが九州にとどめおかれたことになり、品質の劣るものであるがゆえ平安京を中心とする東方の買い手に敬遠され、九州内の消費者が安価で手に入れることができたとされる［土橋、一九九三］。これは浙江《せっこう》省の越州窯ではなく、福建《ふっけん》省の懐安窯《かいあんよう》の製品であることが明らかにされてい

図5　中国陶磁器窯址分布図（［徳留, 2013］掲載図をもとに作成）

（17）『日本三代実録《にほんさんだいじつろく》』貞観一一年六月一五日辛丑条以下。『類聚三代格』巻一八、貞観一一年一二月二八日太政官符。選士は、大宰管内で軍団制が廃止されたことにともない設置された対外防衛用の小規模な騎兵で、富裕農民から選抜され、統領に率いられた。

る⑱［鄭ほか、一九九九］。

越州窯系青磁は、九州南部では宮崎県都城《みやこのじょう》市と鹿児島県薩摩《さつま》川内《せんだい》市で多く出土している。⑲九州北部から西海岸を南下し、川内川流域から大淀《おおよど》川流域へと内陸河川交通・陸上交通を接続してもたらされたと想定されている［堀田、二〇一〇］。

ここまでおもに大陸・半島とのつながりを見てきたが、次に転じて本州の関東・東北からの人の移動に注目してみよう。

2　東国防人の往来とその痕跡

東国防人の往来と残留

防人《さきもり》は、『万葉集』に「埼守」(巻一六、三八六六)とあるように、海辺の警備に従事する兵士である。白村江敗戦後の防衛体制の一環として、対馬・壱岐や九州北部の沿岸に配置された。大宝・養老令制では、成人男子の兵役の一つとして東国⑳から三年交替で派遣され、大宰府防人司の管理下に置かれた。

防人の出身地には変遷がある。みな東国から派遣される制度であったのは、設置から天平九年(七三七)まで(『続日本紀』同年九月癸巳条)の期間と、㉑天平勝宝七歳(七五五)以前のいずれかの時期(『万葉集』巻二〇)から天平宝字《てんぴょうほうじ》元年(七五七)まで(『続日本

(18) 田中克子によると、鴻臚館跡で出土する九世紀後半期の粗製青磁のなかには、懐安窯だけでなく浙江省南部の台州や温州あたりの製品があり、またわずかながら秘色《ひそく》磁のような優品もあるとされる［田中克子、二〇一七］。越州窯青磁の最高級品とされる秘色は、浙江省上林湖周辺の産とみられる。
(19) たとえば宮崎県都城市真米田《まめだ》遺跡(九世紀後半―一〇世紀)では、越州窯系青磁が精製品と粗製品を合わせて、破片をふくめ一七二点出土している。初期貿易陶磁器は港湾や官衙・寺院ではない内陸部の遺跡地にまでもたらされている［都城市教育委員会、二〇一四］。

紀』同年閏八月壬申条)の期間である。そのほかの期間は九州山地北側の西海道六国あるいは日向国を加えた七国の軍団兵士を充当するとされた。赴任先へは家人《けにん》・奴婢《ぬひ》・牛馬・妻妾の帯同を許されており(養老軍防令55防人向防条義解《ぎげ》)、現地では空閑地を与えられ農業に従事し、営農用の牛も官給するとされた(養老軍防令62在防条)。

東国からの派遣を停止して九年後の天平神護《てんぴょうじんご》二年(七六六)、大宰府は西海道六国の兵士は勇健でなく防守が難しいとの理由で、元の通り東国防人の派遣を要請した。これに対して称徳《しょうとく》天皇は、筑紫に残留している東国防人を検括して戍《まもり》に配し、三〇〇〇人に不足する分のみ東国からの新規の兵士派遣を承認した(『続日本紀』同年四月壬辰条)。故郷へ帰らず九州に残っている者が多くいたようである。東国兵士の派遣は、延暦《えんりゃく》一一年(七九二)に陸奥・出羽《でわ》・佐渡《さど》・大宰府を除いて軍団兵士が停止されたことにより、事実上不可となった(『類聚三代格』巻一八、同年六月七日勅)。その後は、政府に帰順し近江《おうみ》へ移されていた東北のエミシ六四〇人を防人に充当するといった政策がみられる(『類聚国史《るいじゅうこくし》』巻一九〇俘囚《ふしゅう》、大同《だいどう》元年〈八〇六〉一〇月壬戌条)。

東国の人々の痕跡(1)　中原遺跡の「戍人」木簡と相模型杯

防人が派遣された九州北部には、東国からの人々の痕跡のみられる遺跡がある。

佐賀県唐津《からつ》市中原《なかばる》遺跡は、玄界灘に近い松浦川右岸の砂丘微高地上に立地し、木

(20) 養老軍防令《ぐんぼうりょう》20国司部領衛士防人条に、防人はまず難波津に集結させるとあることから、出発地が畿内以東を前提としていることが明らかである。『万葉集』に掲載されている防人歌によると、出身は、遠江《とおとうみ》・相模《さがみ》・駿河・上総《かずさ》・常陸《ひたち》・下野《しもつけ》・下総《しもうさ》・信濃《しなの》・上野《こうずけ》・武蔵《むさし》が確認できる。

(21) 天平一〇年度の筑後国・周防《すおう》国・駿河国の「正税帳《しょうぜいちょう》」に、本郷へ戻るため通過した防人に関する支出が見え、実際に防人が東国へ帰っていることがわかる。

簡や墨書土器が出土した流路跡や溝跡、掘立柱《ほったてばしら》建物跡や水田跡を検出した。中空《ちゅうくう》円面硯《えんめんけん》や転用硯《てんようけん》、銙帯《かたい》、緑釉陶器《りょくゆうとうき》、奈良三彩《ならさんさい》、権《けん》形石製品などの役所的な遺物が出土している。[22] 八世紀後半―九世紀前半の時期の墨書・針書《はりがき》・篦書《へらがき》土器[23]一八〇点余が出土し、墨書のなかに「林少領」があることから、[24] 肥前国松浦郡家《ぐうけ》との関係のうかがえる遺跡である。

五区の溝(流路)の埋土中から出土した八号木簡は二つの文書が重なって書かれている。一次文書に「甲斐国□(津カ)戍人」の文字があり、甲斐国出身の兵士が玄界灘に面した中原遺跡の地に関わっていたことを示している。後に書かれた二次文書には「延暦八年」の年紀があることから、一次文書の時期は、筑紫に留まっている旧東国防人を徴発した天平神護二年(七六六)以後の、延暦八年(七八九)をさほど遡らない時期のものとみられている[佐賀県教育委員会、二〇〇九]。

また、七区の溝から、相模地方に特徴的にみられる技法を用いて現地で製作された、相模型杯《つき》が出土している。型式から八世紀中頃―後半とみられ、九州北部に留まっていた相模国出身者が防人として再登用された時に、自らの食器として当地で作った土器であると考えられている[佐賀県教育委員会、二〇〇八]。

東国の人々の痕跡(2)　刻書紡錘車

(22) 硯《すずり》や、蓋や碗などの土器を硯に用いた転用硯が出土することは文筆活動が、また秤のおもりである権《けん》の出土は計量活動が、その地で行われていたことを示す。銙帯は役人の帯の飾りに用いられた。

(23) 土器に文字や記号等を墨で記載したものを墨書土器、焼成後に針などで刻んだものを針書土器、焼成前に篦《へら》などで刻んだものを篦書土器という。

(24) 「少領」は郡司の次官の官職名であるため、遺跡は郡司に関連するとみられる。なお、松浦郡家の所在地については未詳。

刻書紡錘車《こくしょぼうすいしゃ》とは、石製（一部、土製）の紡錘車(25)に文字を刻んだものである。高島英之によると、上野国南西部から武蔵国北西部にかけての地域を中心にして出土する遺物である。二〇二一年末時点で、群馬県内から六五点、埼玉県内から六二点、ほか東京都・茨城県・栃木県・千葉県・神奈川県・山梨県から数点―十数点が出土しており、八世紀後半から九世紀代にかけてのものが圧倒的に多い。関東以外の地域では、岩手県奥州市の胆沢《いさわ》城に近接する伯済寺《はくさいじ》遺跡から一点と、次に紹介する肥前国からの三点（次頁**下図**）が知られるのみで、いずれも東国の民が鎮兵や防人として赴任していたことが歴史的に明らかな地域からの出土である［高島、二〇二三］。

①佐賀県小城《おぎ》市丁永《ちょうなが》遺跡

標高約三〇メートル、西海道肥前路（佐嘉《さか》駅と高来《たく》駅の間）に至近の地に位置する集落遺跡である。二区の小穴070から出土した紡錘車は、直径四・五八センチメートル、在地産の片状蛇紋岩《へんじょうじゃもんがん》製とみられている。刻書は平坦面に時計回りで「丁亥年　六月十二日　□提十万呂」とあり、年月日と人名である。丁亥は持統元年（六八七）と考えられ、紀年のある紡錘車としても古い［小城市教育委員会、二〇一〇］。

②佐賀県鳥栖《とす》市門戸口《もんとぐち》遺跡

西海道肥前路（基肄《きい》駅と切山《きりやま》駅の間）の北西側に隣接し、竪穴建物と掘立柱建物で構成される集落遺跡である。竪穴建物22の埋土中から出土した紡錘車は蛇紋岩製で、

(25) 紡錘車は糸を紡ぐ道具。中央の穴に棒を通し、紡錘車をコマのように回して棒の先にひっかけた繊維を引っぱりつつ、よりをかけて糸にする。なお文字等を刻んだ紡錘車を、高島英之は「刻書紡輪」と称する［高島、二〇二三］。

平坦面に反時計回りに「大伴目」と刻書されている。「大伴」はウジ名、「目」は名前であろう[26]。竪穴建物からの遺物が少なく直接の時期判断ができないが、周辺の遺構の出土遺物から、遺跡の時期は七世紀末—八世紀末とみられている。なお、土坑から八世紀代とみられる土製の権《けん》が出土している。周辺には肥前国養父《やぶ》郡家に比定される蔵上《くらのうえ》遺跡があることから、門戸口遺跡は雑役に従事する人々が居住する集落の一部、もしくは郡家関連の施設群と捉えられている〔鳥栖市教育委員会、二〇二一〕。

丁永遺跡と門戸口遺跡は、沿岸ではなく内陸に立地しており、東国出身者の生活の地との関係が想像される。一方、次の竹松遺跡は大村湾に面している。

③長崎県大村《おおむら》市竹松《たけまつ》遺跡

郡《こおり》川が形成する扇状地の扇端部付近の、標高一〇—一五メートルの平地に位置する。奈良時代から中世にいたる複合遺跡で、古代のものとしては圏足《けんそく》円面硯、朱墨《しゅぼく》の転用硯[27]、石製銙帯、土馬《どば》、銅製の権など一般集落とは異なる様相をもつ遺物や、多くの初期貿易陶磁器、緑釉陶器、さらにカムィヤキ（後述）が出土したことで注目された。紡錘車は滑石《かっせき》製で、平坦面に「都」と「木」の文字が天地を逆にして向かい合わせに刻まれている。遺物包含層からの出土で、八—九世紀のものとみられている〔長崎県教育委員会、二〇一七〕。なお、現地は木本雅康による西海道肥前路（新分《にいきた》駅と船越《ふなこし》駅の間）の推定ルートにも至近の地である〔木本、二〇一一〕。

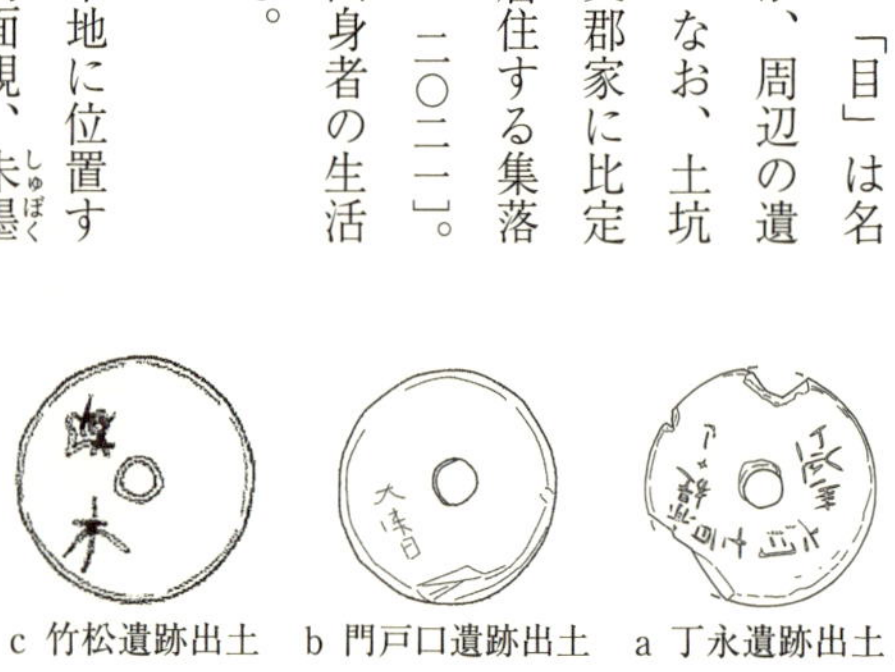

九州出土の刻書紡錘車〔a：小城市教育委員会、二〇一〇／b：鳥栖市教育委員会、二〇二一／c：長崎県教育委員会、二〇一七〕

竹松遺跡は中原遺跡と同じく海に近い。中原遺跡では初期貿易陶磁器がほとんど出土しておらず、戍人の配置や水田と流路等の遺構から、物流・交易の様相はうかがえない。一方、竹松遺跡には物流・交易を管理するような機関・役所もあったようにみえる。郡川の地名等から肥前国彼杵《そのぎ》郡家あるいは郡家の関連施設と推定する考えもあるが、六〇点以上も出土した越州窯系青磁Ⅰ類(精製品)が、かりに九世紀までにもたらされていたとすれば、郡レベルの交易の場とみるよりも、より上位の、肥前国あるいは大宰府官人の関わる施設であった可能性があろう。

(26)『日本書紀』雄略即位前紀一一月甲子条に物部連目、敏達《びだつ》一二年是歳条に阿倍目臣がみえるので、本事例も国司四等官《しとうかん》の目《さかん》ではなく、人名と捉えるのが適当であろう。

(27) 朱を用いた痕の残る転用硯が出土することは、その地でチェック活動が行われていたことを示す。文筆による管理的機能をうかがわせる遺物である。

3 東北俘囚・夷俘の移配とその痕跡

俘囚・夷俘の移配

俘囚・夷俘《いふ》は、東北のエミシが中央政府による征討の結果として捕虜や投降者となり政府に帰順した者で、陸奥・出羽以外の諸国へ移配(強制移住)されることがあり、九州にも多く移された。

表1は、俘囚・夷俘の移配・配流関係事例である。史料上の初出の神亀《じんき》二年(七二五)から、五七八人という最多の移配先が筑紫、すなわち九州で、その後も大宰管内諸国への移配記事が多い。

表1　俘囚・夷俘の移配・配流関係事例（[永田，2014]掲載表をもとに一部改変）

	年月日	移配前	移配後	人数	理由	出典
1	神亀2年(725) 閏正月4日	陸奥	伊予 筑紫 和泉監	144 578 15	（俘囚）	続日本紀 日本紀略
2	天平10年(738)	陸奥	摂津職（西海道へ送るか）	115	（俘囚）	天平10年駿河国正税帳
3	宝亀7年(776) 9月13日	陸奥	大宰管内諸国	395	（俘囚）	続日本紀
4	宝亀7年(776) 11月29日	出羽	大宰管内・讃岐 諸司及び参議以上に班賜	358 78	（俘囚）	続日本紀
5	延暦14年(795) 5月10日	陸奥	日向	66	俘囚を殺害した俘囚大伴部阿弖良等，妻子親族を配す（移郷）	類聚国史
6	延暦18年(799) 12月16日	陸奥	土佐	4	俘囚が野心を改めず，賊地と往還するため配す	日本後紀
7	延暦19年(800) 3月1日	（不明）	出雲	60余	（俘囚が新たに到着）	類聚国史
8	延暦24年(805) 10月23日	播磨	多祢島	10	俘囚が野心を改めず配流	日本後紀
9	大同元年(806) 10月3日	近江	大宰府	640	夷俘を防人にあてる	類聚国史
10	弘仁11年(820) 6月11日	因幡	土佐	6	俘囚が百姓の牛馬を盗んだため移す	類聚国史
11	弘仁14年(823) 5月5日	甲斐	伊豆	13	賊首吉弥侯部井出麿等大少男女13人を配流	類聚国史
12	天長8年(831) 2月9日	甲斐	駿河	（2烟）	俘囚二烟を附貫，魚塩に便利のため	類聚国史
13	天長9年(832) 12月20日	伊予	阿波	5	俘囚の情願にしたがう	類聚国史
14	貞観11年(869) 12月5日	諸国	鴻臚館・津厨など要所	50	統領・選士が懦弱ゆえ俘囚を要所に分番させ新羅海賊に備える	日本三代実録 類聚三代格
15	寛平7年(895) 3月13日	諸国	博多警固所	50	前年に新羅賊が対馬などを襲ったことから新羅凶賊に備えるため夷俘50人を増員	類聚三代格

表2は、移住した俘囚に対して国が生存を支援するために支出する財源の元本である俘囚料について、『延喜式』に定められている数値を表にしたもの、**表3**はそれを道別に集計したものである。甲斐、常陸や下野などの東国にも多くの俘囚が配されていたことがわかるが、(28) 七道のなかで俘囚料が最も多く設定されているのは、陸奥・出羽から最も遠い西海道であった。

表2　『延喜式』(主税)にみられる俘囚料(単位は束)

伊勢	1,000	近江	105,000	佐渡	2,000	伊予	20,000
遠江	26,800	美濃	41,000	因幡	6,000	土佐	32,688
駿河	200	信濃	3,000	伯耆	13,000	筑前	57,370
甲斐	50,000	上野	10,000	出雲	13,000	筑後	44,082
相模	28,600	下野	100,000	播磨	75,000	肥前	13,090
武蔵	30,000	越前	10,000	美作	10,000	肥後	173,435
上総	25,000	加賀	5,000	備前	4,340	豊後	39,370
下総	20,000	越中	13,433	備中	3,000	日向	1,101
常陸	100,000	越後	9,000	讃岐	10,000	(計)	1,095,509

表3　俘囚料道別合計(単位は束)

東海道	281,600	東山道	259,000	北陸道	39,433
山陰道	32,000	山陽道	92,340	南海道	62,688
西海道	328,448				

九州北部の俘囚・夷俘のなかには、九世紀前半に富豪に成長した者がいたようである。

天長五年(八二八)、豊前国の俘囚吉弥侯部衣良由《きみこべのえらゆ》が三六〇人分の酒食を提供したことに対して少初位下に、また豊後国の俘囚吉弥侯部良佐閇《らさへ》が稲九六四束を提供して百姓三二七人を支援したことなどに対して従六位上に叙され(『類聚国史』巻一九〇俘囚、

(28)『和名類聚抄《わみょうるいじゅうしょう》』では俘囚郷・夷俘郷が上野国・播磨国・周防国にあることから、記事の残っていない移配も多くあったことがわかる。

同年閏三月乙未条）、肥前国人白丁《はくてい》（公民男子の身分）の吉弥侯部奥家《おくいえ》は官舎や池溝・道橋等を修造した功績等により少初位上に叙されている（『類聚国史』巻一九〇俘囚、同年七月丙申条）。天長一〇年（八三三）には、筑後国の夷《えみし》第五等都和利別公阿比登《つわりのわけのきみあひと》が私稲を提供して苦しむ民を支援したことにより従八位上に叙されている（『類聚国史』巻一九〇俘囚、同年二月丁丑条）。これらの俘囚は、九州北部での農業経営に成功していたようであるが、西海道以外の六道では俘囚のこのような記事は見えない［永田、二〇一四］。

表1・**表2**によると、流罪を除き俘囚の移配先として最も遠い国は日向国であった(29)。大隅・薩摩両国に俘囚が配された形跡がないのは、農業生産力にもとづく国の財政力が低かったことが背景に考えられる。

日向国へ移された俘囚

俘囚を日向国へ送ったことが明らかな例が、**表1**の5、延暦一四年（七九五）にみえる。

俘囚大伴部阿弖良《おおともべのあてら》等、妻子親族六十六人を日向国に配す。俘囚外従五位下吉弥侯部真麻呂《ままろ》父子二人を殺すを以てなり（『類聚国史』巻一九〇俘囚、同年五月丙子条）。

(29) なお、日向国の俘囚料については、『続日本後紀』承和一四年（八四七）七月丁卯条に、日向国の俘囚が死に絶え生存者が少なくなったので、俘囚禄料稲一万七六〇〇束を減らすとあることから、この時まで日向国の俘囚料は一万八〇〇〇束を超えていたとみられる。

(30) 真麻呂は、延暦一一年（七九二）にエミシを俘囚大伴部阿弖良が外従五位下の位階を持つ俘囚とその子を殺害した。殺された吉弥侯部真麻呂は、陸奥国の伊治城《これはり》(宮城県栗原《くりはら》市)完成に際して外正五位下の位階に叙されており、そこでは多数の蝦夷《えみし》を帰服させたとある(『続日本紀』神護景雲元年〈七六七〉一〇月辛卯条)。伊治城造営にあたり、周辺の蝦夷を政府に協力させることに多大の貢献をしたと評価されたのであろう。(30) 殺人犯阿弖良の本拠地も栗原周辺と推定される。

阿弖良への処置は死罪ではなかった。史料に「流」とはなく、『類聚国史』も巻八七の「配流」ではなく巻一九〇の「俘囚」に掲載しており、これは律に定める「移郷」と考えられる。(31)「移郷」とは、殺人犯が恩赦などで免罪された場合、被害者側からの復讐を避けるべく、殺人犯と一族をその郷里から隔たった土地に移す処分である[辻、二〇一〇]。政府が殺人犯を死罪にせず、一族で陸奥から最も遠い日向国へ移したのは、俘囚間のこれ以上の紛争を避けたかったためと想像される。

なお、俘囚ではなく百姓《はくせい》(一般の公民)であるが、同じく陸奥国から日向国へ流罪に処せられた例もある。

陸奥国新田郡百姓弓削部虎麻呂《ゆげべのとらまろ》、妻丈部小広刀自女《はせつかべのこひろとじめ》等を日向国に流す。久しく賊地に住み、能《よ》く夷語《いご》に習い、しばしば謾語《まんご》(作り話)をもって夷俘の心を騒動すればなり(『日本後紀』延暦一八年〈七九九〉二月乙未条)。

懐柔した功績により外従五位下に叙された記事がある(『類聚国史』巻一九〇俘囚、同年一〇月癸未条)。平川南は、伊治城造営の功で叙位されたが、宝亀一一年(七八〇)の伊治呰麻呂《あざまろ》の乱で反乱側に加担して位階を剝奪され、その後再び政府に帰順したという、このような姿勢が在地の反発を買って殺されたと想定している[平川、二〇一七]。

(31) 養老賊盗律18移郷条に「凡《およ》そ人を殺して死すべきが、赦に会いて免《ゆる》されば、移郷せよ」とあり、また養老名例律24犯流応配条には、移郷に際して家族を伴うことが定めてある。なお、殺人への刑罰は本来、斬(死罪)である(養老賊盗律9謀殺人条)。

この記事は明確に「流」とあり、また『類聚国史』でも巻八七「配流」に分類されている。陸奥国新田郡は上野国新田郡からの移民により建郡されたと推測され、この百姓夫婦は「能く夷語に習い」とあるから上野国からの移民であったと考えられる。

日向国へ強制移住させられた俘囚と百姓は、いずれも陸奥国からできるだけ遠く離すことが図られたとみられるケースであった。朝鮮半島から来た人々が東国に配されたケース(32)とまさに東西が逆の様相がみてとれる。

東北の人々の痕跡(1)　九州北部

九州には、東北の人々が暮らしていたとみられる、いわゆる東北系集落の遺跡がある。(33)

福岡県京都《みやこ》郡苅田町《かんだまち》の黒添赤木《くろぞえあかぎ》遺跡は、周防灘をのぞむ京都平野北西部の低丘陵の先端部に所在する。西海道東路(刈田駅と多米《ため》駅の間)想定ルートに近く、豊前国草《かや》野《の》津に比定される延永《のぶなが》ヤヨミ園《その》遺跡から北西へ約四キロの位置にある集落遺跡である。ここで確認された八世紀半ばから後半とみられる六軒の竪穴建物は、未調査区にかかる一軒を除き、すべて方形の平面プランに一・〇―一・六メートルの長煙道をもつカマドの付設が認められている。竪穴建物跡や土坑から、豊前国外からもたら

(32) たとえば武蔵国や甲斐国には高麗《こま》郡・巨麻《こま》郡がある。

(33) 関東地方における東北系集落については平野修を中心とする一連の研究がある〔平野編、二〇一七〕。

されたとみられる長胴平底の土師器甕《はじきかめ》、底部に木の葉圧痕を有する平底の土師器甕、黒色土器が出土している。小田和利は、これらの土器の様相と住居形態が宮城県名取市清水《しみず》遺跡の土器様相・住居形態に極めて類似することから、強制移住させられた俘囚の小規模集落と推測し、宝亀七年(七七六)の陸奥からの移配(**表1**の3参照)との関連性を指摘している[34][小田、二〇一一/松村、二〇一三/長、二〇一六]。

九州北部ではほかにも長煙道カマドをもつ竪穴建物が、福岡市雑餉隈《ざっしょのくま》遺跡、佐賀県神埼《かんざき》郡吉野《よしの》ケ里《がり》町の浦田《うらた》遺跡、福岡県久留米市の筑後国府跡や[松村、二〇一三]、前述の刻書紡錘車が出土した佐賀県小城市の丁永遺跡、佐賀市大和《やまと》町の大久保《ぼ》三本松《さんぼんまつ》遺跡、佐賀市金立町《きんりゅうまち》の金立遺跡においても検出・報告されている。[35]丁永遺跡での長煙道カマドをもつ竪穴建物SH313の時期は、刻書紡錘車の時期より下るので、かりに東国防人の居住地域に、のちに俘囚が居住したことがあったとすれば、地域の使われ方として興味深い。

東北の人々の痕跡(2)　九州南部

近年、宮崎学園都市遺跡群や宮崎市京園《きょうぞの》遺跡[36]において、東北の人々の痕跡のみられることが今塩屋毅行によって明らかにされている。

宮崎学園都市遺跡群は、宮崎市大字熊野《くまの》・木原《きはら》に所在し、清武《きよたけ》川と加江田《かえだ》川には

(34) 同じく豊前国に含まれる福岡県築上《ちくじょう》郡築上町の赤幡森《あかはたもり》ケ坪《つぼ》遺跡では、北陸系土器が出土している。「築城駅」推定地に隣接し、北陸から移住してきた製鉄専業工人集落を含む集落遺跡とみられている[長、二〇一六]。

(35) 小松譲・谷澤仁の教示による。

(36) 京園遺跡は、大淀川右岸の低丘陵端部に位置し、長煙道カマドをもつ竪穴建物三軒を検出、うち二軒から頸部に段をもつ土師器甕が出土している。時期は八世紀後葉—九世紀中葉と考えられる[今塩屋、二〇二四]。

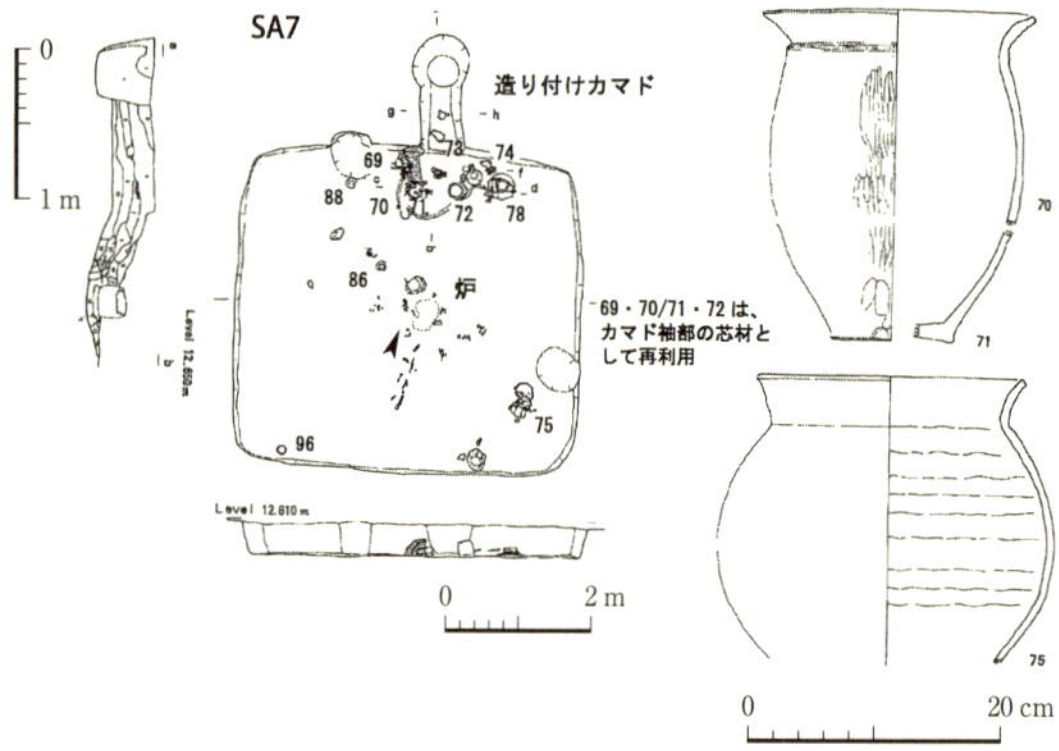

図 6　宮崎学園都市遺跡群前原南遺跡［今塩屋，2024］
竪穴建物(左)と出土した土師器甕．

さまれた標高一五メートルの洪積台地上に分布する遺跡群の総称である。熊野地区周辺に、日向国府から大隅国府へ至る官道上の「救麻《くま》駅」を想定する説がある。遺跡群は、七―八世紀には人間活動の希薄な空白期であったところに、八世紀末―一〇世紀の竪穴建物と掘立柱建物で構成される集落遺跡が展開している。そのうち小山尻《こやまじり》・平《ひら》畑《ばた》・西《にし》ノ原《はら》地区・前原南《まえばるみなみ》・陣《じん》ノ内《うち》の五遺跡で、日向国の土器のなかで異系統である頸部に段をもつ土師器甕が出土している。頸部に段をもつ土師器甕は、陸奥国中北部、宮城県栗原・桃生《ものう》地域から岩手県南部の土器様式と共通する。この地域性と八世紀末からという時期は、前述の延暦一四年(七九五)に移郷させられた俘囚大伴部阿弖良の一族を想起させる。そして頸部に段のある土師器甕をもつ集落の竪穴建物群の中には長煙道カマドを付設するものが複数あり、それらのカマドの構造的特徴も陸奥国中北部のそれと類似したものである(**図6**)。さらに非回転台成形による丸底の土師器杯や平底の杯・鉢類、黒色土器もまた、東北地方に関係性の深い土器類であると指摘されている。今塩屋は、宮崎学園都市遺跡群の五遺跡と京園遺跡を東北地方と関係性の深い東北系集落の一群と捉え、これらは俘囚やその末裔たちと関連性の色濃い集落であり、なかには大伴部阿弖良一族の移住先や末裔たちの居住地があった可能性を指摘する[今塩屋、二〇二四]。

これらの遺跡は古代には日向国宮崎郡に属していたと考えられる。日向国では、国府が所在する児湯《こゆ》郡ではなく宮崎郡に都からの流罪者が配されたとみられる事例があり[吉村、一九八五]、俘囚についても同様であったのかもしれない。

4　南島の交易

南海産貝の交易　ゴホウラ・イモガイ

目を南へ転じてみよう。九州では弥生時代前期、佐賀県唐津市大友《おおとも》遺跡など九州北西部沿岸の遺跡で、南海産の大型貝で作られた腕輪を着装した埋葬が登場し、ついで九州北部平野部の有力者層に広がる。ゴホウラの腕輪を男性が、イモガイの腕輪を女性がはめた(37)。たとえば福岡県筑紫野《ちくしの》市の隈《くま》・西小田《にしおだ》地区遺跡群では、地域の

(37) ゴホウラ *Tricornis latissimus* はスイショウガイ科の大型巻貝。イモガイ *Conidae* sp. はイモガイ科の巻貝の総称で、クロフモドキ、アンボンクロザメ、ダイミョウイモなどの大型イモガイが貝製品の素材となる。いずれも奄美諸島以南に生息する。なお、九州における弥生時代の南海産貝輪には、大隅諸島・奄美諸島に生息するツタノハガイ科のオオツタノハ *Patella optima* も使われている。

首長墓とみられる弥生時代中期前半の第三地点一〇九号甕棺墓から細型銅剣とともに右手にゴホウラ製腕輪八個をはめた成人男性が、中期後半の第一三地点二三号甕棺墓から前漢鏡一面とともにゴホウラ製腕輪四一個をはめた成人男性が確認されている。

鹿児島県南《みなみ》さつま市高橋貝塚では、ゴホウラの貝輪完成品、未成品、加工廃材が多数出土しており、沖縄諸島から薩摩半島へ届いた貝輪素材を製品化し、あるいは消費者の要求に合わせた未成品にして九州北部の消費地に届けるという、貝交易初期の中継地であったと考えられている［木下、二〇二一b］。続縄文時代の北海道伊達《だて》市有珠《うす》モシリ遺跡七号墓ではイモガイ製貝輪が出土しており、南海産貝輪は北海道まで運ばれたことがわかる。

沖縄諸島では、貝塚時代後期前半（弥生時代並行期）のゴホウラやイモガイの貝殻を寄せ集めた集積遺構（交易品のストック）が、伊江《いえ》島、久米島、沖縄本島等の集落遺跡で発見されており、ゴホウラやイモガイの主要な供給地は沖縄諸島であったとみられる(38)。木下尚子は、貝殻集積のある遺跡では九州北部のほか九州中部・南部の弥生土器や、奄美諸島の土器を伴うことが多く、運搬行為が熊本、鹿児島、奄美の人々によっていたとする。貝殻と交換されたものとしては、沖縄に残された弥生土器の多くが壺であることから、中に米や豆などの穀物を入れて壺ごと交換されたと

(38) たとえば伊江島のナガラ原《ばる》西貝塚（国頭郡《くにがみ》伊江村）や沖縄本島の伊《い》礼原《れいばる》遺跡（中頭郡《なかがみ》北谷町《ちゃたん》）などが有名である。一方で奄美諸島もゴホウラ・イモガイの生息域ではあるものの、当該時期の貝殻集積遺構は沖縄諸島だけで確認されている。奄美諸島の沿岸には交易の仲介者集団がいたと考えられる［木下、二〇二二a］。

(39) 嘉門貝塚では、ヤコウガイ製の杓子状製品も一点出土している［浦添市教育委員会、一九九三］。なお、沖縄県内で楽浪系土器とみられる類例は、読谷村《よみたん》の大久保《おおくぼ》原《ばる》遺跡・中川原《なかがわばる》貝塚、宜野湾市の真《ま》志《し》喜《き》荒地《あらじ》原《ばる》第一遺跡の三遺跡から計七点が出土している。大久保

考えられ、他に鉄器などの金属器やガラス小玉などがもたらされたものと想定されている[木下、二〇二二a]。またゴホウラやイモガイの集積遺構が検出された沖縄県浦添《うらそえ》市嘉門《かじょう》貝塚では、在地土器に加えて薩摩半島の弥生土器とともに楽浪系とみられる土器も出土している(39)[浦添市教育委員会、一九九三／下地、一九九九]。

一世紀から七世紀の朝鮮半島にも南海産の大型貝がもたらされている。新羅では五世紀中頃にイモガイが雲珠《うず》などの馬具の装飾に用いられ、これを受けて倭国でも六世紀にイモガイを使用した馬具が東国まで普及する。木下尚子は、朝鮮半島のイモガイも九州島の豪族を介して供給された沖縄諸島産であった可能性が最も高いとする[木下、二〇〇二]。また南海産のヤコウガイ(40)製杓子(貝匙《かいさじ》)が、五世紀後半から六世紀前半の新羅や大伽耶《だいかや》の王陵で副葬品としてみつかっている(41)[神谷、二〇一一]。

南島の人々の記録

弥生時代には南海産の貝を得るために九州人が沖縄諸島までたびたび赴いて交易していたとみられるが、南島の人々が文献史料に記されるのは七世紀初めからである。

『日本書紀』には推古二四年(六一六)三月から七月にかけて計三〇人の掖玖《やく》人が来たので朴井《えのい》(42)に安置したとあり、また推古二八年(六二〇)八月には掖玖人二人が伊

原遺跡と中川原貝塚ではゴホウラあるいはイモガイの集積遺構、九州の弥生土器、箱式石棺墓も検出されている[下地、一九九九]。

(40) ヤコウガイ *Turbo marmoratus* はリュウテン科の大型の巻貝で、サンゴ礁に生息する。常時大量に供給できる地域は、奄美・沖縄地方、フィリピン群島、インド洋ベンガル湾南部とされている。

(41) 新羅の王陵である韓国慶州の天馬塚(五世紀後半)・皇南大塚北墳(五世紀末)・金冠塚(六世紀前半)から金銅装ヤコウガイ製杓子が、大伽耶の王陵である高霊池山洞四四号墳(五世紀中頃—後半)からもヤコウガイ製杓子が出土している。

豆島に漂着したとある。舒明元年(六二九)になると飛鳥の政府は掖玖へ使者を派遣しており(同年四月辛未条)、同三年(六三一)に掖玖人が「帰化」したとある(同年二月庚子条)。使者が来朝を促したと考えられる。

一方、『隋書《ずいしょ》』東夷伝には「倭国」条の前に「流求国」条が立項されている。それによると、大業《たいぎょう》三年(六〇七)から煬帝《ようだい》は流求へ朱寛を派遣し慰撫するが従わないので、ついに陳稜らを遣わして流求を討たせたとある。流求の位置については、沖縄説、台湾説、その総称説など諸説があって決着していない(43)。この朱寛が流求から持ち帰った「布甲」について、ちょうど隋に来ていた倭国使(遣隋使小野妹子ら)がそれを見て、「これは夷邪久国人の用いるところなり」と言ったと『隋書』は記す。「夷邪久国人」は『日本書紀』の記す「掖玖人」に通じる。倭国の中央政府は、遣隋使を派遣し始めるよりも前から、九州島より南の島の人々についての知識を持っており、屋久島・種子島以南の地域を総称してヤクと呼称していたことがわかる。

七世紀後半になると具体的に個別の島名が記されるようになって、掖玖は屋久島を指すようになり(44)、文武《もんむ》二年(六九八)には総称としての南島の語が初見する(『続日本紀』同年四月壬寅条)。そこでは使者を「南嶋」へ派遣して「国を覓《もと》め」させると(45)あり、翌文武三年には、多褹・夜久・奄美・度感《とかん》(徳之島)らの人が引率されて藤原京へ来て方物を献上し、天皇から叙位・賜物を受けている(同年七月辛未条)。政府

一方、日本列島では九州島以北における古墳時代のヤコウガイ製貝匙の出土例は知られていない[神谷、二〇一一]。

(42) 朴井の所在地は明確でないが、大和あるいは和泉の地名と考えられており、掖玖人が畿内まで赴いたことで史書に記録されたと推測される。

(43) 山里純一は、おそらく伝聞の誤りがあっていずれの説も流求国伝の記述すべてを説明することはできないと指摘する。この研究史は[山里、一九九九]に詳しい。

(44) 『日本書紀』斉明三年(六五七)七月己丑条に「海見《あまみ》嶋」がみえ、天武六年(六七七)二月是月条では「多褹嶋人」が飛鳥

の使者がこれらの島々に働きかけて朝貢を促したのであろう。「南嶋」の表記は、畿内を中心とした方位で示すもので、政治的な地名である〔中村、二〇〇三〕。さらに「はじめに」でも述べたように種子島・屋久島を多褹島という行政単位にして中央政府から島司を派遣し、律令制支配の内部に組み込んだ(46)。以後、南島は種子島・屋久島を含まず、それより南の島々の総称となった。

霊亀元年(七一五)正月には、「陸奥・出羽の蝦夷、あわせて南嶋の奄美・夜久・度感・信覚《しがく》・球美《くみ》(47)等、来朝して各方物を貢《たてまつ》る」(同年正月甲申朔条)と、首皇子《おびと》(のちの聖武天皇)が立太子して初めての元日朝賀儀に東北の蝦夷とともに列し、その後に位階を授けられている(同年正月戊戌条)。前年(七一四)一二月、南島人五二人が官人に率いられて平城京に到着した記事があり(同年一二月戊午条)、儀式を盛大にするために集められていたのである。ここで南島人は、日本的中華思想を明示する朝貢者として、東北の蝦夷と同列に位置付けられている。

政府は南島人の来着を朝貢と扱い、叙位・賜物を行った。しかし律令制支配の及ばない南島の社会において、位階の有効性はほとんどない。南島人にとって「方物」は交易物であり、賜物は返礼品でもあるから、この贈与儀礼は交易と受けとられたものとみられる〔鈴木、二〇一四など〕。

『隋書』陳稜伝によると、流求を討ちに来た船艦を流求人が見た時に初めは商旅

寺西の槻《つき》の下で饗され、天武一一年(六八二)七月丙辰条では「多褹人、掖玖人、阿麻弥人《あまみ》」が禄を賜っている。この段階で「掖玖」は屋久島を指す。

(45)「覓」は索《さが》し求める意。この時はこれまでの派遣と異なり武器を携行させていたが、未知の国・島を探険する意図を含むからであろう。翌年の来朝者のうち、度感からは初めてであった。

(46)『続日本紀』大宝二年(七〇二)八月丙申朔条に多褹に「吏」(役人)を置くとあり、和銅二年(七〇九)六月癸丑条に「薩摩・多褹両国司」とあって律令制の国制が成立していることがわかる。

(47) 信覚は石垣島、球

と思い、しばしば軍中にいたり貿易したという。流求人には大型船が来航しても、軍船という発想がなかったのである。ここからかれらが交易を主目的として、さまざまな地域の人々と接していたことが示唆される[中村、二〇〇三]。南島の人々にとって交易は重要な経済活動であり、倭・日本への朝貢はその活動の一環であったと思われる。

『続日本紀』には日本の律令政府が、慶雲四年(七〇七)に使を大宰府に遣わして南島人に叙位と賜物を行ったこと(同年七月辛丑条)、養老四年(七二〇)に南島人二三二人に対する叙位(同年一一月丙辰条)、神亀四年(七二七)にも来朝した南島人一三二人に対する叙位(同年一一月乙巳条)が記されている[48]。叙位は朝貢者への対応であり、多数の南島人が、少なくとも大宰府まで来ていたと考えられる。以後、南島人の朝貢記事は見られなくなるが、その後もおそらく交易活動を通じて、南島の産物が大宰府を経て都へ届けられつづけた。

南島での立牌

南島人自身が大宰府もしくは都まで至った確実な記録は、前述の神亀四年が最後であるが、政府側の役人がその数年後に南島へ赴いている。『続日本紀』天平勝宝六年(七五四)二月丙戌条に次のようにある。

美は久米島とみる説がある。

(48) 貝塚時代後期(弥生—平安時代併行期)に含まれる七—八世紀の南島はまだ農耕社会ではなく、狩猟・漁労といった自然物採集経済の段階にあったとされるが、一〇〇人を超える南島人が朝貢し叙位されていることなどからすると、このような来航を差配し、禄物を再分配する指導者・有力者がいたはずで、身分階層が発生しており、原始社会から階級社会の形成へと向かう段階の入り口にあったという評価がされている[鈴木、二〇一四]。

(49) 『延喜式』大蔵・入諸蕃使条によると、遣唐使の一行には中国語の「訳語」(通訳)のほか、大宰府に勅す。去る天平七年、故大弐《だいに》従四位下小野朝臣老《おののあそんおゆ》、高橋連牛養《たかはしのむらじうしかい》を南嶋に遣わして牌《はい》を樹《た》てしむ。而《しか》るにその牌、年を経て今既に朽ち壊れり。宜《よろし》く旧に依りて修め樹て、牌毎に、嶋の名ならびに船泊《は》つる処、水有る処、及び去就する国の行程とを顕《あらわ》し着《しる》し、遥かに嶋の名を見て、漂着の船をして帰向する所を知らしむべし。

時系列に沿って事情をまとめておこう。天平六年(七三四)、遣唐使[49]が多褹島を経由して帰国した(『続日本紀』同年一一月丁丑条)。おそらくこの帰路時の報告を受けて、翌七年、大宰大弐小野老は高橋牛養を南島に派遣し、木札を立てさせた。後の修理の命令内容からすると、札には島名、船を停泊できる場所、水を得られる場所、多褹島や薩摩国・大隅国などへの行程を明示させ、漂着船の帰国の便をはかるためのものであった。しかし二〇年を経て木札は朽ち壊れてしまった。天平勝宝五年(七五三)の年末に鑑真一行を伴って帰国した遣唐使は、四船のうち少なくとも三船が沖縄島に至っており(『唐大和上東征伝』)、この時も帰路にいわゆる南島路を採っていた。おそらくこの帰路の報告を受けて、すぐに大宰府に南島の木札を修復するよう命じたのである。南島は、遣唐使の少なくとも帰国の際の重要な窓口であった。

律令制支配の及ばない南島を担当したのは大宰府であった[50]。大宰府は、沖縄島における遣唐使船の状況についての情報を得ており[51]、南島への働きかけができる関係

「新羅・奄美等訳語」も随行する規定であった。漂着を想定した現実的な通訳の役割だけでなく、奄美人を唐へ随行することで日本の天皇が夷を従えていることを示す意味があったとの説がある[山里、二〇一二]。

(50)『延喜式』雑・太宰牌条に「凡そ太宰は南嶋に牌を樹て、具に嶋名、および船を泊つる処、水ある処、ならびに去就の国の行程、遥に見ゆる嶋の名を顕わし著せ。仍《よ》りて漂著の船人をして必ず帰向する所あるを知らしめよ」とあり、すでに遣唐使派遣は停止されていたが、式文として受け継がれている。

(51) 天平勝宝五年一一月、遣唐大使藤原清河の

性をもっていたとみられる。

南島の交易物（1）　赤木・檳榔

南島人の朝貢記事が国史に見えなくなって以後も、大宰府は南島の産物を都へ貢納していた。大宰府の側が産物を必要とし、かつ南島へ働きかけられる関係性をもっていたことからすると、九州へ産物を運んでいた交易者（商人）には九州人が多かった可能性が高い。そこで以下では山里純一の研究〔山里、一九九九・二〇一二〕を参考にしながらみてゆきたい。

福岡県太宰府市の大宰府不丁《ふちょう》地区から出土した天平年間前半頃の付札木簡のなかに、「権美嶋（下部欠損）」「伊藍嶋竹□（五カ）（下部欠損）」と書かれたものがある。前者は物品不明だが奄美大島産のものに付されたもの、後者の伊藍嶋は沖永良部《おきのえらぶ》島に比定する説がある〔九州歴史資料館、二〇一四〕。

『延喜式』民部・年料別貢雑物条の大宰府からの品目のなかに「赤木《あかぎ》、南嶋の進《たてまつ》るところ、その数は得るに随う」があり、大宰府が南島の赤木(52)を、獲得次第であるが、都へ貢進することになっていた。東大寺正倉院に伝わる奈良時代の写経関係文書には、経典の軸が「赤木軸」と記されたものがかなりある。また『延喜式』内記・装束位記条では親王の位記（位階を授けられた者に交付される公文書）には赤木軸を

乗る第一船は、第二船とともに沖縄島を出発する時に座礁した（『唐大和上東征伝』）。翌天平勝宝六年に大宰府が使者を派遣して尋ねたところ、第一船は奄美島をめざして出航したが到着地は不明との報告を得ている（『続日本紀』同年三月癸丑条）。このように、大宰府は沖縄諸島や奄美諸島における遣唐使船についての情報を得ることができていた。結局、第一船は逆風に遭って現在のベトナム北部に漂着した（『続日本紀』宝亀一〇年〈七七九〉二月乙亥条）。

(52) アカギ *Bischofia javanica* はコミカンソウ科の常緑高木で、沖縄諸島、台湾、中国南部、東南アジアなどに分布する。

用いると規定されている。ほか、和琴の部品などにも加工され、紫檀《したん》などの高級木材の代用材として重宝された［山里、一九九九］。

律令制にもとづく収取体制が維持されなくなって以後のことだが、藤原実資《さねすけ》の日記『小右記《しょうゆうき》』長元二年（一〇二九）八月二日条によると、大隅国に住む藤原良孝《よしたか》から実資への進物のなかに、「赤木二切、檳榔《びろう》三百把、夜久貝《やくがい》五十口」がある。赤木・檳榔・ヤコウガイは都の貴族に喜ばれる代表的な南方の産物であったと考えられる。良孝は南島と交易する商人を介して入手したのであろう。

檳榔も『延喜式』民部・交易雑物条の大宰府から貢進する品目のなかにあがっている(53)。奈良時代には渤海《ぼっかい》使が帰国に際して求めた品物のなかに「檳榔扇《びろうせん》」があり（『続日本紀』宝亀八年〈七七七〉五月癸酉条）、また『延喜式』の規定でも内膳《ないぜん》や主水《もいとり》などの官司で檳榔扇を用いている。さらに檳榔の葉を裂いて糸状にした檳榔毛で牛車の車体全体を葺いた檳榔毛車が、高位の皇族・貴族に用いられ［京樂、二〇一七］、都での檳榔の消費は多かった(54)。

南島の交易物(2)　ヤコウガイ

ヤコウガイは奈良時代までの史料には登場しない。初見は九世紀後半に編纂されたとされる儀式書『儀式』（巻第三）で、践祚大嘗祭儀《せんそだいじょうさいぎ》において内膳司が用意する初

(53) ビロウ *Livistona chinensis* はヤシ科の常緑高木で、中国名は蒲葵、九州・沖縄・台湾などに自生。沖縄ではクバといい、葉は扇や笠などに利用される。『日本書紀』天智即位前紀には百済救援軍の一人に「狭井連《さいのむらじ》檳榔」の名があり、また奈良県橿原市の藤原京跡左京七条一坊の遺跡から「檳」字が記された七〇〇年前後の木簡三点が出土している。檳榔の貢進は大宰府からだけでなく、『延喜式』民部・年料別貢雑物条では伊予国から二〇〇枚の貢納が定められている。時代は下るが、嘉禎年間（一二三五—三八）に編纂された故実書《こじつしょ》『餝抄《かざりしょう》』に檳榔は近衛家島津庄《しまづのしょう》の「土産」とあり［京樂、二〇一七］、都に流通する檳榔が九州南部

日料のなかに「夜久貝甕《なます》坏八口」とある。また延喜三年(九〇三)一一月二七日の賀茂臨時祭の宴において「夜久螺觴《らしょう》」を祭使らに進めたとあり(『江家次第』巻第六、三月石清水《いわしみず》臨時祭「螺盃」の頭書)、九世紀半ばまでには朝廷で坏や盃に加工されたものが利用されていた。『枕草子』においても石清水臨時祭で「公卿《くぎょう》・殿上人《てんじょうびと》、かはりがはり盃とりて、はてには屋久貝といふ物して飲み立つ」(一四二段)と、酒器として用いていたことが記されている。

ヤコウガイは螺鈿《らでん》の材料としても利用された。奈良時代の正倉院宝物の螺鈿装飾の施された琵琶や鏡の多くは唐からの将来品であるが、楓蘇芳染螺鈿槽琵琶《かえですおうそめらでんそうのびわ》は日本で製作されたとみられ、螺鈿にヤコウガイとアワビが用いられている[木下、二〇〇九]。ただ、日本国内でヤコウガイを用いた螺鈿工芸が本格化するのは九世紀以後のことで、一〇世紀に隆盛に向かい、天治元年(一一二四)に建立された中尊寺金色《ちゅうそんじこんじき》堂《どう》(岩手県西磐井郡平泉町)には、二万七〇〇〇余個ものヤコウガイを用いた螺鈿装飾が施されるにいたる。

赤木や檳榔は遺跡に残らないが、ヤコウガイについては奄美大島北部や沖縄諸島の海岸砂丘上に形成された遺跡において、大量の貝殻等が集積した遺構がみつかっている。鹿児島県奄美市名瀬《なぜ》の小湊《こみなと》フワガネク遺跡は、奄美大島中部の太平洋に面した標高九メートル前後の海岸砂丘上に所在する、六―七世紀の南海産貝類を中心

からもたらされていたことが示唆される。

(54) 檳榔毛は、唐車《からぐるま》の屋根や、網代《あじろ》車の庇や屋根の一部分に使用することもあった[京樂、二〇一七]。『小右記』長和三年(一〇一四)一二月二五日条には、左大臣藤原道長が「檳榔はなはだ得難し」と述べたと記されている。実資は、上古には檳榔毛車は毎年改調せず損壊にしたがって改替していたのに、毎年改張していては当然得難くなると返答している。

(55) 小湊フワガネク遺跡出土の貝札は、種子島の広田遺跡(鹿児島県熊毛郡南種子町)の上層出土資料と類似するもので、供給先と考えられる[奄美市教育委員会、二〇一

図7　小湊フワガネク遺跡調査区11出土，貝匙(右)と貝匙未成品一括出土状態(左)(奄美市立奄美博物館蔵)

に貝製品の製作加工が行われた生産遺跡である。ヤコウガイ製貝匙一〇三点、イモガイ類をおもな材料とする貝札《かいふだ》が(55)、未成品をはじめ、大量の加工されていない貝殻や破片とともに出土し、貝製品の製作工程も明らかになった(56)(**図7**)。在地の兼久《かねく》式土器のほか、釣針や刀子など鉄器二二点が出土し、これらは交易にともなう搬入品とみられている[奄美市教育委員会、二〇一六]。

ヤコウガイは、一一世紀半ばに成立したとみられる『新猿楽記《しんさるがくき》』に交易の商品としてもみえる。八郎真人《まひと》は実在の人物ではないが、利益をむさぼる商人の主領として登場し、取り扱う商品として唐物《からもの》のなかに赤木が、本朝(日本)物のなかにヤコウガイがある。八郎真人は「東は浮囚の地にいたり、西は貴賀《きかい》が嶋に渡る。交易の物、売買の種、あげて数うべからず」とあり、商人が東北地方から南島のキカイガシマまで広範囲に活動するものとして描かれている。

六]。

(56) 奄美大島においてヤコウガイ貝殻を多数出土した遺跡は小湊フワガネク遺跡のほかにも、用《よう》見《み》崎《さき》遺跡・マツノト遺跡・泉川《いずみかわ》遺跡・長浜金久《ながはまかねく》遺跡(いずれも奄美市笠《かさ》利《り》町)などがあり、六世紀から一一世紀前半に位置付けられている[高梨、二〇〇五]。沖縄諸島では、久米島の清水貝塚・北原貝塚・大原第二貝塚(いずれも沖縄県島尻郡久米島町)などにおいて、貝塚時代後期前半から後期後半の時代の多量のヤコウガイ貝殻が出土している[安里、二〇一三]。

なお、奄美大島などでヤコウガイが大量に出土している遺跡の年代観と、日本本土で螺鈿技法が発達してヤコウガイの大量

キカイガシマと鹿児島県城久遺跡群

一一世紀に日本の商人が赴く先とされたキカイガシマの名称が文献史料に初見するのは、一〇世紀末である。長徳三年(九九七)一〇月一日、大宰府からの緊急の連絡によって、奄美島の者が船に乗り武器を持ち、筑前・筑後・薩摩・壱岐・対馬で海夫らを掠奪し、殺害や放火をして人や物を奪い取り、三〇〇人が連れ去られたこと、(57)先年奄美島人が大隅国の民四〇〇人を連れ去ったことのあったことなどが報告された(『小右記』)。『日本紀略《にほんきりゃく》』によると、その後一一月二日に大宰府から「南蛮四十余人を伐獲」したとの報告が届き、翌長徳四年(九九八)九月一四日には、大宰府が「貴駕嶋《きかいがしま》」に下知して南蛮を捕え進めさせることを言上、さらに翌年の長保元年(九九九)八月一九日、南蛮の賊を追討したと言上している。交易の活発化がトラブルを引き起こしたと考えられている[永山、二〇一八]。大宰府は襲撃者を奄美大島に拠点を置く者と認識しているが、その実態としては、九州西海岸だけでなく壱岐・対馬まで至る正確な地理認識と交通知識は奄美島人らのものではありえず、背後に奄美島人と接触のある、宋から南西諸島、九州南部、高麗《こうらい》に及ぶ「越境的交易者」がいたとみなされている[田中史生、二〇一六]。そしてキカイガシマには、大宰府の命令を実行できる人々のいたことがわかる。現在では、城久《ぐすく》遺跡群の発見によ

の需要があったことが確認できる時期とに隔たりがあることや、日本列島の古墳の副葬品にヤコウガイ貝匙が未発見であることなどから、七世紀代までのヤコウガイ貝殻の供給先については諸説があり、必ずしも明らかでない[山里、二〇一二など]。

(57) この襲撃については『権記《ごんき》』『日本紀略』にも記事があり、『権記』では南蛮賊徒が肥前・肥後・薩摩等の国を襲撃したと記し、『日本紀略』も襲撃者を「南蛮」と記す。

り、キカイガシマは喜界島《きかいじま》(鹿児島県大島郡喜界町)を指す個別島名であったと考えられる[永山、二〇〇八]。

喜界島の城久遺跡群は、海岸段丘(標高九〇―一六〇メートル)の縁辺部に展開し、周囲は急崖に囲まれており、遺跡群から奄美大島の島影と、奄美大島と喜界島を隔てる東シナ海が一望できる。ここでは二〇〇三年度からの発掘調査によって九―一五世紀の大規模な集落遺跡が発見された。I期(九―一一世紀前半)には、建物遺構は検出されていないが、在地の兼久式土器がほとんど出土しない一方で、九州系の土師器(甕が圧倒的)、肥後や讃岐産の須恵器、初期貿易陶磁器、東美濃産の灰釉陶器など外来系遺物が多く出土している[澄田、二〇一〇/中島、二〇〇八など]。特に越州窯系青磁は細片まで含めると一七九点あり、当該期の南島で突出した出土量である。これまで兼久式土器しかなかった奄美文化圏のなかに突如として越州窯系青磁や土師器が出現するI期の状況は、人の移動が、律令国家によって戦略的に配置された可能性を示すとされている[喜界町教育委員会、二〇一五]。集落の造営を主導したのは九州本土の人々であった蓋然性が高く、大宰府と関係を持つ外来者と考えられる。この遺跡は、貝塚時代に続くグスク時代(58)への展開に、大きな役割を果たした可能性が想定されている。

(58) グスク時代とは、奄美・沖縄諸島におけるグスク(城)の登場を指標とする時代呼称である。穀類の農耕の開始を契機とし、牧畜・窯業・鉄生産に支えられた生産経済社会へと展開した。本土側の平安時代末期から南北朝時代に並行する。

おわりに——一一世紀の転換

城久遺跡群の最盛期はⅡ期(一一世紀後半—一二世紀)である。庇付き大型建物・掘立柱建物・倉庫などの規格性の高い建物群や鍛冶炉、土葬・焼骨再葬・火葬墓が確認され、九州系土師器・須恵器、白磁、初期龍泉窯系青磁、同安窯系青磁、初期高麗青磁、朝鮮系無釉陶器、滑石製石鍋、滑石混入土器、カムィヤキなどが出土している[59][澄田、二〇一〇](図8)。Ⅰ期からは大きな文化的転換があり、奄美・沖縄諸島のグスク時代的な遺物構成に変わると指摘されている[安里、二〇一三]。

高宮広土によると、城久遺跡群の土壌からオオムギ・コムギ・イネ・アワなどを検出しており、少なくとも一一世紀頃には栽培穀物が主食源となっていた。奄美大島の赤木名《あかきな》グスク遺跡(奄美市笠利町)でも土壌からイネ・オオムギが検出されている。奄美・沖縄諸島では、貝塚時代後期後半まで狩猟・漁労・採集を生業とする社会を継続していたが、続くグスク時代初期にかけて、農耕が奄美諸島から沖縄諸島へ南下して拡散したと考えられている[60][高宮、二〇一八]。弥生時代には九州人と接触しても農耕を受け入れなかった奄美・沖縄諸島において、この時期に農耕集落が急速に増大してゆく背景のひとつに農耕集団の移住が想定されている[安里、二〇一

(59) 城久遺跡群では、一二世紀後半になると遺物量が減少し、Ⅲ期(一三—一五世紀)はこれまでより防御的な構造を持つ集落になる。口禿白磁、ビロースクタイプ白磁、龍泉窯系青磁、青花、カムィヤキが出土し、滑石製石鍋は激減する[澄田、二〇一〇]。

(60) フローテーション法による植物遺体を回収した調査の結果、奄美諸島では八世紀から一二世紀に、沖縄諸島では一〇世紀から一二世紀に、農耕への変遷があったことが判明している。奄美諸島のほうが若干早く取り入れられているが、長い先史時代を勘案すれば、奄美・沖縄への農耕の拡散はほぼ同時期とも言えるとされる[高宮、二〇

三］。それは基本的に九州南部の農耕民であったとの指摘もある［篠田、二〇一八］。グスク時代は、ダイナミックな交流・交易と人々の移住を背景に誕生したとみられる。

一一世紀には、前述のように九州北部においても鴻臚館が衰退し、博多が交易の場となって「白磁の洪水」といわれるほどの大量の中国製白磁が入り始める。長崎県西彼杵《にしそのぎ》半島では滑石製石鍋が製作され始め(61)、北は青森県十三湊《とさみなと》遺跡から南は沖縄県波照間島まで広く流通するが、そこには博多を起点に東シナ海一帯をグローバルに交易する宋商人が大きく関係していると想定されている［松尾、二〇一七］。また、徳之島のカムィヤキ陶器窯跡（鹿児島県大島郡伊仙町）が操業を始めるが、ここには朝鮮系無釉陶器の技術が直接導入されたとみられている。カムィヤキは沖縄県波照間島から鹿児島県本土部まで広域に流通し、点的には前述のように長崎県竹松

図8　城久遺跡群小ハネ遺跡土坑墓6号副葬品のカムィヤキ壺，白磁碗・皿，ガラス玉［喜界町教育委員会，2011］

一八］。

(61)　滑石製石鍋の産地であるホゲット遺跡（長崎県西海市）第六工房跡で採集された炭化物の年代測定から、西暦一〇〇〇年前後には現地で石鍋が製作されていたとされる［松尾、二〇一七］。

(62)　初期琉球王陵である浦添ようどれの墓室発掘調査の成果によると、王族の骨の形質やDNA分析、洗骨や火葬の風習、墓の立地や構造、石厨子の材質や彫刻様式、高麗

遺跡でも出土している。

このように九州と南島では、一一世紀以後に宋や高麗と深くかかわる中世の活発な交易・交流・人々の動きが展開している。南島では農耕により人口が増大するグスク時代を経て、沖縄島に琉球の王権[62]が出現してゆくことになるのである。

系瓦の分析などから、琉球王権の形成には、日本人だけでなく朝鮮人や南中国人も深く関与していたとみられている[安里、二〇一三]。

引用・参考文献

安里　進、二〇一三年「七〜一二世紀の琉球列島をめぐる三つの問題」『国立歴史民俗博物館研究報告』179

奄美市教育委員会、二〇一六年『鹿児島県奄美市史跡小湊フワガネク遺跡総括報告書』

今塩屋毅行、二〇二四年「日向国における頸部に段をもつ土師器甕の軌跡——延暦一四(七九五)年、「俘囚」移郷との関連性について(予察)」『宮崎考古』33

浦添市教育委員会、一九九三年『浦添市文化財調査報告書第二一集　嘉門貝塚B』

小城市教育委員会、二〇一〇年『小城市文化財調査報告書第九集　北小路遺跡一・二区　丁永遺跡一・二・四・五区』

小田和利、二〇一一年「集落と鉄器——北部九州を中心として」『第一四回古代官衙・集落研究会報告書　官衙・集落と鉄』奈良文化財研究所

覚張隆史・米田穣、二〇一六年「酸素同位体分析に基づく馬の産地推定」『奈良文化財研究所研究報告』17

神谷正弘、二〇一一年「新羅王陵・大伽耶王陵出土の夜光貝杓子(貝匙)」『古文化談叢』66

喜界町教育委員会、二〇一五年『喜界町埋蔵文化財発掘調査報告書(一四)　城久遺跡群——総括報告書』

木下尚子、二〇〇一年「古代朝鮮・琉球交流試論——朝鮮半島における紀元一世紀から七世紀の大型巻貝使用製品の考古学的検討」『青丘学術論集』18

木下尚子、二〇〇九年「正倉院伝来の貝製品と貝殻——ヤコウガイを中心に」『正倉院紀要』31

木下尚子、二〇二二年a「琉球列島の先史文化」吉村武彦・川尻秋生・松木武彦編『筑紫と南島』角川選書
木下尚子、二〇二二年b「弥生貝交易の中継地――鹿児島県高橋貝塚のゴホウラ分析から」『国立歴史民俗博物館研究報告』237
木本雅康、二〇一一年「肥前国彼杵・高来両郡における古代官道」『古代官道の歴史地理』同成社
九州歴史資料館、二〇一四年『大宰府政庁周辺官衙跡Ⅴ――不丁地区遺物編2』
京樂眞帆子、二〇一七年『牛車で行こう！　平安貴族と乗り物文化』吉川弘文館
佐賀県教育委員会、二〇〇八年『佐賀県文化財調査報告書第一七五集　中原遺跡Ⅱ』
佐賀県教育委員会、二〇〇九年『佐賀県文化財調査報告書第一七九集　中原遺跡Ⅲ』
篠田謙一、二〇一八年「DNAからみた南西諸島集団の成立」高宮広土編『奄美・沖縄諸島先史学の最前線』南方新社
柴田博子、二〇二一年「古代の九州と馬」佐々木虔一・川尻秋生・黒済和彦編『馬と古代社会』八木書店
下地安広、一九九九年「沖縄県嘉門貝塚出土の楽浪系土器」『人類史研究』11
鈴木靖民、二〇一四年『日本古代の周縁史――エミシ・コシとアマミ・ハヤト』岩波書店
澄田直敏、二〇一〇年「喜界島城久遺跡群の発掘調査」ヨーゼフ・クライナーほか編『古代末期・日本の境界――城久遺跡群と石江遺跡群』森話社
高島英之、二〇二三年「刻書紡輪」吉村武彦・加藤友康・川尻秋生・中村友一編『墨書土器と文字瓦――出土文字史料の研究』八木書店
高梨　修、二〇〇五年『ヤコウガイの考古学』同成社
高宮広土、二〇一八年「先史時代の人々は何を食べたか――植物食編　最前線」同編『奄美・沖縄諸島先史学の最前線』南方新社
高宮広土、二〇二一年『奇跡の島々の先史学――琉球列島先史・原史時代の島嶼文明』ボーダーインク
武末純一、二〇一六年「日本列島の楽浪系土器概観」『長崎県埋蔵文化財センター調査報告書第一八集　原の辻遺跡　総集編Ⅱ――平成17年度から平成26年度までの調査成果』

田中克子、二〇一七年「鴻臚館時代の貿易陶磁器と交易」福岡市博物館編『発見一〇〇年記念特別展　よみがえれ！　鴻臚館――行き交う人々と唐物』
田中克子、二〇一八年「貿易陶磁器の流通」田中史生編『古代日本と興亡の東アジア』竹林舎
田中史生、二〇一六年『国際交易の古代列島』角川選書
田中史生、二〇一八年「国際交易者の実像――史実と古代文学」同編『古代日本と興亡の東アジア』竹林舎
田中史生、二〇二〇年「律令制国家の政治・文化と渡来系移住民」吉村武彦・吉川真司・川尻秋生編『シリーズ古代史をひらく　渡来系移住民――半島・大陸との往来』岩波書店
千賀　久、二〇一二年「象嵌大刀と馬の墓」『シンポジウム「島内地下式横穴墓群の出土品の評価と被葬者像」予稿集』宮崎県えびの市教育委員会
千賀　久、二〇一九年「日本に伝えられた馬文化」右島和夫監修、青柳泰介ほか編『馬の考古学』雄山閣
長　直信、二〇一六年「豊前・豊後の官衙・集落と土器様相」『第一九回古代官衙・集落研究会報告書　官衙・集落と土器2』奈良文化財研究所
辻　正博、二〇一〇年『唐宋時代刑罰制度の研究』京都大学学術出版会
辻田淳一郎、二〇二二年「鏡の副葬」吉村武彦・川尻秋生・松木武彦編『シリーズ　地域の古代日本　筑紫と南島』角川選書
土橋理子、一九九三年「日本出土の古代中国陶磁」奈良県立橿原考古学研究所附属博物館編『貿易陶磁――奈良・平安の中国陶磁』臨川書店
鄭国珍・栗建安・田中克子、一九九九年「福州懐安窯貿易陶磁研究」『博多研究会誌』7
徳留大輔、二〇一三年「日本出土の中国産青磁の動向――龍泉窯系青磁を中心に」『岩手大学平泉文化研究センター年報』1
鳥栖市教育委員会、二〇二一年『鳥栖市文化財調査報告書第九六集　門戸口遺跡　市庁舎建設に伴う埋蔵文化財発掘調査』
長崎県教育委員会、二〇一七年『新幹線文化財調査事務所調査報告書第五集　九州新幹線西九州ルート（長崎ルー

ト)建設に伴う埋蔵文化財発掘調査報告書Ⅴ　竹松遺跡Ⅱ』
中島恒次郎、二〇〇八年「大宰府と南島社会——グスク社会形成起点」池田榮史編『古代中世の境界領域——キカイガシマの世界』高志書院
永田　一、二〇一四年「西海道俘囚の再検討」『弘前大学　国史研究』136
中野和浩、二〇一三年「えびの市の官道と牧について」『えびの市歴史民俗資料館年報』5
中村明蔵、二〇〇三年「古代の沖縄と『隋書』流求伝——六～七世紀、沖縄史への接近」『地域総合研究』30—2
永山修一、二〇〇八年「文献から見たキカイガシマ」池田榮史編『古代中世の境界領域——キカイガシマの世界』高志書院
永山修一、二〇一八年「列島南方史からみた日本とアジア」田中史生編『古代日本と興亡の東アジア』竹林舎
橋本達也編、二〇二一年『えびの市埋蔵文化財調査報告書第六〇集　島内一三九号地下式横穴墓Ⅱ』宮崎県えびの市教育委員会
平川　南、二〇一七年「俘囚と夷俘」[平野編、二〇一七]所収
平野　修編、二〇一七年『「俘囚・夷俘」とよばれたエミシの移配と東国社会——強制移住させられたエミシはどこに居たのか?そして何をしていたのか?』日本学術振興会科学研究費補助金研究成果公開シンポジウム、帝京大学文化財研究所・山梨県考古学協会共催
堀田孝博、二〇一〇年「物の動きから見た都城盆地の境界性——古代後半期の陶磁器類を中心として」地方史研究協議会編『南九州の地域形成と境界性——都城からの歴史像』雄山閣
松尾秀昭、二〇一七年『石鍋が語る中世　ホゲット石鍋製作遺跡』新泉社
松川博一、二〇二三年『古代大宰府の政治と軍事』同成社
松村一良、二〇一三年「西海道の集落遺跡における移配俘囚の足跡について——豊前・筑前・筑後・肥前四国の事例を中心にして」『内海文化研究紀要』41
都城市教育委員会、二〇一四年『都城市文化財調査報告書第一一一集　真米田遺跡・七日市前遺跡』
桃﨑祐輔、二〇一二年「牧の考古学——古墳時代牧と牛馬飼育集団の集落・墓」日韓集落研究会編『日韓集落の研

究——弥生・古墳時代および無紋土器～三国時代（最終報告書）』
桃﨑祐輔、二〇一九年「九州島における馬文化の受容」右島和夫監修・青柳泰介ほか編『馬の考古学』雄山閣
山里純一、一九九九年『古代日本と南島の交流』吉川弘文館
山里純一、二〇一二年『古代の琉球弧と東アジア』吉川弘文館
吉村武彦、一九八五年「大伴宿祢村上と橘奈良麻呂の変」『千葉史学』7
渡辺真紀子、一九九〇年「黒ボク土の生成と農耕文化——とくに放牧との関わりについて」『お茶の水地理』31

挿図引用文献

奄美市教育委員会、二〇〇七年『奄美市文化財調査報告書Ⅰ　小湊フワガネク遺跡群Ⅱ』
えびの市教育委員会、二〇一八年『えびの市埋蔵文化財調査報告書第五五集　島内139号地下式横穴墓Ⅰ』
えびの市教育委員会、二〇二一年『えびの市埋蔵文化財調査報告書第六〇集　島内139号地下式横穴墓Ⅱ』
喜界町教育委員会、二〇一一年『喜界町埋蔵文化財発掘調査報告書（一一）　城久遺跡群　前畑遺跡・小ハネ遺跡』
新里貴之、二〇一〇年「南西諸島の様相からみた喜界島」ヨーゼフ・クライナーほか編『古代末期・日本の境界——城久遺跡群と石江遺跡群』森話社
福岡市博物館、二〇一七年『発見一〇〇年記念特別展　よみがえれ！　鴻臚館——行き交う人々と唐物』

コラム　隼人の朝貢

隼人《はやと》は『日本書紀』神代などにもみえるが、具体的な姿で登場し、確実に史実と判断できるのは天武朝からである。天武一一年(六八二)、飛鳥に隼人が多く朝貢に来て方物を貢上し、「大隅隼人」と「阿《あ》多《た》隼人」が朝庭で相撲をとったとある記事(『日本書紀』同年七月甲午条)が初見となる[中村、二〇一九]。大隅と阿多は、のちに大隅国大隅郡と薩摩国阿多郡の郡名になる地名で、大隅半島の肝属《きもつき》川流域と、薩摩半島の万之瀬《まのせ》川流域にあたることから、これらの地域を本拠とした人々であったと考えられる。七世紀後半の隼人の居住域は筑紫総領(筑紫大宰)の担当で[柴田、二〇二二]、持統三年(六八九)には隼人一七四人が筑紫総領に引率されて朝貢し、麻布・牛皮・鹿皮を献上している(『日本書紀』同年正月壬戌条)。奄美人など南島からの朝貢者に類する動きであった。

八世紀になると令制にもとづく薩摩国・大隅国が置かれ、隼人は国司の管理下に入って「薩摩隼人」「大隅隼人」と国名で称される。和銅二年(七〇九)には一八八人、養老七年(七二三)には六二四人という規模で朝貢し、天皇の前で服属儀礼となる風俗歌舞を奏し、酋帥《しゅうすい》層を対象に叙位・賜禄がなされた(『続日本紀』和銅二年一〇月戊申条、養老七年五月辛巳条)。また元日朝賀や即位の儀式などにも参列した。朝貢した隼人は当初、長期にわたって都に留め置かれていたが、故郷の家族が苦労していることを理由に、霊亀二年(七一六)から六年交替制とされた(『続日本紀』同年五月辛卯条)。

天平期までには、畿内および周辺に公民として居住する隼人のいたことが知られている。「山背《やましろ》国隼人計帳」は天平七年(七三五)か八年頃の山背国綴喜《つづき》郡大住《おおすみ》郷(現在の京都府京田辺市大住)のものとみられ、「戸主従八位上隼人大麻呂」をはじめとして「隼人」

「隼人国公《はやとのくにきみ》」「大住忌寸《いみき》」「大住隼人」「阿多君」などのウジをもつ人名が列挙されている。また天平一四年（七四二）の「近江国志何《しか》郡古市《ふるち》郷戸《こ》口手実《こうしゅじつ》」（古市郷は現在の滋賀県大津市）には「阿多隼人」のウジをもつ人名がみえる。これら畿内周辺に居住している隼人も、朝廷での役割を交替で務めた。

　隼人の朝貢は、延暦二〇年（八〇一）に停止された（『類聚国史』巻一九〇隼人、同年六月壬寅条）。前年に、大隅・薩摩両国で本格的に班田収授を実施することになったことが契機と考えられる（『類聚国史』巻一五九口分田、延暦一九年一二月辛未条）。これにより大隅・薩摩の人々はみな天皇の公民となり、以後、九州南部の居住者を隼人と呼ぶ例は確認できなくなる［永山、二〇〇九］。都においても延暦二四年（八〇五）には、「大替《だいたい》隼人」（交替で上京していた隼人）の風俗の歌舞を停止した（『日本後紀』同年正月乙酉条）。九州南部からの往来はなくなったのである。

　かつては、隼人を東南アジア系などとする南方渡来説や、海人説などが唱えられたことがあった。近年、大隅隼人の本拠地周辺の五世紀代の地下式横穴墓出土人骨についてミトコンドリアDNA分析がなされ、九州本土の縄文人の系統とともに、大陸由来の渡来系弥生人の系統が見いだされたことから、大隅では両者の混血が進んでいたようである［篠田ほか、二〇二二］。のちに隼人とされて朝貢を課された人々のなかには、このような人々の末裔がいた可能性がある。

◉篠田謙一・神澤秀明・角田恒雄・安達登・竹中正巳「南九州古墳時代人骨のミトコンドリアDNA分析――島内地下式横穴墓群・町田堀遺跡・立小野堀遺跡」『国立歴史民俗博物館研究報告』228、二〇二一年
◉柴田博子「令制日向国の成り立ちと大隅・薩摩」坂上康俊編『古代中世の九州と交流』高志書院、二〇二二年
◉中村明蔵『隼人の古代史』吉川弘文館、二〇一九年
◉永山修一『隼人と古代日本』同成社、二〇〇九年

北海道　北方との窓口

蓑島栄紀

はじめに
1　北方史・アイヌ史における「古代」の幕開け
——三・四世紀—七世紀
2　古代国家と擦文文化・オホーツク文化の交流
——八—九世紀
3　古代—中世移行期の日本・北東アジアと北海道
——一〇—一二世紀
おわりに——「アイヌ史」のなかの古代北海道史
コラム　**古代日本の「鷲羽」と北海道**

はじめに

北海道とその周辺地域は、環境や生態系の面で、日本列島のなかでも独特の様相をみせる。北海道は、世界気候区分における亜寒帯の南限に位置し、そのことは、そこに生きる人々のくらし、文化・社会にも大きく影響した。もちろん、津軽海峡は歴史的に必ずしも文化の障壁ではなく、各種の境界は北海道の内外にグラデーション状に存在した。[1] ただし、津軽海峡に、生物地理学上のブラキストン線[2]が走っていることの意義は軽視できない。北海道以北の自然環境は、本州以南には生息しないか、質的・量的に限られた各種の生物資源の宝庫であり、それは、北海道と、南に接する本州との社会を結びつける一因となった。環境・生態系にもとづく「差異」は、生産されるモノの「価値」に転じ、相互に活発な交流を引き起こしたのである。

とりわけ、本州に倭国、さらには日本古代国家が出現すると、北海道とその周辺の社会は、農耕生産に基盤を置き、律令制を体系的に導入した政治的社会・国家と隣り合うことになった。古代の北海道は、「東アジア」に由来する秩序の外縁に接続したのである。

(1) 例えば、北海道内における環境・生態・文化の境界として、石狩低地帯や、黒松内低地帯(ブナ林帯の北限)を境とする道南西部と道東北部との差異はとりわけ重視されている。

(2) トーマス・ブラキストンが提唱し、ジョン・ミルンが命名した動物相の分布境界線であり、ヒグマ、クロテン、シマフクロウなどの生息の南限となっている。

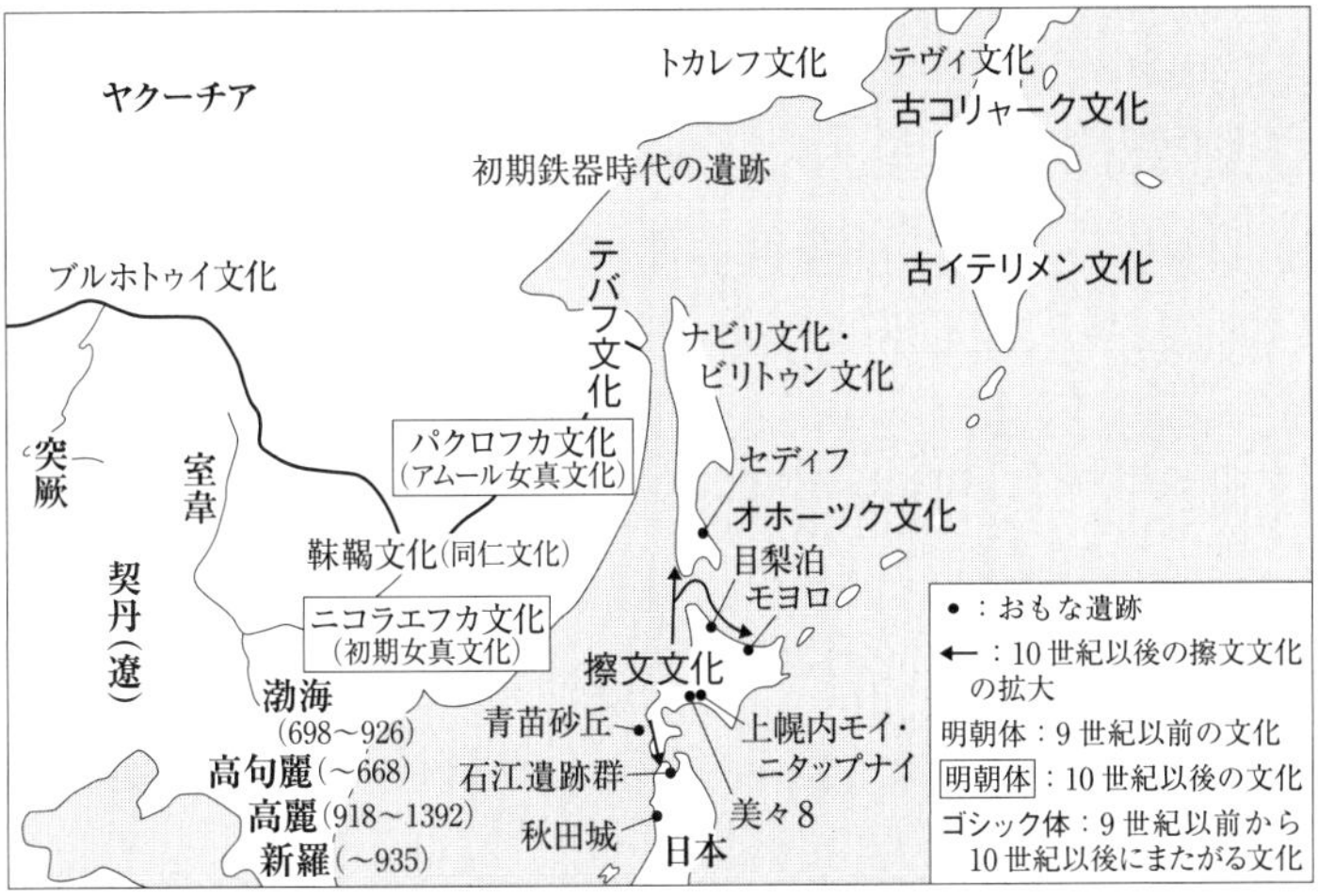

図1 古代北東アジア図([蓑島, 2015]を加筆修正)

その一方で、北海道からサハリン、間宮《まみや》海峡を経由して、ユーラシア極東の大河、アムール川流域につながる道もあった。そこには、狩猟・漁撈を主たる生業とし、中国王朝から「靺《まっ》鞨《かつ》」(3)や「女真《じょしん》」などと呼ばれた人々の活動する地域が広がっていた。ここでは、この地域を「北東アジア」と呼ぶことにしよう。この地域には、中国王朝のほか、高句麗《こうくり》・渤海《ぼっかい》などの諸王権・国家が隣接しており、また突厥《とっけつ》やウイグル、契丹《きったん》(遼《りょう》)など、「北アジア」の遊牧勢力も、靺鞨や女真の動向に多大な影響を及ぼした(**図1**)。

(3) 隋・唐代に現在の中国東北地方やロシア沿海地方、アムール地方に居住した人々の総称。伝説的な「粛慎《しゅくしん》」や、後漢―三国時代の「挹婁《ゆうろう》」等の後継集団とみなされる。多様なグループに分かれて活動したが、その後次第に渤海の支配を受けた。また、南部靺鞨の粟末《ぞくまつ》靺鞨の一部は渤海建国の母体となった。一〇世紀に登場する「女真」(女直)は靺鞨の後継集団。

北海道とユーラシア大陸を結ぶ上記の「サハリン・ルート」の存在は、従来から大きな関心を集めてきた。ただし近年、実証的研究の進展により、考古学研究者の多くは、このルートの意義を過度に重視することに慎重な姿勢をとっている〔福田、二〇〇七など〕。とはいえ、その時々の歴史的な条件によっては、こうした「北回り交流」の役割が相対的に大きかった時期があることも否定できない。その実態と意義は、依然として重要な研究課題である。

また、北海道からオホーツク海沿岸を北上した諸地域に広がる「環オホーツク海域」や、千島《ちしま》列島を辿ってカムチャツカ半島やその先に至る地域などにも、古くから人々の文化や社会の独自の営みがみられた。そこには、さらに寒冷で農耕が不可能な、狩猟・漁撈やトナカイ遊牧などに依拠する世界が広がっていた(4)。

北海道は、巨視的にみればこれら複数の地域システムが交差する境界に位置し、それぞれの隣接諸地域にゆるやかに連続していた。アイヌ民族の歴史・文化は、こうした諸地域システムが交錯する場を舞台とするダイナミックな交流と変容のプロセスでもあった。したがって、歴史研究における「東アジア世界」論や、近年の「東部ユーラシア世界」論などの広域史モデルは、北海道史やアイヌ史を視野に入れて考察される必然性がある。

本章では、以上のような前提のもとに、近年の古代史と考古学の研究成果からみ

(4) 文化人類学上の区分では、これらの地域も「北東アジア」に含まれることが多い。

た古代北海道史の要点と課題を、周辺諸地域との多彩な「交流」の実態に着目しつつ概観したい。

1　北方史・アイヌ史における「古代」の幕開け
——三・四世紀—七世紀

続縄文文化期の北海道と東北・倭国

北海道の歴史の独自性は、旧石器時代や縄文時代にさかのぼって指摘され、近年ではこれらの時代を含む長期的な過程としての「アイヌ史」の構想も議論される[(5)]。そうした問題意識を踏まえたうえで、本章では、北海道の古代史を続縄文《ぞくじょうもん》文化期(前四—後七世紀)から説き起こすことにしたい。旧石器時代や縄文時代には、北海道と本州とのあいだには、曲がりなりにも共通性の高い物質文化や生業・社会があった[(6)]。しかし、本州以南に水稲農耕およびそれと密接な経済・社会システムが広がった時代、北海道の歴史は、本州以南とは大きく異なる方向に分岐した。このことは、続縄文文化期の北海道史を、単に弥生文化(とりわけ稲作)が波及せず、狩猟採集経済が継続した地域としての消極的な意味で把握するものではない。続縄文文化期の北海道では、本州方面における政治的社会の形成や金属器の流通などと連関し

(5) 二〇二〇年にオープンした白老《しらおい》町の国立アイヌ民族博物館の展示コンセプトでは、旧石器時代以来の北海道の歴史を一貫して「私たちの歴史」=「アイヌ史」として取り扱っている。

(6) ただし、「縄文文化」を必ずしもひとつの強固な文化的まとまりとして把握せず、当時の列島内の地域差を重視して、より多元的な文化状況を主張する見解もある。

つつ、地域の条件に根差し、高度な自律性のもとに新たな文化が展開したのである。

続縄文文化期は、前半期（前四―後二世紀）と後半期（三―七世紀）に分けられる。縄文文化との相違のひとつとして、生業における漁撈の比重増が指摘されており［藤本、一九八八］、近年の研究でも、この視座が発展的に継承されている。前半期の石狩低地帯では、サケ漁の比重増が著しい。また、道南・道央から道東の太平洋沿岸部では、ヒラメやメカジキなどの大型魚類の漁撈が進展するが、それは社会的な威信獲得と連動する現象とみられている［鈴木信、二〇二二］。ただし前半期においては、道内の各地が文化的に一様でなく、地域差が大きい。また、金属器の流入は、はじまってはいたものの、まだ石器に取って代わるほどの普及をみせず、希少財としての位置づけであった。

一方、後半期は、広域的な斉一性の目立つ時代としてとらえられる。明確な竪穴住居がほとんどみられず、遊動性の高い生活が推定される［石井、一九九七］。当該期には、続縄文土器や北海道的墓制（ウサクマイ葬法）(7)、黒曜石製のラウンド・スクレイパー(8)などが、本州東北地方の各地（続縄文土器の一部は新潟県に及ぶ）でも広く確認される。規模や程度について評価が分かれるが、北海道系文化が本州へ顕著な南下を示し、移住する人々もいた可能性がある。南下の要因として、鉄器の確保を目的とする交易のほか、寒冷化や、それらの複合要因を指摘する諸説があるが、続縄

(7) 土《ど》壙《こう》墓《ぼ》の壁面に「袋状ピット」という掘り込みを設けて土器を埋納する。墓壙内にしばしば二個かそれ以上の置き石がされる。小柱穴を有し、上屋や木槨《もっかく》の存在が推測される。

(8) 円形掻器《そうき》。毛皮をなめすために用いた円形の石器。

文後半期に鉄器の普及が進展し、同時期に本州との交流・交易も拡大するという大局的な流れは認めてよかろう。

続縄文後半期には、動物遺存体の分析から、サケ漁撈重視の経済がより明瞭となり（札幌市K135遺跡など）、しかもそうした生業形態が北海道内の広範囲に拡大することが判明している［高瀬、二〇二二］。このことは、対外交易の増大と結びつく可能性が高いが、この時期において、北海道産のサケそのものが本州との交易品であったかについては議論がある(9)。鈴木信は、続縄文文化期や擦文《さつもん》文化期（後出）のサケは、本州へ向けた「渡海交易」の交易品ではなく、それを下支えするため道内で流通する「域内交易品」であったと推定する［鈴木信、二〇二一］。いずれにせよ、漁撈、とくにサケ漁撈に軸足を置く続縄文後半期の「資源利用」は、その後、近世のアイヌ文化にまで連続する生業・経済の基本形態の成立ともみなされる［高瀬、二〇二二］。

同時期の東北地方には、古墳文化・土師器《はじき》文化が北上し、南下する続縄文文化とクロスする状況がみられる。最北の前方後円墳とされる岩手県奥州市の角塚《つのづか》古墳（五世紀後半）の付近には、角塚の造営と関連する集落とみられる中半入《なかはんにゅう》遺跡が存在するが、当遺跡では続縄文文化の北大I式土器や、多量の黒曜石器が出土しており、続縄文文化との密接なつながりを示唆する。当時の東北地方の黒曜石は、大半が湯の倉（宮城県）などの地元産だが、一部に北海道産も含まれる。また、石器のなかで

（9）南北朝期—室町前期に成立した『庭《てい》訓《きん》往《おう》来《らい》』には、諸地域の産物のひとつに「夷《えぞ》の鮭《さけ》」が登場しており、遅くとも中世には、日本海交易のなかで北海道産のサケが本州への交易品として多量に出荷される状況があったとわかる。

も、ラウンド・スクレイパーの出土は、皮革加工に従事する人々の存在を示唆する。北海道から続縄文文化を担う人々が南下して皮革加工をおこなったか、その影響下に、古墳文化系の人々が皮革加工に従事したか、あるいはその両方であろう。黒曜石器は、続縄文文化においては副葬品でもあり、宗教的・儀礼的な性格を備えていた。したがって、当時の東北社会で、皮革加工に黒曜石器が使用されることには、実用的な意味にとどまらず、続縄文文化との関係をふまえた象徴的な意味が想定される[高瀬、二〇二二]。角塚の被葬者は、当時の古墳文化の北縁において、続縄文文化の世界とつながる生産・交易に深く関与する有力者だったことを想定しうる。(10)

オホーツク文化と大陸との交渉

一方、五―六世紀のサハリン南部から北海道道北にかけての地域には、オホーツク文化(11)の形成がみられた。オホーツク文化は、五―九世紀にかけてサハリン・北海道道北・道東・千島列島の沿岸部に広がった、高度に海洋適応をとげた文化である。海洋漁撈と海獣狩猟をおもな生業とし、大陸や本州方面との交易活動もおこなった。とりわけ、七世紀のオホーツク文化には、大陸の靺鞨の土器文化の影響を受けた刻《こく》文《もん》系の土器が普及し、金属製品などの多くの大陸製品を保有するようになる。同じ時期に、オホーツク文化は道東の沿岸部や千島列島に分布を拡大する。

(10) 一方で、中半入遺跡では五世紀中頃―六世紀初頭のカマド住居や陶《すえ》邑《むら》系須恵器など、渡来系の人々の足跡も指摘されており[亀田、二〇二〇]、当時のこの地域における文化複合の様相とその背景は興味深い課題である。

(11) 三―四世紀頃にサハリン南部と道北に存在した鈴谷《すすや》式土器文化をルーツのひとつとし、五―六世紀の突瘤文《とつりゅうもん》・刺突文《しとつもん》土器（十和田式土器）の時代に成立。七世紀の刻文土器の時代、広範囲に斉一的な土器文化を拡大するが、八―九世紀の沈線《ちんせん》文《もん》・貼付文《はりつけもん》土器の時代には、地域ごとの個性を強める。一〇世紀には隣接する擦文文化の影響を受けて変容する（道北の元《もと》地《ち》式土器、道東のトビニオホーツク文化の展開については、文献史料の記述と照らし合わせることで、その歴史的背景をより立体的に理解することが可能である。中国の複数の古典に、唐代の「流鬼《りゅうき》」という北方民族に関する記述がみられる（『通典《つてん》』辺防一六北狄《ほくてき》伝、『新唐《しんとう》書《じょ》』東夷伝など）。流鬼は「三面」を海に囲まれた島の中に散居し、靺鞨と盛んに交易したとされる。当時、靺鞨は唐と通交しており、その誘いにより、流鬼は唐の貞観一四年（六四〇）に「貂皮《ちょうひ》」（テンの皮）を携えて唐に朝貢した。流鬼の使節（「王子」）は、唐から「騎都尉《きとい》」の官職を得た。

流鬼の居住地には、古くからカムチャツカ説とサハリン説とがあるが、サハリン説が有力である［菊池、一九九五など］。当時のサハリンはオホーツク文化の分布域であり、「流鬼」は主としてサハリンのオホーツク文化の人々にあたると思われる。越田賢一郎は、「流鬼」の語義について、「海を生活の舞台としている鬼のような集団」の意と解釈し、高度な海洋適応をとげたオホーツク文化集団の様子を、中華思想の認識バイアスによってとらえたものと想定している［越田、二〇〇九］。

『隋書』によれば、靺鞨は「七部」に分かれ、高句麗に属するものと突厥に属するものとがあった（『隋書』靺鞨）。なかでも、「尤《もっと》も勁健《けいけん》」とされた北部の黒水《こくすい》靺鞨は突厥に服属していた(12)。六三〇年に突厥第一可汗《かがん》国が滅亡すると、北アジアでは薛《せつ》延陀《えんだ》(13)が一時優勢となるが、その支配は黒水靺鞨には十分に及ばなかった［菊池、一九

タイ式土器）。一方、サハリンでは一二世紀頃まで存続（南貝塚式土器）。

（12）八世紀の事例だが、渤海建国からしばらくの期間、黒水靺鞨は突厥の「吐屯《ととん》」（派遣官）の支配を受けていたことが知られる（『旧唐書《くとうじょ》』北狄・渤海靺鞨）。

（13）テュルク系遊牧民の鉄勒《てつろく》の一部。

八九］。つまり、六四〇年に流鬼が唐に朝貢した背景として、突厥の滅亡によってそのくびきを脱した黒水靺鞨が、自律的な活動を強めたことが想定される。こうしたなかで、オホーツク文化の人々は、靺鞨との通交に後押しされ、交易品としての陸海獣の毛皮などを求めて、道東や千島列島まで分布を拡大していったのであろう。

オホーツク文化の遺跡では、青銅製帯飾板・青銅製小鐸《しょうたく》・軟玉製環・曲手刀子《まがりてとうす》・鉄鉾《ほこ》など、多くの大陸製品が確認される［菊池、一九九五／臼杵、二〇〇四］。青銅製帯飾板は、網走市モヨロ貝塚、北見市栄浦《さかえうら》第二遺跡、枝幸《えさし》町目梨泊《めなしどまり》遺跡から出土し（七―八世紀前半）、オホーツク文化を代表する靺鞨・女真系遺物である［臼杵、二〇〇四］（**図2**）。同じく大陸製とみなされる軟玉製環は、モヨロ貝塚など、オホーツク文化の遺跡のほか、積丹《しゃこたん》半島東辺の小樽《おたる》市蘭島《らんしま》遺跡のように、後述の擦文文化早期（七世紀）の遺跡からの出土例もある。

オホーツク文化の枝幸町目梨泊遺跡では、銅製の銙《か》(14)（丸鞆《まるとも》）一点が出土している（**下図**）。表面がやや窪み、稜線の浮き上がる形状で、大陸製と考えられる。『新唐書』車服志によれば、唐の高祖のとき、銙は一・二品が金、六品以上が犀《さい》(15)、九品以上は銀とされる。『旧唐書《くとうじょ》』職官志の注によれば、流鬼の使節が授けられた騎都尉は、六四〇年の時点では七品下の官であり、銀の銙に相当する。今後、オホーツク文化の遺跡から銀製の銙が出土することを期待してみたくなる［越田、二〇〇九］。

(14) 銙は金属製や石製の飾りで、方形の巡方、円形の丸鞆がある。腰帯に銙を並べてとりつけたものを銙帯といい、官人の身分標識としての機能を有した。

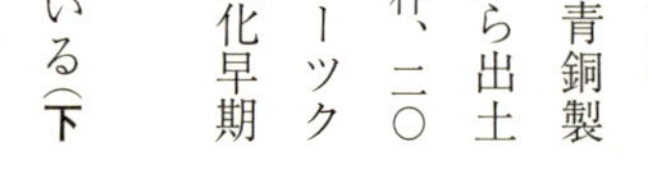

枝幸町目梨泊遺跡出土の銅製銙（国指定重文）［枝幸町教育委員会編、一九九四］

(15) サイの角。

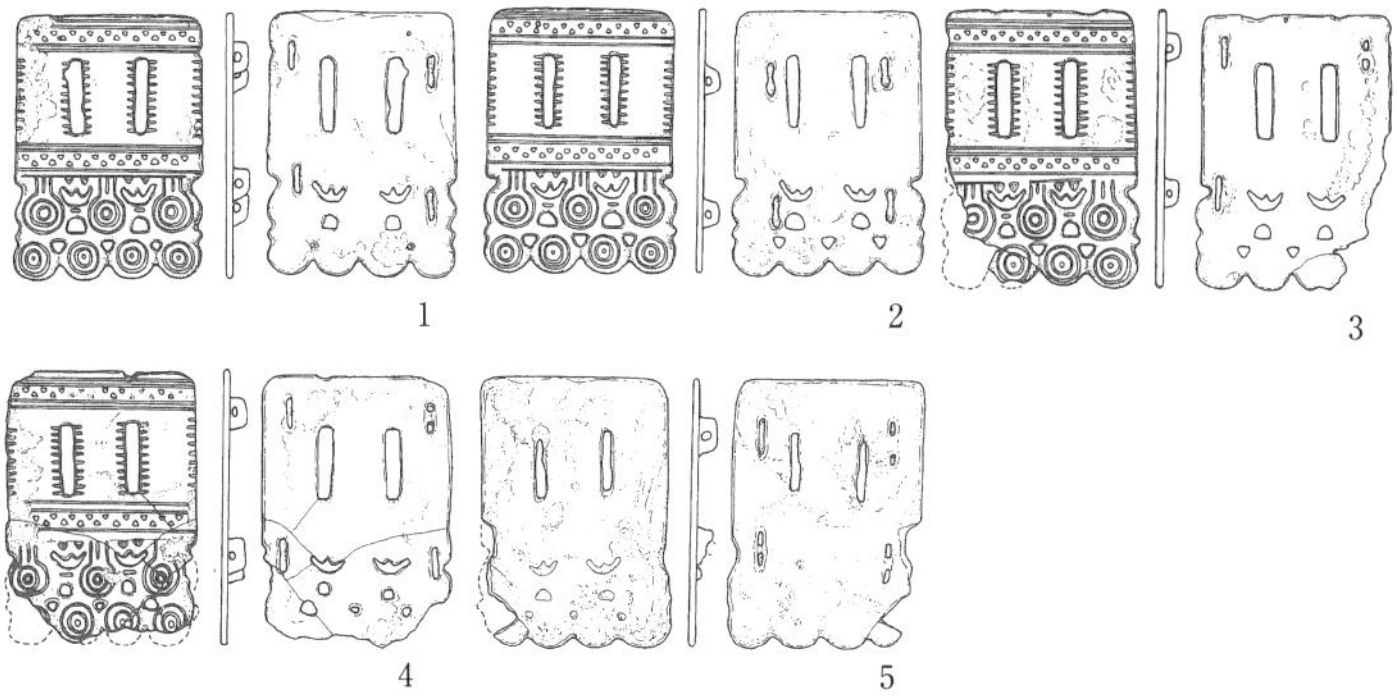

図２　枝幸町目梨泊遺跡出土の青銅製帯飾板(国指定重文)［枝幸町教育委員会編，1994］

その一方で、八世紀以後の沈線文《ちんせんもん》・貼付《はりつけ》文《もん》期のオホーツク文化の遺跡からは、蕨手《わらびて》刀《とう》(16)などの本州製品の出土例も増加するようになる(**下図**)。八世紀のオホーツク文化は、黒水靺鞨を中心とする大陸の勢力と、本州・日本社会の双方との交流を有していたが、後述のように、八世紀後半頃から、しだいに本州・日本方面との交流が比重を増していったと考えられる。

古代国家形成期の北方政策と擦文文化

主として本州文化との接触・交流によって変容した続縄文文化は、七世紀後半に擦文文化(17)に移行する。

擦文文化は、本州の土師器文化から大きな影響を受けて成立したが、続縄文文化を受け継いだ側面も軽視できない。榊田朋広

(16) 柄頭《つかがしら》が早蕨《さわらび》のような形を呈する鉄刀。八—九世紀に盛行し、とくに北海道・東北を含む東日本中心に分布する。

蕨手刀(千歳市ウサクマイA遺跡出土、画像提供＝千歳市教育委員会)

は、擦文土器の成立と変遷に、外来の土師器からの影響だけでなく、在来の続縄文土器からの根強い継承面を指摘し、そこに「外部の歴史と密接でありながらそれに埋没することなく展開してきた北海道史の縮図」がみられるとする〔榊田、二〇一六〕。続縄文文化・擦文文化を「アイヌ史」という視点からとらえるうえでも留意すべき指摘であろう。

さて、続縄文終末期から擦文早―前期にかけての北海道道央では、鉄製品を副葬する墓の例が増大し、なかでも刀剣のような「威信財《いしんざい》」[18]の副葬が目立つようになる[19]（図3）。このことは、七世紀の北海道において、本州方面との交流形態が大きく変容したこと、ひいては王権・国家レベルの介入があった可能性を示唆する。

『日本書紀』の斉明四―六年（六五八―六六〇）にかけて、「越国守《こしのくにのかみ》」（国宰《くにのみこともち》）阿倍《あべ》比羅夫《ひらふ》による北航が記録されている。斉明四年夏四月条において、阿倍臣《あべのおみ》の船団は「齶田《あぎた》」（秋田）・「渟代《ぬしろ》」（能代《のしろ》）のエミシを「降」し、「渟代」と「津軽」に「郡領」を定め、さらに「有間浜」（津軽十三湊《とさみなと》説が有力）で「渡嶋蝦夷《わたりのしまのえみし》」を「大饗」して帰したとされる。ここでの「渡嶋蝦夷」は、北海道のエミシ＝当時の擦文文化早期の人々に当たる可能性が高い〔関口、二〇〇三など〕。

斉明五年三月是月条に、阿倍臣は「後方羊蹄《しりべし》」に「政所《まつりごとどころ》」「郡領」を置いて帰ったとされるが、これは北海道での出来事である可能性がある。大宝令以前のこの

(17) およそ七世紀後半頃から一二・一三世紀頃まで、北海道島とその周辺に存在した考古学的文化。木のヘラで表面を調整した痕跡（刷毛目＝擦文）をもつ土器から命名された。アイヌ文化・民族の直接的な母体とみられている。サケマス類の河川漁撈やシカ猟のほか、発達した雑穀農耕をおこなっていた。当初、本州系の土師器文化の影響を強く受けて成立したが、九―一〇世紀頃には文化的な独自性が顕著となる。ほぼ完全な鉄器文化であり、近隣地域との活発な交易をおこなった。一〇世紀以後にはオホーツク文化を変容させ、さらにサハリン南部や千島列島南部、東北北部にも影響を広げた。

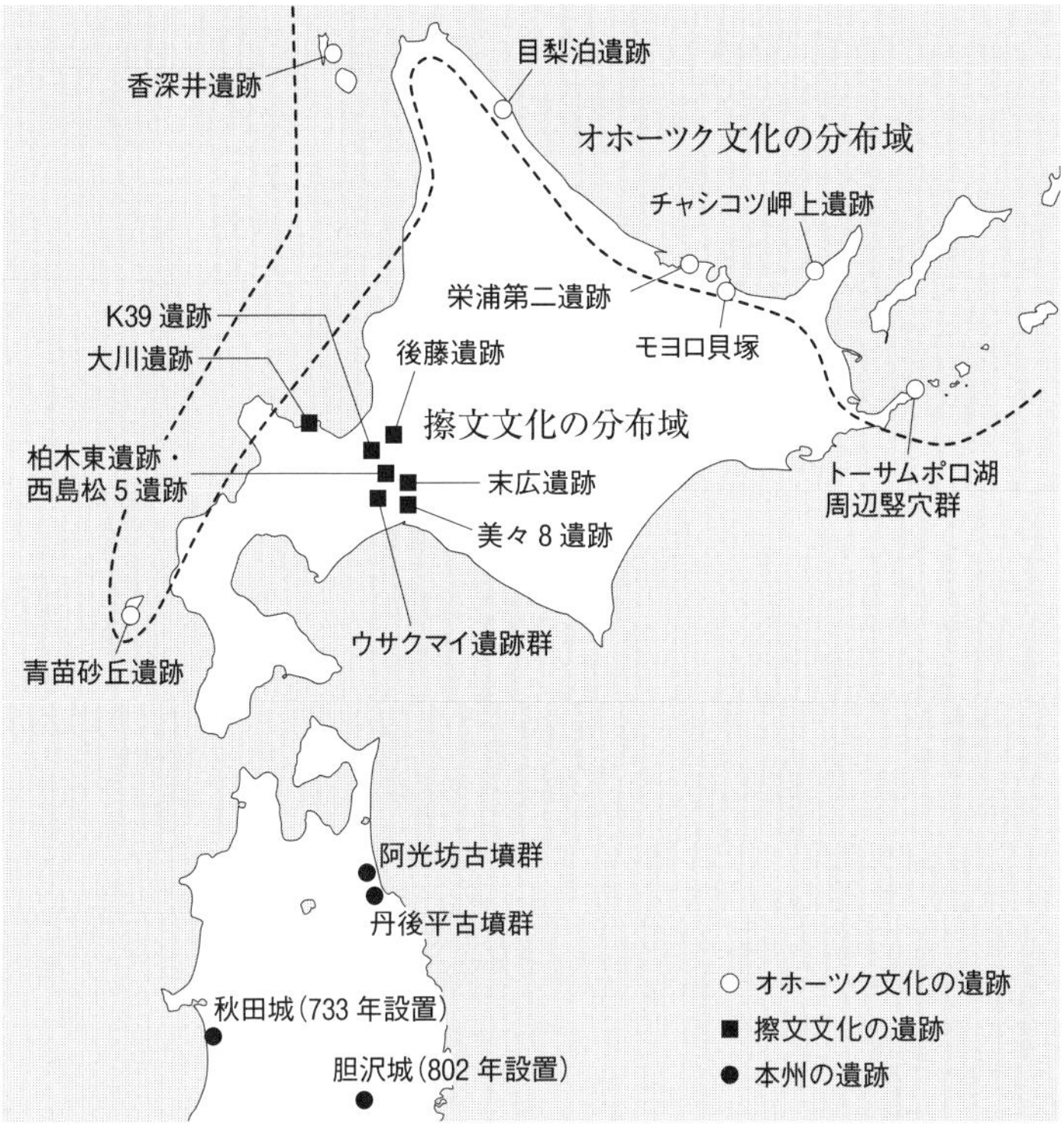

図 3　7-9 世紀の北海道・東北北部（[別冊太陽編集部編，2020]を加筆修正）

(18) prestige goods あるいは prestige artifacts の訳。広義には首長の権威や威信を示す物財。威信財という語の濫用を戒め、より限定的な意味で用いようとする立場もあるが、この用語を狩猟採集社会に適用しようとする野口泰弥は、ブライアン・ヘイデンの用法をふまえ、威信財を「社会的課題を実行するために富や成功や権力を示すモノとして広く捉える」ことが有効であるとする[野口、二〇二二]。

(19) 余市町天内山遺跡、同大川遺跡、同フゴッペ洞窟前庭部土壙墓、小樽市蘭島遺跡、江別市後藤遺跡、同萩ヶ岡遺跡、恵庭市ユカンボシE7遺跡、同西島松5遺跡、同柏木東遺跡、千歳市ウサクマ

段階において、阿倍臣が設置したという北方の「郡」は、実際には「評」であった。また、「政所」の本義は、貢納・奉仕のセンターと考えられる［吉村、一九八六］。『続日本紀《しょくにほんぎ》』霊亀元年(七一五)一〇月丁丑条の例では、陸奥《むつ》国閇村《へい》(20)のエミシが、昆布の献上のため遠く国府まで往来する辛苦を訴え、閇村に貢納の場所として「郡《ぐう》家《け》」の設置を請うている。ここでの「郡」は、人民を戸籍で編成した律令制的な行政単位とは考えられず、よりプリミティヴな貢納の拠点であった蓋然性が高い［伊藤循、一九九六］。要するに、七世紀後半や八世紀初頭の北方世界にみられる「政所」「郡」の実態は、律令制的な官衙《かんが》ではなく、阿倍比羅夫のようなミコトモチが派遣され、現地の人々から「貢納」を受ける場のことであり、実質的に交易拠点にほかならなかった［蓑島、二〇〇一］。

古代国家形成期の北方政策とオホーツク文化

『日本書紀』斉明六年三月条には、阿倍臣が「粛慎《しゅくしん》(21)」という集団とのトラブルを生じて戦闘となったことを記し、同年夏五月是月条には、飛鳥の石上《いそのかみ》池の辺に須弥《しゅみ》山《せん》(22)を作って「粛慎」を饗応したとする。『日本書紀』の「粛慎」は、長く「ミシハセ」と訓まれてきたが、近年、「アシハセ」の訓みが正しいとされている［児島、二〇〇三／若月、一九九九］。欽明五年一二月条にも、佐渡島の御名部《みなべ》の碕岸《さき》に「粛慎」

イA遺跡、同ユカンボシC15遺跡などがおもなものである。

(20) 現在の岩手県閉伊地方。

(21) 中国古典に登場する伝説的な古代北方民族で、殷周交替に際して、周の武王に「楛矢石砮《こしせきど》」(石鏃《せきぞく》の矢)を献上したとされる(『国語』魯語、『史記』孔子世家など)。のちの挹婁や靺鞨は粛慎の後継者とされる。

(22) 仏教思想における世界の中心に聳える山。

が来着・滞在したという伝説的な記事がある。倭国の支配層は、日本海北部においてその存在を伝聞した「アシハセ」の人々を、中国古典の知識にもとづいて大陸系の集団に同定し、「粛慎」の字をあてたのである。

こうした『日本書紀』における「粛慎」の実態は、基本的にオホーツク文化の人々にあたる可能性が高い〔石附、一九八六など〕。近年、道南の奥尻《おくしり》島青苗《あおなえ》砂丘遺跡で、六―七世紀頃のオホーツク文化の土器、住居址、貝塚などが検出され、当該期のオホーツク文化による日本海沿岸での海上活動を裏付けるものとして注目される〔天野、二〇〇八など〕。

阿倍比羅夫の北航の実態は、八世紀のエミシ政策にみられるような、国家領域の面的な拡大を目的とするものではなく、遠隔地の集団と点々と接触し、王権と貢納的な関係(交易)を取り結んでいくことを意図するものであった〔熊谷、一九八六〕。遠方の異民族の「貢納」をうながし、希少な特産品を集積することは、当時、国家建設の途上にあった倭国にとって、大王・天皇の権威を著しく高めることにつながった〔伊藤循、一九九六〕。

斉明四年是歳条には、阿倍比羅夫が「粛慎」から「生羆二・羆皮七十枚」を入手したとされる。「生羆二」は仔グマであろう。オホーツク文化では、クマ信仰・儀礼が顕著に発達し、仔グマ飼育型のクマ送り儀礼(23)もおこなわれていたことが推定さ

(23) 近世以後のアイヌ民族には、仔グマを大切に飼育して、その霊を感謝とともに「送り」、現世への再訪を願う盛大なクマ送り儀礼(イオマンテ)が知られてきた。ヒグマを畏敬し、祀る儀礼は北方ユーラシアを中心に世界的に分布するが、「仔グマ飼育型」のクマ送りは、アイヌ民族のほか、サハリン、アムール川下流域の一部の民族だけにみられる。

れている。一方、「羆皮七十枚」については、斉明五年是歳条に関連する逸話が載る。すなわち、倭国に来た高句麗の使人が、「羆皮」一枚を市で高く売りつけようとしたが、後日、七〇枚もの羆皮を見せつけられて驚愕したという。倭国・日本において、北方の特産品が政治的・外交的に重要な意義を有したことを如実に示すエピソードである。

また、『日本書紀』天武一四年(六八五)九月壬戌条には、「皇太子より以下及び諸王卿、幷《あわせ》て四十八人に、羆の皮・山羊《かましし》(カモシカ)の皮を賜う。各差有り」とあり、天武天皇が、皇太子(草壁《くさかべ》皇子)、諸王族、群臣・貴族層にヒグマの毛皮を分配している。大王から天皇への移行過程において、大王・天皇の求心力を高め、支配層内部の結集と序列化をはかるうえで、貴重な財として北方産の「モノ」が利用されたことがわかる[蓑島、二〇〇一]。

さらに、遠方の異民族の来朝が、中華の天子の徳を根拠づけるという思想の原点といえる「粛慎の朝貢」そのものも、七世紀に王権の威信を増大するため政治利用された[蓑島、二〇一七]。ところが、こうした「粛慎」の政治的意義は、その後の律令国家形成、とくに大宝令段階に、東夷・北狄・西戎・南蛮の「四夷」の政治思想が確立すると[伊藤循、二〇一六]役割を低下させ、「アシハセ」は、東アジアの同時代の知識に合わせて「靺鞨」と表記されるようになるのであろう。

『日本書紀』持統一〇年（六九六）三月甲寅条には、「越の度嶋《わたりのしま》の蝦夷伊奈理武志《いなりむし》と、粛慎の志良守叡草《しらすえそう》に、錦袍袴《にしきのきぬのはかま》・緋紺絁《ひはなだのふとぎぬ》・斧等を賜ふ」とあり、「渡嶋エミシ」と「粛慎」とが、遷都されてまもない藤原京へ共同朝貢し、対価を得ている。こうした共同行為の存在は、王権による介入・仲介が、擦文文化とオホーツク文化との関係を調停する一因となった可能性をうかがわせる。

「粛慎」という表記・認識は、この持統一〇年の記事を最後にいったん消える。ただし、前代の「アシハセ」につらなる人々（おそらくその実態はオホーツク文化の人々）の一部は、新たなカテゴリーに編成されて、その後も日本古代国家と関係を結んでいたとみられる。『続日本紀』養老四年（七二〇）正月丙子条には、「渡嶋津軽の津司従七位上諸君鞍男《もろきみのくらお》ら六人を靺鞨国に遣して、其の風俗を観《み》しむ」という記事がある。従七位上は国司の掾《じょう》クラスに相当する。おそらく「渡嶋津軽津司」は、出《で》羽《わ》国府の下部組織に位置づけられて、青森―北海道南部の日本海沿岸に点在する港湾拠点での交易を管掌した官司であろう。「渡嶋津軽津司」による「靺鞨国」の「風俗」観察について、大陸の渤海国への遣使だとする意見も多いが、この「靺鞨国」は前代の「アシハセ」を継承する概念である蓋然性が高く、この時期の日本では、いまだ前代の「アシハセ」＝オホーツク文化に対する認識や政策が継承されていたものと思われる。つまりこの「津司」派遣の実情は、オホーツク文化圏の探査・調査を試みたものであろう〔蓑島、二〇〇一〕。

古代国家の初期北方政策の転換——出羽柵の北進

以上のように、七世紀後半から八世紀初頭にかけての一時期、王権・国家は北日本海沿岸に点在する北方の拠点港に越・出羽から使者を派遣し、貢納（交易）を促そうとしていた。しかしそうした政策は、天平五年（七三三）一二月、出羽柵の北進（のちの秋田城の造営）(24)を境に大きく転換する。その要因として、七世紀以来、王権・国家の北方交流を仲介していた津軽エミシが、八世紀前半に離反したことを想定する説がある〔熊谷、二〇〇二〕。このことが、律令国家に北方支配体制の再編を迫り、同時に秋田の戦略的重要性を高め、出羽柵の北進につながった可能性がある。『続日本紀』宝亀一一年（七八〇）五月甲戌条は、「渡嶋の蝦狄《えみし》、早く丹心を効し、来朝して貢献《たてまつ》ること、日と為りて稍《ようや》く久し」と記し、秋田城への渡嶋エミシの「朝貢」が、その設置から間もない時期にさかのぼることを示唆する〔関口、二〇〇三〕。出羽柵の北進により、渡嶋エミシの側が特産品を携えて秋田の地に赴く朝貢型交易の体制が成立したのである。

(24) 現在の山形県の庄内地方にあった出羽柵を、現在の秋田市（雄物川河口の高清水岡）へ移転。

2　古代国家と擦文文化・オホーツク文化の交流
——八—九世紀

秋田城交易の変質と大規模化

古代の陸奥・出羽においては、調庸物として収取した狭布《きょう》[25]（「せばぬの」）や米を京進せず、エミシを饗給する際の禄物や食料に充て、対価としてエミシ社会からの各種の特産物を得る特殊な国制が存在した。この体制は、とりわけ宝亀五年（七七四）のエミシの上京朝貢停止（『続日本紀』宝亀五年正月庚申条）以後、確立するとみなされる［鈴木拓也、一九九八］。秋田城跡では、「八月廿五日下狄饗料□二條□」と記した八世紀末の木簡（第七一号木簡）（**図4**）が出土しており、秋田城におけるエミシへの饗

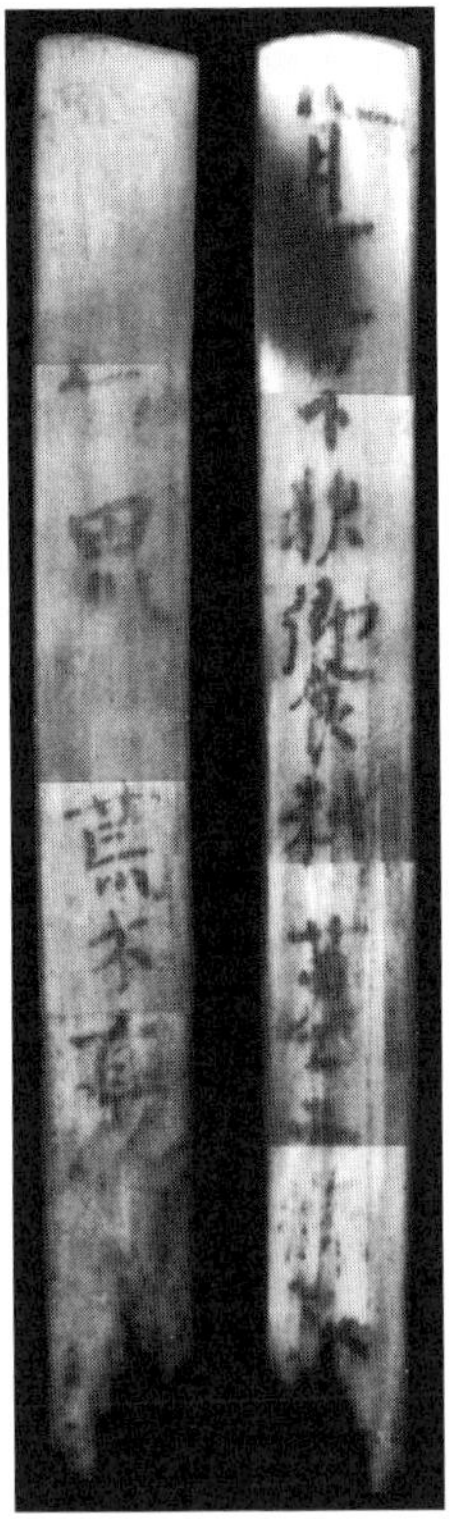

図4　秋田城跡第71号「狄饗料」木簡（8世紀末．画像提供＝秋田城跡歴史資料館）

(25)　『延喜式』主計上に陸奥・出羽の調庸物としてみえる繊維製品。養老期以後、通常の調庸布が四丈二尺×二尺四寸で一端の規格であるのに対し、三丈七尺×一尺八寸で一端と狭小な布で、陸奥・出羽のほか越後の庸の一部にしか見られない［鈴木拓也、一九九八］。

応の様子を生々しく伝える。

秋田城は、城内に大規模な倉庫群を継続的に有する点で特異な城柵である。とくに城内西側の焼山《やけやま》地区には、八世紀第2四半期（創建期）に倉庫群が出現し、九世紀初頭（外郭・政庁Ⅲ期）には一定の規格性を有する面積の大きな総柱建物群[26]が立ち並ぶ。エミシ饗給のために物資の保管・管理がおこなわれていたことを示唆し〔伊藤武士、二〇〇六〕、狭布や米などが集積されていた可能性があろう。

また、公的な朝貢・饗給とは別の動向の出現にも注目される。『類聚三代格《るいじゅうさんだいきゃく》』延暦二一年（八〇二）六月二四日太政官符「私に狄土《てきど》の物を交易するを禁断する事」は、出羽国に対して、「渡嶋狄《えみし》ら」が秋田城への来朝の際にもたらす「雑皮《くさぐさのかわ》」について、「王臣諸家」の使者が競って「好皮」を買う行為を禁じている〔関口、二〇〇三〕。当時の東北地方では、エミシの産物を求める王臣家[27]、国司、富豪層らの「私的な」交易活動が顕在化していた（同延暦六年〈七八七〉正月二一日太政官符、同弘仁六年〈八一五〉三月二〇日太政官符）。こうした状況下、秋田城では、渡嶋エミシとの国家的・儀礼的な交易に便乗して、王・貴族層による私的交易が比重を増していたのである。

ところで、『日本後紀』弘仁元年（八一〇）一〇月甲午条には、陸奥国気仙《けせん》郡に来着した渡嶋エミシが「当国の所管に非ず」とされている。ここからは、律令国家が渡嶋エミシとの交渉の窓口を出羽国に一本化していたことが判明する。したがって、

(26) 屋内外に碁盤の目状に柱を設け、荷重に強くした構造の建物。

(27) 院宮王臣家とも。平安初期に台頭した一部の特権的な王族・貴族の総称。多数の私有財産を保有し、新興の富豪層とも結びついて、列島各地で独自の経済活動を展開した。

八世紀後半―九世紀初頭のころには、北海道社会と本州社会との関係は、秋田城を中心拠点とする出羽国主体の交易システムに集約されていった可能性が高い。秋田城交易の卓越化は、続縄文文化期以来、八世紀まで本州北部―北海道のエミシ相互に結ばれていた多元的な交流ネットワークにとって大きな転機となったであろう〔蓑島、二〇〇一〕。八世紀第4四半期から九世紀第1四半期にかけて、千歳市美々《びび》8遺跡や同末広遺跡で出土する須恵器《すえき》は、秋田城周辺の窯の製品がほとんどであり、他地域の窯の製品が混入しないことが指摘されている〔鈴木琢也、二〇一六〕。このことは、八世紀後半―九世紀における北方世界の中心的交易港としての秋田城の意義を改めてうかがわせるものといえよう。

九世紀後半の出羽国では、「帰来の狄徒毎年数千」という状況のもとで、「狄禄」としての狭布の不足が常態化し、国衙《こくが》財政を圧迫する事態が生じていた(『類聚三代格』貞観一七年〈八七五〉五月一五日太政官符)。出羽国の狄禄において、渡嶋エミシに向けての消費は大きな比重を占めたと思われる。加えて、王臣家らによる私的交易の場面で渡嶋エミシの手に渡る和産物も少なくなかったであろう。

秋田城交易の定例化のなかで、日本の王・貴族層が北方の特産品への需要を増していくと同時に、渡嶋エミシの側も日本社会との交易への傾斜を強めていたと推察される〔中村英重、一九八九〕。こうした事情は、瀬川拓郎が九世紀末―一〇世紀の擦文社会に推定する交易適応型の生業様式＝「アイヌ・エコシステム(28)」の成立〔瀬川、二〇〇五〕と関連するかもしれない。

擦文文化の社会

擦文文化の社会については、従来、「北海道式古墳」とされる小規模な墳丘墓の実態・性格に関連して、階層化の程度や、本州北部からの移住者の存否・多寡をめぐる議論がなされてきた。その代表例として、早くから恵《え》庭《にわ》市柏木東遺跡（八世紀）、江別市後藤遺跡・同町村《まちむら》農場遺跡（八世紀後葉―九世紀中葉）が知られている。これらは東北北部の「末期古墳(29)」に類するものと考えられ、とりわけ青森県の八戸地方の末期古墳との関係が深いとみられる。また近年、千歳市ユカンボシC15遺跡で、周溝をもつが墳丘のない「周溝のある墓」が三基検出され、恵庭市西島松5遺跡でも六基の「周溝のある墓」が検出された。いずれも八―九世紀の所産であり、これらも末期古墳の範疇で捉えられる。道内の末期古墳は、最近も札幌市北海道大学構内（K39遺跡医学部陽子線研究施設地点）で検出されるなど、類例が増加している。これらの末期古墳では、刀剣や武具・農工具などの鉄製品を高い割合で出土することも知られる。

ところで、七―八世紀の擦文早―前期には、在来の土壙墓でもかなりの割合で鉄

(28) 瀬川拓郎は、北海道の社会では、九世紀末―一〇世紀を境として、自然環境そのものに依存して生活する「縄文エコシステム」から、対外交易の比重の高まりに適応して、「商品」的価値の高い産物を集中的に獲得しようとする「アイヌ・エコシステム」に変容するとした。

(29) 古墳時代が終末を迎えた七―一〇世紀頃にかけて、東北北部でさかんに築造された、小規模な盛土と周溝を有する円形の墳墓。古墳文化の影響を受けつつも、エミシ社会に独自に発展した墓制であるとみなされる。八戸地方には、おいらせ町阿光坊古墳群（七―九世紀）、八戸市鹿島沢古墳（七世紀）、同丹後平古

製品が出土し、先述のように、刀剣が副葬される例もみられる(**図5**)。なかでも西島松5遺跡では、七—八世紀の土壙墓八四基のうち、七世紀代の土壙墓から計二一点の直刀(30)が出土し、八世紀代の土壙墓では計二点の蕨手刀が出土している。これらの土壙墓は、袋状ピットや二個の置き石などの特徴を有する「ウサクマイ葬法」の在地的な墓であり、在来の人々が伝統的な精神文化を保持しつつ本州や王権・国家と交渉していたことを示唆する。一方、「北海道式古墳」については「移住者の墓」とされることが多いが、柏木東遺跡の末期古墳や、西島松5遺跡、ユカンボシC15遺跡の「周溝のある墓」では、東北の末期古墳で一般的な伸展葬だけでなく、続縄文的な側臥屈葬と推測される例がある[鈴木信、二〇〇四]。また、天野哲也が指摘するように、柏木東遺跡のいくつかの末期古墳において、墓壙内に二個の置き石のある例が知られることも、続縄文的な墓制の特徴を示すものといえる[天野、二〇〇八]。これらのことから、「北海道式古墳」とされる墓についても、北海道在来の有力者層が台頭し、東北北部のエミシ社会の墓制を導入して造営したと

図5　恵庭市西島松5遺跡土壙墓P98出土遺物(7世紀．画像提供＝北海道立埋蔵文化財センター)

墳群(七世紀後半—九世紀後半)などが知られる。

(30)　ここでは刀身長が一尺(約30㎝)を超えるものを指す。刀身長二尺以上を大刀、二尺以下を横刀とし、一尺以下は刀子とする。西島松5遺跡出土品には細身の大刀もあるが、横刀が主体を占める。なかには、幅広で刀身長が短いが装飾性が高く、北海道と東北北部のみに分布する「北の方頭」と呼ばれる刀もある。

いう可能性を否定できないであろう。

西島松5遺跡の土壙墓のうち、刀剣の副葬される割合は約一五パーセントに達するが、恵庭や江別の末期古墳では、それをしのぐ二〇パーセント以上の刀剣の保有率を示す[31]［八木、二〇一〇］。このことから八木光則は、「北海道においても末期古墳は日常を超越した権威性を有している者が埋葬された」と推定する。

このような擦文文化期における社会の階層化は、本州や王権・国家との関係を抜きに考えることはできない。とりわけ、秋田城を窓口とする古代日本と「渡嶋エミシ」との恒常的な通交は、擦文社会の階層化や統合、自他認識の形成等に大きく作用したであろう。王権・国家による叙位などの序列化が、在地社会に自生的に存在した階層秩序に反映することもありえたと思われる。

西島松5遺跡では、七世紀の土壙墓からとくに多くの刀剣が出土する。七世紀の刀剣が集中する状況は、積丹半島東辺の余市湾沿岸の集団（余市町大川遺跡、同天内山遺跡、同フゴッペ洞窟前庭部土壙墓、小樽市蘭島遺跡など）にもみられる。七世紀においては、西島松5遺跡の集団と、余市湾沿岸の集団という二つの地域集団が、本州や王権・国家との接触・交流において有利な立場にあったのであろう。

一方、八世紀には、西島松5遺跡や余市湾沿岸での刀剣の出土量は減少し、恵庭・江別の末期古墳に相対的に多くの刀剣が集中する。古代国家との交渉の確立に

（31）調査によって判明している範囲で、柏木東遺跡では末期古墳一四基のうち四基から計五点、後藤遺跡では一七基のうち四基から計五点、町村農場遺跡では二基のうち両方から計三点の刀剣が出土している。

伴い、道央部の諸集団の政治的関係が再構成されたのであろう。その頂点に位置したのが、恵庭・江別の末期古墳を造営した集団であろう。当初は、伝統的な太平洋側の八戸などの集団との関係を有する恵庭の集団がイニシアチブを握ったが、八世紀後葉—九世紀には、秋田城交易に有利な日本海側ルートを押さえた江別の集団が優位となり、刀剣の分配・保有の体制も再編されたのではなかろうか。

古代国家との政治的関係は、擦文社会におけるヨコのつながりをも促進したと思われる。『日本三代実録』元慶《がんぎょう》三年(八七九)正月一一日条には、「渡嶋の夷《えみし》の首《かしら》百三人、種類三千人を率いて秋田城に詣る」と、元慶の乱(32)に際して、渡嶋エミシによる秋田城への大規模な集団行動があったことがみえる。ここには、道央部を中心とする擦文集団の広範囲におよぶ結集が推察されよう。あわせて、「夷の首百三人」と、それに率いられる「種類三千人」という階層性が確認されることにも注目される〔関口、二〇〇三〕。単純に計算すれば、約三〇人の成員を率いる多数の「夷の首」=首長層が存在したことになる。

また、『日本三代実録』貞観一七年(八七五)一一月一六日条には、「渡嶋荒狄《えみし》」が水軍八〇艘で秋田郡と飽海《あくみ》郡を襲い、百姓二一人を殺害したことがみえる。アイヌ民族には丸木舟の舷側に板を綴じ合せて積載量を増し、波に強くした準構造船(イタオマチプ)が知られる(次頁**下図**)。イタオマチプの部材は、札幌市K39遺跡、千歳市

(32) 九世紀後半に俘囚が国家側に対して起こした戦い。元慶二年三月に出羽北部の俘囚が蜂起して秋田城を焼き払い、雄物川以北を「己が地」とすることを要求。蜂起の主体となった「秋田城下の一二村」には秋田県北部の米代川流域などの地域が含まれ、さらに津軽や渡嶋のエミシを巻き込む大規模な戦いに発展した。元慶三年には、現地に派遣された藤原保則や小野春風らの懐柔によって俘囚の投降が相次ぐようになり、終結。戦いの背景には国司による苛政や凶作、交易をめぐる利害対立などがあった。

ユカンボシC15遺跡などで出土しており、その成立は九世紀にさかのぼる〔鈴木信、二〇二二〕。水軍八〇艘を、イタオマチプからなる船団とみなせば、概算でも数百人規模の動員が推定される。

この襲撃は、交易が不調だったことに伴うものと思われる。先述の貞観一七年五月一五日太政官符を想起すれば、秋田城における「狄禄」の不足が、このような襲撃事件を招いたのかもしれない。あるいは、秋田郡や飽海郡で王臣家の「私的」な交易がおこなわれる状況があり、そこでのトラブルに端を発する事件であったことも考えられる〔蓑島、二〇二二a〕。

「渡嶋エミシ」＝擦文文化の社会組織に関連して、最近の榊田朋広による研究も注目される。榊田は、擦文集落を、交通の要衝に立地し、多数の本州系遺物を有する「Ⅱ型集落」と、それ以外の「Ⅰ型集落」とに類型化し、Ⅰ型集落は、「人々が日常的に生活する集落」であり、Ⅱ型集落は、交易などの場も兼ねた「中核的な集落」であるとする。そして、Ⅱ型集落について、道央部の典型例として、余市町大川、札幌市K39第6次調査地点群(サクシュコトニ川)、千歳市末広の各遺跡を例示する〔榊田、二〇二〇〕。

この見解に従えば、あるⅡ型集落には、複数のⅠ型集落の首長ないし有力者層が結集・連帯し、対外交易に従事するという構造が想定される。また、状況によって

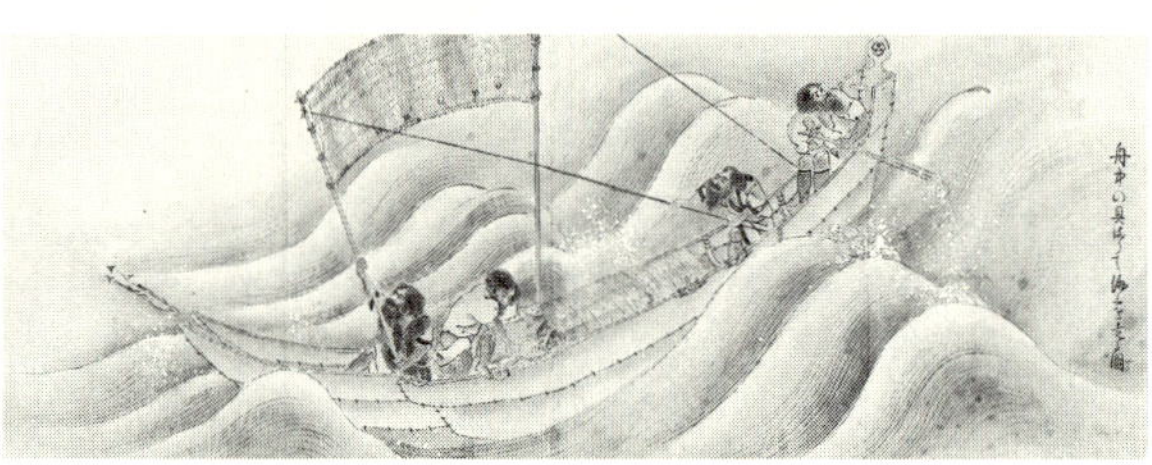

描かれた近世のイタオマチプ(『蝦夷生計図説』文政六年〈一八二三〉完成。画像提供＝東京大学総合研究博物館)

は、複数のⅡ型集落が共同して行動することもありえたであろう。

このような構造のもとでは、基本的に同列の首長たちが多数連帯して行動するという形態を想定しやすい。上記のような推察は、渡嶋の「夷の首百三人」が「種類三千人」を率いて秋田城に朝貢するような状況をうまく説明しうるように思われる。こうした「夷の首百三人」のなかにも一定の序列が存在した可能性は否定できないが、首長相互の格差はさほど顕著ではなく、首長たちのなかで一時的に卓越する者が現れたとしても、それは少なくとも恒常的なものではなかったであろう。

オホーツク文化の社会

一方、オホーツク文化の社会はどうであったろうか。かつて大井晴男は、オホーツク文化の社会組織について「世帯」「地域集団」「地域群」という重層構造を想定し、道北よりも道東の社会の方が、より階層化が強いことを示唆した[大井、一九七八]。これは生態人類学的な視点の強い分析であったが、近年では、交易の視点を導入した社会組織に関する検討もおこなわれている。高畠孝宗は、オホーツク文化の遺跡において、鉄刀をはじめとする「威信財」の偏在を指摘し、とりわけ網走市モヨロ貝塚と枝幸町目梨泊遺跡に「威信財」が集中すること、七—八世紀の中心がモヨロ貝塚、八—九世紀の中心が目梨泊遺跡であることを指摘して、両遺跡を「交易拠点」と位置付けた〔高畠、二〇〇五〕。
遺跡間の格差は、動物儀礼の規模の面からも指摘されている。とりわけ、大規模な骨塚をもつ北見市トコロチャシ跡遺跡、同常呂《ところ》川河口遺跡などは、複数の集落が関与する祭祀の中心であった可能性が推測される〔熊木、二〇一三〕。オホーツク文化の社会は、このような「交易拠点」「祭祀拠点」を含む重層的な構造をなしており、集落間にある程度の格差・序列が存在した可能性をうかがわせる。それら相互の関係性の解明も課題である。

ところで、目梨泊遺跡では、九つの「墓域」が確認され、それぞれの墓域中に刀剣を副葬する墓が一—二基存在することが指摘されている。特定の墓域に刀剣が集中しないことから、「威信財」を独占する、他に隔絶した血縁集団＝「首長」層は成立していなかったとされる〔高畠、二〇一一〕。ただしこのことは、厳密な意味での「首長制社会」における「首長」とはいえないものの、地位が世襲されず、首長系譜の固定しない輪番的な有力者・指導者は存在したことをうかがわせる。これは、「部族社会」における「ビッグマン」(33)的な「首長」の存在を示唆するといえるのではないか。

なお最近、目梨泊遺跡では、二〇一八年の試掘調査において、宝相華《ほうそうげ》文《もん》を稠密に巡らし、鍍金された金銅製刀装具の付属する、装飾性の高い豪華な直刀が出土した。

(33) 新進化主義文化人類学の理論において、「部族」社会と「首長制」社会の中間的な社会に位置づけられる有力者。その地位は世襲されず、あくまで本人の才覚や「気前の良さ」に依拠しているとされる。

鞘《さや》・柄《つか》に錫《すず》粉の蒔絵《まきえ》が施され、もとは金色に輝いていたとみられる。その製作地、流入のルートや経緯、所有者の性格などが議論となっている[高畠、二〇二三](**図6**)。

この直刀は、墓壙に似るが人骨の検出されない遺構において、墓壙内でなく墓壙上面の玉砂利中から出土しており、遺構の性格についても議論となっている。憶測にとどまるが、通常の形態で墓壙に副葬されなかったこの直刀は、特定の個人やその血縁集団の所有とすることができない特別な財であったという可能性もあるのではないか。つまり、オホーツク文化の社会では、傑出した威信が特定の人物のもとに集中することを回避し、一定以上の「首長」の台頭を抑止しようとする力が働いていたことを考えてみたくなる[34]。

図6 目梨泊遺跡出土金銅装直刀(画像提供=枝幸町教育委員会)

擦文文化とオホーツク文化の関係

擦文文化とオホーツク文化の関係は、基本的に対立的なものと見なされることが多いが、最近、両者の交流を考えさせる事例も増大している。

両者の交流を示す考古学的な材料として、早くから、続縄文文化の北大式土器にみられる突瘤文・刺突文が取り上げられてきた。こ

(34) ピエール・クラストルは、かつて「未開社会」と呼ばれてきた社会では、政治性の未成熟ゆえに国家を欠いているのではなく、むしろ、支配や強制力の出現を周到に避け、「国家」的なものの出現に積極的に抗う営みが繰り広げられているとした[クラストル、一九八九]。

れらは、オホーツク十和田式土器の影響を受けたものである可能性が示唆されている（五―六世紀）。また、擦文土器や東北北部の土師器にみられる沈線文に、オホーツク土器の沈線文が関係した可能性も指摘される（七―八世紀）。

両者の具体的な接点を考えるうえで、道央・道南の遺跡でオホーツク土器が出土した例として、奥尻島青苗砂丘遺跡の十和田式・刻文、札幌市C544遺跡のオホーツク刻文・沈線文、恵庭市茂漁《もいざり》8遺跡のオホーツク刻文（模倣）、同柏木川4遺跡のオホーツク貼付文、千歳市ウサクマイN遺跡のオホーツク貼付文の出土などの事例が留意される。その一方で、道東・道北のオホーツク文化の遺跡で擦文土器や土師器・須恵器が出土する例も散見され、とりわけ最近の根室市トーサムポロ湖周辺竪穴群における秋田産須恵器（男鹿《おが》市海老沢窯、九世紀中―後葉）の出土は注目されている［鈴木琢也、二〇一六］。

擦文文化とオホーツク文化との関係を考えるうえで、近年、北海道において日本古代銭貨の出土例が増加しつつあることにも留意される。和同開珎（和銅元年〈七〇八〉初鋳）が恵庭市茂漁2遺跡（擦文文化）から八点、神功開宝（天平神護元年〈七六五〉初鋳）が斜里町チャシコツ岬上《みさきうえ》遺跡（オホーツク文化）から一点（**下図**）、隆平永宝（延暦一五年〈七九六〉初鋳）が恵庭市茂漁8遺跡（擦文文化）から一点、富寿神宝（弘仁九年〈八一八〉初鋳）が千歳市ウサクマイN遺跡（擦文文化）から二点、それぞれ出土している。古

斜里町チャシコツ岬上遺跡出土神功開宝（著者撮影）

代北海道社会での銭貨の機能は、基本的に、装身具などとして扱われた貴重品であり、宗教的・呪術的な意味合いも考慮すべきであろう。有力者の権威の象徴として、刀剣・帯金具・玉類などの威信財と同様の役割を果たしたのであろう。いずれにせよ、流通貨幣としてではなく、地域独自の社会的・文化的背景のもとで受容されたことが明らかである。

流入の契機については、まず、エミシの上京朝貢・地方官衙朝貢時に、叙位・賜禄のなかで銭貨が入手され、それが北海道にもたらされた可能性があろう。このことを考えるうえで、東北における古代銭貨の出土は、秋田城を例外として(秋田城では和同銀銭も出土)、城柵・官衙での事例が意外に少ないことに注意を要する。むしろ末期古墳からの出土例が多く、副葬品としての意味合いが強い。また、東北で出土する銭貨の大半が和同開珎であり、萬年通宝(天平宝字四年〈七六〇〉初鋳)以降の銭貨の出土例はごく僅少である。

このことは、宝亀五年(七七四)のエミシの上京朝貢停止との関連が考えられる。八木光則は、「蝦夷が和同開珎を入手する先は城柵ではなく、都京であった」と推測している[八木、二〇一〇]。とすれば、北海道から出土する古代銭貨の入手先として、秋田城での朝貢・饗給儀礼は過大評価できない可能性がある。チャシコツ岬上遺跡での神功開宝の出土は、オホーツク文化の遺跡から出土した日本古代銭貨の事例として注目されるが、臼杵勲は、この神功開宝が、秋田城周辺での王臣家の交易活動を介して擦文文化の人々の手にわたり、そこからオホーツク文化圏にもたらされた可能性を推測している〔臼杵、二〇二二〕。

また、道央部の擦文文化の中心地における古代銭貨の出土が、オホーツク式土器の南下の事例とよく重なることには留意される。上述の、富寿神宝を出土した千歳市ウサクマイN遺跡から貼付文期のオホーツク式土器が、隆平永宝を出土した恵庭市茂漁8遺跡からは刻文期のオホーツク式土器(模倣)が出土している。このことは、オホーツク文化、擦文文化、本州社会の三者が、擦文文化を介して接続する状況があったことを示唆する。つまり、道央の擦文社会を中継して、オホーツク文化圏から本州へ陸海獣皮などがもたらされる一方、その対価である和産物がオホーツク社会側に流入する関係性が存在したのではないか〔蓑島、二〇一五〕。

先述のように、すでに七世紀末には、「越の度嶋の蝦夷」(渡嶋エミシ)と「粛慎」とがともに藤原京に朝貢してモノを授かっている記事があり(『日本書紀』持統一〇年〈六九六〉三月甲寅条)、擦文文化とオホーツク文化との共同行為は早くからあったと推察される。このような連携は、のちにオホーツク文化が擦文文化と接触・融合し、トビニタイ文化(後出)が形成されていく前提条件となった可能性もある。

以上のように、オホーツク文化の人々にとって、本州社会との関係は、基本的には、擦文文化がイニシアチブを握る形態であった可能性が高い。ただし、オホーツク文化の人々が秋田城に来朝するなど、本州社会・国家と直接の関係を結ぶことが、全くなかったとは限らない。『続日本紀』宝亀一一年(七八〇)八月乙卯条には、秋田城の停廃をめぐる論争に際して、秋田城下居住の「狄の志良須《しらす》・俘囚宇奈古《うなこ》等」が秋田城の存続を訴えたことがみえる。この「狄の志良須」は、先述の『日本書紀』持統一〇年三月条の「粛慎志良守叡草」と関連する可能性が高い〔熊田、二〇〇三〕。したがって、前代の「粛慎」(アシハセ)に連なる人々は、八世紀後半においても秋田城と関係を有しており、八―九世紀に秋田城に来朝した、渡嶋の「蝦狄」「狄」とされた人々の一部には、七世紀の「アシハセ」の一部、すなわちオホーツク文化の人々が含まれた可能性を否定できない。

このことを考えるうえで、上述した枝幸町目梨泊遺跡の金銅装直刀の流入経路は一つの課題である。この豪華な直刀については、列島製・大陸製の双方の可能性が議論されているが、大陸製であった場合も、北回りの流入ではなく、九州や本州を経て、「南回り」で入手された蓋然性が高いであろう。その場合、擦文文化を中継しての入手だけでなく、オホーツク文化の人々が秋田付近で直接入手した可能性も残される。関根達人は、この直刀が、オホーツク文化が律令国家との直接のパイプを有していたことを示唆するとする〔関根、二〇二三〕。その一方で、当時の秋田城における、王臣家による「私的」な経済活動の意義にも留意される。この直刀は、秋田近辺において、有力な王臣家が、オホーツク文化圏の産物を直接入手するべく、目梨泊集落の指導者層との関係を取り結ぶために賜与したという可能性も考えてよいのではないか。

「サハリン・ルート」の停滞

北海道内の遺跡では、九世紀にあたる大陸系遺物がほとんど確認されず、大陸と北海道との「北回り」交流がこの時期低調になったとみられる［山田悟郎ほか、一九九五］。これは、六九八年に建国された渤海が、八世紀半ば以降、靺鞨諸集団への支配を深めていったこととかかわるであろう。『新唐書』黒水靺鞨伝には、「後に渤海盛え、靺鞨皆なこれに役属し、復《ま》た王会に与らず」とある。また、九世紀初頭の渤海王・大仁秀《だいじんしゅう》（在位八一八―三〇）は、「頗《すこぶ》るよく海北諸部を討伐し、大境宇《だいきょうう》を開くに功あり」（『新唐書』渤海伝）とされる。「海北」とは興凱《こうがい》湖（ハンカ湖）以北であり、大仁秀期には黒水靺鞨を含む北部靺鞨への軍事行動が積極的におこなわれたとみられる。こうして、八世紀後半―九世紀初頭、黒水靺鞨は渤海への屈服を余儀なくされ、自律的な外交や交易活動が制約されるようになった(35)［李、一九九八］。

この時代は、上述した北回りの「サハリン・ルート」の低調化の時期と重なる。

(35) 黒水靺鞨の渤海への服属時期について、古畑徹は『唐会要』の詳細な検討により、八世紀後半にさかのぼることを指摘しているが、大仁秀期の記事との整合性から、最終的な服属時期は九世紀初頭になるとしている［古畑、二〇〇二］。

九世紀は、靺鞨の自律的活動の停滞によって、大陸方面とサハリン・北海道との交渉が低調となり、この時期のオホーツク文化は、むしろ南に隣接する擦文文化との関係を強めていった。そのことは、九世紀後半にはじまる、オホーツク文化の擦文文化との「接触・融合」の一因ともなるのであろう。

3　古代—中世移行期の日本・北東アジアと北海道
——一〇—一二世紀

擦文文化の拡散とオホーツク文化の変容

七—八世紀に、道央・道南を中心に成立した擦文文化は、九世紀後半に日本海北部沿岸に集落を形成するようになり(小平《おびら》町高砂《たかさご》遺跡、苫前《とままえ》町香川《かがわ》三線《さんせん》遺跡など)、一〇世紀以降にはオホーツク海沿岸にも進出する。道北・道東の各地には多数の竪穴群が残され、北見市常呂《ところ》遺跡では約二七〇〇軒、標津《しべつ》町標津遺跡群では約二五〇〇軒もの竪穴が確認されている。未調査の竪穴が多いが、その大半は擦文後期—晩期のものと考えられる(**図7**)。

これらの多数の竪穴はどのように残されたのか、一時期に何軒くらい存在し、どの程度の人口規模があったのか等、まだ不明な点が多い。かつて大井晴男は、擦文

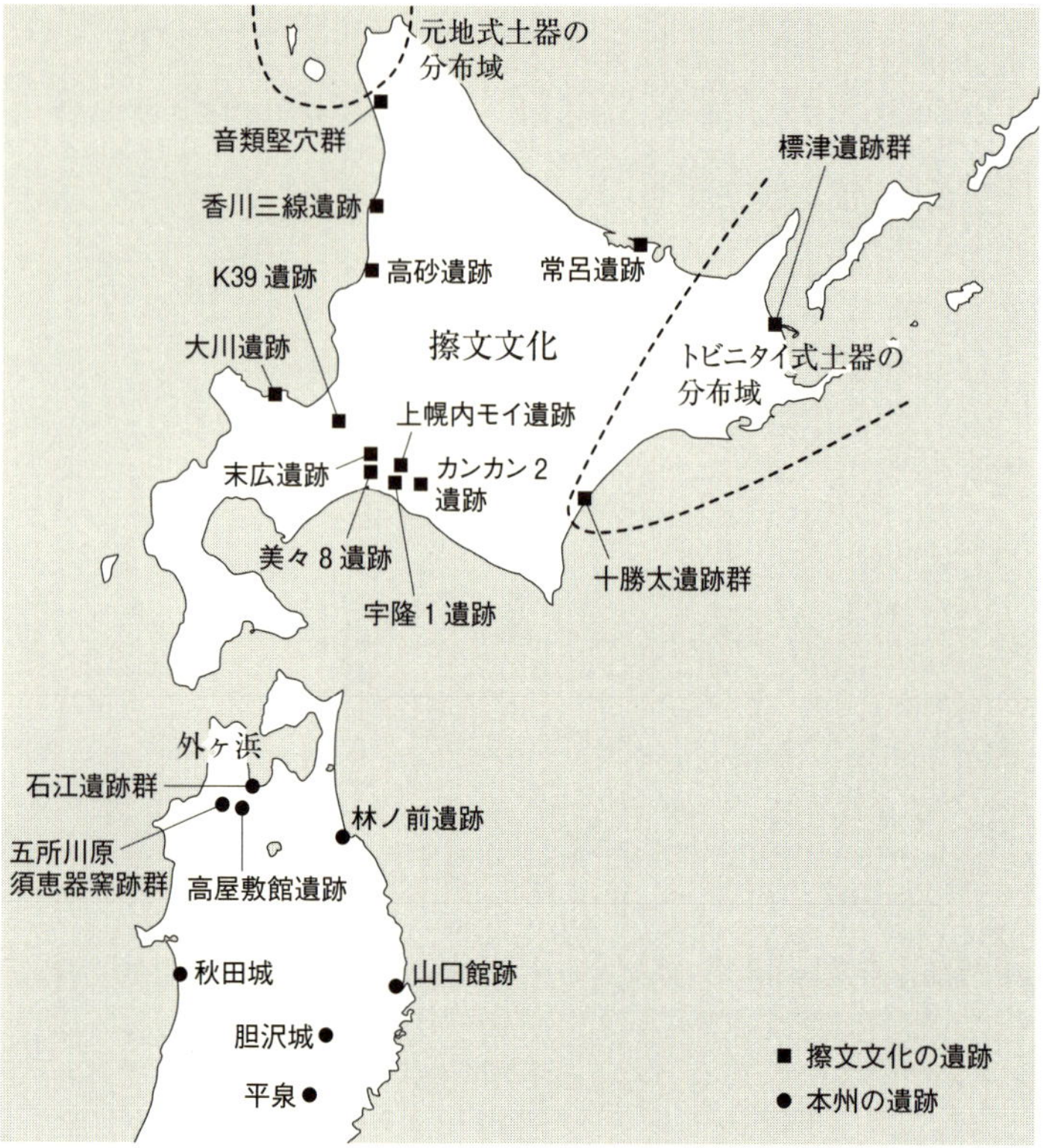

図 7 擦文文化の拡散(10–12 世紀. [別冊太陽編集部編, 2020]を加筆修正)

集団が道央から道北、道東へ移動する「時計回り」の拡散・進出があったことを推定したが［大井、一九八三］、今日も大勢としてはこの想定が認められている。最近では、道東への拡散はワシの尾羽根などの交易品の入手が主たる目的であったとする見解もある（本章末の「コラム」参照）。擦文文化の人々は、みずからオホーツク海域に進出し、その産物を得て本州と交易するようになった。また、サハリン・大陸方面との交易を目指したことも北進の理由の一端であろう。

擦文土器の型式学的検討を詳細におこなった榊田朋広は、擦文後半期（中期―晩期）の土器製作の情報は、安定的な社会関係のネットワークによって行き交っており、その背景には人や物資が頻繁に広域を往来するような社会像が想定されるとする［榊田、二〇一六］。道内の広範囲に拡散した擦文文化は、地域差を内包しつつも、全体として有機的なネットワークを形成し、地域ごとの「分業」「相互依存」も進んでいたとみられる。その背景には、瀬川拓郎が九世紀末―一〇世紀に想定するような、対外交易に高度に適応し、「商品」としての特定種の獲得に傾斜した生業システム（「アイヌ・エコシステム」）への転換［瀬川、二〇〇五］があったとみたい。先述した、続縄文期以来のサケ漁撈の進展と、広範なネットワークとが連動して、各地域集団の分業的な「商品生産」を可能としたのであろう［蓑島、二〇二一b］。

これとほぼ時を同じくして、オホーツク文化は擦文文化の影響を受けて変容を始める。九世紀後半―一〇世紀の道北では、擦文土器の影響を受けてはいるが、厚手で粗雑な元地《もとち》式土器が製作されるようになる。一方、同時期の道東では、標津町伊《い》茶仁《ちゃに》カリカリウス遺跡などで、擦文文化の要素を取り入れたオホーツク文化の土器が出現し、さらには「トビニタイ文化」と呼ばれる擦文文化との「接触・融合」的な文化状況が進展する。(36)

先述のように、九世紀の大陸情勢の変化は、「サハリン・ルート」の交流の低調化をもたらした。さらに一〇世紀以後には、擦文文化が道北に進出し、サハリン・大陸方面との交流をみずから掌握していった。こうしたなかで、道東のオホーツク文化の人々は、鉄や威信財を入手するうえで、擦文文化のネットワークの一環に組み込まれ、これに適応して変容することを余儀なくされるのであろう。

以上のようなオホーツク文化の変容は、しばしば擦文文化による「同化」と評価されることがある。確かに、道北の元地式土器の粗雑さには、擦文文化の急激な進出による「混乱」が表れているとも指摘される。その一方で、道東における「接触・融合」のありかたには、オホーツク文化の担い手による主体的な文化変容としての側面も軽視できない。一〇―一二世紀の期間、道東のオホーツク文化の後継者たちは、ある程度の安定性と自己完結性を有する「トビニタイ文化」として存立したのである[大西、二〇〇九／榊田、二〇一六／小野、二〇二三]。

(36) 土器の器形や文様に擦文土器の影響を受けるほか、集落の立地が内陸へも広がり(サケ漁の重視)、オホーツク文化の住居の特徴であった五・六角形の平面プランが方形へと変化したり、カマドを持つ住居が現れたりする。また、住居内から動物を祀る骨塚が失われ、祀りの場が屋外に移行したことが推察される。

「元慶の乱」以後――多元化する交流と「防御性集落」論

九世紀後半の元慶二年(八七八)に勃発した「元慶の乱」は、一世紀以上続いた北海道社会と古代国家との朝貢型交易体制を揺るがした。「今、城を挙げて焼亡し、会聚するに処なし」*(『日本三代実録』元慶二年九月五日条)という文言が現れるのは象徴的である。その後、藤原保則《やすのり》らにより秋田城は再建され、一〇世紀中葉までは城柵として機能したとみなされるが、この戦いを転機として、九世紀末―一〇世紀には、新たに青森県域に各種の生産・交易拠点が成立していく。

なかでも、五所川原《ごしょがわら》市の須恵器窯跡群、岩木山麓の製鉄遺跡、陸奥湾沿岸の製塩遺跡などが注目されており、これらの製品は北海道にも流通するようになる[三浦、一九九四]。一方で、この時期、青森県域を中心に、本州北部の一〇〇カ所以上の遺跡から擦文土器が出土する状況がみられる[齋藤、二〇〇八]。秋田城は対北海道交易の中心拠点としての役割を終え、北海道との交易の場は本州北端の地に移行するのである。この時期には、津軽の外ケ浜《そとがはま》や十三湊《とさみなと》(岩木川河口)を拠点とする中世的な北方交易の萌芽がみられ、交易の機会が多様化し、規模もさらに拡大していくことになる。

一〇世紀中葉から一一世紀頃、東北北部では、壕《ごう》や土塁を有する集落が多数出現

*(大意)秋田城全体が焼失してしまい、饗給をおこなおうにも人々の集まる場所がない。

する。こうした集落の遺跡は、青森県域を中心に、岩手県北部・秋田県北部と、北海道の渡島半島南部を含む地域に広がっている。その終焉については、こうした集落の典型である青森市高屋敷館《たかやしきだて》遺跡の橋脚の年輪年代などから、一二世紀初頭まで下るとする説がある一方、その大半が一一世紀前半に終焉するという見解もある。前者は奥州藤原氏、後者は安倍氏の台頭する時期におおむね対応する。

こうした集落は、しばしば「防御性集落」と称され、文献史料の乏しいこの時期の東北北部に、戦乱の時代を想定する学説が提出されて脚光を浴びた[三浦・小口・斉藤編、二〇〇六など]。その背景として、エミシ社会相互の戦乱を想定する説のほか、王朝国家の収奪による緊張を重視する説も提出されている[小口、二〇〇六]。『日本紀略』天暦元年(九四七)二月一八日条にみえる、狄坂丸《てきのさかまる》らが鎮守府の使者並《なみ》茂《しげ》を殺害した事件は、陸奥鎮守府が、「狄」とされる出羽側の津軽地方に影響力を及ぼしていた可能性を示唆する(37)[渕原、二〇一三]。同三月三日条には、鎮守府将軍平貞盛による朱雀上皇への貢馬の記事がみえており、ここでの「狄」と鎮守府使者との対立が、エミシ社会での貢進物徴収に由来している可能性は高いであろう。「防御性集落」の盛行に近い時期に、王朝国家側と東北北部社会との利害対立を示唆する史料として注目される。

これに対して、「防御性集落」とされる遺跡での武器の出土の少なさから、戦い

(37) 古代日本の華夷思想においては、北方＝出羽側のエミシを「狄」と認識し、東方＝陸奥側のエミシは「夷」と観念されていた。

の存在を疑問視し、環壕を「宗教的結界」と解釈する説や、「集団のアイデンティティの表現」とする見解もある。これらの説では、「防御性集落」ではなく「環壕集落」「囲郭《いかく》集落」などの用語が提案される［八木、二〇〇五など］。また近年では、「防御性集落」とされる集落の実態が多岐にわたり、そもそも一つのカテゴリーとすることができるのかという根本的な課題も指摘されている(38)。

ただし、大掛かりな壕と土塁を有する高屋敷館遺跡や、三重の壕をもつ外ヶ浜町山本遺跡の調査成果などから、こうした集落のなかに明らかな防御性を意図した集落が含まれることは否定しえない［小口、二〇一七］。また、こうした「防御性集落」では、擦文土器を出土する比率が高く、製鉄などの工房を有する例も多いなど、地域の生産・流通を集約する拠点としての性格をうかがわせることも軽視できない。そのようななかで壕は、各地域集団の自立の表現としての側面をあわせもったであろう。このことは、城柵を拠点とする朝貢型交易システムの時代に比して、東北北部の交易・交流の多元化・多極化した様相を示唆する。こうした分散的状況は、やがて、安倍・清原・奥州藤原氏の段階に至って、より広域的な権力のもとで解消されていくとみなされる。すなわち、大局的にみれば、一〇―一一世紀前半の一時期、東北北部では、増大する交易とその権益をめぐって多極的・分散的な社会状況が生じており、そこに集団内外での緊張や社会不安が想定される蓋然性は高いといえよ

(38) 最近、岩井浩人は、「環壕集落」の形態分類と、構造・分布の整理のうえに、環壕内面積と掘削土量を算出して、その全体像の再検討を試みている［岩井、二〇一七］。また、八―一一世紀までの津軽地域の遺跡の動態・消長や、集落構造の変遷を緻密に分析している［岩井、二〇一八］。「防御性集落」論の当否に関する議論も、こうした基礎データの精緻な検討を踏まえた検証が必要な段階となっている。

う。また近年、そうした社会状況の背景として、一〇世紀前半の十和田・白頭山の噴火(39)という大規模自然災害の影響を示唆する見解がある〔船木、二〇一四〕ことにも留意される。

北方交易のネットワークと宗教・儀礼

ところで、『日本紀略』寛平五年（八九三）閏五月一五日条によると、「出羽国の渡嶋狄」と「奥地俘囚」とが「戦闘を致さんと欲す」という状況が奏上され、警固が命じられている。一方、その後、天慶二年（九三九）には、出羽で発生した俘囚の乱に際して、俘囚らが「異類を率いて来るべし」という風説が記録されており（『貞信公記抄』天慶二年五月六日条）、ここでの「異類」とは擦文文化の人々にあたる可能性が高い。零細《れいさい》な記述ではあるが、九世紀末には東北北部と北海道の人々とのあいだに緊張があり、一〇世紀前葉には、一転して両者が連帯する状況があったことを示唆する。このように、元慶の乱後、城柵を拠点とする朝貢・饗給の原理による交易システムから、青森県域を窓口とする新たな北方交易システムへの移行過程には、いささかの紆余曲折があったと想定される〔蓑島、二〇一九〕。

交流・交易を仲介するものとして、宗教・儀礼の役割も注目される。

青森県域の一〇世紀頃の遺跡では、「神」「大仏」「寺」などの墨書・刻書土器の

(39) 九一五年とされる（異説あり）十和田カルデラの噴火と、九四六年の白頭山（中国と北朝鮮の国境の山。長白山）の噴火。このときの白頭山の噴火は過去二〇〇〇年間における世界最大規模の噴火とされる。

出土例があり、体系的・教団的なものではないにせよ、仏教など「中央」に由来する信仰が一定程度伝播していたことが考えられる〔武井、二〇一七〕。なかでものちの「外ヶ浜」の交通の要衝に位置し、祭祀具を含むおびただしい木製品を出土した青森市石江《いしえ》遺跡群（新田《にった》(1)・新田(2)遺跡など）の意義をめぐっては議論となった。これには、鎮守府や陸奥国府など、国家機構につらなる出先拠点とする見解もあったが、近年では祭祀遺物の特徴にみる地域性・在地性を軽視できない点などから、ストレートに「出先拠点」とはみなしがたいことが強調されている〔小口、二〇一四〕。とはいえ、当遺跡では多数の擦文土器も出土するなど、津軽海峡をこえる交流における重要な拠点のひとつであったことは否定できない。交易・流通のさかんな場において、こうした祭祀の状況がみられることには、古代北方世界の交流・交易と宗教・儀礼との密接な関係を考慮する必要があろう。

青森県域を含む東北北部では、鉄製の錫杖《しゃくじょう》や鐃《にょう》（鈴に柄の付く形状の密教法具）、銅《どう》鋺《わん》などの仏具・法具も出土する。鉄製錫杖は、平川市李平下安原《すもだいしもやすはら》遺跡、岩手県の宮古市山口館《やまぐちたて》跡で出土している。また、鉄製鐃は、平川市五輪《ごりんの》野遺跡、青森市野尻(3)遺跡、同新田(2)遺跡、宮古市山口館跡で出土しており、鐃の一部である可能性のある鉄鈴も、蓬田村蓬田《よもぎた》大館《おおだて》遺跡、青森市羽黒平《はぐろたい》(1)遺跡、平川市古館《ふるだて》遺跡、黒石市高館《たかだて》遺跡、大鰐《おおわに》町砂沢平《すなざわたい》遺跡、八戸市林ノ前遺跡などで出土している〔井上、二〇〇二／山田雄正、二〇〇六など］。

日本において、錫杖や鐃などの仏具・法具は銅製が主流であり、鉄製は古い様相を示すとされる(40)。銅製・金銅製の法具が主流となった後において、鉄製錫杖や鉄製三鈷鐃《さんこにょう》は、日光男体山《なんたいさん》と北東北に特徴的に分布することが指摘されている［時枝、二〇一二］。そこには、密教のなかでも古い様相の名残りを想定できるかもしれない。

八世紀中葉―一一世紀前葉の東北地方で重点的に出土する錫杖状鉄製品は、錫杖を模した形態に、鉄鐸《てったく》を装着した特徴的な遺物であり、日光男体山頂遺跡との関連で生まれた神仏習合の雑密《ぞうみつ》(41)的法具と推測する見解がある［井上、二〇〇二］。その分布と、材質が鉄であることを合わせて考えれば、古式の雑部密教の影響を受けた、多分に在地的な祭祀具と推定してよいであろう。北海道でも、千歳市末広遺跡の一例のみであるが、錫杖状鉄製品の出土が知られている。

また、仏具の一種でもある銅鋺は、青森県の高屋敷館遺跡、林ノ前遺跡などで出土しているが、さらに、北海道道央の遺跡からもしばしば出土する(42)。

厚真《あつま》町上幌内《かみほろない》モイ遺跡では、焼土を伴う「儀礼場」と考えられる集中区において、五所川原産須恵器や炭化したイナキビ・イナキビ団子とともに、破砕・被熱した銅鋺が出土している。ここには、今日に伝わるアイヌの伝統的な宗教儀礼へのつながりと同時に、密教・山岳宗教に由来する祭祀・儀礼の影響があった可能性も考えさ

(40) 正倉院宝物の鉄製三鈷杵《さんこしょ》を分析した内藤栄は、その材質や製法に鉄製武器が意識されており、「やがて鉄器のもつ気魄が忘れられ武器性が減退し、荘厳さが求められるようになると、銅製や金銅製が主流になっていった」と推定している［内藤、二〇一三］。

(41) 日本仏教において、空海以後、高度に教理化・哲学化された密教を「純密」（正純密教）と称し、それ以前に伝来していた、呪術的性格が強く、体系化されていない密教を「雑密」（雑部密教）と呼ぶ。

(42) 現在まで、恵庭市カリンバ2遺跡、千歳市蘭越遺跡、厚真町上幌内モイ遺跡、同ショロマ4遺跡、平取《びらとり》町カンカン2

せる〔蓑島、二〇一〇・二〇二二b〕。そこでは、津軽海峡をこえる交易・交流を円滑化するうえで、宗教・儀礼の共有が一定の意義を有したという側面を考えてよいかもしれない。

ただし、北海道では「密教法具」の出土例が銅鋺に偏りをみせることから、密教儀礼そのものの体系的な伝播ではなく、在地社会による主体的な選択が強く働いている可能性が高い。擦文社会における銅鋺には、むしろ後世の漆椀《うるしわん》のように、酒器としての用途も考えておくべきだろう。また、上幌内モイ遺跡の儀礼場では、黒曜石の礫《れき》が被熱して粉々に焼きはじけていることも、儀礼行為の顕著な在地性、独自性を示唆する。

以上のように、古代北方世界における密教的儀礼の伝播と影響は興味深い課題であるが、その実態を考える際には、異文化を受容する側の主体性・自律性や、それに伴う文化の変容・創造の複雑な過程に十分に注意を払う必要がある。

本州東北における中世的世界の黎明と北海道

一〇世紀後半から一一世紀にかけての本州東北では、「奥六郡の俘囚長」「東夷の酋長」とされる安倍氏や、「山北三郡の俘囚長」とされる清原氏のように、エミシ系のアイデンティティを標榜し、一定の支配領域を押さえた政治権力が台頭する。

遺跡、同亜別遺跡、釧路市材木町5遺跡(古墳時代の銅鋺?)で確認されている。

前九《ぜんく》年《ねん》合戦（一〇五一―六二）ののち、清原氏が奥羽で勢力を伸ばし、延久二年（一〇七〇）には、いわゆる延久蝦夷《えんきゅうえぞ》合戦によって、日本国の領域支配は本州の北端まで拡大した蓋然性がある。そして、後三年《ごさんねん》合戦（一〇八三―八七）の結果、安倍氏・清原氏の遺産を継承した藤原清衡《きよひら》は、平泉を本拠として奥羽の支配者となる（奥州藤原氏）。こうした、東北における「中世の黎明」ともいえる政治権力との諸関係は、同時代の北海道の文化・社会・経済にも多大な影響をもたらした。

藤原清衡の「中尊寺供養願文」（天治三年〈一一二六〉）には、「粛慎・挹婁《ゆうろう》の海蛮、陽に向かう葵の類い」と、その威光が大陸の「粛慎・挹婁の海蛮」まで及んだという自己認識が示される。奥州藤原氏の政治的・経済的な力が、現実に大陸の北方民族まで及ぶものであったかは疑問であるが、古代末・中世初期の「粛慎」は、新たに生成しつつあった「エゾ」観念とオーバーラップする側面があった［蓑島、二〇一〇・二〇一五］。つまり、ここでの「粛慎・挹婁の海蛮」とは、実質的には北海道の人々を意識している蓋然性が高い。

『吾妻鏡《あづまかがみ》』文治五年（一一八九）九月一七日条所引「寺塔已下注文」には、藤原基衡《もとひら》が毛越寺《もうつうじ》の本尊造営のため京の仏師に贈った品々として、「金百両」「糠部駿馬《ぬかのぶのしゅんめ》五十疋《ひき》」などの東北の産物のほかに、「水豹皮《すいひょうかわ》六十余枚[43]」「鷲羽《わしのは》百尻」という北海道産物がみえている。こうした点からも奥州藤原氏と北海道との関係が推測される。

（43）アザラシの皮六〇枚あまり。

（44）末法思想の広がりとともに、経典を納めた金属製の経筒を外容器としての陶器に入れ、地下に埋納して塚を築き（経塚）、功徳を得ようとす

近年、奥州藤原氏と北海道との関係を示唆する考古学的所見として、厚真町宇隆《うりゅう》1遺跡出土の常滑壺《とこなめ》(一二世紀中葉)が注目を浴びている。当時、常滑窯製品の最大の消費地は平泉であった。また、常滑壺は経塚《きょうづか》外容器(44)としても広く使われていた。宇隆1遺跡の常滑壺は、口縁に打ち欠きがあり、経塚外容器としての特徴を備えている[八重樫、二〇一九など](**下図**)。ただし、この常滑壺は一九五九年に工事現場で発見されたものであり、出土状況がはっきりせず、北海道内における経塚の存在を断定するだけの手がかりは得られていない。

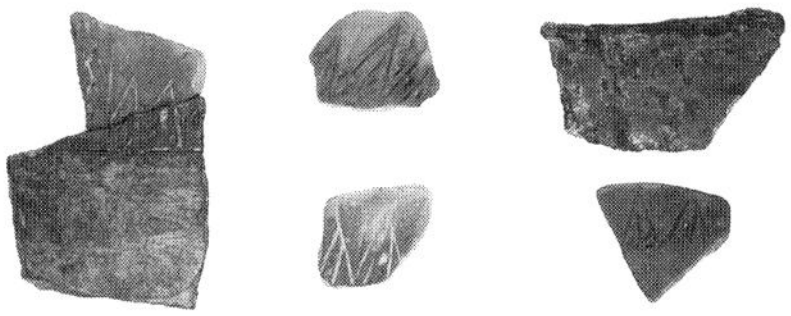

図8　無量光院跡出土擦文土器(12世紀前半.
画像提供＝平泉文化遺産センター)

また、二〇一七年には、平泉で擦文土器の破片が出土した(**図8**)。無量光院跡の、藤原秀衡《ひでひら》の時期より前の時代の遺構からの出土で、一二世紀前半のものとみられる。しかもそれは、共伴したロクロかわらけ(45)と同じ胎土であることから、平泉で製作されたことが想定されている[井上、二〇二二/鈴木琢也、二〇二二]。平泉に足跡を残す擦文土器製作者がいたとすれば、それは奥州藤原氏にとって、「中尊寺供養願文」にみえる「粛慎・挹婁の海蛮、陽に向かう葵の類い」の文言を体現する出来事として捉えられたであろう。

る行為がさかんにおこなわれた。陶器には渥美焼や常滑焼の壺が多く用いられ、しばしば口縁部が打ち欠かれた。奥州藤原氏も平泉の金鶏山経塚など多くの経塚を営んだ。

宇隆1遺跡出土常滑壺(一二世紀中葉。厚真町教育委員会蔵。撮影＝佐藤雅彦)

(45) 釉をかけない素焼きの土器で、儀礼や宴席のため、古代末以降、多量に用いられた。手で成形したものとロクロ製のものがある。平泉での出土量は約一〇tにも及ぶ。

この時期には、北方交易の担い手としての商人や宗教者の活動・往来という新たな事態が進展しつつあったことも重要である。一一世紀半ば成立の『新猿楽記《しんさるがくき》』には、架空の商人「八郎真人《はちろうのまひと》」が、「東は俘囚の地に至り、西は貴賀《きかい》が島に渡る」とされる。八郎真人が交易したとされる国内外の多様な産物のひとつとして「鷲羽《わしのは》」がみえており、こうした交易商人が、北海道社会とつながる青森市石江遺跡群のような交易拠点を訪問・滞在することもあったであろう。憶測に憶測を重ねるが、そうした人物が、擦文土器製作者を平泉にいざなうような状況も、ありえなくはないのではないか。

渤海滅亡後の大陸情勢と「サハリン・ルート」――一〇―一二世紀

大陸に目を転じると、九二六年の渤海滅亡の前後から、靺鞨・女真による自律的な活動の再開がみられる［李、一九九八］。これを端緒に、遼代、とくに一一世紀以後の北東アジアでは、アムール川中・下流域からサハリン・北海道方面へ向けた交流が再び開通していったことが想定される［蓑島、二〇一五・二〇一九］。

この時期には、道北からサハリン・大陸方面へ北上しようとする擦文集団の動きにも留意される。一〇―一二世紀頃の擦文土器は、サハリン南部の七カ所の遺跡から出土している［プロコーフィエフほか、二〇一二］。また、同じ時期のサハリン・オホーツク文化の南貝塚式土器も、道内各地の遺跡から出土する状況がある。ここからは、宗谷《そうや》海峡をこえる、サハリン―北海道間の交流の活発化が示唆される。その背景として、サハリン産のクロテンの毛皮や、中国側から「海東青《かいとうせい》」と呼ばれたタカ・ハヤブサなどの交易が進展していた可能性がある〔蓑島、二〇一五・二〇一九〕。一方、擦文文化の道北・サハリン進出によって、道東のオホーツク文化の継承者たちはサハリン・大陸方面とのルートを遮断されており、トビニタイ文化の擦文文化との接触・融合は次第に進展していった。

一〇―一二世紀頃の大陸―サハリン―北海道間の交流・交易の実態にはまだ不明な点も多いが、それは、アイヌ民族のサハリン・大陸方面への北進や、一三世紀後半に始まるいわゆる「北からの蒙古襲来(46)」の前史を考えるうえで軽視できない。

おわりに――「アイヌ史」のなかの古代北海道史

一二―一三世紀の北海道では、土器と竪穴住居は終焉し、煮沸具として鉄鍋や、それを模倣した土鍋が、食膳具・供献具としては漆器や木器が、竪穴住居に代わって平地住居(いわゆる「チセ」)が用いられるようになり、一般に「アイヌ文化の成立」「アイヌ文化期」と呼ばれる状況となる。この時期に、今日に受け継がれる、

(46)『元史』や、『元文類(国朝文類)』所収『経世大典序録』などにみえる、一二六四年から一三〇八年にかけての「骨嵬」(クイ＝アイヌ民族)と元朝との戦い。

いわゆる「伝統的なアイヌ文化」の基本形態が姿を現すのである。
ただし、通説にいう「アイヌ文化(期)」とは、あくまでも物質文化の組み合わせのことであり、人間集団としての連続性を重視すれば、民族史(先住民族史)としての「アイヌ史」は、それ以前にさかのぼる長期的な過程として構想して差し支えない。それゆえ私は、本章で述べてきた続縄文後半期から擦文文化の終末までの時代を、「アイヌ史的古代」(アイヌ史における古代)として捉えるべきではないかと考えている。

このことは、一二―一三世紀がアイヌ史における重要な画期であることを否定するものではない。中近世には、アイヌ社会においてとくに貴重なイコロ[47]とされた蝦夷《えぞ》拵《こしらえ》の刀[48]や、鍬形《くわがた》[49]などの形態に、中近世の同時代的な様相よりも、古代末から中世前期までの物質文化の特徴が色濃いことが指摘される[関根、二〇二三など]。その背景として、平泉政権や十三湊の交易が盛行した古代末―中世前期の政治・経済・文化のインパクトが、今日に継承されるアイヌ文化の伝統のなかに予想以上に深く刻印されている可能性が推察されよう。

同時代のサハリン・大陸方面との文化交流の意義も重要である。関根達人は、擦文文化の担い手のサハリン進出による、女真・アムール女真(パクロフカ)文化との接触がもたらした「化学反応」が、タマサイ[50]のような装身具を成立させるなど、通

(47) ikor. アイヌ語で宝を意味する語。
(48) アイヌ民族の好みにあわせて製作された装飾性の高い刀。
(49) 中世日本武士の兜の前立ての鍬形を模した、象嵌のほどこされた金属製品。しばしばアイヌ民族の至高の宝として伝承される。
(50) アイヌ民族の女性が正装時に身につける首飾り。

説にいう一三世紀の「アイヌ文化の成立」の引き金になったとみる［関根、二〇二三］。一方、中村和之は、アイヌ民族がサハリン進出によって北東日本海域の交易者としての地位を確立したことを、「アイヌ史的中世」の開幕とみなす［中村和之、二〇一四］。これらの見解は、前近代の北海道史を、日本との関係だけでとらえることが一面的であることを雄弁にものがたる。前近代の北海道とその周辺地域は、一貫して国家領域の外部であり、それゆえにユーラシア東部の境界領域のひとつとしての性格を示した［鈴木靖民、二〇一四など］。こうした広域史的な視座は、「アイヌ史」を多様で変化に富んだものとして描くうえでも重要であろう。

その一方で、「アイヌ史」にみられる、より長期的な「継承性」も重要である。例えば、擦文文化期から中世・近世の「アイヌ文化期」に至る木製品の出土例を悉皆的に検討した藤井誠二は、「生活の基本を成す木製道具の単位・種類では、その文化的な様相の移り変わりに大きな変容はなく、時間軸としては連続性が認められる」とし、これは「文化的な変容が緩やかに進行したことを意味するものであり、逆に言えばアイヌ文化的な諸様相は擦文時代に辿ることができ、その変容は時代を追うごとに本州の動向に影響を受けつつも、独自の文化を営んできたことを示唆する」と指摘している［藤井、二〇〇八］。

古代の北海道においては、外部世界との交流・交易を通して、絶え間ない文化変容があり、各地から往来・移住する人々もいた。それらを抜きに「アイヌ史」を語ることはできない。しかし、そうした外部からの影響に埋没することなく、力強い自律性や創造性を発揮し続けてきたことは、まぎれもない「アイヌ史」の重要な側面であり、そのあゆみは現在のアイヌ民族に続いているのである。

引用・参考文献

天野哲也、二〇〇八年『古代の海洋民　オホーツク人の世界』雄山閣
石井　淳、一九九七年「北日本における後北C2・D式期の集団様相」『物質文化』63
石附喜三男、一九八六年『アイヌ文化の源流』みやま書房
伊藤　循、一九九六年「古代国家の蝦夷支配」鈴木靖民編『古代蝦夷の世界と交流』名著出版
伊藤　循、二〇一六年『古代天皇制と辺境』同成社
伊藤武士、二〇〇六年『秋田城跡』同成社
井上雅孝、二〇〇二年「錫杖状鉄製品の研究――北東北における古代祭祀具の一形態」『岩手考古学』14
井上雅孝、二〇二二年「無量光院跡出土の土器は擦文土器か?」『岩手大学平泉文化研究センター年報』10
岩井浩人、二〇一七年「東北北部における古代末期環壕集落の構造と規模」『青山考古』33
岩井浩人、二〇一八年「古代末期環壕集落の成立過程――津軽地域の遺跡動態・集落構造変遷分析から」『古代文化』70(1)。
臼杵　勲、二〇〇四年『鉄器時代の東北アジア』同成社
臼杵　勲、二〇二二年「チャシコツ岬上遺跡と神功開寳」『日本考古学』55
大井晴男、一九七八年「オホーツク文化の社会組織」『北方文化研究』12
大井晴男、一九八三年「擦文文化といわゆる「アイヌ文化」との関係について」『北方文化研究』15

大西秀之、二〇〇九年『トビニタイ文化からのアイヌ文化史』同成社
小口雅史、二〇〇六年「防御性集落の時代背景――文献史学の立場から」三浦圭介ほか編『北の防御性集落と激動の時代』同成社
小口雅史、二〇一四年「石江遺跡群の歴史的背景とその展開」『石江遺跡群発掘調査報告書』Ⅶ、青森市教育委員会
小口雅史、二〇一七年「青森県外ヶ浜町所在山本遺跡の航空レーザ計測結果について――三重の壕をもつ所謂「古代防御性集落」の紹介」『弘前大学国史研究』143
小野哲也、二〇二三年「トビニタイ文化の理解の進展」高瀬克範編『季刊考古学別冊42　北海道考古学の最前線』雄山閣
亀田修一、二〇二〇年「列島各地の渡来系文化・渡来人」『シリーズ古代史をひらく　渡来系移住民』岩波書店
菊池俊彦、一九八九年「靺鞨と流鬼」北方言語・文化研究会編『民族接触――北の視点から』六興出版
菊池俊彦、一九九五年『北東アジア古代文化の研究』北海道大学図書刊行会
熊谷公男、一九八六年「阿倍比羅夫北征記事に関する基礎的考察」高橋富雄編『東北古代史の研究』吉川弘文館
熊谷公男、二〇二一年『秋田城と元慶の乱――外からの視点でみる古代秋田の歴史』高志書院
熊木俊朗、二〇二三年「オホーツク文化の集落と社会」高瀬克範編『季刊考古学別冊42　北海道考古学の最前線』雄山閣
熊田亮介、二〇〇三年『古代国家と東北』吉川弘文館
クラストル、ピエール、一九八九年『国家に抗する社会』(渡辺公三訳)、水声社
越田賢一郎、二〇〇九年「流鬼――七世紀の東北アジア」『加藤晋平先生喜寿記念論文集　物質文化史学論聚』北海道出版企画センター
児島恭子、二〇〇三年『アイヌ民族史の研究』吉川弘文館
齋藤　淳、二〇〇八年「北奥出土の擦文土器について」『青森県考古学』16
榊田朋広、二〇一六年『擦文土器の研究――古代日本列島北辺地域土器型式群の編年・系統・動態』北海道出版企画センター

榊田朋広、二〇二〇年「擦文文化前半期の集落群構成と動態」『日本考古学』51
鈴木拓也、一九九八年『古代東北の支配構造』吉川弘文館
鈴木琢也、二〇一六年「擦文文化の成立過程と秋田城交易」『北海道博物館研究紀要』1
鈴木琢也、二〇二二年「平泉無量光院跡出土の擦文土器」『北海道博物館研究紀要』7
鈴木　信、二〇〇四年「「北海道式古墳」の実像」野村崇・宇田川洋編『新北海道の古代3　擦文・アイヌ文化』北海道新聞社
鈴木　信、二〇二一年『北海道続縄文文化の変容と展開』同成社
鈴木靖民、二〇一四年『日本古代の周縁史——エミシ・コシとアマミ・ハヤト』岩波書店
瀬川拓郎、二〇〇五年『アイヌ・エコシステムの考古学』北海道出版企画センター
瀬川拓郎、二〇〇七年『アイヌの歴史——海と宝のノマド』講談社選書メチエ
関口　明、二〇〇三年『古代東北の蝦夷と北海道』吉川弘文館
関根達人、二〇二三年『つながるアイヌ考古学』新泉社
高瀬克範、二〇二二年『続縄文文化の資源利用』吉川弘文館
高畠孝宗、二〇〇五年「オホーツク文化における威信財の分布について」海交史研究会考古学論集刊行会編『海と考古学』六一書房
高畠孝宗、二〇一一年「オホーツク文化における刀剣類受容の様相——枝幸町目梨泊遺跡を中心に」『北方島文化研究』9
高畠孝宗、二〇二三年「目梨泊遺跡出土刀剣の意義——流氷よせる北溟の「金の刀」」高瀬克範編『季刊考古学別冊42　北海道考古学の最前線』雄山閣
武井紀子、二〇一七年「北奥地域における出土文字資料と蝦夷——青森県域の文字資料を中心として」小口雅史編『古代国家と北方世界』同成社
時枝　務、二〇一一年「古代東北の山寺と山林仏教」『日本仏教綜合研究』11
内藤　栄、二〇一三年「古密教の法具について——密教法具の誕生をめぐって」高橋尚夫ほか編『初期密教——思

想・信仰・文化』春秋社
中村和之、二〇一四年「中世・近世アイヌ論」『岩波講座日本歴史20　地域論』岩波書店
中村英重、一九八九年「渡島蝦夷の朝貢と交易」木本好信編『古代の東北――歴史と民俗』高科書店
西秋良宏・宇田川洋編、二〇〇二年『北の異界　古代オホーツクと氷民文化』東京大学出版会
野口泰弥、二〇二二年「環北太平洋における威信財の人類学にむけて」『国立民族学博物館調査報告』156
福田正宏、二〇〇七年『極東ロシアの先史文化と北海道』北海道出版企画センター
藤井誠二、二〇〇八年「木製品　その分類基準と北海道における変遷の特徴」『北海道大学総合博物館研究報告』4
藤本　強、一九八八年『もう二つの日本文化――北海道と南島の文化』東京大学出版会
渕原智幸、二〇一三年『平安期東北支配の研究』塙書房
船木義勝、二〇一四年「第3章　総括」『9～11世紀の土器編年構築と集落遺跡の特質からみた、北東北世界の実態的研究』北東北古代集落遺跡研究会
古畑　徹、二〇〇一年「『唐会要』の靺鞨・渤海の項目について」『朝鮮文化研究』8
プロコーフィエフ、M・M／デリューギン、V・A／ゴルブノーフ、S・V、二〇一二年『サハリンと千島の擦文文化の土器――サハリンと千島へのアイヌ民族の進出』(中川昌久訳、菊池俊彦・中村和之監修)、函館工業高等専門学校
三浦圭介、一九九四年「古代東北地方北部の生業にみる地域差」日本考古学協会編『北日本の考古学』吉川弘文館
三浦圭介・小口雅史・斉藤利男編、二〇〇六年『北の防御性集落と激動の時代』同成社
蓑島栄紀、二〇〇一年『古代国家と北方社会』吉川弘文館
蓑島栄紀、二〇一〇年「北方社会の史的展開と王権・国家」『歴史学研究』872
蓑島栄紀、二〇一四年「古代北海道地域論」『岩波講座日本歴史20　地域論』岩波書店
蓑島栄紀、二〇一五年『「もの」と交易の古代北方史』勉誠出版
蓑島栄紀、二〇一七年「七世紀の倭・日本における「粛慎」認識とその背景」小口雅史編『古代国家と北方世界』同成社

蓑島栄紀、二〇一九年「9～11・12世紀における北方世界の交流」『古代東ユーラシア研究センター年報』5
蓑島栄紀、二〇二二年ａ「古代北方交流史における秋田城の機能と意義の再検討」『国立歴史民俗博物館研究報告』232
蓑島栄紀、二〇二二年ｂ「古代アイヌ文化論」吉村武彦ほか編『陸奥と渡島』角川選書
八重樫忠郎、二〇一九年『平泉の考古学』高志書院
八木光則、二〇〇五年「安倍・清原期の出羽と陸奥」『日本海域歴史体系1　古代篇1』清文堂出版
八木光則、二〇一〇年『古代蝦夷社会の成立』同成社
山田悟郎・平川善祥・小林幸雄・右代啓視・佐藤隆広、一九九五年「オホーツク文化の遺跡から出土した大陸系遺物」『北の歴史・文化交流研究事業　研究報告』
山田雄正、二〇〇六年「野尻(3)遺跡出土の鏡について」『野尻(3)遺跡Ⅱ』
吉村武彦、一九八六年「仕奉と貢納」朝尾直弘ほか編『日本の社会史4　負担と贈与』岩波書店
李成市、一九九八年『古代東アジアの民族と国家』岩波書店
若月義小、一九九九年「アシハセ・粛慎考」『弘前大学國史研究』107

挿図引用文献

枝幸町教育委員会編、一九九四年『目梨泊遺跡』
別冊太陽編集部編、二〇二〇年『別冊太陽280　アイヌをもっと知る図鑑』平凡社

コラム

古代日本の「鷲羽」と北海道

シベリア・ユーラシア極東から、越冬のため南下するオオワシ・オジロワシは、その多くが北海道に渡る（オジロワシの一部は留鳥）。これらの猛禽類の羽根は、古来、日本社会において最高品質の矢羽根として珍重されてきた。

『聖徳太子絵伝』（第二幅，部分．14 世紀，重文．本證寺蔵．画像提供＝安城市歴史博物館）

近世史料には、ワシ羽根の産地として、享保二年（一七一七）の『松前蝦夷記』には「釧路、厚岸、霧多布、宗谷、樺太」が、元文四年（一七三九）の『蝦夷商賈聞書《しょうこききがき》』には「十勝、白糠、釧路、厚岸、霧多布」があげられており、道東・道北やサハリンが主な産地であった。幕末の玉蟲左太夫《たまむしさだゆう》『入北記』では、根室・釧路産のオオワシ尾羽根は、上質なもので一尻（一四枚）銭二貫以上の値がついており、道東産のワシ羽根の高い価値が知られる。オオワシをアイヌ語で kapatcir（カパッチリ）というが、古い記録では「シイラプ」ともされる（天明元年（一七八一）の『松前志』など）。これはアイヌ語の si-rap（シ・ラプ）で、「真の・羽」の義である。日本近世史料において、オオワシの尾羽根は「真羽《まば》」（「真鳥羽《まとりば》」）と呼ばれるが、この二つの呼称には関連が想定されよう。いずれにせよ、近世にオオワシの尾羽根はとりわけ価値の高いものとされた。

平安―鎌倉期以後に続々と編まれた『聖徳太子絵伝』『聖徳太子伝』には、「蝦夷」たちが聖徳太子に服属する伝説上の場面が描かれ、そこでは多種多様な高級ワシ羽根が献上される。古代末―中世初期において、ワシ羽根は北方の「エゾ」を代表する産物となっていた〔瀬川、二〇〇九〕。鎌倉中期の権僧正・公朝《こうちょう》による文永二年（一二六五）の歌に、「陸奥《みちのく》の　蝦《え》夷《そ》か千島《ちしま》の　鷲《わし》の羽《は》に　妙《たえ》なる法《のり》の　文字《もし》もありけり」（『夫木和歌抄』巻二七・新編国歌大観番号一二六六六）と詠まれていることも名高い。ここでは、「エゾ」の地からもたらされるワシ羽根の複雑な紋様を、「妙なる法の文字」、つまりサンスクリット文字にみたてている。

では、こうした北方産のワシ羽根は、いつごろから日本社会に流入するようになったのであろうか。延長五年（九二七）完成進上の『延喜《えんぎ》式《しき》』神祇四・伊勢太神宮・神宝廿一種には「鷲羽八百枚」がみえる。伊勢神宮神宝としてのワシ羽根は、同じころ、貴族の日記や儀式書にも登場するようになる。一〇世紀後半成立の『西宮記《さいきゅうき》』臨時六・外衛佐には、「伊勢神宝を作るの時、鷲羽を進る事」とあり、『小右記《しょうゆうき》』寛仁三年（一〇一九）九月二七日条や『玉葉《ぎょくよう》』承安元年（一一七一）五月一四日条などにも、上級貴族たちが伊勢神宮神宝のために「鷲羽」を進上することがみえる。

また、『西宮記』臨時四・賭弓によれば、宮中儀礼の賭弓に際して、射手の舎人《とねり》たちは「左、鷲羽」「右、粛慎羽」にチーム分けされた。同様の構図は、一一世紀以後、大嘗会《だいじょうえ》に伴う御禊《ごけい》行幸での近衛府の武官のいでたちにもみられ（『御禊行幸服飾部類』）、伊勢斎王・賀茂斎院の御禊に伴うケースや、相撲のような節会《せちえ》の場面にも登場する。このように、日本社会におけるワシ羽根は、一〇世紀前後から、伊勢神宮の神宝や王権の儀礼にかかわる調度品として本格的な需要がはじまった〔蓑島、二〇一五〕。上記の史料に「鷲羽」としてみえるものの大半は、北海道産のオオワシ・オジロワシの羽根だとみてよかろう。

オオワシ・オジロワシは、とくに道東・道北に多く渡るので、その尾羽根の獲得が、一〇世紀以後の擦文文化の道東・道北への拡散の一因であったとも考えられている〔澤井、二〇〇七／瀬川、二〇〇七〕。

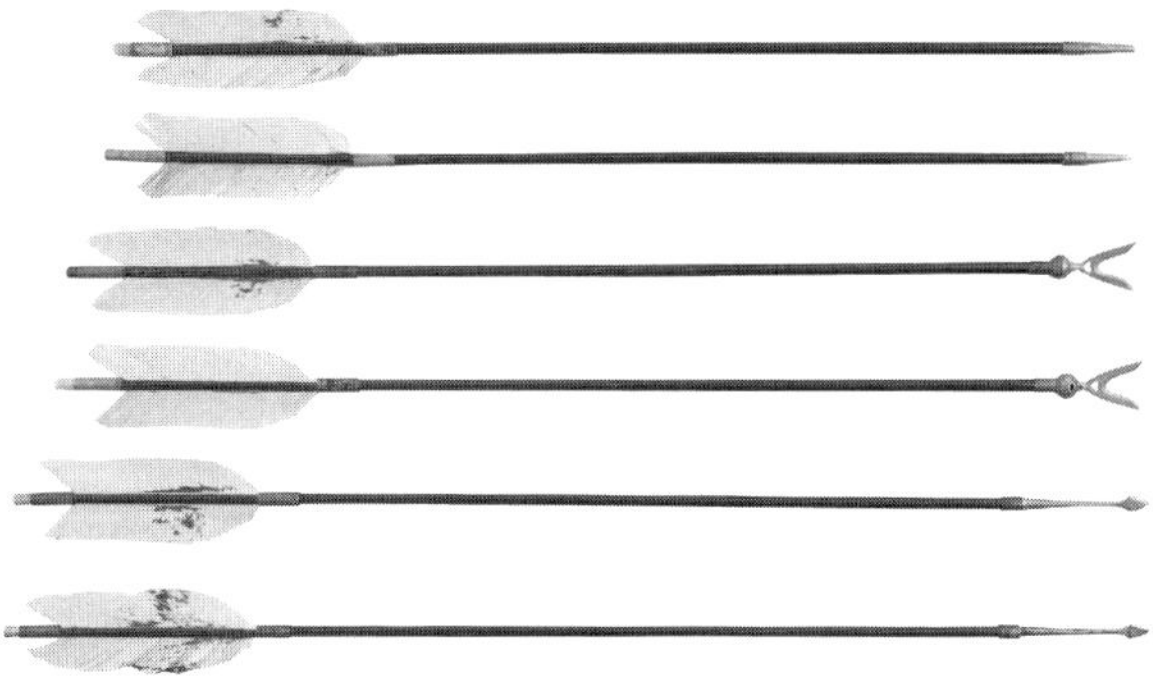

鶴岡八幡宮「黒漆矢」(伝 11 世紀，国宝．鶴岡八幡宮蔵．画像提供＝鎌倉国宝館)

その後、武士の台頭のなかで、ワシタカ類の羽根の需要はさらに増していった。『奥州後三年記』には、永保三年(一〇八三)秋、陸奥守となった源義家に対する饗応(三日厨《みかぐり》)の場面で清原真衡《さねひら》が「数しらずもてまいれり」という献上品のなかに「羽」がみえる。当時、安倍氏や清原氏は北海道産のワシ羽根を「数しらず」用意できる状況にあったのであろう。

鶴岡八幡宮には、源頼義が京都の石清水《いわしみず》八幡宮から鎌倉に八幡神を勧請した際、奉納したとされる「黒漆矢」三〇隻が伝わる。最近の調査により、この矢羽根にオオワシ・オジロワシの尾羽根が使用されていることがほぼ確実となった〔天野・藤井、二〇二三〕。後補の可能性も否定できないが、その場合にも、原形の維持が意識され続けてきたであろうことは想像にかたくない。

本文でも触れたように、『吾妻鏡《あづまかがみ》』文治五年(一一八九)九月一七日条所引「寺塔已下注文」には、毛越寺の本尊造営のため、藤原基衡《もとひら》が京の仏師に贈った品々のなかに、「鷲羽百尻」がみえる。これをオオワシの尾羽根とすると、一尻＝一四枚として、計一四〇〇枚にあたる。また、『台記《たいき》』仁平三年（一一五三）九月一四日条には、藤原頼長による出羽国遊《ゆ》佐庄《さのしょう》の年貢増徴に際して、「鷲羽十尻」の要求に対し、現地の管理者である藤原基衡は「鷲羽五尻」を提示して妥結している（本書、三上喜孝「東北　蝦夷の世界」も参照）。遊佐庄と関連する山形県遊佐《ゆざ》町大楯《おおだて》遺跡で出土した一二世紀の付札《つけふだ》木簡に「ほろは」（手羽。翼の下部分の羽根）とあることにも注目される。

『吾妻鏡』文治六年（一一九〇）正月三日条には、源頼朝から後白河院に対して「鷲羽一櫃」、同年一一月一三日条には砂金八〇〇両・御馬一〇〇疋とともに「鷲羽二櫃」が贈られているとある。こうした「櫃《ひつ》」は、『聖徳太子絵伝』に描かれたようなワシ羽根を満載した箱であったろうか。このことは、前年の奥州合戦によって、頼朝が奥州藤原氏を打倒し、奥羽の覇者となったことを誇示しようとする行為であろう［蓑島、二〇一五］。

さらに、建久二年（一一九一）から四年にかけて、鎌倉殿と御家人らが主従関係を確認する正月の垸飯《おうばん》の儀式などで、御家人たちから頼朝へ多数の「鷲羽」が献上されている。建久三年一一月二九日には、生まれたばかりの実朝にも北条時政から「鷲羽」が贈られている。このように『吾妻鏡』では、ワシ羽根関連記事が奥州藤原氏の滅亡直後に集中する。鎌倉幕府の草創期において、ワシ羽根は北方・「エゾ」を代表する産物として、政治的・象徴的に特別な意味を有したとみられる。

◉天野哲也・藤井幹「鎌倉鶴岡八幡宮「黒漆矢」矢羽の産地」『北海道考古学』59、二〇二三年
◉澤井　玄「十一〜十二世紀の擦文人は何をめざしたか」澤登寛聡・小口雅史編『アイヌ文化の成立と変容――交易と交流を中心として』法政大学国際日本学研究所、二〇〇七年
◉瀬川拓郎「蝦夷の表象としてのワシ羽」天野哲也ほか編『中世東アジアの周縁世界』同成社、二〇〇九年

東北　蝦夷の世界

三上喜孝

はじめに
1　蝦夷世界の創出
2　東北地方への公民移住政策
3　城柵の設置と蝦夷
4　北方の特産物をめぐる交流の担い手とその拠点
5　城柵から荘園へ
おわりに
コラム　柳之御所遺跡出土の「磐前村印」

はじめに

古代の東北地方の歴史を語るうえで、欠かすことのできないキーワードが「蝦夷《えみし》」である。蝦夷とはいったいどういう存在なのかについては、長らく議論があるが、ひとつ言えることは、東北地方に住み、国家の支配に組み込まれずに多様な社会を形成した人々を、古代国家の側が国家と対峙する存在としてまとめて「蝦夷」と呼んで位置づけた集団だということである。それはいわゆる「中華思想（華夷思想）」にも影響されて創出した観念としての集団であるともいえる。とはいえ、実際に古代国家は蝦夷に対して戦闘や懐柔を通した支配政策をとっていたわけで、決して観念の世界だけに生きていた存在ではない。こうした、観念と実態とが複雑に入り混じった蝦夷と古代国家の関係を考えるのが本章の目的である。

1　蝦夷世界の創出

阿倍比羅夫による征夷

「蝦夷」という集団はどのように創出されたのだろうか。そのことを考えるうえ

（1）本来は『国語』『史記』などの中国の古典に登場する、伝説的な北方民族の名称だが、近年は六—七世紀頃に日本海沿岸部にオホーツク文化が南下していたことが判明していることから、オホーツク文化圏の人々に該当するとの説が出されている［蓑島、二〇二二］。

（2）大化五年（六四九）に定められた位階制で、十九階制の一七番目。

で第一にあげられるのは、有名な阿倍比羅夫《あべのひらふ》による征夷事業である〔永田、二〇一五〕。斉明天皇四年(六五八)から斉明天皇六年にかけて、越国《こしのくに》の守《かみ》であった阿倍比羅夫が蝦夷・粛慎《しゅくしん》(1)征討を行ったことが『日本書紀』に記されており、その情報量の多い記述を丹念にみていくと、蝦夷観の形成過程がわかり、非常に興味深い(**図1**)。

斉明天皇四年四月、阿倍比羅夫は軍船一八〇隻を率いて蝦夷を討った。このとき齶田《あぎた》・渟代《ぬしろ》の二郡の蝦夷は降伏することを願い出たという。そこで齶田の蝦夷である恩荷《おんか》に小乙上(2)の官位を授け、渟代・津軽二郡の郡領《ぐんりょう》(3)を任命し、さらに渡嶋《わたりしま》蝦夷(4)を招集してもてなした。ここにみえる「齶田」「渟代」は、現在の地名では「秋田」「能代《のしろ》」にあたる。

(3) 郡司《ぐんじ》の大領と少領の総称。「郡」は大宝元年(七〇一)の大宝律令制定以降の行政区画の名称なので、『日本書紀』編纂時の現行制度にあてはめたものであろう。

(4) 北海道における続縄文文化終末期から擦文文化期の人々にあたる可能性が高い〔蓑島、二〇二二〕。

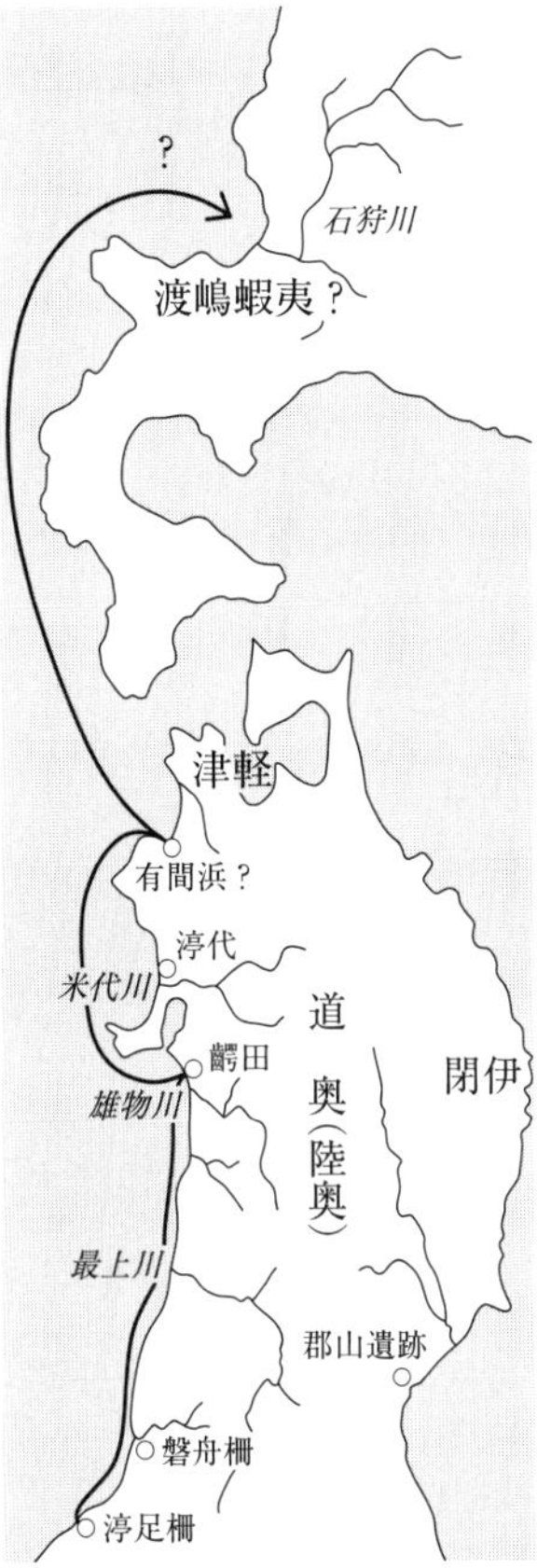

図1 阿倍比羅夫の遠征経路

同年七月、蝦夷二〇〇人あまりが朝廷に参上し貢納物を献上したので、朝廷は彼らを厚くもてなした。柵養《きこう》(都岐沙羅柵《つきさらのさく》(5)、渟足《ぬたり》柵(6)の支配下)の蝦夷二人に位一階を授けた。渟代郡の大領(長官)、少領(次官)、津軽郡の大領、少領、都岐沙羅の柵造、渟足の柵造らに位階を授けた。また、渟代郡の大領の沙尼具那《さにぐな》に詔して、蝦夷の人口と虜の人口とを調査させている。さらに同年、阿倍比羅夫は粛慎を討ち、生羆二、羆《ひぐま》の皮七〇枚を朝廷に献上した。

翌年(六五九)三月、阿倍比羅夫が軍船一八〇隻を率いて再び蝦夷の国を討った。齶田・渟代の二郡の蝦夷二四〇人、その虜三一人、津軽郡の蝦夷一一二〇人、その虜四人、胆振鉏《いふりさえ》(7)の蝦夷二〇人を集めて饗応をし、禄を賜った。そこで船一隻と五色の絹織物をもってその地の神を祭った。肉入籠《ししりこ》に至ったとき、蝦夷二人が進み出て、「後方羊蹄《しりべし》を政所《まつりごとどころ》とするのがよい」と言った。そこでその言葉にしたがって、郡領を置き、帰郷した。

この年の七月、遣唐使が派遣され、このとき唐の天子(高宗)のもとに蝦夷を連れていっている。そのときの問答が興味深い(8)(原文は漢文。三上による現代語訳)。

天子「これらの蝦夷の国はどの方角にあるのか」

使人「国は東北の方角にございます」

天子「蝦夷には何種類あるのか」

(5)「柵」「城柵」とは、北陸地方(新潟県域)や東北地方に置かれた施設で、蝦夷を支配下に置くために軍事的・行政的な拠点として設置された。「都岐沙羅柵」は、『日本書紀』斉明天皇四年条にしか登場せず、所在は不明だが、日本海側の越国《こしのくに》に置かれた城柵である可能性が高い。

(6)越後国北部に沼垂《ぬたり》郡があり、現在の新潟県北蒲原《きたかんばら》郡、新発田《しばた》市、新潟市北部にあたる地域で、渟足柵もそのあたりの阿賀野《あがの》川河口付近と推定される。

(7)津軽半島西北部か。肉入籠、後方羊蹄も同じ。

(8)『日本書紀』斉明天皇五年(六五九)七月戊寅

使人「三種類ございます。遠いものを都加留《つかる》、次のものを麁《あら》蝦夷、近いものを熟《にき》蝦夷と申します。いまここにおりますのは熟蝦夷で、毎年、本国の朝廷に入貢しています」

天子「その国に五穀はあるか」

使人「ございません。肉を食べて生活しています」

天子「その国に屋舎はあるか」

使人「ございません。深い山の中で樹木の根本に住んでいます」

農業ではなく狩猟を生業としていることや、定まった屋舎には住まない移住生活を行っていると蝦夷のことを説明しているが、もちろんこれは一律に事実と受け取ることはできず、いわゆる「公民」とは異なった生活習慣にある集団であるということを誇張した観念的な蝦夷観によるものであろう。

翌年（六六〇）の三月にも蝦夷征討が行われている。このとき、阿倍比羅夫は軍船二〇〇隻を率いて粛慎国を討った。大河の河口に着くと、軍営を構えていた一〇〇〇人ほどの渡嶋の蝦夷の中から二人が歩み出て、「粛慎の軍が我々を殺そうとしています。朝廷にお仕えしますのでどうか助けてください」と叫んだ。そこで比羅夫はまず、粛慎の人々と「沈黙交易」[9]を試みるがうまくいかず、ついに戦闘になり、粛慎は敗退した。

条所収「伊《い》吉連《きのむらじ》博徳書《はかとこがふみ》」。

（9）交易をする双方がなるべくコミュニケーションをとらずに交互に品物を置き、双方が相手の品物を手に入れたときに取引が成立するという形式の交易。東アジアでは古くから行われていたという。

同年五月、阿倍比羅夫は、五〇人の蝦夷を朝廷に献上し、飛鳥寺《あすかでら》の西の石上《いそのかみ》の池のほとりに須弥山《しゅみせん》(10)を作って粛慎を饗応した。

『日本書紀』の斉明紀に集中的にみられる阿倍比羅夫の北方遠征に関する記述を追っていくと、この当時の北方遠征とそれによる服属政策の特徴がわかる。第一に、戦闘による一方的な服属の強制のみではなく、饗応による懐柔策もとること、第二に、豊富で珍奇な貢納品への魅力が北方遠征の原動力のひとつになっていること、第三に、「中華思想」を意識して蝦夷を位置づけていること、第四に、蝦夷の側も、倭王権の庇護を求める場合があったこと、などである。

(10) 仏教で世界の中心にそびえる最も高い山をいい、その模像を造って飛鳥の地に置いた。奈良県明日香村の石神遺跡から須弥山石とみられる石像が出土している。

「蝦夷」と「蝦狄」

ところで、「蝦夷」の呼称はどのように形成されたのか。これについては、『通典《つてん》』(11)巻一八五「辺防　東夷上　蝦夷」の条が参考になる[相澤、二〇一六・二〇二三]（原文は漢文。三上による現代語訳）。

蝦夷国は海中の島にある小国である。その使者は、あごひげの長さが四尺ほどあり、弓矢を使うのが上手である。矢を首にはさんでかまえ、ヒョウタンを人の頭上にのせて数十歩離れたところに立たせ、そのヒョウタンを射ると、百発百中であった。大唐顕慶四年（六五九）一〇月に、倭国の使者が唐の皇帝にあい

(11) 唐の杜佑《とゆう》（七三五―八一二）が著した法律制度史の書。全二〇〇巻と考証一巻。代宗の大暦元年（七六六）から徳宗の貞元一七年（八〇一）の三十余年をかけて編纂された。

さつに来た際についてきた。

同様の記事は、『新唐書《しんとうじょ》』(12)日本伝にもあるが、『新唐書』では「蝦蛦」と表記されている。いずれにしても、「蝦夷」という呼称は中国に対する対外的な呼称として創出された可能性がある。そういう意味でもやはり、「蝦夷」は中国を意識し、華夷思想に影響を受けて創出された呼称であることは間違いない(**図2**)。

八世紀前後になると、「蝦夷」のほかに「蝦狄」という呼称もあらわれる。『続日本紀《しょくにほんぎ》』文武天皇元年(六九七)一二月庚辰条に「越後《えちご》蝦狄」とみえる一方、和銅二年(七〇九)三月に、陸奥《むつ》・越後二国の蝦夷が抵抗するので、巨勢朝臣麻呂《こせのあそんまろ》を陸奥鎮東将軍、佐伯宿禰《さえきのすくね》石湯《いわゆ》を征越後蝦夷将軍に任命したとあり、日本海側について「蝦狄」「蝦夷」と表現が揺れている。だが同年七月に「諸国をして兵器を出羽《でわ》柵に運び送らしむ。蝦狄を征《う》たんがためなり」「越前・越中・越後・佐渡の四国の船一百艘を征狄所に送らしむ」とあり、日本海側、すなわち出羽の蝦夷を「蝦狄」と表記している。さらに養老四年(七二〇)の陸奥国の蝦夷の反乱の際に、多治比県守《たじひのあがたもり》を持節征夷将軍、阿倍駿河《するが》を持節鎮狄将軍に任命したが、このとき、陸奥国側(太平洋側)の蝦夷を「夷」、出羽国側(日本海側)の蝦夷を「狄」と書き分けている。陸奥側の蝦夷を東夷、出

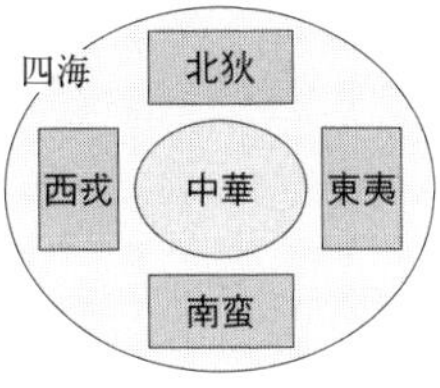

図2　華夷思想の概念図

(12) 北宋の欧陽脩《おうようしゅう》(一〇〇七—七二)・曾公亮《そうこうりょう》らによる唐の歴史書。二二五巻。仁宗の嘉祐五年(一〇六〇)成立。五代の後晋の劉昫《りゅうく》(八八七—九四六)らの手になる『旧《く》唐書《とうじょ》』と区別するために、『新唐書』と呼ぶ。

羽側の蝦夷を北狄とする世界観はまさに華夷思想に由来するものであり、八世紀前半に次第に形成されていったと考えられる。

2　東北地方への公民移住政策

出羽国の成立と公民移住政策

古代国家が創出した「蝦夷」を実際に支配していくうえで古代国家が腐心したのが、蝦夷の地へ公民⑬を移住させるという政策である。

まず出羽国を例にとってみよう。出羽国は、もともと越後国から分立して成立した国である。七世紀段階にあっては、越国《こしのくに》(北陸地方)が北方遠征の拠点であったことは、先にみた阿倍比羅夫の北方遠征の記事で明らかである。そのため、七世紀には越国に城柵が作られた。『日本書紀』によると大化三年(六四七)に渟《ぬ》足《たり》柵を作り、柵戸《さくこ》⑭を置き、大化四年(六四八)には磐舟《いわふね》柵を治めて蝦夷に備え、越《こし》と信濃《しなの》の民を選んではじめて柵戸を置いたとある。

八世紀前半においてもこの城柵は機能した。慶雲三年(七〇六)に越後守をつとめた威《い》奈大村《なのおおむら》は、その骨蔵器に刻まれた銘文によると「越後城司」としても活躍し、翌年四月に越城(渟足柵)で没したという⑮(**図3**)。

(13)　戸籍に編入され、税を負担する民。

(14)　城柵を維持するための戸。関東地方、北陸地方などから人を移住させ、城柵のまわりに住まわせた。

(15)　威奈大村は、『続日本紀』では「猪名真人大村」として登場する。これによれば慶雲三年閏正月に越後守に任官している。骨蔵器に記される「越後城司」との関係は不明だが、この役職が越後守と同義か、あるいは越後守の下僚にあたる官職か、解釈が分かれる。なお骨蔵器は、江戸時代の明和年間(一七六四—七七二)に大和国葛下郡の穴虫山から掘り出されたと伝えられる。銘文は骨蔵器の蓋表に三九一字の漢文体で記されており、一〇字三九行で放射状に文字が陰刻されている。

また、新潟県長岡市(旧和島村)の八幡林《はちまんばやし》遺跡からは、「沼垂城」と書かれた養老年間(七一七—二四)の木簡が出土している(**図4**)。当初、越後国府は渟足柵にあったと考えられるが、その後、南西部の頸城《くびき》郡へ移される(和銅五年〈七一二〉の出羽建国に伴う措置か)。同木簡により、国府の頸城郡移転後の養老年間においても、渟足柵(沼垂城)が城柵として機能し続けていたことが明らかになった。

図3　金銅威奈大村骨蔵器(四天王寺蔵．画像提供＝京都国立博物館)

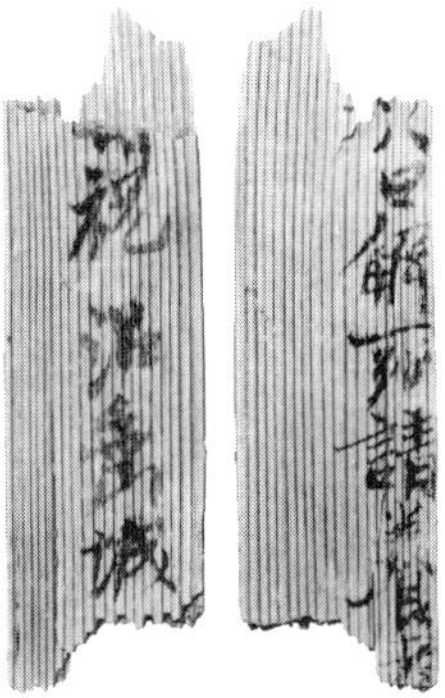

図4　長岡市八幡林遺跡出土「沼垂城」木簡(所蔵・画像提供＝長岡市立科学博物館)

八世紀以降、さらに北側の支配を進めるために、和銅元年(七〇八)に越後国に出羽郡が設置される。これが現在の山形県庄内地方である。この頃、城柵である出羽柵が設置されたものと思われる。さらに七一二年に出羽国がそこから分立するのである。

この成立過程をどのように読み解いていったらよいのか。今泉隆雄によると、越国には、もともと、(ア)令制郡が設置され律令制公民支配が確立している南部のA地区と、(イ)A地区の北の周縁地域で、城柵を設置し柵戸の移民によって建郡し、公民支配がいちおう成立しているB地区、(ウ)律令制公民支配が未成立のエミシの居住地域であるC地区の、三つの地域が存在したと考えられる。このうち、B地区とC地区を切り離して建国し、そこに公民を移住させることで、支配の安定化をはかることにしたのではないかとする[今泉、二〇一五]。かくして、蝦夷の居住地においては公民の移住が重要な政策的課題となっていったのである。

陸奥国における公民移住の実態

八世紀から九世紀初頭にかけて、公民移住政策は「柵戸」の設置、つまり城柵の経営を維持するという名目でもっぱら行われる。まず陸奥国について、『続日本紀』をはじめとする歴史書の記述から年表風にみていくことにしよう。

霊亀元年(七一五) 相模・上総《かずさ》・常陸・上野《こうずけ》・武蔵・下野《しもつけ》六国の富民一〇〇〇戸を柵戸として陸奥国に移す。

神護景雲二年(七六八) 陸奥管内及び他国の百姓で伊治城《これはり》(後述)・桃生城《ものう》に住むことを希望する者を移す。

神護景雲三年(七六九) 坂東《ばんどう》八国(16)の百姓のうち願う者を桃生・伊治城に移す。

(16)「坂東」は関東地方の古称で、「八国」は相模、武蔵、上総、下総、安房、常陸、上野、下野の八国をさす。

延暦一五年(七九六)　相模・武蔵・上総・常陸・上野・下野・出羽・越後等の民九〇〇〇人を伊治城に移す。

延暦二一年(八〇二)　相模・武蔵・上総・下総・常陸・信濃・上野・下野等の浪人四〇〇〇人を胆沢《いさわ》城に移す。

一〇世紀に成立した『和名類聚抄《わみょうるいじゅうしょう》』(17)には全国の郡郷名が記載されているが、それによれば、陸奥国北部のいわゆる「黒川以北」と呼ばれる地域の一部の郡や郷の中に、これら東国の国名や郡名を冠した名がついているものがある。たとえば、黒川郡新田《にうた》郷(上野国新田郡に由来)、色麻《しかま》郡相模郷(相模国に由来)、江刺《えさし》郡信濃郷(信濃国に由来)、江刺郡甲斐《かい》郷(甲斐国に由来)、胆沢郡下野郷(下野国に由来)、胆沢郡常口《ときわ》

(17) 平安時代中期に作られた辞書。承平年間(九三一―三八)に源《みなもとの》順《したごう》が編纂した。

表1　東国に由来するとみられる陸奥国の郡郷名

『和名類聚抄』にみえる郡郷名	移民の出身地とみられる国郡名
安積郡芳賀郷	下野国芳賀郡
行方郡	常陸国行方郡
行方郡多珂郷	常陸国多珂郡
曰理郡望多郷	上総国望多郡
名取郡磐城郷	陸奥国磐城郡
宮城郡磐城郷	陸奥国磐城郡
宮城郡白川郷	陸奥国白河郡
宮城郡多賀郷	常陸国多珂郡
黒川郡新田郷	上野国新田郡
黒川郡白河郷	陸奥国白河郡
賀美郡	武蔵国賀美郡
賀美郡磐瀬郷	陸奥国磐瀬郡
色麻郡相模郷	相模国
色麻郡安蘇郷	下野国安蘇郡
玉造郡信太郷	常陸国信太郡
志太郡信太郷	常陸国信太郡
新田郡	上野国新田郡
小田郡賀美郷	武蔵国賀美郡
牡鹿郡賀美郷	武蔵国賀美郡
栗原郡会津郷	陸奥国会津郡
登米郡行方郷	陸奥国行方郡
桃生郡磐城郷	陸奥国磐城郡
胆沢郡白河郷	陸奥国白河郡
胆沢郡下野郷	下野国
胆沢郡上総郷	上総国
胆沢郡常口郷	常陸国
江刺郡信濃郷	信濃国
江刺郡甲斐郷	甲斐国

([菅原, 2015]の表を一部改変)

表2 『陸奥国戸口損益帳』にみえるウジ名の分布状況

ウジ名	陸奥国での分布	東国での分布
占部	白河	常陸，下総，上総，武蔵
大伴部	白河，信夫，行方，刈田，柴田，黒川	常陸，下総，安房，相模，武蔵，上野，下野
三枝部	不明（多賀城漆紙文書にみえる）	下総
君子部	宇多，磐瀬，名取，信夫，玉造，新田	常陸，相模，下野，遠江
丸子部	安積，牡鹿，小田，富田，遠田，磐瀬，宮城	常陸，安房，相模
大田部	安積，信夫	常陸，下野，上野，下総，相模

郷（常陸国に由来か）、胆沢郡上総郷（上総国に由来）などである。おそらくは東国からの集団移民が、ある時期、陸奥国北辺に集中して行われたことを示していると思われる（**表1**）。

また、正倉院文書《しょうそういんもんじょ》に残る『陸奥国戸《こ》口《こう》損益帳』[18]といわれる文書を検討すると、そこに登場するウジ名の中に東国に由来すると思われるものが数多く存在する（**表2**）。これもまた、東国から陸奥国への移民の実態を示す史料として評価できるだろう。

出羽国における公民移住の実態

次に出羽国についてみてみよう。同じく『続日本紀』によると、和銅七年（七一四）に尾張・上野・信濃・越後等から二〇〇戸を出羽柵へ、霊亀二年（七一六）に信濃・上野・越前・越後から各一〇〇戸、養老元年（七一七）にも信濃・上野・越前・越後から各一〇〇戸、養老三年（七一九）には東海道・東山道・北陸道から二〇〇戸を出

（18）陸奥国の人口増減を記した文書。

羽柵へ移住させたという記事がみえる。陸奥国がもっぱら坂東諸国から公民を移住させているのに対し、出羽国の場合は、北陸道の国や信濃・上野といった国が目立つ。日本海ルートを使った公民の移住を意識しているのであろう。

その点で興味深いのは、秋田城跡から出土した第一六号漆紙文書《うるしがみもんじょ》である(19)[秋田市教育委員会ほか編、一九九九]。秋田城は、天平五年(七三三)に、庄内地方から秋田村高清水岡に移転した出羽柵であり、のちに秋田城と改称された。出土した第一六号漆

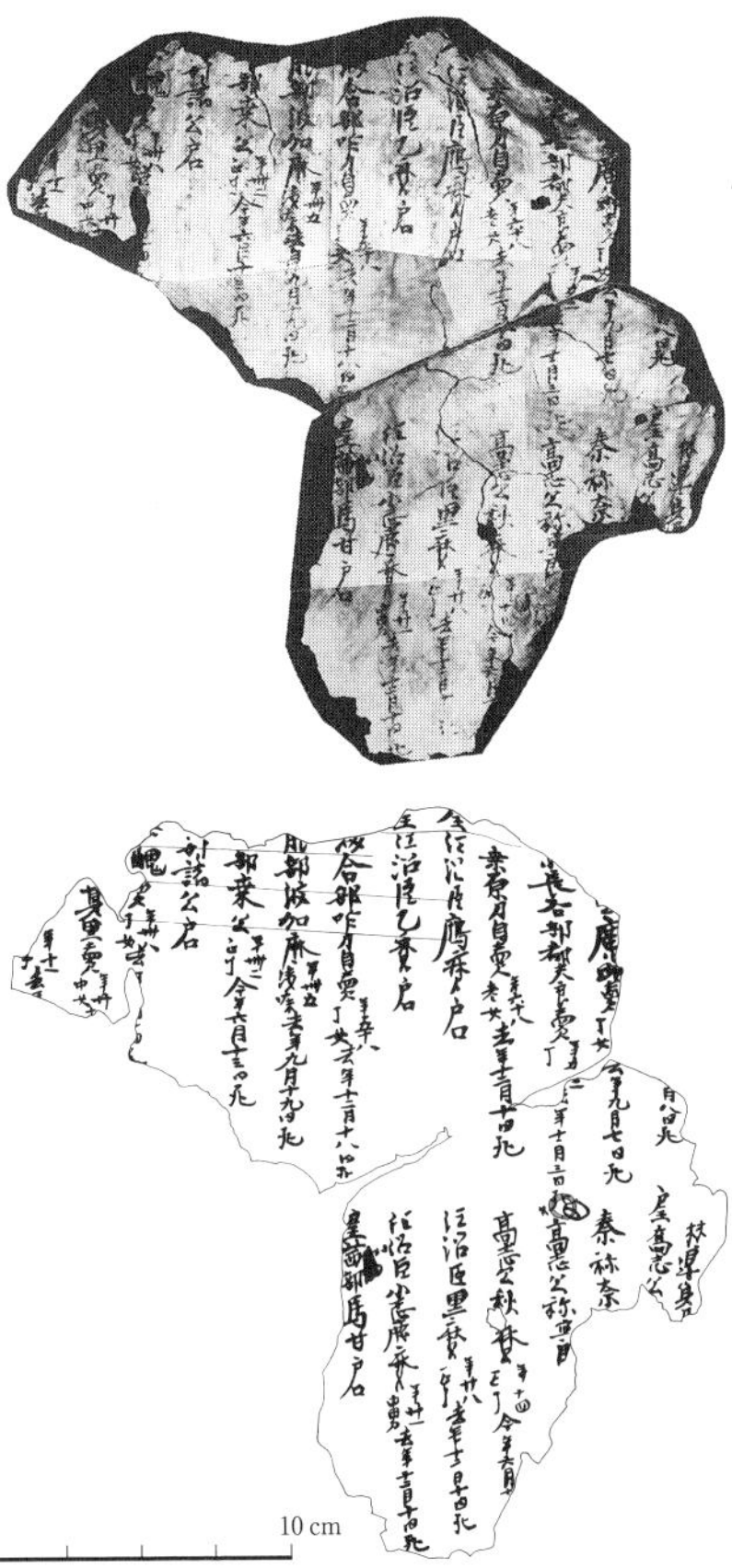

図 5　秋田城跡出土第 16 号漆紙文書「死亡帳」
上：赤外線写真(画像提供＝秋田城跡歴史資料館)
下：実測図[秋田県教育委員会ほか編, 1999]

(19) 漆の状態を良好に保つために、いらなくなった紙の文書で漆桶に蓋をしたが、その紙に漆がしみこむと腐蝕せず、地中に遺存した。そこに文字が書かれている場合、これを漆紙文書と呼ぶ。

表3　秋田城跡出土第16号漆紙文書の記載内容(…は判読不明部分)

戸　主	戸　口	年齢・年齢区分	死亡年月日
戸主…………	林連真刀… ……………………	…………… ……………	…………………… □月八日死
戸主高志公□……	……□公　広野売 秦祢奈 小長谷部都夫良売 高志公祢宜良 桑原刀自売 高志公秋麻呂	年？・丁女 年52・丁女 年68・老女 年？・正丁	去年九月七日死 去年十一月二日死 去年十二月二日死 今年六月□
戸主江沼臣鷹麻呂	江沼臣黒麻呂	年28・正丁	去年十二月十日死
戸主江沼臣乙麻呂	江沼臣小志鹿麻呂 坂合部咋刀自売	年21・中男 年58・丁女	去年十二月十日死 去年十二月十八日死
戸主茜部馬甘	服部波加麻 …………………… …□部桑公	年45・残疾 …………… 年42・正丁	去年九月十九日死 …………………… 去年六月十三日死
戸主……部諸公	…………………… …………□醜売 …………………… …………真黒売 …………………… ……………………	 年38・丁女 年20・中女 年？・小子	…………………… 去年□□□日死 …………………… 去………………… …………………… 去…………………

紙文書は、「死亡帳」と呼ばれる、ある年の死亡者について記録した帳簿であり、その年代は九世紀半ば頃のものと考えられる(**図5**)。

注目されるのは、そこに記載されているウジ名である。「高志公《こしのきみ》」「江沼《えぬの》臣《おみ》」というウジ名が圧倒的に多い(**表3**)。「高志公」は越後国古志《こし》郡に由来するウジ名であり、「江沼臣」は越前国江沼《えぬま》郡に由来するウジ名である。つまり越前、越後国から秋田城付近へ移住した戸の存在を示唆している。やはりこれも、日本海ルートを利用しての移住だろう。文献記録だけでなく、一次資料である出土文字資料からもその実態が確認できたことの意義は大きい。しかも、八世紀の公民の移住政策が、九世紀になっても東北への移住を喚起した可能性もある。

余談だが、こうした公民移住政策は古代日本に限ったことではない。同時代の朝鮮半島においても、同様の政策を示唆する記録がみられる。『三国史記[20]』巻九「新羅本紀　宣徳王」によると、次のような記事がみえる。

宣徳王二年（七八一）七月、使者を派遣して浿江（大同江）以南の州郡を安撫させた。

宣徳王三年（七八二）閏正月、使臣を唐に遣わして朝貢した。二月、王は漢山州（いまの京畿道広州市）に巡幸して民戸（民家）を浿江鎮（いまの黄海北道平山郡または金川郡）に移した。

これはおそらく、渤海《ぼっかい》の勢力拡大に備え、唐に朝貢すると同時に、渤海との境界地域に朝鮮半島の京畿道から民戸を移住させたことを示している。公民移住政策は、東アジアに共通する支配政策といっても過言ではない。

（20）高麗一七代仁宗（在位一一二二―四六）の命を受けて金富軾《きんふしょく》（一〇七五―一一五一）らが撰した、三国時代（新羅・高句麗・百済が鼎立した時代）から統一新羅末期までを対象とする紀伝体の歴史書。朝鮮半島に現存する最古の歴史書。一一四三年執筆開始、一一四五年完成、全五〇巻。

3　城柵の設置と蝦夷

陸奥国の城柵

公民移住政策は、何よりも城柵の維持経営を目的とするものであった。つまり蝦夷との対峙においては、城柵の設置とその経営が最重要課題とされていたのである。では具体的に、城柵はどのように維持されたのか。

まず、多賀《たが》城に代表される陸奥国についてみてみよう。多賀城は、後述する多賀城碑によれば、神亀元年(七二四)に完成したとされる城柵で、同時に陸奥国府と鎮《ちん》守府《じゅふ》[21]を兼ね備えた施設である(**図6**)。実際には『続日本紀』養老六年(七二二)の記事には「陸奥鎮所」の語がみえ、養老年間に多賀城の建設が始まったらしい[平川、二〇〇三]。

だが先述したように、それより前の霊亀元年(七一五)、相模・上総・常陸・上野・武蔵・下野の六国の富裕な民一〇〇〇戸の陸奥国への移住がすでに行われている。多賀城成立より前にその受け皿となったのが、仙台市の郡山《こおりやま》遺跡である。郡山遺跡の発掘調査によれば、Ⅰ期と呼ばれる初期の官衙《かんが》は七世紀半ばに設置されている。関東系土器[22]の出土からも知られるように、実態としては本格的な城柵設置以前

(21) 古代の陸奥・出羽の軍事支配のために置かれた機関。八世紀は陸奥国府の多賀城に併設されていたが、蝦夷支配の拡大とともに延暦二一年(八〇二)に胆沢城(岩手県奥州市)に移転した。

(22) 郡山遺跡のⅠ期官衙(七世紀中葉—末葉)からは、在地の土器のほかに、関東地方で製作された土器と同様の特徴をもつ関東系土器が出土している。この土器の種類は土師器《はじき》(野焼きという伝統的な焼成方法で製作された土器)が主体なので関東系土師器ともいう。Ⅰ期官衙ではこのほかに、内面に暗文と呼ばれる装飾的文様をもつ畿内産土師器や、東北地方北部の特徴を示す土器なども出土しており、各地との交

から坂東諸国からの移民が送り込まれ、その移民の労働を基盤として郡山遺跡に始まる城柵が築かれたのである。郡山遺跡のⅡ期の官衙は七世紀末葉頃のものと考えられているが、注目されるのは、Ⅱ期官衙から、飛鳥の石神《いしがみ》遺跡のそれとよく似た方形石組池が出土していることである。七世紀半ば頃のものとされる石神遺跡の園

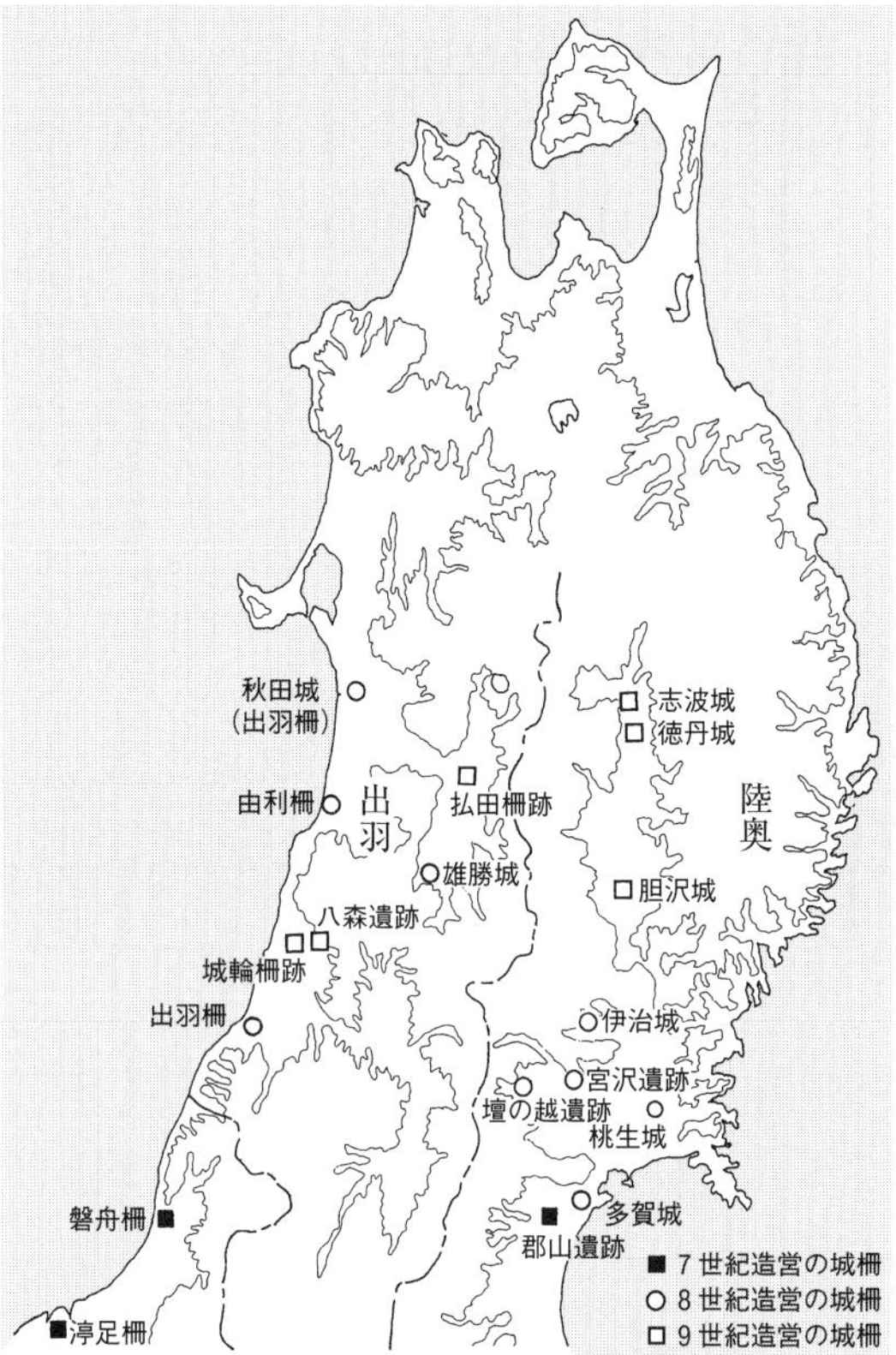

図6　東北の古代城柵[伊藤, 2006]

流の様相がうかがえる。

図7　郡山遺跡出土の方形石組池（画像提供＝仙台市教育委員会）

池遺構では、朝貢してきた蝦夷の服属儀礼が行われたのではないかと推定されており、実際、石神遺跡からは蝦夷が持ち込んだとみられる東北地方の特徴を持つ土器が出土している。郡山遺跡の方形石組池（**図7**）もまた、そのような蝦夷の服属儀礼が行われた場と推定されるのである［長島、二〇〇九］。

関連して想起されるのが、『続日本紀』霊亀元年（七一五）一〇月丁丑条である。それによると、陸奥国の蝦夷第三等邑良志別君《おらしべつのきみ》宇蘇弥奈《うそみな》が、「私たちは親族が死亡し、子孫数人が、常に狄徒にかすめ奪われることを恐れています。香河《かかわ》村に郡《ぐう》家《け》を作り建てて、私たちを編戸の民としていただくことで、安心して暮らせることを願います」と申し出てきた。また、蝦夷の須賀君《すがのきみ》古麻比留《こまひる》らが、「先祖以来、昆布を献上してまいりました。常にこの地で採集して、ひとときも欠かしたことはありません。いま国府からはその距離が遠く、往還するのに苦労しております。閇《へい》村に郡家を建てて、百姓と同じように扱っていただければ、親族を率いてこれからも長く貢納することができます」と申し出て、これを許した、とある。蝦夷が、別の集団である「狄徒」の収奪から自らを守ったり、貢納の際の負担を軽減したりするために、新しく郡を建てることを国府に要請したのである。ここにみえる「国府」とは、郡山遺跡のことを指しているのだろう。

ただし、蝦夷は自らの生存戦略として服属という形ばかりをとっていたわけではなく、当然、戦争という形で古代国家と対峙する場合も多かった。養老四年(七二〇)には、陸奥国で大規模な蝦夷の反乱が起こり、按察使《あぜち》(陸奥国の最高司令官)の上毛野《かみつけのの》広人《ひろひと》が殺害されるという事件が起きている。坂東諸国からの大規模な移民や多賀城の建設といった古代国家の政策が蝦夷の危機意識を刺激したのかもしれない。それに加えて神亀元年(七二四)には、坂東諸国の郡領氏族たちがこぞって私有の穀を「陸奥国鎮所」に献上することで位階を得たという記事がみえるが、兵糧米の確保が喫緊の課題となったのであろう。以後、蝦夷と古代国家は長きにわたり対立をくり返していくことになる。

多賀城碑にみえる国境意識

国宝に指定されている多賀城碑は、天平宝字六年(七六二)に、「参議東海東山節度使従四位上仁部省卿兼按察使鎮守将軍」の藤原恵美朝臣朝獦《ふじわらのえみのあそんあさかり》が多賀城を修造したことを記す記念碑である(**図8**)。古代日本の石碑にはめずらしく、上部を「円首」(半円形)にするなど、中国の石碑を意識した形状を呈している[安倍・平川編、一九九九」。藤原朝獦は藤原仲麻呂《なかまろ》の子で、東北地方の支配強化という方針の下、多賀城の全面改修を行ったのである。

多賀城碑には、当時の国境意識を想起させる四至《しいし》記載がみられる。

多賀城　去京一千五百里
　　　　去蝦夷国界一百廿里
　　　　去常陸国界四百十二里
　　　　去下野国界二百七十四里

図8　多賀城碑(画像提供＝東北歴史博物館)

去靺鞨《まっかつ》国界三千里

これは、多賀城の位置を各地域からの里程で示したものである。最初にあげられている「京」は多賀城と平城京との位置関係を示したものであるが、「蝦夷国」から「下野国」までは、多賀城が置かれている陸奥国と国境を接している国からの距離が記されている。「常陸国」と「下野国」は、東海道と東山道のそれぞれの隣国という意味で記されていると思われる。

ここに「蝦夷国」が登場する。厳密に言えば、「蝦夷国」なる国は存在しない。あくまでも蝦夷が住んでいる地域を、「蝦夷国」と措定してここでは表記しているのである。同様の表記が『日本書紀』にも見られることは先述の通りである。

「靺鞨国」も同様である。これについては、渤海国の北にあった黒水靺鞨をさすか、あるいは、当時の渤海国をふくめて広く靺鞨族のことをさしたとする説が有力である。いずれにせよ、渤海国の北にいた靺鞨族を「靺鞨国」と想定している点は、「蝦夷国」の場合と共通している。

多賀城碑にみえる「蝦夷国」「靺鞨国」の表記は、多賀城のある陸奥国から見た「東」と「北」の国境を意味していると考えられる。「靺鞨国」「蝦夷国」をここで持ち出しているのは観念的な国境意識からだが、一方で陸奥・出羽が現実的に直面している対外的な問題とも直結している。「蝦夷国」は境界領域における蝦夷との

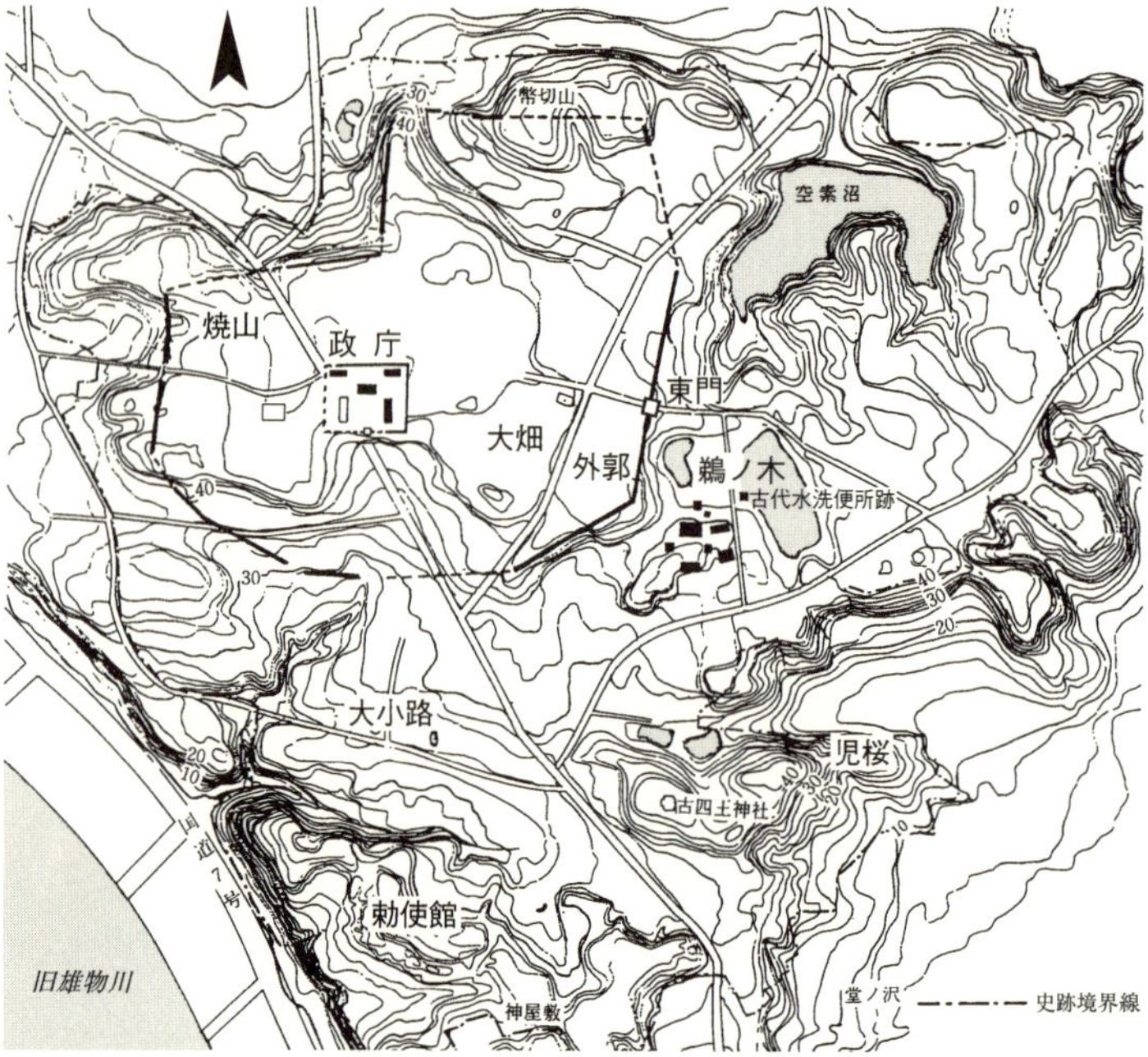

図9　秋田城跡地形図[伊藤, 2006]

現実的な対立が背景にあることはいうまでもないが、「靺鞨国」については、八世紀に出羽国、とりわけ秋田城に渤海の使節がたびたび来着していた事実を意識していると思う。秋田城跡の発掘調査によれば、外郭東門の外側のいわゆる「鵜ノ木地区」には、渤海使節が一定期間滞在していたことを想定させる迎賓施設や「水洗トイレ」などの存在が確認されている[伊藤、二〇〇六](**図9**)。

多賀城碑が建てられた八世紀後半の藤原仲麻呂政権は東北地方の支配に対する関心が強かった。藤原仲麻呂は、子の藤原朝獦を陸奥守、さらには陸奥鎮守将軍として送りこみ、多賀城の大改修工事などの対蝦夷政策を行わせた。藤原仲麻呂は東北地方に並々ならぬ関心をいだいていたのである。

こうした政治的関心が、東と北の国境意識を醸成させたことは間違いないだろう。桓武天皇の時代には征夷事業が活発化するが、その原点は城柵の改修や新造に血道を上げた藤原仲麻呂とその子・朝獦の東北政策にあったといえるかも知れない[三上、二〇一七]。

伊治呰麻呂の乱にみる古代国家と蝦夷の確執

藤原朝獦によって改修された多賀城は、ほどなくして戦禍に遭う。宝亀一一年(七八〇)三月、陸奥国の伊治城《これはり》(23)で、牡鹿《おしか》郡(24)大領の道嶋大楯《みちしまのおおだて》や、都から派遣されてい

(23) 陸奥国栗原郡(宮城県栗原市)にあった城柵。『続日本紀』によれば、神護景雲元年(七六七)に設置された。多賀城の北方約五〇㎞に位置する。

(24) 宮城県の石巻地方にあった郡。後に桃生郡が分かれる。

た陸奥按察使《あぜち》の紀広純《きのひろずみ》が、蝦夷出身の上治郡《かみはり》(25)の大領、伊治呰麻呂《あざまろ》に殺されるという事件が起こった。さらに呰麻呂は陸奥国府である多賀城に攻めこみ、焼き討ちにしてしまう事態にまで発展した。

伊治呰麻呂はなぜこのような事件を起こしたのか。『続日本紀』ではこれを、呰麻呂の個人的な恨みが発端となっていると解説する。郡司（大領）とはいえ、夷俘《いふ》（服属した蝦夷）という出自をもつ呰麻呂は、同様の地位にある牡鹿郡大領の道嶋大楯からは常に侮蔑の対象であった。そうした侮蔑に耐えかねてその怒りが爆発したというのである。

もちろん個人的な恨みだけでこれほどの反乱がなし得たかについては、考える余地がある。呰麻呂だけではない。呰麻呂に同調して多数の蝦夷が蜂起したということは、蝦夷社会全体に関わる切実な問題があった可能性が高い。多賀城碑の「蝦夷国」の表記にみられるように、古代国家は架空の「蝦夷国」を措定し、そこに分断の線を引いたのである。蝦夷の多様な社会が一元的にとらえられ、そのことが蝦夷に対する分断と差別をより助長した可能性は否定できない。呰麻呂の私怨は当時の蝦夷社会が置かれた状況を象徴的に示しているのかもしれない。「三十八年戦争(26)」という長きにわたる蝦夷と古代国家の戦争が本格化するのはこの頃からである［鈴木、二〇〇八・二〇一六］。

(25)『続日本紀』では「上治郡」と表記しているが、これを「此治郡」の誤記とみなし、伊治郡（後の栗原郡）にあてる説がある。

(26) 宝亀五年（七七四）、桃生地方の「海道の蝦夷」が桃生城を焼き討ちするという事件が起こったことを契機に、古代国家と蝦夷との戦争状態が続いた。弘仁二年（八一一）に文室綿麻呂《ふんやのわたまろ》により征夷事業が一段落するまでのこの騒乱を「三十八年戦争」と呼んでいる。

4　北方の特産物をめぐる交流の担い手とその拠点

北方の馬と貴族社会

古代国家と蝦夷との関係は、ひたすら対立をくり返すばかりではなかった。中央貴族は、北方社会の産物に大いなる関心を寄せていた。むしろ憧れていたといってもよいだろう。次にこの点について考えてみたい［小口、二〇一六／鐘江、二〇一六／三上、二〇〇七／蓑島、二〇〇一・二〇一五］。

延暦六年(七八七)正月の太政官符によると、「聞くところによると、王臣および国司らが、競って「狄馬」(北方の馬)や俘《ふ》の奴婢《ぬひ》を買っている」「そればかりでなく、無知の百姓が法を恐れず、蝦夷の物品を手に入れるために国家にとって必要なものを売り、蝦夷の物品を買う事態になっている。そのため真綿が蝦夷の「襖冑《おうちゅう》」(27)となり、鉄は蝦夷の農具として蝦夷を利することになっている」という実態をふまえ、こうした商行為を禁止する格《きゃく》(法令)が出されている(28)。

この太政官符には、八世紀末から九世紀にかけて、中央貴族らが北方の産物を競って買い求めたことが端的に語られている。とくにここでは、「狄馬」「俘奴婢」を求め、物品の対価として真綿と鉄が北方社会に流れていることを懸念している。

(27) 布に鉄もしくは革の小札《こざね》を中に縫い込んだり表面に縫い付けたりして作った甲冑。遣唐使がもたらした甲冑を手本として製作されたとされる。

(28) 『類聚三代格』延暦六年正月二一日太政官符。

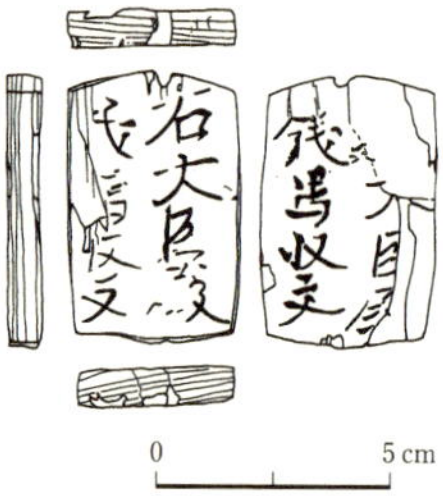

図10　多賀城市山王遺跡出土題簽軸木簡[平川, 2003]

ここでとくに注目される特産物としてあらわれるのは、馬である。北方の馬は貴族たちにとって憧れであったらしく、弘仁六年(八一五)にも、「権貴の家」や「富豪の輩」が使者を派遣して夷狄の馬を買い求めていた実態があるために東北の兵馬が欠乏する事態になっていることを指摘している。そこで、先の延暦六年の格により、陸奥・出羽両国の馬を買うことを禁じている。(29)

さて、北方の馬については、興味深い史料がいくつかある。その一つが、宮城県多賀城市の山王《さんのう》遺跡から出土した、次の木簡である(**図10**)。

・「右大臣殿
　□馬□文
・「□□臣□
　餞馬収文

山王遺跡は、陸奥国府多賀城跡の南西一・二キロの位置にあり、幅一二メートルの道路跡が発見されたほか、数多くの掘立柱建物《ほったてばしらたてもの》跡や井戸が検出された。なかでも九間《けん》以上×四間の四面庇《ひさし》付建物が検出され、多賀城に関わる重要な施設の中心部

(29)『日本後紀』弘仁六年三月二〇日条。

であると推定された。出土遺物のうちで注目されたのが、大量の緑釉《りょくゆう》陶器、灰釉《かいゆう》陶器、中国産陶器などの奢侈品であり、この遺跡の性格を如実に物語るものであるといえる。

こうした特徴から、この遺跡は陸奥国司に関わる館である可能性が指摘されており、遺跡の年代は、一〇世紀前半と推定される。

次に出土した木簡に注目すると、墨書が欠損している部分もあるが、木簡の両面は同一の文言が書かれていたと思われ、復元すると「右大臣殿　餞馬収文」であることがわかる。

その形状をみると、この木簡の下部には本来軸が付いていたと考えられ（現状では欠損）、そのことからすると、これは題簽軸《だいせんじく》(30)であったものと思われる。

文字に注目すると、「餞馬」とは、文字通り餞別《せんべつ》の馬の意である。「収文」とは受取状のことをいう。つまり、「右大臣殿」に餞別の馬を贈った際、「右大臣殿」から国司に送られた受取状を、軸に巻いて、国司が保管していたことを示す。

では、餞別の馬とは、どういうことなのであろうか。

この当時、上級貴族は大納言《だいなごん》になると、東北地方の最高の行政官である「按察使」を兼任したが、この人物が右大臣に昇進すると、按察使の職を辞するのが慣例であった。一〇世紀においてこうしたルートで昇進した人物が何人かみられる。陸

(30) 紙の文書を巻いた軸の上部にインデックスとして文書の表題や日付を書き込めるような題簽を付したもの。

奥国司は、右大臣への昇進にあたり按察使を辞した中央貴族に対して、餞別として陸奥国の馬を進上したのである。そしてその収文（受取状）が陸奥国司宛に送付され、その一連の文書が連貼され、題籤を付し保管していたことを示すのがこの題籤軸なのである［平川、二〇〇三］。

按察使とは、もともと古代の地方行政監察のための官職で、奈良時代にはほぼ全国に設置され、地方行政全般にわたり国郡司を監察する役割を果たした。しかしその後まもなく、按察使設置は特定地域に限定されるようになり、陸奥出羽按察使だけが名誉職的なものとしてその後も残り続けた。これまでの検討をふまえると、貴族がたんなる名誉職の「按察使」に任ぜられることのメリットの一つは、それにより奥州との関係を築くことによって、恒常的に馬が贈られることにあったとみるべきではないだろうか。

藤原道長(31)（九六六—一〇二八）の『御《み》堂《どう》関《かん》白《ぱく》記《き》』寛弘元年（一〇〇四）閏九月一一日条には、出羽守の平季信《たいらのすえのぶ》から藤原道長のもとに届けられた馬一〇疋が、さらに貴族や寺院へ再分配されたことが記されている。また藤原行成《ゆきなり》(32)（九七二—一〇二八）の『権《ごん》記《き》』長保二年（一〇〇〇）九月一三日条には、このときの出羽守の藤原義理《よしまさ》から、藤原道長への貢馬の解《げ》文《ぶみ》（下位から上位の者へ送る文書）、藤原行成への貢馬の解文ならびに交易絹が、その息子為義によって藤原行成のもとに届けられたことが記されて

(31) 平安時代中期の公卿。藤原北家、摂政関白太政大臣・藤原兼家の五男。後一条・後朱雀・後冷泉の三代の天皇の外祖父として権勢を誇った。

(32) 平安時代中期の公卿。藤原北家、右少将・藤原義孝の長男。官位は正二位・権大納言。当代の能書家として三蹟の一人に数えられる。

いる。この記事によれば出羽守から「書状」「貢馬解文」が馬とともにもたらされており、馬と一緒に文書もやりとりされていたことがわかる。おそらくこれに対して受取状を出羽守に送ったものと思われ、こうした一連の文書が、「右大臣殿　餞馬収文」の木簡で推定したように、現地で保管されたのであろう。

さて、摂関期の貴族が北方の馬に執着していたことは以上から明らかになったと思われるが、なぜ、これほどまでに東北地方の馬に執着したのだろうか。むろん、良馬であったことが大きな理由であろうが、だが良馬であれば、東北に限らず、甲斐や信濃といった東国にも求めることができるはずである。

東国では、八世紀末から九世紀初頭にかけて、「御牧《みまき》」の制度が整備され、天皇直轄の牧が信濃・上野・甲斐・武蔵などに設置されるようになる。あるいはこうしたことが、貴族たちが北方へ馬を求めるようになる端緒となったのではないだろうか。

さらに院政期以降になると、良馬を貢進していた甲斐国(今の山梨県)の受領《ずりょう》を院に奪われ(33)、摂関家が自由に馬を調達できなくなっていった。その結果、摂関家の貴族たちにとって、陸奥・出羽国からの貢馬の重要性がさらに高まっていったのではないだろうか。

(33) 受領とは、現地に赴任した国司の筆頭官。平安時代になると現地に赴任せず都にとどまった国司もいたが、現地に赴任した受領は国内で強大な権力を持った。院政期には上皇や女院の直属機関である院庁の職員(院司)が受領として現地に赴任することがあった。

北方の動物の皮と貴族社会

北方の馬とならんで、ほぼ同時期に貴族に対して私交易を禁じていたのが、北方の動物の皮である。『類聚三代格《るいじゅうさんだいきゃく》』延暦二一年(八〇二)六月二四日の太政官符によると、「渡嶋の狄」が来朝する時、貢ぎ物としてさまざまな動物の皮が朝廷に貢納されるが、王臣諸家は先を争って良質の皮を買い、残った品質の悪いものを官に納めようとしていることが問題となっていた。北方の動物の皮の貢進に際しては出羽国司が介在しており、直接にはこの出羽国司に対して王臣諸家に私交易をさせないよう禁制を加えるように、としている。

この北方の動物の皮がどのようなものであったのかについては、一〇世紀初頭に成立した法典である『延喜式《えんぎしき》』(民部下)の、諸国の交易雑物《こうえきぞうもつ》(34)について定めた規定の中にその具体的な中身がうかがえる。これによると、陸奥国は、交易雑物として「葦鹿《あしか》皮、独犴皮」を獲得した分だけ貢進し、出羽国は「熊皮廿張」「葦鹿皮、独犴皮」を獲得した分だけ貢進するとある。貢進量が定められていないものもあるので、そこに王臣諸家による私交易のつけいる隙があるわけである。このうち「熊皮」は出羽国にのみ課されているが、先にみた斉明天皇四年(六五八)条に阿倍比羅夫が粛慎を討った際に生羆・羆の皮を朝廷に献上したとあるように、出羽国の日本海側のルートでもたらされるものだったのだろう。

(34) 諸国が正税《しょうぜい》(各国の備蓄用田租)で購入して貢上する物品。調庸の不足を補うもので、その財源は出挙《すいこ》の利稲《りとう》(春に民衆に貸し付けた稲を秋の収穫時に回収する際の利息)が用いられた。

ところでこの中にみえる「独犴皮」とは何であろうか。一〇世紀成立の漢和辞書『和名類聚抄』では、「独犴」のうち「犴」の字を「胡地野犬名也」と説明している。ここから、「独犴」が北方の野犬であるとする説が出てくるのであるが、これは「犴」一字の説明をしているにすぎない。じつは『和名類聚抄』は「今案ずるに、和名は未詳」として、「独犴」そのものの説明を放棄しているのである。

また、『和名類聚抄』では、「独犴」と「水豹（アザラシ）」が並べられているが、じつは両者は、この『和名類聚抄』を除いてはほとんど同じ史料に登場することはない。一〇世紀初頭の『延喜式』段階までは「独犴皮」が登場するが、それ以降は、「独犴皮」が史料上からは消え、代わりに「水豹皮」という表記があらわれるようになる。このことから最近では、両者は同一のものであり、「独犴皮」はアイヌ語でアザラシを意味する「トッカリ」の音を写したものではないかと推定されている〔武廣、二〇〇四〕。こうしてみると、「独犴皮」はアザラシの皮とみて問題ないのではないだろうか。

北方のさまざまな特産物と貴族社会

馬や動物の皮以外にも、北方の特産物は貴族たちを魅了した。史料上に具体的にその特産物の種類がみえるのは、承和一二年（八四五）に出された法令である。[35]

(35)『続日本後紀』承和一二年正月二五日条、『類聚三代格』同日付太政官符。

これによると、陸奥・出羽両国から都に向かう諸使について、「遷替《せんたい》の国司」や「浮遊の輩」(「遊蕩の輩」)が、公使の名を借りて、その権威を悪用し、駅馬や伝馬を利用している、そして「公物」(政府への貢進物)に混じって、大量の「私荷」を運んでいる、とあり、任期を終えた国司や「浮浪人」が、北方交易により巨利を得ていた実態がうかがえる。そして興味深いのは、その北方交易の物品として、「御鷹馬・熊膏・昆布・沙金・薬草」といった特産物があげられていることである。この法令では、こうした不正を禁止し、以後は陸奥・出羽から中央に進上する雑物については、「子弟」が責任を持って進上することを定めている。

ここにみえる「子弟」とは郡司の子弟のことで、これまでの研究によれば、地域社会において、一定の政治的資格を持つ集団であり、陸奥・出羽の城柵の運営においても、郡司の子弟が重要な役割を占めていたことがわかってきた[三上、二〇一三]。この法令にみえる「子弟」も、そうした背景の中で理解すべきものであろう。

それはともかく、ここであげられている北方の特産物のうち、前述した「馬」のほか、「熊膏」「昆布」「沙金」などは、いずれも貴族に珍重された品であり、九世紀以降、貴族による北方特産物の買い占めが問題になっていたことがわかる。そして摂関政治が本格化する一〇世紀後半以降、貴族と北方の馬の関係は、さらに明確なものとなってあらわれるのである。

昆布についていえば、前出の『続日本紀』霊亀元年(七一五)一〇月丁丑条から、昆布が重要な貢納品だったことがわかるが、他に興味深い資料として、払田《ほった》柵跡から「狄藻」と書かれた木簡の削屑が発見されている〔秋田県教育委員会ほか編、一九九七〕(**図11**)。

払田柵跡は、秋田県の内陸部、大仙《だいせん》市に所在する古代の城柵跡(**図12**)で、文献史料にはあらわれない謎の城柵とされてきた。だが近年の研究では、天平宝字三年(七五九)に横手盆地南端部の雄勝《おがち》郡内に築造された雄勝城[36]がのちに移転されたものだという「第二次雄勝城説」が有力となっている〔熊田、二〇〇三/鈴木、一九九八〕。

では「狄藻」とは何であろうか。文献史料上にはみえない物品だが、「狄」を「えびす」と読み「えびすめ」、すなわち昆布のことではないかとする説がある[37]。

内陸部の城柵跡から海産物の品名が書かれた木簡が出土した意味は大きい。「蝦夷」(蝦狄)の領域で採れた海藻が城柵にもたらされたことを意味するからである。城柵は、北方の特産物を調達するための、交流の拠点

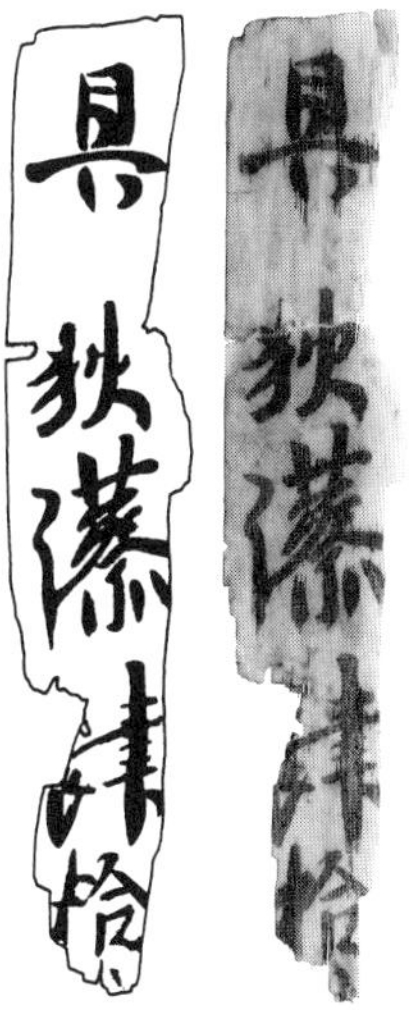

図11　払田柵跡出土第59号削屑木簡(画像提供＝秋田県教育庁払田柵跡調査事務所)

(36) 天平宝字三年に造営が始まり、翌年完成した。坂東八国と越前、能登、越中、越後の四国の浮浪人二〇〇〇人が雄勝柵戸とされた。

(37) 一〇世紀初頭に成立した『本草和名』には「昆布、〔中略〕一名衣比《えび》須女《すめ》」とある〔丸山・武編著、二〇二一〕。

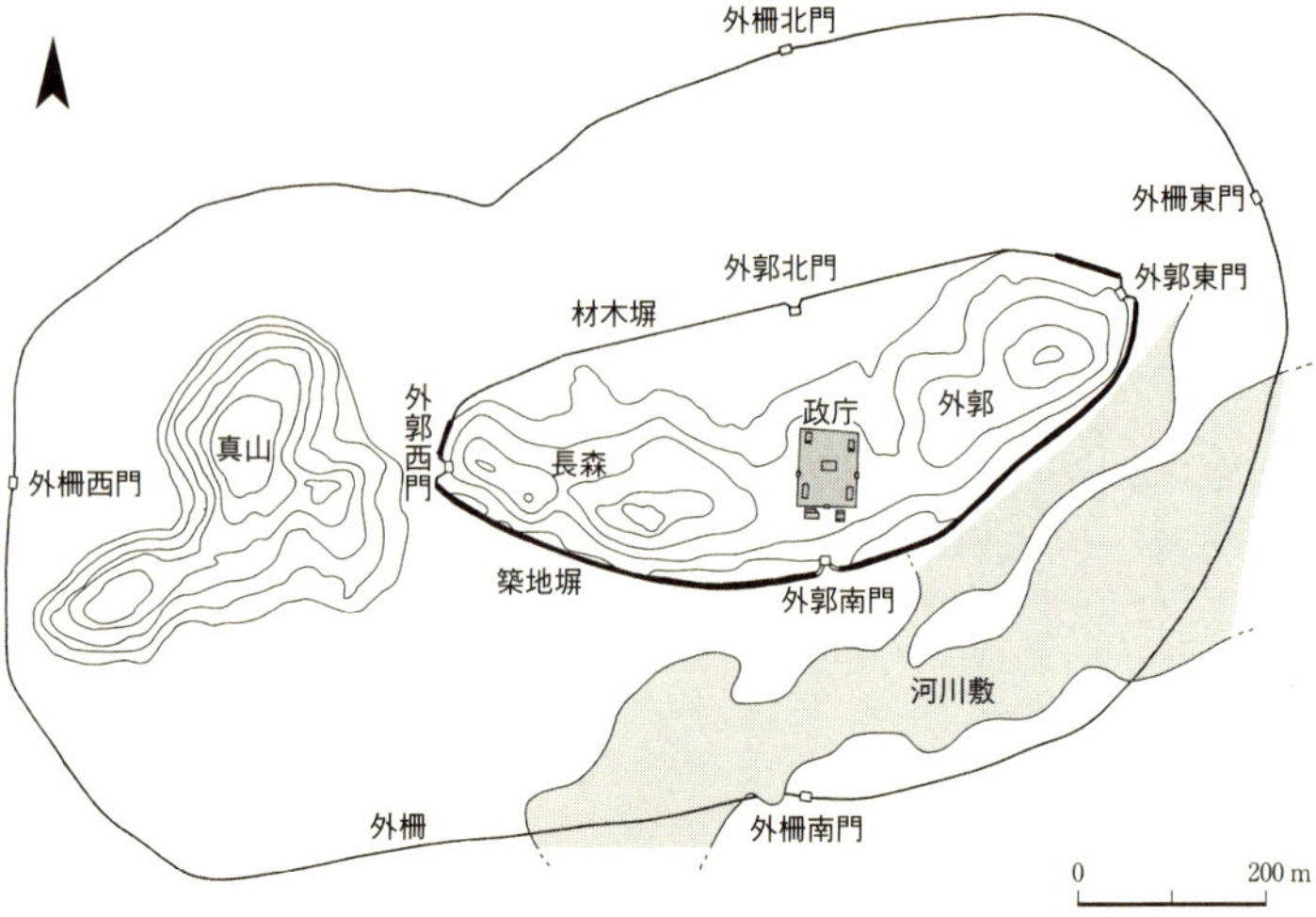

図 12　払田柵跡全体図［熊田，2003］

としての役割もあったのではないだろうか。これに関連して、払田柵跡から、蝦夷の饗宴施設ではないかと思われる遺構が確認されていることも留意される［吉川、二〇二四］。

最後に北方の「金」（砂金、黄金）と貴族との関係を見てみよう。陸奥国における黄金の産出についてはすでに八世紀から知られており、その端緒となったのが、天平年間（七二九―四九）中に陸奥国小田郡から黄金が産出し、聖武天皇が発願《ほつがん》した盧舎那仏《るしゃなぶつ》（大仏）に鍍金するための黄金九〇〇両がもたらされたとする記事である（『続日本紀』天平神護二年〈七六六〉六月二八日条）。

平安時代の貴族社会においても、奥州からもたらされた金（砂金）は重宝された。藤原実資《さねすけ》[38]（九五七―一〇四六）の『小右記《しょうゆうき》』長和三年（一〇一四）二月七日条には興味深い記事がある（原文は漢文。三上による現代語訳、以下同じ）。

> 七日癸亥、今日は鎮守府将軍・平維良《これよし》が奥州より参上した。左府（藤原道長）に貢いだものというのは、馬二〇疋（このうち一二疋は鞍を置き調えたものを貢ぎ、二疋は鞍を置かず、八疋は家子たちに貢いだ）・胡籙《ころく》[39]・鷲羽・砂金・絹・綿・布などその数がすこぶる多かった。鎮守府将軍に任命してもらうために、数多くの贈答品とともに道長のところに詣でたのである。あまりの贈答品の多さに、道路には人々が市をなしてこれを見た。巨万の富だと。くだんの維良は初め罪を犯して追捕《ついぶ》の対象になったが、それからほどなくして栄爵に関わり、また鎮守府将軍に任ぜられた。財貨の力である。外土狼戻《げどろうれい》の輩、いよいよ濫《みだ》りに財宝を貯え、官爵を買う計画を立てたのだろうか。まったく悲しい世の中になったものである。

奥州から貢進されたさまざまな物品が列記され、その中に砂金がみえるが、奥州からこれらの物品をもたらしたのは、鎮守府将軍である平維良である点が注目される。彼は藤原道長にこれら奥州の産物を貢上することで、鎮守府将軍の職に重任さ

(38) 平安時代中期の公卿。藤原北家小野宮流、参議・藤原斉敏《ただとし》の三男。官位は従一位・右大臣。有職故実に精通し、藤原道長の権勢にもおもねらない態度を貫いたといわれる。

(39) 矢を入れて携帯する道具。

れたのである。それほどうまみのある官職だったことを意味する。

同じく『小右記』長元二年(一〇二九)九月五日条と翌六日条には、次のような記事がある。

五日庚申、(中略)前陸奥守・平孝義が、砂金一〇両を贈ってきた。しかし金の粒が太く大きくて、いつもの金とは違っていた。そこで鷲尾《わしお》を加えて贈ってきた。鷲尾は随身《ずいじん》(40)の壺胡簶《つぼやなぐい》(41)料である。孝義が言うには、「この砂金はいつもの金とは異なり、さまざまなことに充て用いてはいけません。もし必要ならば、もう一〇両をお贈りします」と言った(後略)。

六日辛酉、(中略)平孝義朝臣が、また砂金一〇両を贈ってきて言うには、「昨日の金は、充て用いてはなりません。今日お贈りした金を蒔絵の材料に使ってください」と言った。

この二つの記事によれば、九月五日に前陸奥守・平孝義が、藤原実資に砂金一〇両と鷲尾を贈った。ところがこのうち、砂金については質が悪いので蒔絵などの装飾に用いることができないとして、翌日、さっそく上質の砂金一〇両をあらためて贈ったという。なんとも財力にものを言わせた話であるが、やはりここで砂金の調達にかかわっているのは、平孝義という前陸奥守である。鎮守府将軍や陸奥守・出羽守といった官職の人間が、北方の特産物を独占し、それを都の貴族社会に貢進と

(40) 貴族の外出時に警護のために随従した近衛府の官人。

(41) 壺胡簶は近衛府などの武官が使う矢を入れる筒型の容器だが、この場合は鷲尾(鷲羽)は随身の矢の矢羽根として贈られたという意味か。

いうかたちで分配していた。そしてその拠点となった場は、当然、陸奥・出羽の国府や城柵などであった。九世紀末の元慶《がんぎょう》の乱(後述)以降、蝦夷との大規模な戦闘はひとまず落ち着くことになるが、払田柵などの一部の城柵がその後も引き続き一定の機能を有していた背景には、ひとつにはこのような実態があったことも関係しているのかもしれない。

5　城柵から荘園へ

元慶の乱から前九年合戦・後三年合戦へ

最後に、九世紀末以降の東北地方の情勢を簡単に述べた上で、さらにその後の展開について見てみることにする。

元慶二年(八七八)、出羽国の秋田城周辺で、蝦夷による大規模な反乱が起こった。元慶の乱である。前年からの凶作に加え、国司や院宮王臣家《いんぐうおうしんけ》といった有力者による収奪行為が、蝦夷の強い反発を招いたのである。

この元慶の乱により、秋田城や秋田郡家といった拠点が焼き討ちされるが、朝廷は出羽国のみならず、陸奥国の軍事力も投入してこの乱を抑えこもうとした。もちろん、出羽国の内陸部にある雄勝城も後方の兵站基地となり、いわば総力戦による激しい戦争となった[熊田、二〇〇三／熊谷、二〇一二]。

その後も一〇世紀前半にかけて、蝦夷とのあいだに小規模な軍事衝突があったようだが、文献史料に断片的に残されているのみで、詳細は不明である。

それから約一五〇年後、陸奥国で大規模な戦争が起こる。前九年合戦《ぜんくねんかっせん》(一〇五一―六二)である。奥六郡(胆沢・和賀・江刺・稗貫《ひえぬき》・斯波《しわ》・岩手)と呼ばれる地域を支配していた安倍頼良は、朝廷に官物を出すこともなく、国司の命令にも背いたため、永承六年(一〇五一)、陸奥守藤原登任《なりとう》と秋田城介平繁成らが率いる国司軍と戦闘状態になった。この戦いは安倍氏の圧勝に終わったが、登任に代わって陸奥守に任じられた源頼義が、出羽北部に勢力を持つ俘囚《ふしゅう》・清原光頼《きよはらのみつより》とその弟武則の加勢を得て、これを鎮圧したのであった。

前九年合戦以後、頭角をあらわしてきたのは、出羽国の清原氏である。前九年合戦で活躍した清原武則は、鎮守府将軍に任命され、安倍氏の旧領である奥六郡をも領有した。その孫にあたる清原真衡《まさひら》が弟の清衡や家衡と対立するが、真衡の死後、こんどは家衡と清衡のあいだで惣領の座をめぐって争いが起こることになる。この争いの結果、陸奥守として下向していた源義家の助けを得た清衡が勝利した。いわゆる後三年合戦《ごさんねんかっせん》(一〇八三―八七)である。この勝利により清衡は奥六郡を手に入れ、平泉に館を移し、奥州全域に勢力を広げていくことになる。奥州藤原氏の権勢は、この清衡からはじまるのである［樋口、二〇一一・二〇一六］。

奥州の荘園を拠点にした北方特産物の流入

一一世紀末以降、東北地方は奥州藤原氏を頂点とする新しい支配秩序の中に組み込まれていくことになるが、朝廷や中央貴族に対して北方の特産物を貢進するというスタンスは変わらなかった。

そのことを示す史料として興味深いのは、一二世紀前半の公卿《くぎょう》・藤原頼長《よりなが》(42)（一一二〇―五六）の日記『台記《たいき》』仁平三年（一一五三）九月一四日条である。

久安四年（一一四八）、藤原頼長は、父の忠実《ただざね》から奥州の高鞍庄《たかくらのしょう》・大曾禰《おおそね》庄・本良《もとよし》庄・屋代《やしろ》庄・遊佐《ゆさ》庄の五カ所の荘園を譲り受けたが、父の代から、これらの荘園では年貢の増徴をめぐって、現地の管理者である藤原基衡《もとひら》（一一〇五―五八）とのあいだで交渉が行われていた。

五カ所の荘園を譲り受けた頼長は、あらためて基衡に年貢の増額を要求する。『台記』の当該条をもとに、その交渉の経過をまとめると、**表4**のようになる。

原文を読むと、年貢増徴をめぐる頼長と基衡の駆け引きが生々しく記されていて興味深いのだが、同時にこの記事は、奥州の荘園の年貢品目の詳細を知る上で有益である。ここには、馬、布、金、鷲羽、水豹皮、漆、といった品目がみえるが、こ

(42) 平安時代末期の公卿。藤原北家、摂政関白太政大臣・藤原忠実の次男。官位は従一位・左大臣、贈正一位、太政大臣。通称は宇治左大臣。兄で関白の忠通と対立し、父・忠実の後押しにより藤原氏長者・内覧となるが、一方で悪左府の異名をとる。後に鳥羽法皇の信頼を失って失脚、保元の乱で敗死。

表4 『台記』仁平3年(1153)9月14日条にみえる奥州荘園の年貢額交渉

荘園名	もとの年貢額	頼長の増額要求額	基衡の提示額	最終決定額
高鞍庄	金十両，布二百段，細布十段，馬二疋	金五十両，布千段，馬三疋	金十両，細布十段，布三百段，御馬三疋	金廿五両，布五百段，馬三疋
大曾禰庄	布二百段，馬二疋	布七百段，馬二疋	布二百段，水豹皮五枚，御馬二疋	布三百段，馬二疋
本良庄	金十両，馬二疋	金五十両，布二百段，馬四疋	金二十両，布五十段，御馬三疋	金二十両，布五十段，馬三疋
屋代庄	布百段，漆一斗，馬二疋	布二百段，漆弐斗，馬三疋	布百五十段，漆一斗五升，御馬三疋	布百五十段，漆一斗五升，馬三疋
遊佐庄	金五両，鷲羽三尻，馬一疋	金十両，鷲羽十尻，馬二疋	金十両，鷲羽五尻，御馬一疋	金十両，鷲羽五尻，馬一疋

れらは、すでに見てきたように、いずれも八世紀以来貴族たちが求めてきた、奥州またはさらにその北方の世界の特産物ばかりである。その関心は、一二世紀以降も色あせることはなかった。

大曾禰庄の年貢増額をめぐるやりとりでは、頼長の「布七百段」という増額要求に対して、基衡はその要求をのまず、代わりに「水豹皮五枚」の貢納を提案しているが、頼長はその提案に乗らなかった。その理由は不明だが、いずれにしても基衡は、「水豹皮」(アザラシの皮)を貢納する用意まであったことがここから読み取れ、北方の特産物を一手に掌握していた様子がうかがえる。

もう一つ注意しておきたいのは、北方の特産物が、荘園を通じて都の貴族社会にもたらされているという事実である。これまで述べてきたことをふまえて大雑把な見通しをいえば、北方の特産物を調達する拠点は、城柵から荘園へと移ったのである。月並みな言い方かもしれないが、東北地方では奥州藤原氏の台頭を契機に、時代が大きく変わっていったことを示しているように思う。

おわりに

人の移動やモノの交流といった視点から、できるだけ時系列に沿って「蝦夷」と呼ばれた世界を描き出すことが、本章のねらいであった。七世紀半ばから八世紀にかけての公民移住政策による人の移動や、中央貴族による北方特産物への関心の高さが、蝦夷との軋轢や交流というアンビバレントな関係を生み出していた。ただ、本章で触れることができなかったのは、このような関係が、蝦夷の社会にどのような影響を与え、どのような変容をもたらしたのかという、蝦夷社会の主体性の問題である。いま残されている文献史料がすべて古代国家側の立場からまとめられたものばかりなので、視線が自然と一方向にしか向かなくなってしまうのだが、それだけでは不十分であることはいうまでもない。

本章ではまったく触れることができなかったが、仏教に代表される信仰を蝦夷の社会はどのように受容してきたかを検討することが、蝦夷社会の主体性の問題を考える一つの手がかりになるのではないかと考える〔窪田、二〇一二〕。近年は蝦夷と仏教の関係を示す考古資料も数多く認識されるようになり、これを意識的にとらえていこうとする研究もあらわれている〔武井、二〇一七〕。筆者自身もこうした問題についてあらためて問い直すことを、次の課題に据えることにして、本章を閉じることにしたい。

引用・参考文献

相澤秀太郎、二〇一六年「「蝦夷」表記の成立」『歴史』127
相澤秀太郎、二〇二三年「東アジアの中のエミシ」東北大学日本史研究室編『東北史講義【古代・中世篇】』ちくま新書
秋田県教育委員会・教育庁払田柵跡調査事務所編、一九九七年『秋田県文化財調査報告書第二六九集　払田柵跡調査事務所年報一九九六　払田柵跡　第107〜109次調査概要』
秋田市教育委員会・秋田城跡調査事務所編、一九九九年『秋田城跡　平成十年度秋田城跡調査概報』
安倍辰夫・平川南編、一九九九年『多賀城碑　その謎を解く(増補版)』雄山閣出版(第三版、二〇二四年)
伊藤武士、二〇〇六年『日本の遺跡12　秋田城跡　最北の古代城柵』同成社
今泉隆雄、二〇一五年『古代国家の東北辺境支配』吉川弘文館
今泉隆雄、二〇一七年『古代国家の地方支配と東北』吉川弘文館
小口雅史、二〇一六年「城柵制支配の廃絶と北の境界世界」樋口知志編『東北の古代史5　前九年・後三年合戦と兵の時代』吉川弘文館

鐘江宏之、二〇一六年「蝦夷社会と交流」鈴木拓也編『東北の古代史4　三十八年戦争と蝦夷政策の転換』吉川弘文館
窪田大介、二〇一一年『古代東北仏教史研究』法蔵館
熊谷公男、二〇二一年『秋田城と元慶の乱——外からの視点でみる古代秋田の歴史』高志書院
熊田亮介、二〇〇三年『古代国家と東北』吉川弘文館
菅原祥夫、二〇一五年「律令国家形成期の移民と集落」熊谷公男編『東北の古代史3　蝦夷と城柵の時代』吉川弘文館
鈴木拓也、一九九八年『古代東北の支配構造』吉川弘文館
鈴木拓也、二〇〇八年『戦争の日本史3　蝦夷と東北戦争』吉川弘文館
鈴木拓也、二〇一六年「光仁・桓武朝の征夷」鈴木拓也編『東北の古代史4　三十八年戦争と蝦夷政策の転換』吉川弘文館
武井紀子、二〇一七年「北奥地域における出土文字資料と蝦夷——青森県域の文字資料を中心として」小口雅史編『古代国家と北方世界』同成社
武廣亮平、二〇〇四年「「独犴皮」についての一考察——古代北方世界との交流と関連して」『日本歴史』678
長島榮一、二〇〇九年『日本の遺跡35　郡山遺跡　飛鳥時代の陸奥国府跡』同成社
永田英明、二〇一五年「城柵の設置と新たな蝦夷支配」熊谷公男編『東北の古代史3　蝦夷と城柵の時代』吉川弘文館
樋口知志、二〇一一年『前九年・後三年合戦と奥州藤原氏』高志書院
樋口知志、二〇一六年「前九年合戦」「後三年合戦から平泉開府へ」同編『東北の古代史5　前九年・後三年合戦と兵の時代』吉川弘文館
平川　南、二〇〇三年『古代地方木簡の研究』吉川弘文館
平川　南、二〇一二年『東北「海道」の古代史』岩波書店
丸山裕美子・武倩編著、二〇二一年『本草和名——影印・翻刻と研究』汲古書院

三上喜孝、二〇〇六年「古代史からみた寒河江荘の成立――馬・金・皮から出羽国荘園成立の前提を考える」『西村山地域史の研究』24
三上喜孝、二〇〇七年「「境界世界」の特産物と古代国家――北方・南方世界との交流」『歴史と地理　日本史の研究217』605
三上喜孝、二〇一三年『日本古代の文字と地方社会』吉川弘文館
三上喜孝、二〇一七年「古代日本の境界意識」鈴木靖民ほか編『日本古代交流史入門』勉誠出版
蓑島栄紀、二〇〇一年『古代国家と北方社会』吉川弘文館
蓑島栄紀、二〇一五年『「もの」と交易の古代北方史――奈良・平安日本と北海道・アイヌ』勉誠出版
蓑島栄紀、二〇二二年「古代アイヌ文化圏」吉村武彦・川尻秋生・松木武彦編『シリーズ　地域の古代日本　陸奥と渡島』角川選書
吉川耕太郎、二〇二四年『シリーズ「遺跡を学ぶ」165　古代出羽国の対蝦夷拠点　払田柵跡』新泉社

コラム　柳之御所遺跡出土の「磐前村印」

岩手県平泉町に所在する柳之御所《やなぎのごしょ》遺跡は、奥州藤原氏・三代秀衡《ひでひら》(一一二二?—八七)の政庁跡とされ、『吾妻鏡《あづまかがみ》』にみえる「平泉館」に相当する遺跡ではないかとされる。遺跡の中心部は空濠《からぼり》で囲まれた掘立柱《ほったてばしら》建物群や園池をもつ空間で構成されており、儀式・宴会用の食器や土器が大量に出土している。奥州藤原氏の繁栄を象徴する遺跡として、国史跡に指定されている。

一九九九年の第五〇次調査では、一二世紀ごろの井戸状遺構から、かわらけ、国産陶器片、中国産白磁皿片、白磁四耳壺、木製品などとともに、銅の鋳造印(銅印)が発見された。

銅印は四・七センチ四方の正方形で、鈕《ちゅう》(つまみ)の形は弧鈕《こちゅう》無孔(鈕の上端部が円弧状を呈し、孔のあいていないもの)、印面の文字は楷書体で「磐前《いわさき》村印」とあり、印面の凹部に部分的に朱と思われる赤色顔料が残存している。これは実際に紙面に捺されていた可能性を示している。

大宝元年(七〇一)制定の大宝律令より始まった古代国家の公印(官印)制度には厳格な規定が存在した。養老公式令によれば、内印(天皇御璽《ぎょじ》)は方三寸(約八・七センチ四方)、外印(太政官印)が方二寸半(約七・三センチ四方)、諸司印が方二寸二分(約六・五センチ四方)、諸国印が方二寸(約五・八センチ四方)と、権威の大きさが印面の大きさをそのまま示しており、現存する印影からも令の規定通り実行されていたことがわかる。このほか、公印に準ずる印として、律令の規定にはないが、倉印、郡印、軍団印、寺印などがある。なお、南北朝時代にまとめられたと伝えられる類書(百科事典)である『拾芥抄《しゅうがいしょう》』には「郷印一寸」という記載があり、郡印の下に郷印が存在したことも想定される。

岩手県平泉町柳之御所遺跡出土「磐前村印」(画像提供＝岩手県教育委員会)

しかしながら、「村印」というのは史料上には見えず、これが公印なのか私印なのかが問題となる。貞観一〇年(八六八)には家印・私印の使用は公認されるが(『類聚三代格』貞観一〇年六月二八日太政官符)、このときに印面の寸法を方一寸五分(約四・五センチ四方)以内と規定している。実際に出土した私印の寸法も方一寸五分以内がほとんどであり、公印に抵触しない範囲で私印が使用されたと考えられる。

出土印・伝世印に着目すると、古代公印の形状をとどめている倉印や郡印が実物で残っており、鈕の形が弧鈕無孔である点が特徴である。これに対して、これまで見つかっている私印の多くが莟鈕《がんちゅう》有孔(鈕の頭部が花弁状を呈し、孔のあいているもの)であり、公印とは鈕の形を意識的に違えていた可能性がある。逆にいえば、弧鈕無孔であるか、莟鈕有孔かは、公印系統であるか私印であるかを区別する際の指標となりうる。

このような点をふまえて改めて「磐前村印」を見てみると、寸法は四・七センチ四方で郡印の寸法に近く、鈕の形は弧鈕無孔で、郡印の形状と近い。つまり郡印を意識した公印的性格をもつものと判断できる。これはどう解釈すればよいだろうか。

古代の東北地方では郡相当の広がりをもつ地域を「村」と称する場合があった。霊亀元年(七一五)には陸奥の蝦夷が香河村(岩手県気仙地方)や閇《へい》村に郡家を建てることを希望しているし(『続日本紀』同年一〇月丁丑条)、天平五年(七三三)に秋田村に秋田城が建設され(『続日本紀』同年一二月己未条)、延暦二三年(八〇四)の秋田城による領域支配の停止後は、その地が秋田郡となっている(『日本後紀』同年一一月癸巳条)。

宝亀七年(七七六)には、「出羽国志波《しわ》村」の賊が叛逆したという記事がみえるが(『続日本紀』同年五月戊子条)、この「志波村」は、のちに陸奥国に組み込まれ、志波郡として建郡される地域(岩手県紫波《しわ》郡を中心とした地域)を指している。

古代の東北地方では、律令制下の建郡の母体となる広域の地域として「村」が認識されていたようである。古くからの「村」の上に、律令制的な「郡」という行政単位がかぶさってくる地域もあれば、建郡の対象から外れ「村」として残り続けた地域もあったのである。一一世紀以降、律令制が弛緩していくにつれて郡の支配が衰えると、村は郡に代わる行政単位として一時的に立ち現れてくるのではないだろうか。「磐前村印」はその過渡期に現れる公印的性格をもつ印と理解することはできまいか。一方でこの「村」を中世的な「村」の文脈の中で説明できる可能性もあり、この点については引き続き重要な検討課題である。

大石直正は「磐前村」の故地を陸奥国磐井郡の南、栗原郡内の三迫《さんはさま》川流域の「岩ヶ崎」ではなかったかと推定する。この地は後に摂関家領の高鞍庄《たかくらのしょう》になる地域と考えられ、その現地管理者は奥州藤原氏二代目の基衡《もとひら》であった。

磐前村は、高鞍庄が成立する前から奥州藤原氏が支配をしていた地域で、それゆえに奥州藤原氏の手元に「磐前村印」があった。一二世紀前半頃にこの地域が高鞍庄として立荘されると、磐前村の支配者から摂関家領荘園の管理者へとその役割が変わり、「磐前村印」が不要になったために柳之御所遺跡の井戸に廃棄されたのではあるまいか。「磐前村印」はそんな想像をかき立てる興味深い資料である。

◉入間田宣夫「平泉柳之御所出土の「磐前村印」をめぐって」『平泉の政治と仏教』高志書院、二〇一三年
◉大石直正「平泉柳之御所跡発見の「磐前村印」と荘園公領」『米沢史学』二〇、二〇〇四年
◉平川　南「発掘された村の印」『白い国の詩』五五五、二〇〇二年
◉平川　南「古代の「村」は生きている」国立歴史民俗博物館・小倉慈司編『古代東アジアと文字文化』同成社、二〇一六年

座談会

古代地域史研究の今、そしてこれから

川尻秋生
下向井龍彦
鈴木景二
柴田博子
蓑島栄紀
三上喜孝
吉川真司

川尻　地域史研究は歴史学にとって重要なテーマの一つで、古代史に限っても、これまでにたくさんの研究成果が出版されています。例えば『古代の日本』(旧版および新版、角川書店)、『古代の地方史』(朝倉書店)、最近では『地域の古代日本』(角川選書)といったシリーズが刊行されており、『列島の古代史1　古代史の舞台』(岩波書店)もそうした試みの一つでしたね。こうした成果が多様な地域像を浮かび上がらせてきたと思います。

ただ、古代史について言えば、地域史というのが「パーツ」になりがちなのではないでしょうか。「東北」なり「北海道」なりといった、それぞれのパーツの中で完結してしまう傾向が強いと思います。やはり古代史は史料が非常に限られていることと、律令制国家の枠組みの中にあることから、各地域の中で完結してしまうか、さもなければ王権・国家との関係を見ていく、というのが今までの古代地域史の主流の研究であったと思います。

そうした中でも、交通史という分野があって——私も古代交通研究会に属していますが——そこでは中央と地方の関係の図式的な見方や、パーツで完結しがちという問題はある程度解消されることもあります。ただ、やはり従来の交通史研究は駅や道路の問題が中心で、なかなか地域間の交流の実態をとらえることは難しかったと思います。

そこで、本書『列島の東西・南北——つながりあう地域』では、こうした研究の実情を踏まえて、各地域の独自性を改めて捉え直すとともに、地域間の交流に、より注目していきたいと考えました。もちろん地域と王権との関係も重要ですが、地域同士のつながり、各地域の関係と交流、情報伝達や様々な交通の歴史というものが、地域の中には多く生きていますし、互いに影響を与え合っています。そういう意味で、本書の副題を「つながりあう地域」としました。列島内がどういう形でつながっていたのか、またそうした関係が海外にどう広がっていくのかも含めて、本書を通して考えていきたいと思います。

まず初めに、それぞれご担当された地域の特色や、他の地域との交流について、特に強調したいこと、あるいは、まだ史料的に論証するのが少し難しいけれどもこういう構想を持っている、といったことも含めてお話しいただきたいと思います。北から順に、「北海道」の蓑島さんからお願いします。

■北海道の独自性と「アイヌ史」研究の意義

蓑島　私はもともと神奈川県の横浜市の出身ですが、学生時代に研究テーマとして列島の北や南のことに関心を持ちました。師匠の鈴木靖民先生に紹介してもらったりして、各地で考古学の発掘調査をされている担当者のみなさんに、たいへんにお世話になりました。院生の頃に奄美大島に一カ月ぐらい滞在し、北海道でも余市町の大川遺跡やその対岸の入舟遺跡で発掘に参加しました。今では北海道に住んで二〇年以上になります。

北海道の古代史については、まず文献史料がとにかく少ない、そして続縄文文化、擦文《さつもん》文化、オホーツク文化などの考古学の研究成果抜きには語れないということがあります。

ちょっと大風呂敷を広げた話をしますと、北海道は日本列島で唯一の亜寒帯、世界的にみてその南限にあたりますので、環境や生態系の面でも独特です。そのことが生産物や生産形態、生業のあり方にも大きくかかわっている、そうした生態系の違いによる産物の相違は、列島内の他地域や、王権にとってたいへ

蓑島栄紀

ん魅力的だったという面があります。

また、北方ユーラシア大陸の各地に複数のルートで通じていることも大きな特徴です。とくに、サハリン経由でアムール川流域に通じる「サハリン・アムール」ルートが以前から注目されてきました。また、「千島・カムチャツカ」ルートもありました。こちらは、古い時代には、断片的な交流の証拠はありますが、その歴史的な意義はやや判断しにくいところがあります。ただ、近世にはロシア帝国の南下の舞台となって、日本史にもとても大きな影響を及ぼしました。

要するに、前近代の北海道は、日本列島のなかでも、ユーラシア東辺の複数の地域システムと接し合うような場のひとつでした。こうした特徴を、鈴木靖民先生は一九九六年の論文（「古代蝦夷の世界と交流」鈴木靖民編『古代蝦夷の世界と交流』名著出版）で「ユーラシア諸文化の十字路」というたいへん印象的なことばで説明されています。これは今でも示唆に富む指摘だと思います。

実を言うと近年では、北海道とユーラシア大陸の交流について、そこまで交流が活発だったのか、実証的にどこまで評価できるのか、その意義を低く見積もる議論が強い印象もあります。ですが、北海道やアイヌの歴史、さらには日本の歴史や文化を全体的に考えようとするとき、この交流ルートの意義はまだまだ追究していく必要がありそうです。

また、もう少し現代的な観点から言うと、北海道とその周辺は、アイヌ民族という「先住民族」の歴史を育んだ地域です。二〇〇七年には国連で「先住民族の権利に関する国際連合宣言」が採択され、それに伴ういろいろな動きが国内外で進んでいます。国連宣言の理念では、先住民族は自己決定権の主体であり、国民国家ともある程度対等な、「ネーション」として位置付けられます。北海道の歴史、アイヌの歴史を考えることは、当然、国民国家史としての「日本史」を相対化するという、九〇年代ぐらいからずっと言われてきた大きな課題につながります。ですが、国民国家史としての「日本史」は依然として強固です。そうしたなかで、「先住民族史としてのアイヌ史」が、「日本史」と対等のもうひとつのナショナルヒストリーとして立ち上がりつつあるようにも見えます。こうした方法ではナショナルヒストリーの相対化にならないという意見もあると思いますが、むしろ、それぐらいしないと、「日本史」の強固な枠組みは簡単には揺らがないのではないか、最近私はそんな印象も持っています。これは、地域史全体の意義という大きな話にも関わってくるかもしれませんが、北海道史・アイヌ史は、そうした現代社会へのインパクトを併せ持っていると思います。

川尻　国民国家史の相対化という問題に関しては、南の地域にも同じようなことがあって、興味深いところですね。それでは次に「東北」の三上さん、お願いします。

■東北の古代史――出土文字資料を活用して

三上　以前、一四年ほど山形県に住んでいましたが、その間、いろいろな墨書土器や木簡が発掘された時に、埋蔵文化財センターや考古学の調査員の方たちと膝を突き合わせながら解読した経験がありまして、そこから古代地域史の研究に入っていきました。

東北地方の考古学関係者の方々は、出土文字資料についてかなり理解がある方が多いのです。というのは、漆紙《うるしがみ》文書が最初に発見されたのが多賀城《たがじょう》跡で、その後、秋田城跡など他の城柵《じょうさく》遺跡からも出てくるようになった。そのため、考古学を専門にしている埋蔵文化財調査担当者の方々は、出土文字資料に対する関心が非常に強く、それらの意味付けを考える方がとても多いのです。そこで、考古学の方々と一緒に意見交換をしながら進めていく方法がだんだんできてきたのが、東北で研究していた中での一つの大きな成果だと思っています。

三上喜孝

古代東北、陸奥《むつ》や出羽《でわ》の地域は、確かに古代史の史料自体は少ないです。ただ、当時の古代国家は東北地方に強い関心を持っていた。つまりそれは、支配するためにどうしたらいいかとか、戦争などを起こす際に過去にどういうことが起きたのかといったことを、かなり詳しく書いている、言ってみれば、ほどよく史料が残っているんですね。それはしかし、あくまでも徹底的に支配する側、支配したいと思う側からの視点で描かれていて、実際に現場では何が起きていたのかについては、分からないことが多いわけです。一方で木簡をはじめとする出土文字資料は末端の官衙《かんが》からの出土が多いのですが、中央からの命令をそこでどう受け止めて、それにどう現場として必死に対応していったのかが分かる。そういう意味では非常に希有な資料だと思いました。

そこから私の関心は、中央の政策が全国的に行き渡っていく一方で、各地域の豪族の自立性がどう保たれていたのか、ということに向かいました。律令という一つの大きな網に日本列島は掛かってしまったわけですね。その網の中で、どうやってその地域なりの主体性を、律令の制度を利用しながらも維持していたのか。たとえば「郡符《ぐんぷ》木簡」などは、まさに律令の制度の枠組みの中で、地方・地域ごとにどうやって支配・命令を貫徹していったかということが分かる象徴的な史料だと思います。もう一つは、東北の古代史を見ていく中で、やはり大宰府《だざいふ》、西海道《さいかいどう》との関係は、視点として絶対に持たなければいけないということを実感するようになりました。これは昔から言われていることでもありますが、大宰府の地域支配のシステムが、かなり多くの面で古代東北の城柵に取り入れられていると見るほうがいいのではないかと感じたんですね。払田柵《ほったのさく》という秋田県の内陸の城柵から木簡が大量に出たことがあって、そこに「子弟《してい》」という言葉が何点も出てきました。この子弟が何を意味するのか、なかなか難しかったのですが、大宰府の木簡の中にも「遠賀郡《おんがぐん》子弟」という人名を書き並べた木簡が出てきて、つまり大宰府を経営維持していくために必要な勢力の一つが子弟であって、その子弟が一つのグループをなしていたということが分かってきました。同じようなことが東北の城柵でもあったのではないか、末端で働いている人たちは、そこでいわば文書行政なり、様々な経験をして、それが地元に帰っていく。これは中央で言えば舎人《とねり》、都の舎人が地元に戻ってくるというのと似たようなことが、東北でも行なわれていたのではないか。そう考えますと、そのように中央の政策を各地域の中で、利用できるところは利用するという形で、うまく城柵運営をしていたということがだんだん分かってきたのです。

その過程で見えてきたいろいろな地域の交流、そのダイナミックな動きが、地域史をやっていく上で非常に面白いなと。だから、閉じた地域の中での話ではなくて、かなり動きのある話なのだろうということは、地域史研究をやってきてだんだん実感してきたことです。

川尻　今非常に興味深い、東と西の差異に関わる話も出ましたね。同じような経営方式ですが、おそらく時期差というものもあるでしょう。その話はもう少し後で、列島の「東と西」をどう考えていくか、のところで話題にしたいと思います。

柴田　「多賀城と大宰府」はよく対比されて、そういうテーマの展覧会が開催されることもあるのですが、多賀城は陸奥国府ですし、払田柵も出羽国府の下に位置づけられるのでしょうか、つまり東北は国府ですね。一方、大宰府は国府の上にあります。成り立ちとして、大宰府は筑紫総領《つくしそうりょう》の後身です。ところが、東北には総領はなくて、国府という形にしている。そういったところが面白いなと思っています。先ほど子弟のお話がありましたが、大宰府では管内諸国の郡司《ぐんじ》任用の推薦権を大宰府が持っていたことから、大宰府に集まり書生として勤務していた。ところが国司が郡司を選んでいいということになったら、みんな国府に帰ってしまったという問題が起こりました。郡司の候補になりえるような者を、大宰府や国府、城柵に集めて仕事をさせるという類似のやり方が、役所の経営にとってはとても有意義なのだろうと思います。

川尻　東北の場合は城柵なんですね。そこがやっぱり大宰府と違うところで。それはそれでまた非常に面白いので、後でそのお話をできればと思います。では「近畿・北陸」の鈴木さん、お願いします。

■近畿と北陸——特色が見えにくいのが北陸の特色？

鈴木　私は学生時代、関西に長くいまして、その後、職を得て北陸に行き、もう四半世紀になります。そのこともあって、本書の中で「近畿・北陸」という二つの地域を担当していますが、私自身、その二つの地域で生活したおかげで、現代に関してもいろいろと思うところがあります。

北陸の特色は、現代について言えば、まず特色が見えにくいのが特色でしょうか。北陸というところ、特に福井・石川・富山は、関西と関東が同じ程度に近いものですから、都会志向が強く、どちらかというと東京への憧れが強いというのが現状です。

そして、古代の北陸に関して言うと、律令国家は「北陸道」という一つの枠として設定していますが、実態は明らかに北と南に分かれていて、本来違うところを強引に一つの道で通してしまったという印象を私は持っています。その境が親不知《おやしらず》です。富山県と新潟県の境界付近にある親不知というところ、これは関東と中部の境の足柄《あしがら》峠および碓氷《うすい》峠に匹敵する大境界地帯です。ヤマト政権の勢力の入り方は、私の想像では敦賀《つるが》から日本海沿いに北上するのは富山ぐらいまで、一方、新潟には長野経由で入っているようで二本立てですね、現在でも多少そういうところがあるのです。律令国家が海沿いで一まとめにしてしまったので、一つの地域というイメージがありますが、そこは再検討が必要だと思います。それが特徴と言えば特徴でしょうか、見えにくい特徴です。

鈴木景二

　近畿と北陸との交流については、中央と地方という関係が割とはっきりしています。律令国家が成立すると、越中守《えっちゅうのかみ》として赴任した大伴家持《おおとものやかもち》のような人に象徴される中央と地方の関係がありますね。ただ、中央からの視点の古代史も大事ですが、もちろんそれだけではない。北陸の人たちは奈良に税物を持って行くために生きていたわけではなくて、地域の社会があるわけですから。そういうところを見るために、地域内の海側の国と内陸の交通・交流に注目したいです。飛驒《ひだ》とか信濃《しなの》と当然交流があるということは、理屈としては思い浮かびますが、それを古代史でどうやって具体化するのか。言うは易く行なうは難しですが、この海と山の交流は、今後も考えていきたい問題です。

　また、北陸は日本海を挟んで外国に面しているので、そちらにも目を向けなくてはなりませんが、私自身は今のところ対外関係を十分に検討できていません。

いっぽう近畿に関しては、首都ができたということが大きいですよね。私は江戸のイメージがオーバーラップしています。閑散としたところに徳川家康が行って首都を作ったら、今や日本一の大都会で、人の動きも物流も東京に集中しますよね。一般的に言われるのは、邪馬台国以前は北部九州の文化が圧倒的に優位だったのが、邪馬台国の頃から近畿が優位になったと。奈良盆地の東南部、纒向《まきむく》遺跡の付近にヤマト政権の拠点ができた。そこに大変動があるわけですよね。それが江戸城下、御府内《ごふない》あるいは関八州《かんはっしゅう》と私はダブるのです。そこをどうつかめるか。近畿の特色が出てきたのはその時だと思うんですね。そして律令国家ができて、各地からの租税徴収が始まると、大量の物資が近畿に集まってくる、というのが次の段階ですね。

それに対して、近畿地方から他地域への流れというと、官人が地方に赴任するというつながり方が典型的ですね。ただ私としては、中央の制度や文化が地方に普及してきて良かったという面ばかりをあまり強調したくないのです。地域史の研究だと、古代官道(直線道路)が見つかって、国府や郡家《ぐうけ》や駅家《うまや》の遺跡が出てくると、重要な発見として注目されます。それは有意義なことですけど、たとえば新幹線ができて嬉しいですけど、新幹線がなくても地域社会は動いていたわけですし、新幹線ができて不便になることもあるわけで。現代でも、新幹線だけ見てその地域のことがわかるかどうか。そういうことも忘れたくないなと思います。

吉川　鈴木さんには近畿と北陸とセットで書いていただいて、やはり良かったと思いました。それにしても、近畿の地域史ってほんとに難しいんですよね。なぜかというと、王権のお膝元なので、純粋な地域史がやりにくい。その点で言うと、近畿地方から離れたところのほうが、地域の実態とか、枠組みといった社会そのものが見えてきやすいように感じます。

文献史料の量が地域によって全く違うというのは、研究条件の差として大きいですよね。近畿について言えば、寺院や公家の史料がたくさんあって、圧倒的に豊かです。そういう史料が多いところではどうそれを処理して、少ないところではどういう方法を取ったらいいのかということを、先ほどから思い巡らしていたところです。

■「東国」像の見直しへ

川尻　次は「東国」担当の私がお話しします。東国を考える時に一番やっかいというか、面白い問題としてよく言われるのは、「自立か従属か」ということですね。鎌倉幕府になると独立をすると。じゃあ古代東国はどうなのかというと、「額には箭《や》は立つとも背には箭は立たじ」という表現に象徴されるように、王権に対する忠誠心、従属性というのが非常に強調されて、しかし一〇世紀になると平将門《たいらのまさかど》が出て自立的になってくる、といった話になる。ベクトルが全く違う方向に向いているのですが、でもそれが一つの特徴であるということを、総体的に考えていこうと、私の章の前半部分で試みています。

それからもう一つ、後半では、これは三上さんの「東北」とも関わりますが、東国に人がいろいろなところからやってくる。東山道《とうさんどう》沿いの地域には、新羅《しらぎ》とか高句麗《こうくり》も含めた移民が非常に多くいて、特に栃木県などではいくつかの遺跡で、新羅土器が発掘されました。『日本書紀』の持統紀《じとうき》にあるように、人間が移配された。そうした中で、三上さんが触れていますが、石碑文化というものが北関東の群馬県・栃木県を中心に起こってきます。

ただ、今までの人の行き来のとらえ方は一方的だったんですね。例えば東国の人間が多賀城の前身、今の郡山《こおりやま》遺跡の地に行くと。ではそこで東国との交流が切れるのか。その点について、私は新しい史料も使

川尻秋生

いながら、交流は続いていたのではないか、人間が行き来をしていたのではないかということを後半で論じています。そういう形で、今までは東国から一方通行のベクトルが北に向いていたのだけれども、それは北から南に向くということもある。それは俘囚《ふしゅう》の配置だけではない、ということを少し考えてみたかった。東北との関係、交流という部分をもう少し積極的に評価して、東国の新しい像を提示してみたいと考えたわけです。

それでは次に「中国・四国」の下向井さん、お願いします。

■瀬戸内海――「潮流推算」の活用

下向井　私は生まれも育ちも大学も広島で、広島から出たことがありません。だから、本書の「つながり」とか、交流といったことから最も縁遠い人間なのです。

「中国・四国　海の道」というタイトルをいただいたこともあり、もっぱら「海の道」に焦点を絞って考えました。瀬戸内海地域の地域的特色というのは何なのかと言われてもよく分かりませんが、やはり、通過地点であること、物流の大動脈であるということですね。瀬戸内海に面したそれぞれの地域は個性的で、現代でも隣の県とライバル意識が非常に強くて、瀬戸内海地域として共通にひとくくりにできる特徴があるのかというと、多分ないのだろうと思います。

私が今までやってきたことは、国家史、あるいは国制史です。「海の道」に全然かかわっていないわけではないのですが。そこで私は海上保安庁の海洋情報部が出しているデータ――私はネットなんか全然駄目な人間なのですが――「潮流推算《ちょうりゅうすいさん》」「潮汐《ちょうせき》推算」というデータベースに出会いまして、それらを用いて瀬戸内海の海上交通を、まずルート、さらに航法から明らかにしようと。これまではっきり分かっていなかったのではないかと思うのですが、そこから説き起こして、そのルートをたどる、税を運ぶ船が何に直面するのか、海難事故、そして九世紀になれば海賊。海賊という犯罪または活動があったことは明白なことですが、史料には海賊が何者かということは全く書いていないんですね。九世紀の海賊について私が注目したい点は、海賊に遭ったらその被害報告をどこに出すのか、被害が認定されたらどう処理されるのか、についてです。

国家史とか政策史というのは、地域の実態をも規定していく側面が大きいわけです。そういう点で、私は王権論ではなくて、やはり国家論、あるいは政策論と地域史を、もう一回見つめ直してみる必要があると考えています。

川尻　潮流のデータを使うとか、今までになかった研究で、大いに目を開かされたのですが、どういういきさつでそういうことに注目されたのですか。

下向井龍彦

下向井　同僚の自然地理の先生に、潮流を自然科学的にきちんと捉える方法はないかなと聞いたら、「潮流推算」があるよと教えてくれたのです。十数年前になります。それで、『高倉院厳島御幸記《たかくらいんいつくしまごこうき》』を見ますと、厳島への航海の途中で泊まった港の到着時間は書いてある。でも、出発時間がほとんど書いていないんですね。また泊まった港と港の間隔が八〇キロを超える場合があり、明らかにその区間のどこにも泊まらずに行くということはなかろう、

『御幸記』には泊まったのに書いていない港もあるのだ、と思いました。そこで約六時間ごとに逆転する潮流を推進力にする「六時間インターバル航法」と「潮流推算」を念頭に置いて、記録に書いてはいないけれども泊まったであろうと思われる港を想定していったのです(本書所収、下向井「コラム」参照)。

川尻　港に一つずつ泊まるわけではなくて、飛ばしたり、途中まで行って、次は行かないで戻るとか。和歌にありましたよね?

下向井　まだ日が高いから泊まらず、もっと先まで行くというのはありますね。

川尻　そういうことが実態として分かると面白いなと思いました。

鈴木　北陸も海に面していますが、どうしても北前船《きたまえぶね》のイメージが頭に浮かぶんですよね。北海道から薩《さつ》摩《ま》・琉球《りゅうきゅう》までつながっているという。今うかがって、反省点として、もうちょっと時代的に具体例に即して考えなければいけないなって思いました。

下向井　北前船は帆走ですね。ところが瀬戸内海は潮流を用いる航法なんですね。日本海の潮流を推進力として使えるのかどうかは私はやっていないのでよくわかりません。日本海は「離岸流」があると言いますよね。離岸流は瀬戸内海ではあまり想定する必要がないですから。

鈴木　日本海は干満の差が少ないらしいですね。しかも東北に向かって流れているので、逆行すると時間を食うみたいですね。

下向井　ぜひ「潮流推算」を活用して日本海の航路を検討してみてください。

川尻　では「九州と南島《なんとう》」の柴田さん、お願いします。

■九州と南島――中心から「窓口」へ

柴田　私は関西に生まれ育ち、宮崎に職を得て赴任しました。ちょうど宮崎県史の編纂が行なわれていて、しかもたまたま、一〇〇点を超える墨書土器を出土する遺跡が二カ所みつかり、宮崎に住んでいる古代史研究者はお前しかいないからお前がやれと言われて、墨書土器の集成を始めたのが、地元の歴史にかかわり始めたきっかけです。その後も自治体の文化財保護審議会や自治体史などにかかわって、地元の歴史に接するようになっていきました。

今回のテーマは「九州と南島」ということですが、九州だけでもそれなりに論じるべきことがありますし、南島も同様で、なかなか大変です。というのは、九州島には九州山地を挟んで北側の、弥生時代には日本列島の中で最も文化的に優位で、古代にも大宰府が置かれるなどした先進的な地域と、九州山地の南側、特に南部の隼人《はやと》とされた人たちが住んでいる地域との、大きく二つの地域があります。東北の蝦夷《えみし》の地域には、関東地方から移民が送られましたが、隼人とされた人々の住む薩摩・大隅《おおすみ》には、豊前《ぶぜん》・豊後《ぶんご》や肥後《ひご》からの移民が配置され、九州島の中で移民が完結するという形が取られました。今回は、九州の中での交流や人の行き来ではなく、九州の外との行き来を書いてほしいとのことでしたので、東国からの防人や東北地方から来た俘囚を取りあげ、九州の中の交流、人の往来には触れることができていません。

南島については、文献では政府側の史料しか残っていないので、どうやって南島を主体にして描くかということを、心掛けはしたものの、難しいところがありました。南島の人々にとって、交易はとても重要な経済活動であり、人の行き来を一つの大きなきっかけにして農耕社会へ移っていったとみられていますので、まさに今回の企画に合っていたとも言えます。これについては、弥生時代以来の「貝の道」をはじめとする考古学の研究はもちろん、先史人類学などの研究も進められており、注目される遺跡の発掘成果もあって、大いに参考にさせてもらいました。

柴田博子

また、今回いただいた「大陸との窓口」という副題ですが、そもそも窓口という言い方自体が「都《みやこ》目線」だなとも感じます。九州は弥生時代には中心だったのに、窓口になってしまった、そこがまさに鈴木さんの担当される近畿の、首都の成立ということにつながっていくのかなと思っています。

ただ、長い間、九州が大陸への、特に朝鮮半島の利権を確保するための出兵の拠点になり、兵站《へいたん》基地という役割を大宰府が担わされ続けていた、そういう意識が続いていったのだろうと考えています。だからこそ、管内諸国からの貢納物は大宰府に集中されましたし、大宰府からの米とか馬の搬出に対して、中央政府が一定程度の制約を設けていたということにつながっているのかなと思っています。

■東と西の関係

川尻　次に各章の内容から少し離れて、先ほど話題に出ていた「東と西」という問題について、考えておられることがあればお聞かせいただけますか。

三上　今、仮説を考えているのですが、大宰府、あるいはその周辺で行なわれていること、起こっていることが、政策的な意図で、東北地方に取り入れられているのではないか、と。そこには時間差があるのですが。たとえば、仏教政策ですね。大宰府に観世音寺《かんぜおんじ》がありますが、最近注目されているのが、観世音寺式の伽藍《がらん》配置がどういうふうに分布しているのかということです。東北ですと、有名なところでは多賀城廃寺が観世音寺式の伽藍配置を持っています。それは多賀城に限ったことではなくて、秋田城でも初期は観世音寺に匹敵するというか、それに対応するお寺の伽藍配置があったのではないかと最近考えているところです。

秋田城には外郭東門の外側に鵜《う》ノ木《き》地区というのがあって、そこには渤海使《ぼっかいし》のための迎賓施設やお寺の跡があって、それは四天王寺《してんのうじ》の跡だと言われています。四天王寺が秋田城にあったことは文献でもはっきり分かっていますので、それに対応する遺構なのだろうと思うのですが、発掘調査成果をよく見ていくと、そこにお寺があった最初の段階では、どうやら観世音寺式の伽藍配置だったのではないかとも言われています。そこで想像すると、大宰府の観世音寺にならったお寺がある時期に秋田城にも築かれ、後に八世紀の後半に今度は大宰府の大野城に四天王寺が作られ、それにもやはり秋田城が影響を受けていた。つまり、大宰府には観世音寺があり、四天王寺もあるのですが、それを秋田城の中では一つのお寺の中に取り込んだのではないかということを考えています。つまり、大宰府のミニチュア版みたいな感じというのが秋田城で見て取れると思うのです。

もう一つ。八世紀以降、多賀城なり秋田城では、百済王《くだらのこにきし》氏が国司となって、そこで城柵をめぐる政策や城柵の構造についてもかなり踏み込んだことをやったのだと思うんです。それはやはりもともと大宰府などで、そういった百済遺民たちが先進的な技術を使って行なっていたことを、今度は東北で実現していったということがあるのかなと。そのあたりは非常に面白い現象だと思います。百済の影響は都よりもむしろ大宰府や東北の城柵のほうで大きかったのではないかと。

下向井　それは中央政府抜きに、大宰府と出羽・陸奥が直接交流していたということでは決してなくて、中央を媒介として、中央の政策として、ということですね。

蓑島　郡山遺跡の段階で、もう観世音寺の存在を推測する今泉隆雄さんなどのお話がありますが、あれは伽藍配置とかまで分かっているのですか。

三上　伽藍配置はあったと思います。

蓑島　それが最初の段階で大宰府と対応している形だと。

川尻　観音信仰と何か関係あるんですかね。

三上　そうですね。『日本霊異記《にほんりょういき》』に、武蔵国多磨郡の丈部直山継《はせつかべのあたいやまつぐ》が蝦夷征討の際に、妻が観音の木像を作って、それをひたすら信仰していたら生きて帰ってこられたという話がありますね。また別の話では、白村江で捕虜になって、観音菩薩の霊験で生還できたという……。

柴田　伊予国越智《おち》郡の大領《たいりょう》の越智氏ですね。

三上　白村江の戦いで敗れた後、大量の百済遺民がやってきて、その人たちが観音信仰を地域に持ち込んだということがあったのではないかと。海難事故とか戦乱とかから免れてきた人たちが観音信仰を持って移民、渡来人として地域社会に入っていくということがあったのではないかと思います。

川尻　もう一つ、やっぱり私のイメージからすると、東北と九州は似ているところが非常にあって。例えば部民《べみん》についても、結構共通する部民が置かれていたりしますよね。

柴田　大伴部《おおともべ》や物部《もののべ》ですね。

川尻　それから日下部《くさかべ》なども置かれていたりして。ある時期までは、多分九州の、これは当然と言えば当然ですが、非常に対外的な関係があって、最初に押さえるのは北部九州。それが一段落するというところで東北に移るのかな、といった時間差みたいなものを考えてはどうかと思うのです。ある時期までは同じような発展をするけれども、やはりそこは西に力点を置きながら、それが終わってから東へ、という形になっていくのかなと。

柴田　そうですね。邪馬台国なり古墳時代の手前までは、九州北部が先進地域でしたから。あそこをどうにか押さえないことには、ヤマトが危ないですよね。

■東と西の接点はどこか？

鈴木　北陸と他地域の交流として、よく知られているのは、出雲《いずも》との関係ですね。新潟県と富山県の境付近で産出するヒスイが出雲に行っているのと、大国主《おおくにぬし》がそもそも北陸の女神と結婚したという『古事記』の話と、「出雲国風土記《ふどき》」にある、コシから来た人が出雲に住み着いた話など。ヤマトを介さないで日本海を介して交流していたということ、これは北陸ではずっと以前から言われている大事なテーマで、要するに近畿中心の史観を相対化する話だということで、これは外せないと思っています。

あとは近畿の勢力の波及の仕方も、今東北と九州の話がありましたが、抽象的に言うと、同心円的に見えるんですね。近畿の支配が同心円で広がっていくと。ところが北陸はそう簡単ではないんですよ。古墳とか鏡を見ると、関東から西、九州まで三角縁神獣鏡《さんかくぶちしんじゅうきょう》とか前方後円墳とかが多くありますよね。東北の場合、ヤマトタケルが行ったという話がある。ところが北陸は、前方後円墳が少なく、富山などでは微々たるもので、埴輪も二カ所の古墳からしか確認されていない。前方後方墳が優勢に見えます。この格差は大きいと思います。だから、律令国家は放射状に道を作ったから、あたかも同心円的に見えるとは思いますが、北陸はちょっと異質なんですね。

吉川　東と西ということに関わって、三上さんも同じようなことを考えておられましたが、現物貨幣が西では綿《わた》(真綿)で、東では布(麻布)だということがあるんですよね。その点で言えば、北陸は越中まで綿経済圏で西なんです。東がどこからかというと、おそらく駿河《するが》や信濃あたりからでしょうか。それはおそらくかなり古くて、律令体制以前からのあり方を引きずっているのかもしれません。つまり政策的に作ったものではなく、かなり自生的な社会経済のあり方が見えていて、列島の地域差・東西差を考える手がかりになるかなと思います。東と西の接点のひとつは、東海から畿内あたりなんですが、この回廊地帯を押さえることが重要だと考えたこともありました。地域社会のあり方に迫るには、いろいろな方法があるんでしょうね。

川尻　東国の調や庸はもともと麻布が多かったのですが、沿岸地帯では最初は海産物を負担していました。しかし、都まで運搬するのが大変だからと軽い布に替えるんですね。東国の中でも海側か山側かで状況が違ったりして、なかなか全部を分析するまでには至っていないのですが、今後そういうことも考えなければいけないなと思います。

三上　綿の話に関して、『日本書紀』斉明《さいめい》天皇五年（六五九）条に高句麗の使いが交易の対価として綿を求めてくるという話が書かれていますが、百済の都の扶余《ふよ》から鉄の代価に綿を用いることを示すような木簡が出てきています。どうやら百済でも綿というのは貨幣的役割のものとして使われていた。そうなると、直接朝鮮半島と、かなりやりとりをしているような地域では、非常に綿が重要視されていたのではないかと。だから、吉川さんがおっしゃったように、北陸も、また大宰府も当然、海を挟んで朝鮮半島に面していますから、そういうことも、東アジアレベルで考える時期に来ているのかなと思っています。

■古代地域史研究の現状と課題

川尻　次のテーマに移りましょう。皆さん共通して考古学との密接な関係があるわけですが、今後の地域史研究について、こんなふうに発展させていきたいとか、それぞれご意見があろうかと思います。鈴木さんがいろいろと考えておられるので、口火を切っていただけますか。

鈴木　考古学との関係は、未知のデータがこれから出てくるので大事ですね。私が学生の頃は、考古学と古代史はお互いにライバル意識がありましたが、それはいつの間にか消えましたね。これ以上文献史料が増えるとは思えないので、出土文字資料に大いに期待しています。あとは、後の時代の史料の中に古代の情報を見いだすということ。これは希望はありますが、現実的にはかなり難しいですね。

現在の地域史研究の問題点は、繰り返しになりますが、現代社会のものの見方がやっぱり反映しているのではないか、ということ。ヤマト政権・律令国家が素晴らしくて、それが地方に普及していくことが分かる遺跡が見つかることが大変に重要だという考え方ですね。古代の交通史関係についても、直線道路の復元だけやっていても地域の歴史は分からない。あとは物流の中身をあまり問うてこなかったことですね。古代の官道ではない、本来の地域の交通が復元できていないという思いを持っています。それはなかなか簡単ではないのですが、どうしたらできるのかということはずっと考えています。

川尻　古代史に取り組む大学院生が減少していますね。ましてや地域史研究となると、別に古代史だけではなく、他の時代でもそうなんですよね。そういったものに魅力がなくなったのでしょうか。やるべきことはいっぱいあると思うのですが。

鈴木　古代の場合はどうしても律令制があるので、租庸調があって班田収授法があって公民制があって、という律令制の型がありますよね。だから各地域の古代史叙述でもまず最初にその話が来て、結局みんな同じような歴史になりがちです。それを超えるのが難しいから、どうしても魅力が出にくいのかなという感じはしますよね。

柴田　地域史の研究者人口の減少についていえば、高校の先生で地域史研究をやっている方がいなくなってきたことが、最大の要因ではないかという気がします。文科省の方は、郷土を愛するだの何だので、地元の歴史を取り上げろと言っているけれども、それが現実にできる先生はすごく少ないというか。進学校の先生は受験対応に追われて、研究に当てる時間がないですし。

川尻　どこの地域も似たような状況だと言われますね。

三上　確かに地域史研究をしている地元の人たちが減っていて、昭和の時代に自治体史をやっていた方たちがどんどん高齢化したり、鬼籍に入られたりということで、減っていることは事実なんですね。では全く希望がないかというと、そうではないと思います。

　東日本大震災をきっかけに、各地で文化財レスキューという活動が行なわれるようになって、今、全国の文化財保全のボランティアグループに研究者たちが入り込んでやっていくということが行なわれていて、そういうところに若い人が結構入ったりしています。そういうことがきっかけになって、地域の歴史を改めて見直そうという機運が出てきているようには思うんですよね。だから、ちょっとやり方を変えたり、切り口を変えたりしながら、地域史にかかわっていく方法をこれから考えていかなければいけない。そこに古代史の研究者も積極的に入っていかないと。つまり、守るべきものが何かというと、近世の文書や近代の文書だけとかではなくて、その地域の中世の文書も、古代のものもそうだ、ということで、古代史研究者たちが自覚的に意識を持って参画していくと、少し希望が持てるのではないかと、最近思っています。

川尻　出土文字資料は確かにこれから有望な史料群だと思うのですが、そういうものをどう使っていくのかというところで、難しさもあるじゃないですか。

三上　出土文字資料って、出てくる遺跡が限られていますし、それから発掘の主体が、奈良で言えば奈良文化財研究所だとか橿原《かしはら》考古学研究所だとか、各地域の埋蔵文化財センターで調査をされて、それが一部の人によって解読され報告されるわけですから、関係者でなければなかなかアクセスしにくい状況に昔からあるんですね。だから手法を一緒に勉強していこうという人が出てこないのかなという気がします。どんな史料も公平に開かれるべきものだということを考えながらやっていかないと、やっぱり若い人も、利用しやすい史料ばかりに頼ってしまうことになりかねないと懸念しています。

川尻　九州はどうですか。

柴田　出土文字資料のうち墨書土器は、明治大学古代学研究所で集成がずっと続けられていますね。ただ、史料としてどう使うかは難しいです。地域史に関しては、埋蔵文化財関係の考古学の方がいらっしゃいますが、文献史学は少ないです。古代史に関して言うと、今九州内で、古代史研究者のもとで指導を受けて古代史の卒業論文を書ける大学がほぼ無い状態になっている。寂しいことだなと思っています。

川尻　我々も頑張らないといけないということですね。北海道はどうですか。

蓑島　出土文字資料にしても少ないですし、ちょっと状況が違いますね。地域史・郷土史については、高校の先生方が勉強会をしたり、各地で活動されてきた伝統があります。ただ最近はどこでも、郷土研究部なども下火になって、ちょっと活動が盛んではなくなっている印象があります。

川尻　関西は非常に研究者の層が厚いところですね。吉川さん、関西の場合、地域史研究と言ってもいいのかはばかられるところがありますが、どんなふうにお考えですか。

吉川　そうですね。確かに地域史研究は盛んなのですが、関西でも高校の先生が研究に割ける時間は少なくなっているのではないでしょうか。どう解決したらいいかは私も分からないのですが。ただ、今回皆さんのお書きになったものを読んで思ったのは、文献史学が専門でも、ちゃんと考古学が分かっているのは大切だということです。あとはさっきも話題に出ましたが、中世や近世のことも知らないといけない。通

吉川真司
（オンラインで参加）

時代的に考えるということも、ちゃんとやっている方はやっておられるのだな、とよく分かりました。

つまり、地域史って古代史だけじゃないんですよね。言ってみれば一つの地域を取り出した全体史なのです。だから、古代の場合には文献史料が少ないところは、考古学がどうしても中心にならざるを得ないけれども、しかしそれだけではなくて、直接の史料がなくても中世とか近世とか、新しい時代のことを含めて全般的に理解せざるを得ない。そうしていく必要がどうしてもあるということだと思うんです。

地域史研究を担っている人々としては、高校の先生ももちろんそうですが、各自治体には文化財担当の方々がおられますよね。そういう人たちの中に古代の文献史学の人が少ないように思います。なぜかというと、古代では考古学専攻の人がまず採用される。文献史学となると古文書を扱う必要がありますから、どうしても近世史や中世史が中心になってしまう。でも、地域史を広く深く知るためには、古代史は絶対に必要なんですよね。私は古代史の研究者が、それぞれの自治体の文化財保護とか、地域史教育とか、そういう仕事をどんどんしていけたらいいなと思っています。その場合には考古学も分かるし、古代以外の各時代にも目配りができるということがどうしても必要になってきます。古代史だから古文書は読めない、なんていうのはダメで、各時代をオールマイティにこなせないと地域史はできない。とは言えその一方では、古代史としての専門性をちゃんと確保しておきたいなと、自分ではできないのですが、考えているところです。

■これからの研究に向けて

川尻　最後に、今後のご自分の抱負というか、課題というか、こんなことをやってみたいという希望など、一言ずつお聞かせいただけますか。今度は南から行きましょう。

柴田　考古学と協業していくことが大事なのは言うまでもありませんが、宮崎のように神話が身近な地域では、上代文学《じょうだい》の最新の研究との密接な協業がとても大事だと考えています。神代についての上代文学や風土記、説話文学の研究は、私が学部生ぐらいの頃からすると、ものすごく進んでいます。そういった知見を十分に踏まえた上での史料の活用の仕方とかがとても大事になってくると思っています。九州には「豊後国風土記」「肥前国風土記」と、五風土記のうちの二つもあるのに、佐賀県にも大分県にも今、古代史研究者がいないという状態になっていて、かなりもったいないというか、他の地域、関西や東京の上代文学の方がそういったものを扱っておられます。その辺が島根県で「出雲国風土記」の研究が盛んであることとはずいぶん様子が違う状態になっていると思っています。

下向井　私はこれまでに書いた論文を何冊かにまとめたいと考えているのですが、本書に関わることで言えば、律令軍制論のなかで一二メートル幅の道路から九世紀初頭に六メートル幅の道路に転換したことについて、大きな国家論として捉えて詰めていきたいと思います。また、旅装の問題。五〇キロぐらい歩いたらわらじは取り替えないといけないはずです。長距離の旅行をする普通の人は歩きです。遠征軍の長距離行軍において大量に必要なわらじを、どこでどう調達するのか。大事な問題だと思います。

もう一つ、もし若かったらカヤックでもやって、「潮流推算」通りに、私の想定通りに行くのかどうかを確かめたいのですが。もう歳が歳ですので、誰かがやってくれたらなと思います。それと潮待ちの泊に相当するところの発掘成果というのは、全然私は知らないので。それを知りたいなというのと、今後そういう観点から発掘というか、考古学の研究をしてもらいたいなと思います。それと航路に沿った地名ですね。狭水道というか、狭い瀬戸の周辺にある地名。それはおそらく安全に通過するための航路標識の地名というのが結構多いと思っています。あるいは、そうでないところも、沿岸地名と航路の関係をきちんと見てみたいです。

鈴木　近畿についてもまだまだ勉強不足なので、これから追い掛けていかなければいけないと思っています。近畿の場合、研究の分厚い「畿内とは何か」という大問題がありますね。

北陸については、今回の執筆が、これまではバラバラと個別に勉強していた北陸全体をトータルに考えるよいきっかけになりました。いろいろな新しいヒントをいただいたので、それを踏まえてさらに考えていきたいと思っています。

三上　東北の地域史についての私なりの今後の課題というか、やってみたいことは、仏教など宗教がどの程度浸透していたのかという問題です。これも蓑島さんは北海道で考古学的な遺物などから丹念に追っておられます。蝦夷の側も仏教などを受け入れていたわけですが、例えば墨書土器に妙な文字が出てきて、それが何なんだろうと。どうやらこれは経典に出てくる文字なのではないか、ということを前に考えたことがあります。それに対して、いや、でも東北地方にそんな経典は伝わっていないだろう、そういう見方は難しいのではないかという批判を受けたりしました。しかしそれは、現在、現状として残っていないだけで、当然東北地方、蝦夷の中には受容されていたと。そういったものが実際にどういう形であったのか、つまり、史料が残っていないから言えないのではなくて、残っていない中にも、断片的なところからいろいろなものが復元できるんじゃないかということを最近思っています。また、僧侶が地域の隅々まで布教活動をしているわけですから、当然彼らによる文字を使った活動とかがあったはずなので、これも蓑島さんに触発されたことですが、やってみたいなと思っています。

神社についても、出羽の鳥海山《ちょうかいさん》に大物忌《おおものいみ》神社というのがあって、あれは戦乱を予兆する神として、元慶《がんぎょう》の乱などの時には、蝦夷側に付いたという話があったかと思います。なので、境界地域の信仰の対象というのは、どちらに味方するかによって戦乱が左右されるぐらいの影響力があると考えられていたとすると、これは蝦夷の側にとっても、特に古代国家、律令国家側の神とだけ認識していたわけではなくて、自分たちの神としても何とか引き入れようという意識があったのかなとも思うのです。境界地域には、蝦夷と古代国家のどちらにも両属するような信仰というものがあるのではないかということを、これから考えてみたいです。

それから、先ほど下向井さんから、王権論ではなくて政策論をやるという話がありましたが、まさに私もそういった立場で、どういう政策が中央から出されて、それにどういう対応をしていったのかということが大事だと思うのです。ではその政策がもともとどこから来たのかというとき、やっぱり朝鮮半島の史料も見ていかないといけないと思っているんですね。本書でも書いたのですが、移民政策というか、違う地域から人を送るという政策は、朝鮮の『三国史記』にも出てくる話なんです。そうすると、そういった政策をもたらした大もとになるのは、おそらく朝鮮半島の人たち、渡来人たちで、そこから例えば城柵を実際にどこにどういうふうに作ったらいいのか、といったことを含めて、かなり影響を受けている。それに付随する城柵の経営をどうすればいいのかということも、朝鮮半島の、おそらく百済の人たちから影響を受けているということを、今度は朝鮮半島で、そういったことを対象にして、そういった視点で見ていきたい、朝鮮半島の地域史もやっていきたいと思っています。

蓑島　先ほどの、地域史の担い手に関する北海道独自の事情を補足したいのですが、アイヌ民族ルーツの歴史研究者や考古学研究者を増やしていくという課題があります。それは、沖縄ではできている伝統があると思うんですよね。沖縄出身の研究者がたくさんおられるわけで。二〇二〇年に白老町《しらおい》にできたウポポイの国立アイヌ民族博物館では、北海道史をアイヌ民族の立場から「私たちの歴史」として描こうとしています。まさにその、歴史を語る「私たち」の声を増やしていく、そうした状況をつくっていけるように努力しなくちゃいけないと思っています。

それから最近、北海道の古代史が妙な形で話題になる状況があって気になっています。要するに歴史修正主義です。倭・日本と北海道の古代以来の交流の意義を誇張して、北海道はもともと日本の一部だったとか、アイヌ民族の先住性を否定するような暴論が、一部の言論空間で懸念されるような状況になっている。そうしたなかで、学問的に裏付けのある情報をきちんと発信していくことが、本当に大事な時期なのかなと思っています。

また、史料の少なさとの関連で、口承文芸をどう使っていくかという問題があります。かつて知里《ちり》真志保《ましほ》さんなどは、アイヌ民族の英雄叙事詩の背景には、擦文文化とオホーツク文化の対抗関係があるのだと言っておられました。これには批判も多いのですが、口承文芸をどのように歴史研究に活用できるか、まだまだ追究が必要です。最近では、実証史学とはまた違う形で、アイヌの世界観、認識論から歴史を捉えるといった形での歴史研究も登場しています。こうした研究にも魅力的な論点が多くて、注目していきたいと思っています。

吉川　さっき近畿の地域史には難しいところがあると言いましたが、それでも奈良・京都・大阪・兵庫をフィールドにして、地域史研究をちびちびと続けてきました。近年は自治体史や文化財行政に関わって、地域の歴史を考える機会が増えましたが、やっていてほんとうに面白い。近畿地方の地域史というと、すぐに国家とか王権の話になるのですが、むしろ社会実態としての畿内・近国地域というものを、自分の足で歩きながら、いっそう突き詰めて考えていきたいと思います。

川尻 ありがとうございました。私も同じで、やっぱり歴史の実体をどう考えていくのかというのが、大切だと思います。古代史は史料が少ないので難しいのですが、いろいろな史料を使いながら、新たな方向を探っていきたいと思います。出土文字資料はもちろん、それとは違う見方で、中世と近世の史料も使いながら、そこから遡っていければ、と。古代に限らず中世も含めて、もうちょっと広いスパンで地域を見ていけたらなと考えています。

まだまだ頑張って、地域史というか、日本の古代史を盛り上げていきたいなと私などは思っていて、多分吉川さんも同じ思いだと思います。

それでは本日はありがとうございました。

（二〇二三年一〇月二七日、岩波書店会議室にて）

古代日本要図

（『岩波日本史辞典』1999年より）

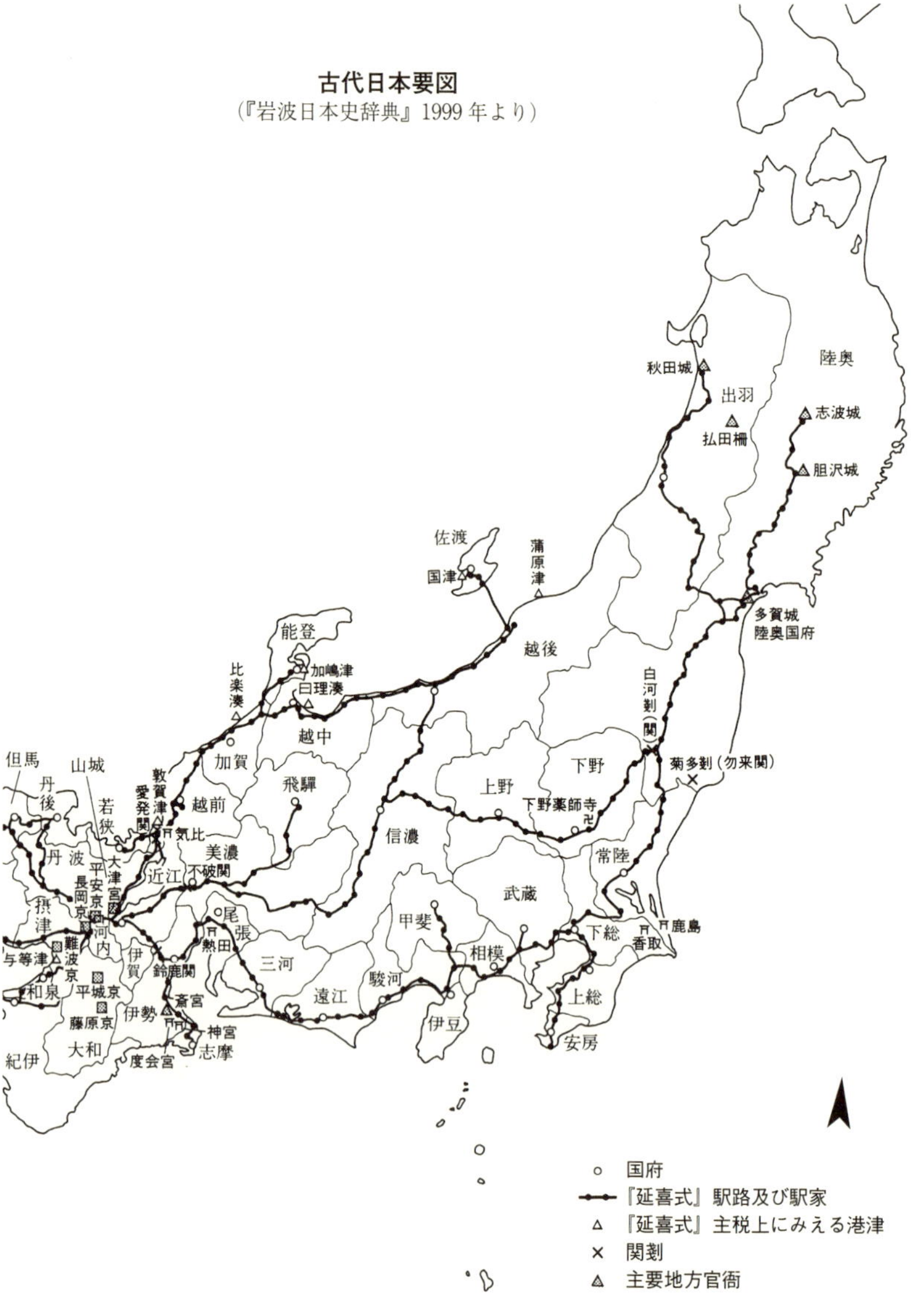

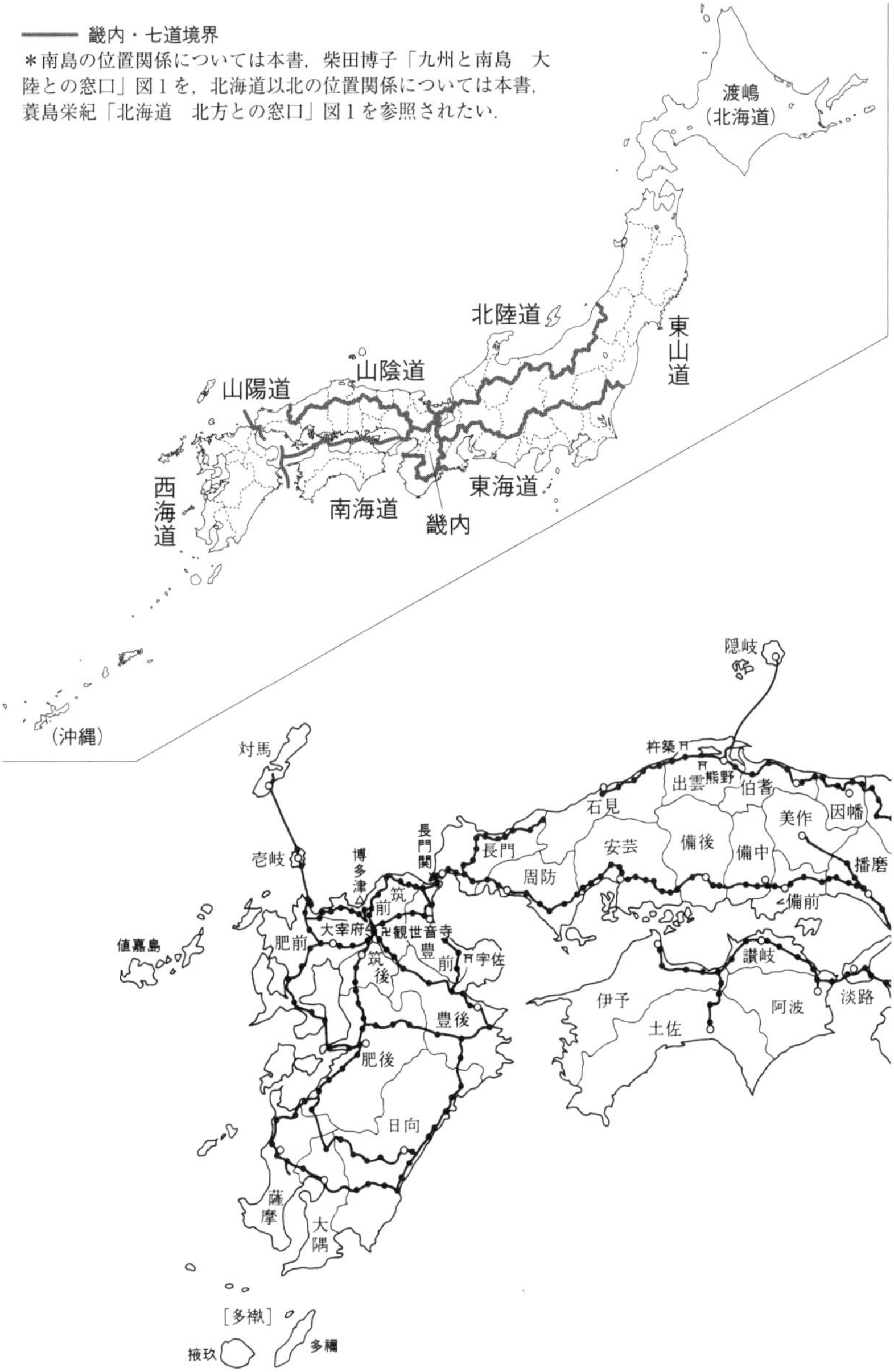

畿内・七道境界
＊南島の位置関係については本書，柴田博子「九州と南島　大陸との窓口」図1を，北海道以北の位置関係については本書，蓑島栄紀「北海道　北方との窓口」図1を参照されたい．
渡嶋
(北海道)
北陸道
東山道
山陰道
山陽道
東海道
西海道
南海道
畿内
(沖縄)
隠岐
杵築
熊野
出雲
伯耆
因幡
石見
美作
対馬
長門関
長門
備後
備中
安芸
播磨
壱岐
博多津
周防
筑前
備前
大宰府
観世音寺
値嘉島
肥前
豊前
宇佐
讃岐
筑後
伊予
阿波
淡路
豊後
土佐
肥後
日向
薩摩
大隅
[多褹]
掖玖
多禰

【執筆者】

川尻秋生（かわじり・あきお）
本書責任編集．【編集委員】紹介参照．

下向井龍彦（しもむかい・たつひこ）
1952年生．広島大学名誉教授．日本古代史．『武士の成長と院政（日本の歴史07）』（講談社学術文庫），『平将門と藤原純友』（山川出版社）など．

鈴木景二（すずき・けいじ）
1963年生．富山大学教授．日本古代史．「飛鳥寺西の槻の位置について」（『シリーズ歩く大和Ⅰ　古代中世史の探究』法藏館），「仮名書き土器」（『墨書土器と文字瓦』八木書店出版部）など．

柴田博子（しばた・ひろこ）
1961年生．宮崎産業経営大学教授．日本古代史．『日本古代の思想と筑紫』（編著，櫂歌書房），「肥人についての再検討」（『国立歴史民俗博物館研究報告』232）など．

蓑島栄紀（みのしま・ひでき）
1972年生．北海道大学准教授．日本古代史・北方史．『「もの」と交易の古代北方史』（勉誠出版），『古代国家と北方社会』（吉川弘文館）など．

三上喜孝（みかみ・よしたか）
1969年生．国立歴史民俗博物館教授．日本古代史．『落書きに歴史をよむ』（吉川弘文館），『都と地方のくらし　奈良時代から平安時代（Jr. 日本の歴史2）』（共著，小学館）など．

【編集委員】

吉村武彦

1945年生．明治大学名誉教授．日本古代史．著書に『日本古代の社会と国家』『日本古代国家形成史の研究』(以上，岩波書店)，『ヤマト王権』『大化改新を考える』(以上，岩波新書)など．

吉川真司

1960年生．京都大学名誉教授．日本古代史．著書に『律令官僚制の研究』(塙書房)，『律令体制史研究』(岩波書店)，『天皇の歴史2 聖武天皇と仏都平城京』(講談社)，『飛鳥の都』(岩波新書)など．

川尻秋生

1961年生．早稲田大学教授．日本古代史．著書に『古代東国史の基礎的研究』(塙書房)，『日本古代の格と資財帳』(吉川弘文館)，『平安京遷都』(岩波新書)，『古代の東国2 坂東の成立』(吉川弘文館)など．

シリーズ 古代史をひらくII
列島の東西・南北――つながりあう地域

2024年9月26日　第1刷発行

編　者　吉村武彦《よしむらたけひこ》　吉川真司《よしかわしんじ》　川尻秋生《かわじりあきお》

発行者　坂本政謙

発行所　株式会社 岩波書店
〒101-8002 東京都千代田区一ツ橋2-5-5
電話案内 03-5210-4000
https://www.iwanami.co.jp/

印刷・三陽社　カバー・半七印刷　製本・松岳社

ISBN 978-4-00-028639-8　　Printed in Japan